U0959869

权威·前沿·原创

皮书系列为
“十二五”“十三五”国家重点图书出版规划项目

BLUE BOOK

智库成果出版与传播平台

《河南商务发展报告（2020）》
编辑委员会

摘　要

《河南商务发展报告（2020）》由河南省商务厅主持，河南省商业经济研究所组织研创，其全面总结了2019年河南商务领域的发展成果，研究和分析了商务领域的理论和实践问题，科学研判了2020年全省商务发展的走势，系统性、综合性、时效性突出。

全书内容由总报告、主题报告、分报告、专题报告、案例篇和区域篇六部分组成。

总报告全面总结了2019年河南省商务运行总体情况，并分析预判2020年商务发展态势。2019年，全省实际吸收外资187.3亿美元，同比增长4.6%；实际到位省外资金9993.8亿元，同比增长3.6%；货物进出口总额为5711.6亿元，同比增长3.6%；社会消费品零售总额为22733.0亿元，同比增长10.4%；对外承包工程和劳务合作完成营业额41.6亿美元，同比增长20.7%；对外直接投资中方协议额为14.3亿美元，下降35.9%。2020年，全省商务系统要以习近平新时代中国特色社会主义思想为指导，深入贯彻落实习近平总书记视察河南重要讲话精神，着力稳外贸、增外资、促外经，以更高水平扩大对外开放，打造内陆开放高地，着力创新模式，搞活流通，促进消费升级，加快培育强大消费市场，切实推进商务高质量发展，努力实现疫情防控和商务事业“双战双赢”，在应对变局、服务大局、开创新局中展现新担当、新作为，为新时代中原更加出彩做出新贡献。

主题报告的基本观点为，2019年，河南自贸试验区坚持以习近平新时代中国特色社会主义思想为指引，深入贯彻落实习近平总书记视察河南重要讲话精神，全方位实施改革创新，高标准优化营商环境，多维度搭建开放平台，高起点推进国际化建设，改革红利加速释放，发展动能全面增强，形成高水平开放、高质量发展的良好态势，高效便利营商环境进一步优化，便利进出的开放口岸体系加速形成，特色高端产业集聚活力进一步激发，开放引领示范带动作用凸显。下一步，河南省商务厅（自贸办）将深入学习贯彻落实习近平总书记视察河南重要讲话精神，加快落实全省对外开放大会、省委经济工作会议决策部署，研究起草深化改革创新打造制度型开放高地的意见，出台河南自贸试验区条例，争取引进一批跨国公司或第二总部，实现疫情防控和经济社会发展“双战双赢”，为全省深化新一轮改革开放提供重要支撑。

关键词： 河南省　商务发展　内陆开放高地

图书在版编目(CIP)数据

河南商务发展报告.2020/马健，苏国宝主编. --
北京：社会科学文献出版社，2020.7
（河南商务蓝皮书）
ISBN 978-7-5201-6901-1

Ⅰ.①河… Ⅱ.①马… ②苏… Ⅲ.①商业经济-经
济发展-研究报告-河南-2020 Ⅳ.①F727.61

中国版本图书馆CIP数据核字（2020）第128089号

河南商务蓝皮书
河南商务发展报告（2020）

主　　编／马　健　苏国宝
副 主 编／张进才　张旭升　任秀苹

出 版 人／谢寿光
组稿编辑／任文武
责任编辑／高振华
文稿编辑／李吉环

出　　版／社会科学文献出版社·城市和绿色发展分社（010）59367143
　　　　　地址：北京市北三环中路甲29号院华龙大厦　邮编：100029
　　　　　网址：www.ssap.com.cn
发　　行／市场营销中心（010）59367081　59367083
印　　装／天津千鹤文化传播有限公司

规　　格／开　本：787mm×1092mm　1/16
　　　　　印　张：24.75　字　数：412千字
版　　次／2020年7月第1版　2020年7月第1次印刷
书　　号／ISBN 978-7-5201-6901-1
定　　价／128.00元

河南商务蓝皮书

BLUE BOOK OF HENAN COMMERCE

河南商务发展报告（2020）

ANNUAL REPORT ON COMMERCIAL DEVELOPMENT OF HENAN(2020)

主　编／马　健　苏国宝
副主编／张进才　张旭升　任秀苹

社会科学文献出版社
SOCIAL SCIENCES ACADEMIC PRESS (CHINA)

Abstract

Annual Report on Commercial Development of Henan (*2020*) is presided over by Henan Provincial Commerce Department and compiled by Henan Provincial Commercial Economics Institute. It comprehensively summarizes the development results of Henan's commerce in 2019, studies and analyzes the theoretical and practical problems in the commercial field, and scientifically evaluates the development trend of Henan's commerce in 2020, with prominent systematicness, comprehensiveness and timeliness.

The Book consists of six parts: general report, thematic report, topical reports, special topics, case studies and regional reports.

The general report, comprehensively summarizes the comprehensive situation of Henan's commerce operation in 2019, and analyzes and predicts its commercial development trend in 2020. In 2019, Henan actually absorbed USD 18.73 billion of foreign capital, up 4.6% year-on-year. The paid-in investment from outside Henan reached RMB 999.38 billion, up 3.6% year-on-year. The total import and export value of goods was RMB 571.16 billion, up 3.6% year-on-year. Retail sales of social consumer goods totaled RMB 2.2733 trillion, up 10.4% year-on-year. Turnover from contract foreign projects and labor cooperation reached USD 4.16 billion, up 20.7% year-on-year. China's contracted investment abroad was USD 1.43 billion, down 35.9%. In 2020, the whole province's commerce system should operate under the guidance of Xi Jinping Thought on Socialism with Chinese Characteristics for a New Era, thoroughly implement the spirit of General Secretary Xi Jinping's important speech during his visit to Henan Province. It should consolidate confidence and overcome difficulties to stabilize foreign trade, increase foreign investment and boost foreign economic relations, promoting opening-up at an even higher level. It should build the province into a leading area of opening-up in the inland region, contribute to innovative modes, boost distribution and upgrade consumption, and expedite the construction of a strong consumer market, effectively promoting high-quality commerce development. At last, it should make every effort to win the "two battles" against COVID-19 and commerce development, undertake new responsibilities and actions in coping with changes, serving the overall situation and blazing a new trail, and make new contributions to the better development of the Central Plains Region in the new era.

In 2019, China (Henan) Pilot Free Trade Zone, by adhering to the guidance of Xi Jinping Thought on Socialism with Chinese Characteristics for a New Era and thoroughly implementing the spirit of General Secretary Xi Jinping's important speech during his visit to Henan, was dedicated to carrying out reform and innovation in all respects, optimizing the business environment as per high standards, and serving as an open platform in multiple dimensions. It adopted higher standards for promoting globalization, accelerated the release of dividends of reform, comprehensively enhanced the driver for development, and presented a good momentum in high-level opening up and high-quality development. In this way, the business environment was further optimized to be efficient and convenient, the formation of an open port system that facilitates import and export was expedited, the vitality generated by agglomerated characteristic high-end industries was further stimulated, and the leading, exemplary and driving role of the zone was highlighted. Next, the Henan Provincial Commerce Department [Office of China (Henan) Pilot Free Trade Zone] will focus on thoroughly studying and implementing the spirit of General Secretary Xi Jinping's important speech during his visit to Henan, to speed up the implementation of decisions and arrangements made at the province's opening-up conferences and the Provincial Party Committee's economic work conferences, to study and draft opinions on deepening reform and innovation to create institutional pacesetters of opening-up, and to issue regulations regarding China (Henan) Pilot Free Trade Zone. In addition, it will strive to introduce a number of multinational companies or second headquarters and win the "two battles" against COVID-19 and economic and social development. In the end, such efforts will provide important support for deepening the new round of reform and opening up in the whole province.

Keywords: Henan Province; Commercial Development; Leading Area of Opening-up in Inland Regions

目　录

Ⅰ　总报告

Ⅱ　主题报告

Ⅲ　分报告

Ⅳ 专题报告

Ⅴ 案例篇

Ⅵ 区域篇

CONTENTS

I General Report

II Thematic Report

III Topical Reports

Ⅳ Special Topics

Ⅴ Case Studies

Ⅵ Regional Reports

总 报 告

General Report

B.1
2019～2020年河南省商务发展形势分析与展望

河南省商务厅课题组*

摘 要： 2019年，面对国内外风险挑战明显上升的复杂局面，在省委、省政府的正确领导下，全省商务系统深入贯彻落实习近平总书记视察河南重要讲话精神和扩大对外开放重要论述，以扩大开放为统领，围绕稳外贸稳外资促消费工作主线，团结奋进、迎难而上，全省商务运行总体平稳，稳中向好，高质量发展取得新成效。2020年商务发展形势更为严峻，面临着打赢疫情防控阻击战和商务事业发展保卫战的艰巨任务，做好工作的难度加大，责任重大。要准确把握国内外疫情防控和经济形势的阶段性变化，充分认识当前商务发展面临的严峻挑战，把外部压力转化为深化改革、扩大开放的强大动力，

* 课题组组长：马健；副组长：苏国宝。课题组成员：张旭升、宋玉哲、张进才、杨常见、葛铁成、宋晓燕、任秀苹。

在危中寻机，在变中求胜，加快推进河南商务高质量发展。

关键词： 河南省　商务发展　高水平开放

一　2019年以来河南省商务发展回顾

2019 年，面对国内外风险挑战明显上升的复杂局面，在省委、省政府的正确领导下，全省商务系统深入贯彻落实习近平总书记视察河南重要讲话精神和扩大对外开放重要论述，以扩大开放为统领，围绕稳外贸稳外资促消费工作主线，团结奋进、迎难而上，全省商务运行总体平稳，稳中向好，高质量发展取得新成效。面对突发的新冠肺炎疫情这一重大公共卫生事件，全省商务系统统筹推进疫情防控和商务发展，在抓好疫情防控的同时保障市场供应，力稳外贸外资基本盘。

（一）对外开放持续推进

高位推进对外开放。河南省委、省政府召开了历史上规格最高、规模最大的全省对外开放大会，发出了新一轮对外开放动员令，成立了高规格的对外开放工作领导小组，省委书记、省长分任第一组长和组长，领导小组下设工作推进组，由常务副省长和分管副省长负责，定期协调推进对外开放重大事项和重点项目。为积极应对复杂多变的国际形势，省政府召开稳外贸增外资促外经工作会议，出台了支持“三外”企业稳定发展若干措施，确定 280 家重点“白名单”企业，优先保障，重点支持，在优服务、降成本、拓市场、强保障方面推出 19 条含金量高、有突破性的举措。王国生书记、尹弘省长分别到省商务厅调研指导，要求商务系统干部进一步解放思想，拓宽开放视野，提升开放能力，把握消费趋势，发展新型业态，在推动开放中实现新作为。出台《2019 年全省高水平开放推动高质量发展行动计划》，明确开放重点工作、重点项目、重点活动。组织河南省发改委等部门制定 15 个开放工作专案，进一步扩大开放领域。全面落实《外商投资法》及其实施细则，外商投资企业商务备案与工商登记“一口办理”成功率达 99.8%。出台《鼓励跨国公司设立地区总部和总部型机构暂行规定》，建立省领导常态化与外企沟通机制。商务部在郑州召开全国商务系统推进“一带一路”建设工作会议，将河南做法在全国推广。省级境外经贸合作区建设稳步推进，对外承包工程规范发展，“空中丝绸之路”建设规划进入中比卢三方商签阶段。

自贸区建设有序推进。河南自贸试验区总体方案160项试点任务已完成159项，政务、监管、金融、法律和多式联运五大专项106项改革创新举措完成98项。河南自贸试验区精简投资项目准入、跨境电子商务、商品期货交易等30项试点任务完成情况居全国前列。企业登记身份管理实名验证系统等4项改革创新举措在全国推广，“跨境电商零售进口正面监管模式”“一码集成服务”入选全国自贸试验区“最佳实践案例”，开封片区“基于工程建设项目风险防控点的联合监管”入选全国首批工程建设项目审批制度改革典型案例向全国复制推广。推动河南财经政法大学成立自贸试验区研究院，举办河南自贸试验区高质量发展论坛、国际化高端人才交流会。2019年，自贸试验区新设立企业1.95万家，注册资本2018.9亿元，实际利用外资11.6亿美元。挂牌以来，累计入驻企业6.94万家，92家世界500强企业设立了投资项目。

（二）对外贸易稳中有进

货物贸易平稳增长。2019年全省货物进出口总额为5711.6亿元，增长3.6%（见图1），高于全国平均水平0.2个百分点。其中出口3754.6亿元，增长4.9%[①]。进出口、出口分别居全国第12位、第9位，均居中部六省首位。贸易结构进一步优化，一般贸易进出口2005.5亿元，增长8.0%；占比为35.1%，较上年同期提高1.4个百分点。一般贸易对全省外贸增长贡献率为74.4%。加工贸易进出口3587.6亿元，增长0.7%，占比为62.8%。

民营企业进出口增速最快。2019年，全省民营企业进出口1696.4亿元，增长12.9%，增速最快，占比为29.7%。外商投资企业进出口3543.2亿元，下降0.5%，占比为62.0%。国有企业进出口452.9亿元，增长1.6%，占比为7.9%。富士康仍是拉动外贸增长的主要力量，2019年富士康在豫企业进出口微增长0.3%，占全省比重为59.5%。剔除富士康后，全省进出口增长

① 本报告如无特殊说明均为同比增长率。

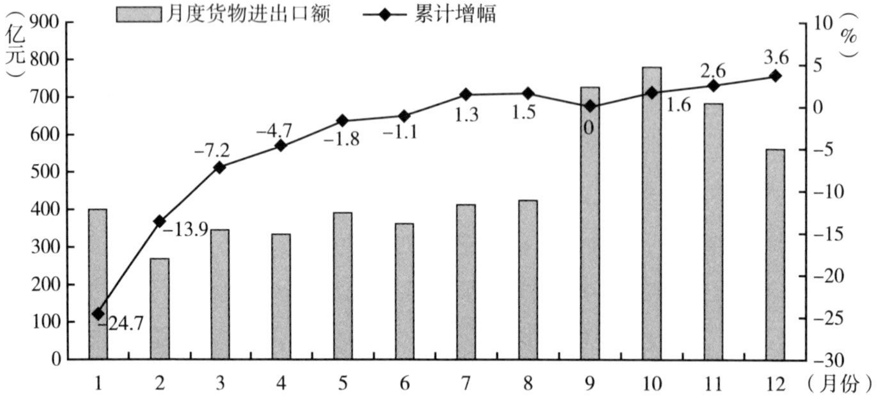

图1　2019 年河南省月度货物进出口额及累计增幅

资料来源：郑州海关。

8.9%，其中出口增长 7.7%、进口增长 12.0%。全年发生进出口业务的企业有 8692 家，比上年增加 962 家。

市场多元化战略成效显著。除美国外，对中国香港、韩国、东盟、欧盟等主要市场进出口全面增长。2019 年，美国仍为河南省最大贸易伙伴，进出口额为 1271.3 亿元，下降 8.1%，占比为 22.3%；对东盟、欧盟、韩国、中国香港进出口额分别增长 20.0%、15.3%、14.3% 和 13.4%；对日本进出口额为 293.6 亿元，下降 17.8%。对共建"一带一路"国家进出口额为 1362.1 亿元，增长 14.6%，高于总体平均水平 11 个百分点。对拉丁美洲和非洲等新兴市场进出口额为 393.2 亿元、210.1 亿元，分别增长 11.8% 和 14.6%。

跨境电商持续较快增长。洛阳获批跨境电子商务综合试验区（简称"跨境电商综试区"），洛阳、南阳、商丘获批跨境电商零售进口试点城市。支持郑州建设全球网购商品集疏分拨中心。E 贸易核心功能集聚区专项支持政策落地，获批国内首个跨境电商进口药品和医疗器械试点，"1210"模式实现反向复制。2019 年郑州航空港区跨境进出口单量、货值分别增长了 2.5 倍和 2 倍。成功举办第三届全球跨境电商大会。跨境电商规模、应用水平居全国前列、中西部首位。2019 年，河南省跨境电商进出口额（含快递包裹）为 1581.3 亿元，增长 22.7%。

（三）招商引资稳中提质

经贸招商活动务实开展。河南成功举办第十三届投洽会，有88个国家和地区的客商参会，签约投资总额为4227亿元，贸易成交80多亿元。组团参加第十一届中国中部博览会，签约投资总额为294亿元。举办河南省与长三角、粤港澳大湾区经贸合作交流会，两场活动签约71个项目，总投资793.6亿元。加强与沿海经开区合作交流。举办“2019豫欧产业合作交流会”“2019中国（河南）—德国经贸合作对接会”。与比利时瓦隆大区签署项目推进合作协议，推动在郑设立经贸代表处。

引进境内外资金稳步增长。在吸收外资方面，2019年，全省新设外资企业214家，下降1.4%。按河南省统计口径（含外商投资企业资本金、外商投资企业再投资、境外借款、境外上市融资、设备出资等），实际吸收外资187.3亿美元，增长4.6%（见图2）。中国香港仍是河南省第一大引资来源地，实际吸收港资113.2亿美元，占全省的60.4%；实际吸收共建“一带一路”国家资金13.9亿美元，增长18.2%。在省外资金方面，全省新增省外资金项目4787个，实际到位省外资金9993.8亿元，同比增长3.6%（见图3）。粤、京、沪、浙、苏、鲁6省市在豫投资7342.2亿元，增长13.0%，占全省投资总额的73.5%。

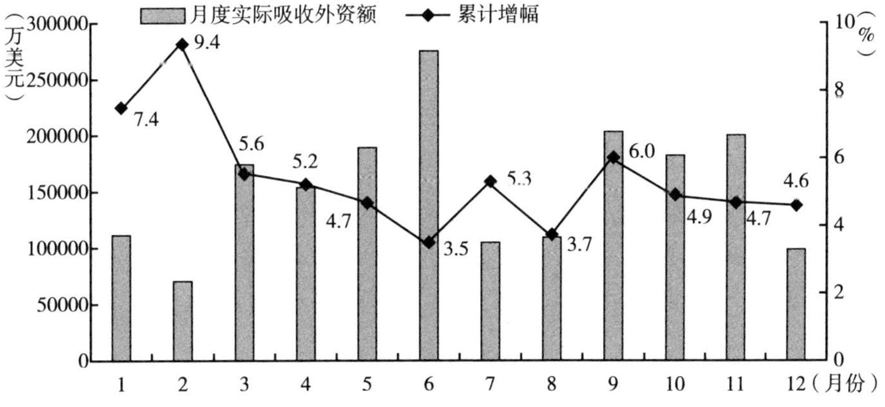

图2　2019年河南省月度实际吸收外资额及累计增幅

资料来源：河南省商务厅。

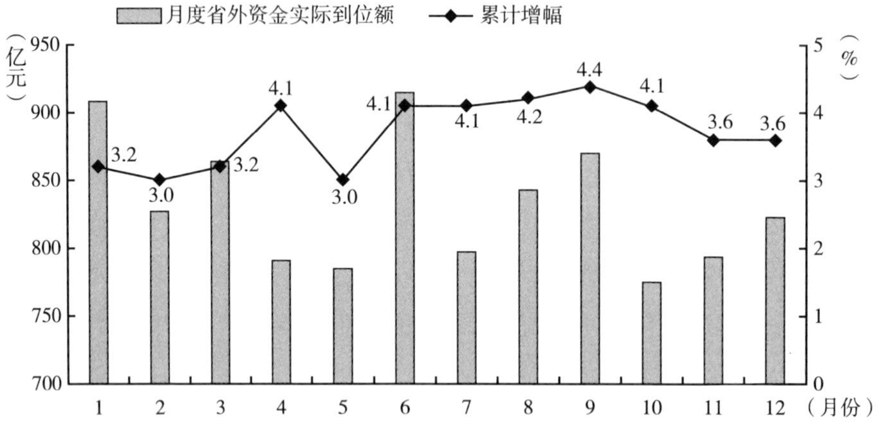

图3　2019年河南省月度省外资金实际到位额及累计增幅

资料来源：河南省商务厅。

引资结构进一步优化。服务业领域实际吸收外资 87.6 亿美元，增长 12.3%，占比为 46.8%，同比提高 3 个百分点，主要集中在科技研发、批发零售、电力燃气和租赁服务业等行业。从产业分布看，第三产业到位省外资金 4656.8 亿元，增长 4.0%，增速最快；第二产业到位省外资金 4748.5 亿元，增长 3.4%。其中制造业到位资金为 4277.2 亿元，增长 8.7%，占全省到位省外资金总额的 42.8%。

大项目带动作用进一步显现。2019 年，河南省政府与美国通用电气签署战略合作协议，在濮阳建设陆上风电业务制造中心和综合性生产服务基地；与苏宁集团签署战略合作协议，深化在智慧零售、智慧物流等领域的合作。恒大集团、新加坡丰益集团、华润集团、香港光大环保等知名企业在河南省投资新能源汽车、食品、仓储、环保等项目。新增世界 500 强企业特斯拉 1 家落户自贸区郑州片区，截至 2019 年底，在豫世界 500 强企业总数达到 161 家，国内 500 强企业总数达到 165 家。美国嘉吉、华润集团、泰国正大、新加坡丰树集团等一批知名跨国公司在河南增资扩股。境外上市融资有了新进展，鑫苑置业在港交所主板成功上市。引进合同省外资金 10 亿元以上项目 436 个，合同省外资金 7294.9 亿元，到位 4112.5 亿元。

（四）对外经济合作有序推进

对外投资趋于理性。2019 年全省对外直接投资中方协议额为 14.3 亿美元，下降 35.9%（见图 4）；对外直接投资实际出资 14.1 亿美元，下降 26.7%。对共建“一带一路”国家协议投资 8700 万美元，下降 25.0%。郑州和洛阳对外直接投资分别为 60953 万美元、51434 万美元，占全省的 78.4%。

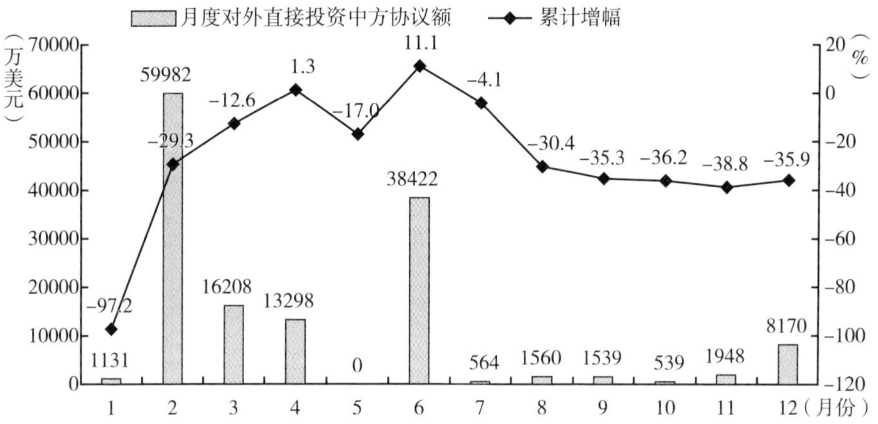

图 4　2019 年河南省月度对外直接投资中方协议额及累计增幅

资料来源：河南省商务厅。

对外承包工程和劳务合作完成营业额较快增长。2019 年全省对外承包工程及劳务合作完成营业额 41.6 亿美元，增长 20.7%。对共建“一带一路”国家对外承包工程完成营业额 17.1 亿美元，增长 17.1%，占完成营业总额的 41%。郑州、濮阳对外承包工程和劳务合作完成营业额分别为 17 亿美元、7.2 亿美元，两市合计 24.2 亿美元，占全省的 58.2%。2019 年，河南省外派劳务 2.86 万人次，下降 10.0%，其中直接派出 2.42 万人次；新签对外承包工程及劳务合作合同额为 44.3 亿美元，增长 18.2%；新签对外承包工程合同额 1000 万美元以上项目 62 个，新签合同额占全省的 90.0%。对共建“一带一路”国家对外承包工程新签合同额为 13.6 亿美元，增长 20.4%，占新签合同总额的 30.7%。

（五）消费规模继续扩大

消费市场总体平稳。2019 年，全省社会消费品零售总额为 22733 亿元，增长 10.4%（见图 5），高于全国平均水平 2.4 个百分点，增速同比上升 0.1 个百分点。全省电子商务交易额为 1.94 万亿元，增长 29.1%；网络零售额为 4045 亿元，增长 26.3%。第一大类商品汽车零售额增幅高于全国 5.2 个百分点。

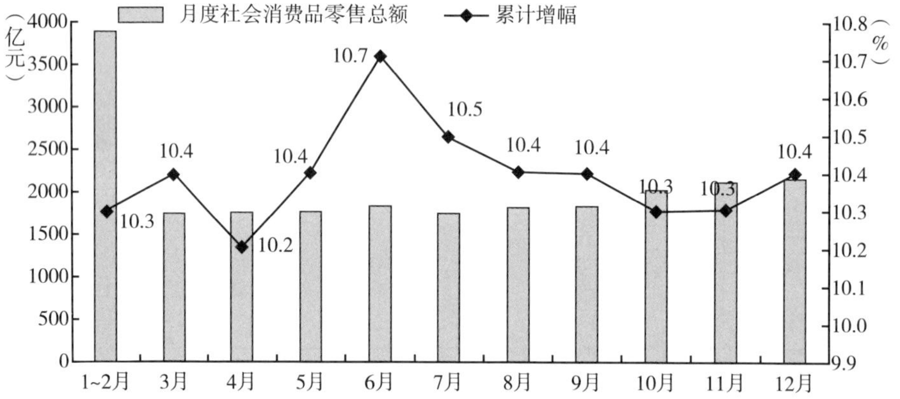

图 5　2019 年河南省月度社会消费品零售总额及累计增幅

资料来源：河南省商务厅。

多数商品消费保持增长态势。2019 年，第一大类商品汽车零售额增长 4.4%，增速比上年同期提高 2.6 个百分点。第二大类商品石油及制品类增长 7.3%，高于全国 6.1 个百分点。书报杂志类、电子出版物及音像制品类、中西药品类和文化办公用品类等消费升级类商品分别增长 17.1%、15.3%、17.3% 和 7.7%。粮油食品类、烟酒类、服装鞋帽针纺织品类、饮料类和日用品类等生活类商品零售额分别增长 13.8%、14.1%、8.3%、13.5% 和 15.2%。家具和建筑类及装潢材料类等家居类商品零售额分别增长 11.9% 和 10.2%。家用电器和音像器材类商品零售额增长 8.7%。

持续实施消费升级行动计划。支持苏宁、丹尼斯、永辉等优势品牌零售企业发展社区便利店、零售店，打造“一刻钟便民服务圈”。开展“老字号进故宫”、河南老字号中华行、精品年货博览会、农博会、郑州商品交易会等促消费活动。新认定 33 个“河南老字号”，总数达到 156 个。组织豫酒营销推广活动，举办烹饪技能竞赛，推进豫酒振兴、豫菜振兴。开展单用途商业预付卡专项整治行动。组建河南省家政联盟，健全家政行业信用体系，上报家政服务员信息突破 10 万人，审核认证近 3 万人，走在全国前列。新增电商企业 9214 家，累计认定备案 2.12 万家。中国（漯河）电子商务园区晋升为国家级示范基地。推进物流业转型发展，全年快递业务量为 21.1 亿件，收入为 188.6 亿元，分别增长 38.3%、23.3%，认定 22 家省级物流示范园区并给予资金支持，确定郑州、许昌、鹤壁等 5 市和兰考县为首批河南省城乡高效配送试点城市，10 家企业入选全国百强冷链物流企业，2 家居百强前十。获批全国农商互联完善农产品供应链试点。

电商扶贫成效明显。新增 18 个国家级电商进农村综合示范县，累计认定 95 个综合示范县（国家级 53 个、省级 42 个），建成县级电商扶贫公共服务中心 121 个、村级电商扶贫服务点 2.35 万个，服务覆盖 7381 个建档立卡贫困村，培育电商扶贫带头人 5740 人。开展农产品产销对接 700 多场次，带动贫困人口就业创业 5.93 万人。习近平总书记在光山县考察时对电商扶贫予以肯定。

（六）齐心协力奋战疫情

强化工作机制。新冠肺炎疫情发生以来，为确保特殊时期全省市场供应平稳有序，省级层面成立由两位副省长任组长的市场供应专班，加强生活必需品生产、流通、供应的统筹协调指导。省商务厅履行专班领导小组办公室职责，把加强市场供给保障作为最重要的工作来抓，以省指挥部名义发布了《关于进一步加强生活必需品保供工作的通告》。省商务厅第一时间（2020 年 1 月 23 日）成立了疫情防控工作领导小组，下设防控办和防控协调、监测保供等 4 个工作组，后又新增“三外”稳定组、消费促进组和输入防控组。先后多次召开领导小组会和专题会，厅级干部带队，分赴各地调研指导保供稳价、复工复产工作，掌握最新最实情况，有针对性地做好工作。各级商务部门会同相关部门做好“米袋子”“菜篮子”“果盘子”的生产保供、市场保供、物流保通和市场监管等工作，确保“产得出、运得走，调得进、供得上，价格稳”。

周密安排部署。省商务厅发布《关于做好全省商务领域新型冠状病毒感染的肺炎疫情应对工作的紧急通知》《关于进一步加强商务领域生活必需品市场监测和应急保供工作的通知》等文件，确定了28家储备规模大、物流配送能力强的应急保供骨干农批企业，825个储备商品投放点。各地商务部门指导督促商贸流通企业积极拓宽货源，加大组织力度，及时补货补柜，确保市场供应稳定。春节前后各地以低于市场约20%的价格定点投放6500多吨猪肉，平抑了猪肉价格，稳定了市场预期。及时回应社会关切，省商务厅参加省政府第2场、牵头组织第13场和第22场新闻发布会，发出《致广大消费者的公开信》；各地商务部门也主动发声，通报生活必需品保供情况，传递市场平稳信号，稳定公众情绪，引导安心消费、有序消费、理性消费。按照商务部部署，第一时间动员万邦、双汇、三全等企业做好支援湖北工作。

创新工作方式。针对疫情前期各地严防死守的情况，省商务厅报请省领导同意，加大协调力度，向大型农批市场、重点商超、电商物流企业、食品企业、外资企业等发放生活必需品运输通行B证，各地也协调发放大量本区域内的C证，破解物流难题，基本打通生活必需品物流主通道。支持各地商贸企业健全疫情防控制度，改进营销方式，增加生鲜蔬果区面积，预先分包称重标价，店外临时露天销售，方便消费者快速选购；引导商贸企业开展农超对接、直供直销、蔬菜套餐、线上服务、小区代购等无接触式销售。各地主动创新招商方式，变“面对面”交流为“屏对屏”沟通，变“当面签”为“在线签”，一大批项目签约或开工。

推动复工复产。认真贯彻落实省疫情防控指挥部《关于进一步加强复工复产工作的通知》和商务部《关于在做好防疫工作的前提下推动商务领域企业有序复工复产的通知》要求，积极推动符合条件的企业复工复产。省商务厅联合省财政厅出台《关于积极应对新冠肺炎疫情做好外经贸工作若干措施的通知》，帮助企业协调解决防疫物资短缺、招工用工难、物流运输不畅、供应链不配套、资金紧张等困难和问题，指导企业在确保防控安全的前提下尽快复工复产。坚决贯彻中央“做好龙头企业复工复产保障工作，维护全球供应链稳定”的重大要求，省商务厅牵头跟进富士康复工复产，省市区建立服务协调机制，根据富士康超常规用工需求开展返岗复工“点对点”服务。出台《河南省商务厅关于积极应对新冠肺炎疫情影响做好促消费工作的通知》，推出11项举措，服务保障全省商贸流通企业复工开业。

二　2020年河南省商务发展面临的形势及展望

（一）面临挑战

1. 国际形势更为严峻

习近平总书记多次强调，当今世界正经历百年未有之大变局。当前，受逆全球化抬头、单边主义盛行、地缘政治风险上升、国际贸易治理体系变革等多重因素影响，商业信心减弱，金融市场波动，全球制造业、贸易及投资活动大幅放缓，全球经济复苏势头脆弱。随着新冠肺炎疫情在全球多个国家蔓延，更多国家采取封国、封州、封城、停业等举措，正常的经贸活动、人员往来趋于停滞，全球产业链、供应链和物流链受阻，需求骤降，新兴市场和低收入国家资本外流，贸易秩序重塑，贸易成本增加，对全球经济复苏造成巨大冲击。全球疫情结束时点、众多国家为抑制疫情扩散而暂停部分经济活动的情况持续时间、与疫情有关的限制措施解除后消费和投资活动反弹力度等均存在很大的不确定性，世界经济贸易形势面临诸多变数，逆全球化和贸易保护主义风险上升。主要国际经济组织纷纷调降2020年经济预期。国际货币基金组织（IMF）4月14日预测，2020年世界经济增长率可能下降到－3%。

2. 国内经济下行压力加大

当前，中国正处于经济增速换挡期和跨越中等收入陷阱的关键时刻，受国内周期性问题与结构性矛盾叠加、人口老龄化和各种成本上升等多种因素影响，经济运行面临下行压力。2019年我国GDP实际增长6.1%，增速创1991年以来新低，其中季度GDP增速分别为6.4%、6.2%、6.0%、6.0%，实际增速整体下行。尽管中美签署第一阶段贸易协议，取得了阶段性成果，但中美贸易摩擦具有长期性的特点，其影响复杂多变，2019年我国对美进出口下降10.7%。新冠肺炎疫情对中国经济短期影响已经显现，制造业、房地产、基建投资短期停滞，各类消费受到较大冲击。2020 年 1 ~2 月我国投资和消费数据降幅超过 20%，工业和服务业降幅超过 13%。目前，尽管我国经济活动已开始呈现暂时企稳态势，越来越多的企业恢复到正常生产经营状况，但疫情的全球发酵，在全球经济高度相互依存的背景下影响更为深远。随着全球产业链的传导效应显现，疫情对我国经济的影响加深，风险升级，除了生产口罩、防护服等防疫物资的企业外，基本所有行业都受到了巨大影响，外向型企业面临原材料、零配件等供给不足，生产无法正常运行，订单延后或取消，国际物流通道不畅，产品销售受阻，对我国的产业链、供应链以及外贸出口造成了较大影响。

3. 疫情下河南商务高质量发展压力更大

河南省传统优势减弱、要素约束趋紧，与沿海发达地区相比，人力资源、土地成本趋近，开放的理念和便利的营商环境差距大，站位不够高；外资外贸体量不够大，结构不优；自贸试验区改革试验田、开放新高地作用发挥不充分；经开区发展不平衡，外向型经济不突出；商务高质量发展的思路还需要拓展，实现商务高质量发展任重道远。疫情的暴发已对经济社会造成较大冲击，一季度河南商务指标萎缩，各种不利因素叠加带来前所未有的挑战。一是招商引资压力重重。海外疫情蔓延、金融市场动荡、原油价格大幅下跌、需求市场变动等因素影响跨国投资者信心，延缓企业对外投资决策。河南省企业虽然已有序复工复产，但部分新增资计划将延缓。受疫情影响，正常的经贸活动和中外人员往来受阻，相关国家忙于应对疫情，无暇开展经贸活动，对招商工作，尤其是对外商来豫投资影响巨大。二是外贸进出口形势严峻。随着我国疫情防控取得阶段性成效，新冠肺炎疫情在全球扩散，各国纷纷采取严格的防控措施，国际市场需求骤降，疫情对河南外贸的影响由开工不足、订单延期等内部供给影响向订单减少、需求不足等外部需求影响转变。特别是海外非生活必需品需求锐减和不同程度的停工停产，将直接影响河南省成品和半成品货物的出口需求，手机零部件等中间品和原材料进口所受冲击也影响最终产品出口，外向型中小型外贸企业更多面临来自供应链、现金流的压力。三是对外投资风险上升。从短期来看，新冠肺炎疫情使大多筹备期的投资项目暂缓，人员流动受限、设备物资检疫等导致处于建设期的项目进度放缓。从中期看，疫情会导致海外投资项目受到来自政治、经济、劳务等方面不同程度的影响。四是消费短期冲击较大。新冠肺炎疫情暴发后，线下消费行业如旅游、电影、餐饮、住宿、零售等受到较大冲击，经营面临很大困难。2020年一季度河南省社会消费品零售总额比上年同期下降21.9%。

（二）面临机遇

1. 世界逆周期调节力度空前

世界各国在强化疫情防控的同时，为了应对疫情对于宏观经济的冲击，加快实施了宽松的货币政策和积极的财政政策等逆周期调控举措。一方面，各国央行快速推出各类宽松政策呵护经济和资本市场，流动性宽松幅度超过市场预期。比如，美联储针对市场的潜在风险推出一系列宽松举措，充分显示了流动性支持将上不封顶的态度。在美联储“无限量”流动性支持之下，海外市场流动性紧张的状况已经初步缓解。另一方面，各国近期也相继推出大规模财政刺激政策，G20特别峰会提出，G20将启动总价值5万亿美元的经济刺激计划，以应对疫情对全球社会、经济和金融带来的负面影响。

2. 我国经济发展韧性在不断增强

我国有巨大的市场优势和内需潜力，有完善的产业配套体系，有集中力量办大事的制度优势。在全国上下和广大人民群众共同努力下，全国疫情防控形势持续向好、生产生活秩序加快恢复的态势在不断巩固和拓展，统筹推进疫情防控和经济社会发展工作取得积极成效，已经走出最困难、最艰巨的阶段，企业复工复产积极有序推进，经济运行加快回归常态，疫情冲击不会改变我国经济长期向好的基本面。截至2020年3月28日，全国规模以上工业企业平均开工率和员工复岗率分别达到98.6%和89.9%，广东、江苏、浙江、山东、福建等工业大省已基本全部开工。在一些龙头企业带动下，大量中小微企业加快推进复工复产。

3. 河南经济发展基本面持续向好

中部地区崛起、黄河流域生态保护和高质量发展、郑州国家中心城市建设等重大国家战略交汇叠加，“四路协同”“五区联动”势头正好，“两稳一促”政策密集出台，经济转型升级持续推进的内在发展态势没有改变，经济能够较好实现平稳增长，为河南发展提供了难得的机遇和支撑。河南省拥有近1亿人口的大市场，其中有近3000万的中等收入群体和城镇化水平提升带来的巨大升级需求，消费市场规模大、潜力足、韧性强，消费市场长期平稳增长的基础仍然存在。疫情不可避免地会对经济社会造成较大冲击，但消费稳定发展和持续升级的趋势不会变，河南的比较优势特别是庞大的人力资源优势不会变，重点企业在全球产业链中的地位和作用不会变。

4. 疫情过后蕴含的重要机遇

疫情中，我国经济虽然出现了短暂的停滞，但一些行业逆势增长，生鲜电商、网上医疗、远程教育、线上办公、无接触配送、数字经济、员工共享等新模式新服务新业态快速扩张。随着国家和地方出台的一系列财政、税收、金融、就业等政策措施逐步落地见效，社会生产生活秩序进一步恢复，企业出口转内销和零部件等进口替代产业发展加速，产业格局变化加快，大数据、云计算等新基建建设加快，数字经济与传统行业深度融合加速将改变经营模式和产业布局。新冠肺炎疫情倒逼企业转变理念，转型升级，企业更需要在国家大势中寻找自己的行业趋势，用好政策，共克时艰，将获得新的发展机会和市场空间。随着疫情逐步缓解，消费市场将进一步平稳回升，刚性消费回补带动出现补偿性消费，消费模式变化倒逼零售、餐饮、娱乐等企业紧跟消费习惯和需求变化，加速线上线下融合，调整业态布局。后疫情时代，全球供应链重塑，国际收购、兼并、合作将迎来机会。

（三）2020年河南省商务发展有望实现平稳增长

准确把握国内外疫情防控和经济形势的阶段性变化，充分认识当前商务发展面临的严峻挑战，把外部压力转化为深化改革、扩大开放的强大动力，在危中寻机，在变中求胜，力争实现 2020 年河南省社会消费品零售总额增长 10%，货物进出口平稳增长，实际吸收外资、省外资金均增长 3%，服务进出口增长 7%，对外直接投资与上年持平。

三　加快推进商务高质量发展，为新时代中原更加出彩做出新贡献

2020 年是全面建成小康社会和“十三五”规划的收官之年，又面临着打赢疫情防控阻击战和商务事业发展保卫战的艰巨任务，做好工作的难度加大，

责任重大。要以习近平新时代中国特色社会主义思想为指导，深入贯彻落实习近平总书记视察河南重要讲话精神，坚持稳中求进工作总基调，坚持新发展理念，坚持以供给侧结构性改革为主线，坚持以改革开放为动力，紧扣全面建成小康社会目标任务，坚定信心，攻坚克难，着力稳外贸增外资促外经，更高水平扩大对外开放，打造内陆开放高地，着力创新模式、搞活流通，促进消费升级，加快培育强大消费市场，切实推进商务高质量发展，努力实现疫情防控和商务事业“双战双赢”，在应对变局、服务大局、开创新局中展现新担当、新作为，为新时代中原更加出彩做出新贡献。

（一）统筹推进疫情防控和商务发展

深入贯彻落实习近平总书记关于统筹推进疫情防控和经济社会发展的重要讲话精神，坚持“一手牵两头”，一头毫不放松继续抓好疫情防控，持续做好保供稳价，为打赢疫情阻击战提供有力支撑，确保商务系统防控安全；另一头安全有序高效推进复工复产，保订单、保项目、保企业，千方百计稳住外贸外资基本盘。一是持续保障市场供应。密切跟踪疫情防控形势变化，充分考虑复工复产返校高潮等各种复杂情况，深入市场一线，及时掌握动态，继续做好生活必需品供需衔接和市场调度，进一步畅通末端物流，发挥好大型农批市场保供稳价“调节器”作用。指导协调商超加大货源采购、调运、配送、补货力度，提高补架频次，适时投放猪肉、蔬菜储备，确保生活必需品不断档、不脱销，价格不暴涨。二是狠抓应急政策落实。全面落实中央、国务院各项支持政策和《河南省应对疫情影响支持中小微企业平稳健康发展若干政策措施》，切实抓好河南省商务厅、河南省财政厅《关于积极应对新冠肺炎疫情做好外经贸工作若干措施》以及《河南省商务厅关于积极应对新冠肺炎疫情影响做好促消费工作的通知》的落实，专人专班跟进，推动复工复产、稳外贸稳外资促消费各项举措尽快落地见效，惠及企业。三是创新方式方法。引导鼓励企业通过跨境电商、网上参展等方式拓展出口渠道，实现在线数字化营销。统筹谋划各类投资促进活动，鼓励建立“云招商”系统，创新不见面招商方式，加快重大招商引资项目洽谈对接、签约落地和开工建设步伐。针对疫情防控中催生的新需求，储备对接一批网络经济、生物制药、医疗康养、卫生保健等项目。指导商贸企业在保障安全的前提下，创新供给方式，优化服务，充分发挥电商促进消费的重要作用，积极组织骨干餐饮企业提供团餐配餐服务。四是着手建设商务系统应急管理制度体系。在全面做好市场监测的基础上，健全生活必需品市场供应应急管理机制，加强重要商品储备管理和市场调控，加强商贸服务行业、博览会展销会等经贸交流活动、汽车流通、成品油流通、外经业务等领域的应急管理、救援救助工作，补齐商务系统应急工作短板。

（二）高水平扩大对外开放

越开放，越发展。2019 年 5 月，习近平总书记主持召开推动中部地区崛起工作座谈会时强调，扩大高水平开放，把握机遇积极参与“一带一路”国际合作，推动优质产能和装备走向世界大舞台、国际大市场，把品牌和技术打出去。同年 9 月，习近平总书记在河南提出了黄河流域生态保护和高质量发展国家战略，并要求河南积极融入共建“一带一路”，加快打造内陆开放高地，加快建设现代化经济体系。充分发挥省对外开放工作领导小组办公室和工作推进组办公室作用，统筹推进“四路协同”“五区联动”重大事项，畅通高水平开放通道。一是抓政策落地。持续贯彻落实国家稳外贸稳外资政策安排。加快落实支持外经贸企业发展“黄金 19 条”。积极稳妥应对中美贸易摩擦，加大对贸易摩擦预警点、涉外法律服务团的支持与管理力度。二是抓效能提升。深化“放管服”改革，实施市场准入负面清单、公平竞争审查制度，进一步简政放权，推进“五减一优”，及时接收处理“多证合一”信息，提高网上政务服务能力。推进“互联网 + 监管”，加强商务领域信用建设。建立干部联企、部门联办、企业联动机制，强化外商投资企业权益保护。三是抓自贸试验区建设。加强制度创新，出台《推进河南自贸试验区深化改革创新、打造新时代制度性开放高地的若干意见》。推动自贸试验区条例通过省人大一审。再向自贸试验区下放一批省级经济管理权限。完善自贸试验区管理体制，调动各片区积极性。做好“证照分离”改革全覆盖试点，为全省范围复制推广积累经验。围绕三个片区国际化定位强化国际合作，在引进一批跨国公司或第二总部上求突破。探索设立自贸试验区开放创新联动发展区。全力做好自贸试验区建设三周年总结评估工作。

（三）搞活流通，促进消费

习近平总书记强调，要把复工复产与扩大内需结合起来，把被抑制、被冻结的消费释放出来，把在疫情防控中催生的新型消费、升级消费培育壮大起来，使实物消费和服务消费得到回补。一是培育消费热点。抢抓疫情过后消费市场触底反弹、补偿性消费集中释放的机遇，支持引导社会资本增加健康、养老、育幼、体育、文化旅游服务供给，积极培育信息、时尚、体验、定制、智能、假日、夜间经济等新兴消费热点，促进消费回补和潜力释放。支持郑州打造国际消费中心城市、现代国际物流中心和国际会展名城，支持筹办中国国际食品博览会。精心组织消费促进月、年货博览会、农博会、郑州商品交易会、河南老字号中华行等消费促进活动。促进老字号认定和管理规范化、标准化。培育家政品牌企业，推进家政服务业提质扩容和“百城万村”家政扶贫工作。注重餐饮品牌建设，继续推进豫酒转型攻坚。二是促进消费升级。研究出台河南省落实国务院促消费20条政策措施实施意见，发挥河南省人口众多、市场总量大的优势，适应分层次、多元化消费升级趋势，合理引导消费需求，不断提升消费品质。积极推进郑州德化街争创国家级示范步行街，鼓励各地改造提升一批步行街，形成省级市级示范联动格局，打造城市消费新地标。持续推动物流业转型发展，再认定一批省级冷链、快递、电商物流示范园区，培育认定一批省级物流公共服务平台。扎实推进农商互联，抓好农产品供应链试点、城乡高效物流配送试点和物流标准化试点。继续培育和认定品牌消费集聚区，加快推进品牌连锁便利店发展。三是推进消费惠民。活跃农村消费市场，完善农村电商和冷链物流等基础设施。扎实做好电商进农村、电商扶贫和产销对接扶贫工作，继续做好家政扶贫、对外劳务扶贫、定点扶贫工作，为脱贫攻坚、全面小康多做贡献。完善便利店、菜市场等便民消费设施，优化布局。向省辖市下放加油站审批权，支持建设偏远乡村加油站，持续开展油品质量专项检查行动，打击取缔黑加油站点。积极推动全省商贸行业企业落实安全生产主体责任，搞好平安创建，确保大局和谐稳定。

（四）培育外贸竞争新优势

习近平总书记强调要保障外贸产业链、供应链畅通运转，稳定国际市场份额；用足用好出口退税、出口信用保险等合规外贸政策工具，扩大出口信贷投放。要对2020年的外贸压力和困难有充分的估计，把稳外贸放在更加重要的位置，拿出更多立竿见影的硬招实招，防止进出口继续大幅下滑。一是优化企业服务。落实外贸重点企业联系制度，针对外贸企业资金紧张、合同违约、客户流失等问题，主动采取精准帮扶措施，帮助协调克服困难。对富士康等龙头企业专题研究、专班服务、专项突破，稳住跨国公司核心企业和主要产能，维护全球供应链稳定。精准支持企业巩固传统市场，开拓新兴市场，力保美国市场份额。培育优势外贸产业基地和外贸综合服务企业。二是办好重大活动。精心组织企业参加第三届进博会，办实办好专项活动，利用平台招商引资，促进成交新提升。高水平筹办第四届全球跨境电商大会，办出新意、办出实效、办出品牌。对接商务部有关司局和国家级商协会，谋划组织系列重点境外经贸活动，争取商务部在河南省举办2020年驻华商务参赞“知华行”和中国—拉美国际博览会，搭建高水平、国际化经贸合作新平台。三是发展外贸新模式。推进郑州、洛阳跨境电商综试区加快建设，推动跨境电商1210模式境外复制推广，支持企业建立公共海外仓等国际营销服务体系项目。推动跨境电商进口药品和医疗器械试点尽快取得实质性突破，积极争取国家二手车出口、国家市场采购贸易方式试点，提升平行车进口实效。加快发展服务贸易，积极申请国家服务贸易创新发展试点，争取设立国家级文化贸易出口基地。

（五）积极有效利用外资

习近平总书记在多个场合强调，中国利用外资的政策不会变，对外商投资企业合法权益的保障不会变，为各国企业在华投资兴业提供更好服务的方向不会变。吸引外资本来已受到中美经贸摩擦影响，加之疫情冲击，导致外商投资预期不稳，必须采取力度更大、更有针对性的措施，增强外商长期投资信心。一是提升招商质量。落实国家高水平对外开放战略部署，加大先进制造业、服务业吸引外资力度。针对2019年鼓励外商投资产业目录增加条目，在电子信息、装备制造、现代医药、新材料、商贸流通等领域，加大招引力度，力争吸引一批带动力强、示范效应明显的项目落地。发挥航空港区、自贸试验区等重大国家战略招商引资主平台作用，继续推进经开区创新提升，推动承接产业转移向高端化迈进。二是提高服务水平。严格执行《外商投资法》及其配套法规，保障外商投资企业国民待遇，健全外商投诉机制。完善省领导与跨国公司高管对话机制，谋划举办省领导对话跨国公司高管活动。加强与国际知名专业咨询机构在招商引资方面的合作。建立健全重点外资项目联系机制，落实好“服务官”制度、外企服务日制度、政府企业直通车制度等服务机制。对在谈大项目，密切跟踪进展情况，及时解决外商关切，推动尽早签约。对在建大项目，协调相关部门在用地、用工、水电等方面加大保障力度。三是提速重点合作。建立境外招商引资和经贸促进网络，推进落实与英国、德国、东盟等重点国家和地区经贸合作计划，深化豫港澳经贸合作，加大对欧美、日韩招商引资力度，适时在境外重点国家和区域，举办灵活多样、精准有效的经贸招商活动，深耕细作，扩大成效。积极承接国内产业转移，在京津冀、长三角、珠三角举办有针对性的经贸活动。集中抓好一批标志性的重大外资内资项目落地，持续跟踪服务美国通用电气风电设备制造基地、双汇倍增工程等重大外资内资项目进展情况，加快推进履约落地、建成投产。

（六）稳妥有序“走出去”

发挥河南省在轨道交通、电气装备、农机、客车等装备制造业、农业及农产品加工业、矿产资源勘探开发等领域优势，紧盯“一带一路”建设，积极开展国际产能合作。配合商务部做好中国（河南）与卢森堡共建郑州—卢森堡“空中丝绸之路”经贸合作发展规划的商签准备工作，推动规划尽早出台。鼓励资源型投资，弥补河南省资源短板。支持建设境外商贸物流类合作区。大力发展海外承包业务，紧盯基础设施建设等优势领域，主攻西亚地区，开拓欧美市场。参与国家援外活动，扩大河南省援外布局。拓宽劳务输出渠道，提升规模和层次。

主题报告

Thematic Report

B.2
践行高质量发展理念　推进自贸试验区建设

河南省自贸办课题组*

摘　要： 2019年，河南自贸试验区坚持以习近平新时代中国特色社会主义思想为指导，深入贯彻落实习近平总书记视察河南重要讲话精神，全方位实施改革创新，高标准优化营商环境，多维度搭建开放平台，高起点推进国际化建设，改革红利加速释放，发展动能全面增强，形成高水平开放、高质量发展的良好态势。

关键词： 自贸区　河南经验　营商环境

* 课题组组长：马健；副组长：陈凯杰。课题组成员：李梅香、张峰、张玉国、尚利军。

2019 年是河南自贸试验区建设历程中承上启下的关键一年。9 月，习近平总书记亲临河南视察工作，其间到自贸试验区郑州经开区块考察，强调要充分发挥自贸试验区等国家重大战略平台作用，打造内陆开放高地。这为河南自贸试验区建设提供了遵循指导和行动指南，指明了前进方向。2019 年，河南自贸试验区坚持以习近平新时代中国特色社会主义思想为指引，深入贯彻落实习近平总书记视察河南重要讲话精神，全方位实施改革创新，高标准优化营商环境，多维度搭建开放平台，高起点推进国际化建设，改革红利加速释放，发展动能全面增强，形成高水平开放、高质量发展的良好态势。

一　2019年河南自贸试验区建设进展情况

2019 年河南自贸试验区紧盯市场主体需求，持续深化改革创新，有效激发了市场主体活力，为全省改革开放、创新发展做出了积极贡献。

（一）贯彻落实国家战略，推进重点改革任务落地见效

总体方案基本完成。按照国务院印发的河南自贸试验区总体方案，以省政府文件印发总体方案试点任务台账，明确责任单位，定期报送试点任务落实进展情况。目前，河南自贸试验区总体方案 160 项改革任务中，“投资项目承诺制”“多证合一”“工商登记全程电子化和使用电子营业执照”“事中事后监管”“积极探索以郑州和国外重要枢纽城市协同联动的国内国外‘双枢纽’发展模式”等 159 项任务已完成，完成率达 99.4%；剩余自由贸易账户 1 项任务正在积极推进。

深化改革持续推进。深入推进《国务院关于支持自由贸易试验区深化改革创新若干措施的通知》涉及的工作部署，适合河南自贸试验区的 39 项举措中，“部分建筑工程审批权限下放至自贸试验区”“郑州机场实施第五航权”“开展汽车平行进口试点”“开展海关税款保证保险试点”“实施进口非特殊用途化妆品备案管理”等 34 项已落实，“允许自贸试验区创新推出与国际接轨的税收服务举措”“支持在自贸试验区依法合规建设能源、工业原材料、大宗农产品等国际贸易平台和现货交易市场”“开展艺术品保税仓储”“支持自贸试验区试点汽车平行进口保税仓储业务”4 项正在积极推进。

“证照分离”改革加快推进。印发了“证照分离”改革试点工作方案，国家市场监管总局将河南自贸试验区列为全国“证照分离”改革重点关注单位，目前首批106项涉企行政许可事项的“证照分离”改革已在全国全面推开，在此基础上，2019年12月1日正式实施“证照分离”全覆盖试点，持续推动“照后减证”，切实降低企业的制度性交易成本。自2019年12月以来，郑州片区多家企业已享受“证照分离”改革带来的便利和快捷。以“公众聚集场所投入使用、营业前消防安全检查合格证”为例，以前企业办理许可证，需“先申请、再查验、后领证”，提交申请材料10项，办理时间需10个工作日。实行告知承诺后，申办流程实现了“承诺、领证同步，后续核查”，提交材料减为3项，办理时间压缩至1天以内，提高了审批效率，节省了企业准备营业的时间和资金成本，服务了企业的发展。洛阳片区在全省第一批推进97个改革事项的基础上，研究推出第二批“证照分离”改革试点事项74项。共办理取消审批、审批改为备案、告知承诺制、提高透明度和可预期性、强化准入监管等各类事项共计123件。

（二）做好改革顶层设计，推出更多的河南经验

根据国家赋予的战略定位，在抓好《总体方案》改革试点任务落实的同时，着力打破部门条块分割，强化系统集成和全面推进，建设政务、监管、金融、法律、多式联运五大服务体系，着力构建商事简便、快捷高效、一次通办的政务服务体系，通关便捷、安全高效、一单关检的通关监管服务体系，多元融资、服务高效、一体联控的金融服务体系，机制健全、仲调结合、一律平等的法律服务体系，互联互通、物流全球、一单到底的多式联运服务体系。

在政务服务方面，河南自贸试验区积极探索政务服务改革，实施投资项目审批服务全生命周期监管、全流程服务，大幅降低企业制度性交易成本。郑州片区探索实施企业投资项目信用通、“大数据＋信用”综合监管创新，工程建设项目实现“服务八同步、拿地即开工”，企业经营注册趋于“零等待”。开封片区成为全国自贸片区中唯一入选国家级政务服务标准化试点项目的单位，“基于工程建设项目风险防控点的联合监管”作为住建部第一批工程建设项目审批制度改革经验向全国复制推广，实施“联合审批＋精准监管”的建设项

目审批办理时间由90天压缩到50天。洛阳片区积极探索“企业准入、准营、准建”等改革措施，围绕企业开办设立、注销退出、投资建设等环节，解决企业投资建设中的堵点、痛点问题，企业开办24小时完成（最快60分钟办理），企业注销公告期由45天缩减到20天，实行企业投资项目承诺制，申请资料精简83%以上，审批服务事项精简88%以上。此外，政银合作直通车、建设工程规划指标承诺制、土地测绘“三测合一”等创新举措的实施，有效提升了企业获得感。

在监管服务方面，构建了“简政集约、通关便利、安全高效”的监管服务体系，国际贸易“单一窗口”功能不断拓展，落地应用出口退税、口岸收费查询、原产地证自助打印、减免税和减免税后续申报等新增功能，实现了河南省原产地证书申领、出口退税等业务全流程电子化，货物、舱单、运输工具等主要业务申报应用率达100%。优化进境动植物检疫审批流程，在3个片区实现检疫审批全流程无纸化办理，审批时限由10个工作日缩短为5个。跨境电商全国领先，率先探索了跨境电商“多模式综合监管”“网购保税+实体新零售”等创新举措，1210网购保税备货模式已在全国复制推广，并向海外反向复制，产品通关速度达500单/秒，日均处理能力为1000万包。

在金融服务方面，国家外汇管理局河南省分局制定出台了推进河南自贸试验区外汇管理改革试点的举措，促进跨境贸易投融资便利化，支持实体经济发展。郑州片区依托“一码通”系统，探索企业信用在融资授信方面的创新，打造“跨境贸易融资授信平台”。郑商所PTA期货引进境外交易者，境外交易客户交易量占比接近10%；新增棉花期权、红枣期货和尿素期货三个上市交易品种。跨境融资、飞机租赁收取外币租金等创新业务快速发展，交通银行在河南自贸试验区洛阳片区挂牌成立全省首家离岸金融业务中心。挂牌以来区内各类金融机构有420余家，跨境结算超1000亿元，本外币贷款余额超3000亿元，已涵盖银行、证券、保险、期货、投资基金、财务公司、消费金融、股权交易中心、金融租赁、商业保理、资产管理、互联网金融等主要业态，跨境贸易和投融资自由化便利化水平不断提升。

在法律服务方面，营造了多元高效的国际化法治环境，强化了自贸试验区仲裁体制机制建设，优化了机构设置和审判资源配置，成立了自贸区国际商事仲裁院和调解中心，设立了自贸区法院（法庭）、郑州知识产权法庭、涉外商事审判咨询专家库；探索开展调解与仲裁、仲裁与诉讼相衔接的新型服务模式，在自贸区涉外案件审理过程中，尝试引入小额诉讼程序及诉前调解程序，形成简案快审工作格局。成立“中国贸促会（河南）自由贸易试验区服务中心”，建立经贸摩擦预警点，利用网站、微信等信息平台发布预警信息，进行经贸摩擦风险提示。

在多式联运服务方面，综合立体交通体系加快构建，机场多式联运数据交易服务平台、中欧国际多式联运综合服务信息平台、“买卖全球网”、“河南商事大数据平台”上线运行，初步实现信息互联互通；积极探索国际陆路多式联运提单物权化，研究出台了《关于推进河南省国际陆路多式联运提单融资促进运货互济发展的指导意见》，郑州国际陆港公司探索了“提单质押+货物监管+担保”模式，制定了国际公铁联运衔接规范、公铁联运信息系统数据交换接口标准等6项标准规范；省机场集团与郑州铁路局集团合作探索空铁联运，成功研发航空货物整版运输专用车，降低了15%的货损率。

河南自贸试验区积极贯彻“两体系、一枢纽”战略定位，抢抓“一带一路”建设重大机遇，推动空中“织天网”、陆上“联地网”、一网“通全球”、海运“达四方”，形成空中、陆上、网上、海上“四路”并进的开放通道新优势。“空中丝绸之路”越飞越广。郑州机场获批第五航权，“郑州+卢森堡”双枢纽建设形成“一点连三洲、一线串欧美”的格局。2019年开通国际航线58条，新增10条东南亚客运航线。全年旅客吞吐量为2912.9万人次，货邮吞吐量为52.2万吨，稳居中部地区“双”第一。“陆上丝绸之路”越跑越快。中欧班列（郑州）实现每周班列开行往返30多个班次，境内集疏网络覆盖134个城市，境外网络遍布世界30多个国家的130个城市。“网上丝绸之路”越来越便捷。首创1210网购保税进口模式在全国推广，国内首家跨境O2O现场自提商业模式，2分钟买到全球好产品。跨境电商进出口增长20%以上。郑州成为国内最大的进口化妆品、保健品、食品的跨境电商交易基地。“海上丝绸之路”越连越通畅。中国铁路郑州局集团有限公司联合海关、青岛港、连云港等在郑州设立“铁海联运服务中心”，开行海铁联运班列，以郑州为中心、区域节点城市为支撑的陆海货运通道枢纽正在形成。

探索总结了一批特色制度创新成果。探索总结出280多项制度创新经验和实践案例，涉及投资管理、贸易便利化、事中事后监管、金融创新等多个领域。郑州片区跨境电商零售进口正面监管模式、开封和郑州片区一码集成服务2项成果，被国务院自贸试验区部际联席会议办公室作为第三批“最佳实践案例”在全国推广借鉴。郑州片区拥有全国首家登记身份管理实名验证系统的企业，推进跨境电商零售进口正面监管模式，运用“服务八同步”“拿地即开工”项目建设模式；开封片区率先试行企业投资项目承诺制，多措并举优化营商环境；洛阳片区邀请企业和群众当考官评议改革试点任务满意度，大胆探索“四链融合”和推动“洛阳制造”向“洛阳智造”转变等6个典型成果经验，被国务院自贸试验区部际联席会议办公室以简报形式印发全国推广借鉴。开封片区的区域整体评勘被国务院推进职能转变协调小组办公室印发全国通报经验。跨境电商“网购保税＋实体新零售”等得到海关总署认可。郑州国际陆港公司研究制定的国际公铁联运衔接规范、公铁联运信息系统数据交换接口标准等标准规范走在全国前列。

（三）强化辐射带动和联动发展，发挥好改革开放试验田作用

积极推广复制全国自贸试验区创新成果。郑州、开封、洛阳片区率先完成了具备条件的上海、广东等自贸试验区五批试点经验复制推广、三批“最佳实践案例”借鉴推广工作。举办了全省自贸试验区经验复制推广轮训班，在全省范围内推动自贸试验区试点经验复制推广工作。例如，漯河市虽不在河南自贸试验区片区范围内，但它通过选取协同发展“示范部门、示范园区、示范项目”等形式，积极复制推广自贸试验区改革试点任务，并深化各类要素对接合作，取得明显成效。

积极复制推广河南自贸试验区成果经验。省市场监管局推动的企业登记全程电子化、名称自主申报、企业简易注销等改革举措，先在自贸试验区试点成功后，已在全省推广实施。经第三方机构评估筛选，行政服务类事项简易登记制、以社会信用代码为核心的“一码通”服务、企业投资项目承诺制、企业登记身份管理实名验证系统、“政银合作直通车”服务模式等首批20余项改革创新成果拟向全省范围复制推广，涉及投资管理、事中事后监管、贸易便利化、金融开放创新、投资便利化等领域。

（四）切实强化法制保障和防控风险，为改革创新保驾护航

在健全法制保障方面，在自贸试验区形成较完整配套的法制司法体系，完成了河南自贸试验区条例立法调研，将条例立法工作纳入2020年省人大立法计划，已于近期征求省有关部门意见；最高人民法院、最高人民检察院分别批复同意设立河南自由贸易试验区郑州片区人民法院和人民检察院，批复同意开封市中级人民法院审理一审涉外商事案件。探索构建自贸区知识产权保护新规程，省委办公厅、省政府办公厅印发了《关于加强知识产权审判领域改革创新若干问题的实施意见》，郑州知识产权法庭挂牌成立，跨区域审理全省范围内的有关专利、植物新品种等专业性较强的一审知识产权民事和行政案件，初步实现了审判机构专门化、审判人员专职化、审判工作专业化的重要改革目标。提升司法裁判的可预期性，省法院积极调研、推动制定《涉自贸区民商事案件审判指引》《涉外、涉港澳台刑事案件办理指南》等，对涉自贸区案件从立案、审判、执行等多个环节为当事人提供指引性思路，增强商事主体投资创业的信心。完善自贸区仲裁组织，先后设立“郑州仲裁委国际商事仲裁院”“洛阳仲裁委国际商事仲裁院和洛阳国际商事调解中心”，作为服务自贸试验区的专门机构，制定出台了《中国（河南）自由贸易试验区仲裁规则》，成为郑汴洛三地仲裁机构在办理涉自贸试验区仲裁案件时的统一规则样本。

在加强事中事后监管、切实防控风险方面，积极推进“双随机、一公开”监管，建立了河南省部门联合“双随机、一公开”监管工作联席会议制度，以国家企业信用信息公示系统（河南）为依托，建设和完善了全省统一的“双随机、一公开”监管工作平台，并纳入“互联网+监管”系统运行，实现与河南省信用信息共享平台对接。加强监管执法联动和信用约束协同，推行网络经营者身份标识（亮照亮标）制度和网站（店）实名制，支持第三方信用评价机构开展自贸试验区电子商务交易信用评价业务。推进自贸试验区网络市场监管与服务示范区创建和国家电子商务示范基地建设工作，成立“自贸区网络服务企业消费维权诚信联盟”，引导发展潜力大、经营规范有序的网络经营主体创新和完善自律管理制度，提高诚信自律水平。开展金融改革创新审慎监管，实行自贸试验区涉外收支监测分析预警，加强监管合作，重点关注创新

业务风险，全力做好反洗钱、反恐怖融资、反逃税等工作，防范违规资金跨境、跨区流动；深入开展金融知识和金融消费权益宣传教育活动，培育正确的投资意识及风险意识；设立自贸试验区金融法庭，出台金融法规审判指导性文件，推动建立协商、仲裁、审判等多元的金融纠纷调解机制，打造自贸区和谐金融、民生金融。对照国际先进自贸区标准的各项海关监管和技术性规范不断完善，出台郑州海关智慧海关建设总体方案，智能审图工作全面实施，金关二期管理系统推广应用，H986 等查验设备实现联网，进口固体废物属性鉴定常规实验室、海关跨境大数据应用创新实验室获海关总署批复筹建，技术中心实验室成为总署首批认可非洲猪瘟检测实验室。引入社会中介机构协助实施海关稽查，采信专业中介机构的稽查结果，“信用放行”和原产地证“信用签证”管理制度积极推进。防控意识形态渗透、有毒有害物质及核生化物质监测力度进一步加大。

（五）环境优化产业集聚态势明显，为改革开放和高质量发展注入动力活力

高效便利营商环境进一步优化。郑州片区实施“企业开办一站通”服务，30 分钟即可领取营业执照、税务登记、银行开户等证件，简易注册即来即办。开封片区全面实施“极速”效率、“极简”审批、“极优”服务、“极严”约束的营商环境“四极”行动先行先试 50 条，率先探索投资项目承诺制，审批事项压缩 80%，压缩时间 90%，每百亩建设用地减轻企业费用近百万元。洛阳片区在全国率先取消办理艺术体育等民办培训教育机构办学许可证，企业凭一张营业执照即可开业服务。根据普华永道第三方评估，河南自贸试验区企业总体满意度较高，区内纳税人全年纳税时间为 106.8 小时（2019 年世行评价中国平均水平为 142 小时），财税优惠获得满意度及退税效率满意度均为 80%，施工许可证办理满意度为 70%，不动产登记满意度为 81%，通关简便满意度为 73%，信贷服务满意度为 70%。

便利进出的开放口岸体系加速形成。河南自贸试验区拥有综合保税区、保税物流中心、功能性口岸等开放平台，汽车平行进口试点稳步推进，中欧班列（郑州）运邮试点正式运营。实现外贸企业入网全程无纸化、原产地证书“信用签证”，国际贸易“单一窗口”出口退税功能上线运行，航空口岸全面实施

出口货物“提前申报”通关模式等一系列创新举措，极大提升了贸易便利化水平。早上从河南进入的金枪鱼、车厘子等进口海鲜、水果，当天晚上就能端上北京、上海等地居民的餐桌。

特色高端产业集聚活力进一步激发。利用中国（北京）国际服务贸易交易会、中国河南国际投资贸易洽谈会、中国河南招才引智创新发展大会等国家和省内重点经贸活动平台，举办河南自贸试验区专题活动，赴阿联酋、英国、新加坡进行商务洽谈和推介活动。截至 2019 年底，开封、郑州、洛阳片区新注册企业数分别是片区成立前的 29 倍、近 3 倍、2 倍。河南自贸试验区全年实际利用外资 11.59 亿美元、税收收入为 427.6 亿元，同比分别增长了 171.7%、19.4%。世界 500 强日本住友商事株式会社投资 2500 万元设立合资公司，世界 500 强美国利宝保险、财富 500 强世邦魏理仕等落户郑州片区。世界 500 强益海嘉里集团投资 20 亿元，在开封片区建设中原地区食品加工基地。洛阳片区引进美国传奇 3D 在中国的首个项目——传奇（河南）数字科技有限公司，打造国际水准的现代化电影工业展示体验中心。独角兽企业 APUS（麒麟合盛）全球第二总部、益海嘉里、传奇影业、巴库生物、华润医药等一大批重点及特色项目落地自贸试验区。

开放引领示范带动作用凸显。自贸试验区进一步增加了改革开放的浓厚氛围，初步形成了郑州航空港区、自贸试验区等“五区联动”，空中、陆上、网上、海上丝绸之路“四路并举”的开放新格局。航空港区与郑州片区共建“飞地经济”实现协同联动，洛阳自创区与洛阳片区实现“双自联动”。自贸试验区率先探索“二十二证合一”到“三十五证合一”全省铺开；率先实施“证照分离”改革并扩大实施范围，最终实现“证照分离”全覆盖；在率先探索投资项目承诺制的基础上，全省大力简化整合投资项目报建手续，探索区域评价、容缺办理、多规合一、多评合一和多图联审 5 项机制，全省投资项目审批事项压缩 48%，项目从立项到开工全程审批时间压缩 67%，部分项目可压缩到 30 个工作日。自贸试验区改革创新为全省改革开放带来了活力和动力，助推全省开放理念迅速更新，开放环境加快优化，开放型经济呈现新变化，正由吸引集聚一般性生产要素向高端和创新性要素转型升级，由商品和要素流动型开放向规则等制度型开放转变，协同开放、集成开放、内外联动的开放体制机制更加完善。

二　主要经验做法

（一）高层推动形成高效推进机制

为深入学习领会习近平总书记关于对外开放的重要论述，贯彻落实习近平总书记在推动中部地区崛起工作座谈会上的重要讲话精神，2019 年 7 月 25 日，河南省委、省政府召开了全省对外开放大会，对高水平建设河南自贸试验区提出了明确要求。2019 年底召开的省委经济工作会议和 2020 年初的省政府工作报告分别对抓好制度创新和政策集成、完善自贸区管理体制等做出安排部署。王国生书记、尹弘省长分别莅临商务厅调研工作，多次到各片区现场指导，就自贸试验区全方位高水平开放提出具体要求。黄强常务副省长、何金平副省长等省领导也多次到各片区调研指导，召开专题会议，协调推动“一网通办”等重点改革事项。各成员单位主要领导总负责，积极推动试点任务落实。比如，省市场监管局主要领导靠前指挥大力推进商事制度改革，在“多证合一”、“证照分离”改革、“企业登记身份实名验证”等多方面走在全国前列。郑州、开封、洛阳市委、市政府紧跟新形势、新情况、新变化，认真落实各项决策部署，践行高质量发展要求，助力高水平开放。郑州市发布了自贸片区三年行动计划，推进贸易、物流、金融、文化、信息、专业服务、制造业七大新经济产业集群建设，以片区为引领打造内陆开放型经济新高地。开封市制定出台了推进文化产业国际化发展的若干意见，在文化产业对外开放先行先试、特色文化产业创新发展、搭建文化产业国际化渠道和平台方面持续发力，明确了财政、投融资、人才等 12 条扶持政策，助力文化产业国际化建设。洛阳市出台了推进“三区”融合实现高质量发展的意见，明确了提升金融服务水平、推动产业高质量发展、深化管理体制改革等 9 个方面 31 项举措，将片区建设资金纳入市一级预算，在用地、人才等要素保障方面给予支持，加快推进高质量发展。

（二）强化顶层设计，为高水平建设奠定良好基础

省政府印发了河南自贸试验区建设实施方案，对总体方案细化落实，明确了七大方面 72 项具体任务，实施了政务服务、监管服务、金融服务、法律服

务、多式联运服务五大服务体系建设专项方案。领导小组办公室印发了郑州、开封、洛阳三个片区实施方案，明确了片区建设思路、发展路径和重点产业。省法院、检察院、商务厅、交通运输厅等省直及中央驻豫单位累计出台49项含金量高的配套政策，例如，人行郑州中心支行会同证监会、银保监会等金融部门拟定了“一意见、一细则、四方案”；省法院会同省检察院、司法厅专门出台了自贸试验区司法服务保障方案。河南自贸试验区已经形成总体方案引领、建设实施方案和管理试行办法统筹、片区实施方案落实、五大服务体系支撑、专项配套政策合力支持的自贸试验区制度创新框架体系，做到了目标任务明确、工作路径清晰、保障支持有力。

（三）围绕战略定位打造地方特色优势

跨境电商保持中西部领先优势。跨境电商“网购保税+实体新零售”模式实现“线上下单，即买即提”。全年河南跨境电商进出口增长20%以上。多式联运服务体系日益完善。郑州机场充分利用国家赋予的第五航权，积极洽谈引进外国航空公司承载经郑州至第三国的客货运业务。拓展金融领域服务创新。国家外汇管理局河南省分局制定出台了推进河南自贸试验区外汇管理改革试点的举措，促进跨境贸易投融资便利化，支持实体经济发展。郑州片区依托“一码通”系统，探索企业信用在融资授信方面的创新，打造“跨境贸易融资授信平台”。郑商所PTA期货引进境外交易者，新增棉花期权、红枣期货和尿素期货三个上市交易品种。强化创新要素引领。清华大学教授等成立专家库和顾问团，与中国人民大学、河南大学等高校积极共建研究院所。启动了中芬国际产业创新合作中心、中关村智酷人才与产业创新基地，全力打造人才乐享创业的科技人文环境，创新构建人才聚合和协同创新两大特色平台。融入“一带一路”取得新进展。中欧班列（郑州）开通至俄罗斯班列，目的地站点达到8个，出入境口岸达到6个。河南保税物流中心入驻18个国家的国家馆。洛阳—布哈拉农业综合示范区获评“河南省首批境外经贸合作区”，贸易额突破1000万美元。

（四）积极对外交流合作，增强影响力和知名度

利用中国河南国际投资贸易洽谈会、河南招才引智创新发展大会和北京京交

会、中国—东盟博览会等开放合作平台，举办河南自贸试验区高质量发展论坛、河南自贸试验区国际化高端管理人才合作论坛等专题活动，面向国内外客商开展推介交流，诚邀到区内投资兴业。河南自贸试验区高质量发展论坛采取“1+3”模式，郑州片区、开封片区、洛阳片区分别在分会场举办了多式联运、文旅产业、智能制造等重点合作领域特色对接活动，收到良好效果。河南自贸试验区文化贸易产业对接洽谈会主题鲜明，汇聚政、企、金、研、协各界代表，交流互鉴、路演洽谈。河南自贸试验区国际化高端管理人才交流合作论坛为到会嘉宾举办了“豫商回归话营商”“金融精英谈自贸”两场对话会，取得了明显成效。

三　未来应采取的措施

下一步，河南省商务厅（自贸办）将深入学习贯彻习近平总书记视察河南重要讲话精神，加快落实全省对外开放大会、省委经济工作会议决策部署，研究制定打造制度型开放高地的指导性文件和河南自贸试验区条例等政策文件，争取引进一批跨国公司或第二总部，实现疫情防控和经济社会发展“双战双赢”，为全省深化新一轮改革开放提供重要支撑。

一是加强制度创新。以制度创新为核心，以自贸试验区建设三周年为契机，深化改革、扩大开放，制定出台自贸试验区打造制度型开放高地的指导性文件。

二是加快推动条例立法工作。推进河南自贸试验区条例立法工作，争取尽快通过省人大一审，为自贸试验区建设提供坚强的法制保障。

三是赋予自贸试验区更大的改革自主权。紧盯市场主体需求，会同省有关部门，再向自贸试验区下放一批省级经济管理权限，充分激发调动市场主体活力，增加入驻企业数量。

四是完善自贸试验区管理体制。学习上海、海南自贸试验区管理经验做法，调整完善河南自贸试验区管理体制，调动各片区积极性。

五是搞好“证照分离”改革全覆盖试点。对涉企经营的全部526个事项试点开展“证照分离”改革全覆盖，通过直接取消审批、审批改备案、实行告知承诺等方式，进一步压缩简化政府行政审批项目，为全省范围复制推广积累经验。

六是围绕三个片区国际化定位，强化国际合作。推进郑、汴、洛三个片区完善政策措施，紧盯世界500强企业、总部经济、头部企业，在引进一批跨国公司或第二总部上求突破。

七是探索设立自贸试验区开放创新联动发展区。学习借鉴四川、陕西等自贸试验区的做法，积极探索与国家级经开区、省级经开区联动发展，发挥好示范带动效应，服务全省发展。

八是统筹推进各片区疫情防控和经济社会发展。时刻绷紧疫情防控这根弦，进一步完善常态化疫情防控举措，协调推动各片区企业有序复工复产复商复市。加强稳外贸稳外资促消费各项政策措施的宣传解读，做好政策储备研究，持续为企业减负纾困。抓好招商引资和项目建设，跟踪服务好河南自贸试验区线上招商周14个签约项目和5个重点推介项目，争取在谈项目早签约、签约项目早开工。

分 报 告

Topical Reports

B.3 2019～2020年河南省对外开放形势分析与展望

王卫红　李玉瑞　贾春奇*

摘　要： 过去40多年中国经济发展是在开放条件下取得的，未来中国经济实现高质量发展必须在更加开放的条件下进行；开放是当代中国的鲜明标识，也必然是中原更加出彩的亮丽主色。展望未来，河南要以更远眼光、更实措施，做好习近平总书记对外开放重要思想贯彻落实，以高水平开放推动高质量发展，加快内陆开放高地建设，在中部地区崛起中奋勇争先。本报告回顾了2019年河南省对外开放取得的成绩和存在的问题，认真分析了2020年对外开放面临的最新形势，提出了新时期以高水平开放推动高质量发展的对策和措施。

* 王卫红、李玉瑞、贾春奇，河南省商务厅。

关键词： 河南省　对外开放　高水平开放

2019 年，面对复杂严峻的国内外形势，河南省深入贯彻落实习近平总书记考察调研河南时的重要讲话精神，坚定实施开放带动战略，着力提升产业基础、开放通道、平台优势，开放型经济平稳运行，对外开放综合带动作用进一步增强。2020 年是中华民族伟大复兴进程中具有重大意义的一年，是全面建成小康社会和“十三五”规划收官之年，全省上下将深入贯彻习近平总书记关于对外开放重要论述、在推动中部地区崛起工作座谈会及考察调研河南时重要讲话精神，走深走实以“一带一路”为统领、“五区联动”、“四路协同”内陆开放高地建设新路子，为谱写中原更出彩绚丽新篇章注入动力活力，提供坚实支撑。

一　2019年河南省对外开放基本情况

2019 年是新中国成立 70 周年，是全面建成小康社会的关键之年，河南全省上下齐心协力扩大对外开放，开放型经济持续健康发展，对全省经济贡献度不断提高。全省引进境内外资金合计 11282.7 亿元，约占全社会固定资产投资的 1/4。外商投资企业税收总额达到 254.6 亿元，对外贸易增长促使郑州海关关税和进出口环节税实际入库达 208.9 亿元。

1. 招商引资质量提升

2019 年，河南省实际吸收外资 187.3 亿美元，增长 4.6%；实际到位省外资金 9993.8 亿元，增长 3.6%。其中实际吸收共建“一带一路”国家资金 13.9 亿美元，增长 18.2%；服务业领域实际吸收外资占比为 46.8%，同比提高 3 个百分点。第三产业到位省外资金 4656.8 亿元，增长 4.0%，增速最快。特斯拉落户自贸区郑州片区，在豫世界 500 强企业总数达到 161 家，美国嘉吉、泰国正大、新加坡丰树集团、华润集团等一批知名跨国公司在河南增资扩股。引进合同省外资金 10 亿元以上项目达到 436 个，到位 4112.5 亿元，一批高成长、高科技新兴项目落地。

2. 对外贸易平稳增长

2019 年，进出口额为 5712 亿元，增长 3.6%，增幅高于全国平均增速 0.2 个百分点；其中出口额为 3755 亿元，增长 4.9%。进出口额、出口额分别居全国第 12

位、第9位，均居中部第一位。全省民营企业进出口额为1696.4亿元，增长12.9%，增速最快，占比为29.7%。全年发生进出口业务的企业有8693家，比上年增加963家。第一大出口商品手机出口额为2183.1亿元，增长3.2%。全年服务贸易进出口额为近86亿美元，增长31.6%；其中出口额为37.8亿美元，增长126.1%。

3. 对外投资合作有序推进

2019年，全省对外直接投资实际出资14.1亿美元。对外承包工程及劳务合作完成营业额41.6亿美元，增长20.7%；对共建“一带一路”国家完成营业额17.1亿美元，增长17.1%。全省外派劳务2.86万人次。洛阳栾川钼业、阿维亚融资租赁（中国）、河南航投等龙头企业境外投资项目进展顺利，跨国经营能力持续提升。

4. “五区联动”高质量开放载体基本构建

郑州航空港经济综合实验区被确定为空港型国家物流枢纽，全球重要的智能终端（手机）生产制造基地基本建成。河南自贸试验区总体方案试点任务基本完成，五大服务体系建设成效突出，累计注册企业近7万家，92家世界500强设立了投资项目，多项创新举措在全国复制推广。郑洛新自主创新示范区集聚创新引领型企业、人才、平台、机构，总数均占全省的50%以上，高新技术产业增加值占规模以上工业增加值的比重超过50%；2019年技术合同交易额达到192.8亿元，占全省的82.4%。中国（郑州）跨境电子商务综合试验区“三平台、七体系”建设取得新突破，“1210”模式方向复制取得新进展，省级示范园区和孵化平台总数达到35家，核心功能区注册企业占全省总量的40%左右，同196个国家和地区建立业务联系，跨境电商规模、应用水平和跨境电商综试区建设水平稳居中西部首位，在全国居于前列。国家大数据综合试验区核心郑东新区龙子湖智慧岛取得突破性进展，吸引华为公司云运营服务创新中心、诺基亚5G全球交付中心等重大项目落地，2019年入驻数字经济相关企业超过100家，形成良好产业集聚态势。

5. “四路并举”对外开放通道基本打通

以郑州—卢森堡“双枢纽”为依托的“空中丝绸之路”越飞越广，郑州新郑国际机场客货吞吐量保持中部双第一，构筑了全球航线网络。以中欧班列（郑州）为依托的“陆上丝绸之路”越跑越快，中欧班列（郑州）开行班次增长33%，综合指标保持全国领先。以跨境电商综试区为依托的“网上丝绸之路”越来越便捷，“网购保税1210”监管服务模式成功向卢森堡等国复制推广，跨境电商进出口（含快递包裹）1581.3亿元，增长22.7%，郑州成为国内最大的进口国际化妆品、保健品、食品的跨境电商交易基地。“海上丝绸之路”越来越顺畅，海铁联运城市和班列扩容加密。

6. 开放领域进一步拓宽

全省中外合作办学项目和机构总数达到278个，孔子学院（课堂）总数达到11所。23项重大关键技术面向国内外揭榜攻关，国家超级计算郑州中心、国家农机装备创新中心顺利落户。举办了河南省生态旅游暨文化产业招商活动，建业·华谊兄弟电影小镇等一批重大文旅项目建成投入运营。4个国家级现代农业产业园加快建设，30个省级现代农业产业园启动创建。全省卫生健康系统新签合作协议74个，举办国际学术会议44个，开展大型对外推介活动122次。与49个国家共缔结国际友好城市119对，国际友城数量在全国位居前列，在中西部位居第一。成功举办郑州网球公开赛、国际乒联世界巡回赛总决赛等国际赛事，提升了河南区域品牌形象。

7. 开放环境进一步优化

“放管服”改革加快推进，投资项目审批事项由59项减至36项，一般性企业投资项目全流程审批时限压减至100个工作日以内，106项涉企行政许可事项实施“证照分离”改革。建成全省一体化在线政务服务和“互联网+监管”平台，河南政务服务移动端“豫事办”上线运行，“最多跑一次”实现率达到87%。对省辖市开展营商环境评价，让市场主体评价政府服务。市场活力进一步释放，日均新注册企业1145户。做好外商投资权益保护，发挥省外商投资企业投诉工作厅际联席会议制度作用，完善协作联动机制，外商投诉结案率常年保持在90%以上。

8. 开放影响力稳步提升

成功承办2019年全国民族运动会、“中国共产党的故事——习近平新时代中国特色社会主义思想在河南的实践”专题宣介会、《区域全面经济伙伴关系协定》（RCEP）第27轮谈判、地方商务部门“一带一路”建设工作会议等国家级会议活动；成功举办庆祝新中国成立70周年河南专场新闻发布会、第二届中国粮食交易大会，组团参加第二届进博会，利用国家级平台开展宣传推介河南、举办经贸活动；高水平举办了第十三届河南投洽会、第三届全球跨境电子商务大会、中国·河南开放创新暨跨国技术转移大会等国际化特色经贸活动。特别是河南投洽会已成为河南开放亮丽名片，第十三届河南投洽会吸引了

88 个国家和地区客商踊跃参会，签约投资总额为 4227 亿元，贸易成交额突破 80 亿元。各地也举办了特色经贸活动，河南开放经验得到国内兄弟省市高度认可，河南开放的大门越开越大，与世界联系越来越紧密。

9. 全方位开放合力加快形成

在省委、省政府的统领下，各级、各部门普遍加大对开放工作的重视和支持力度。各有关部门树立开放“一盘棋”思想，更加积极主动参与服务对外开放，形成了开放合力。开放职能部门充分利用特色平台和联络渠道，大力开展开放合作；开放服务部门充分发挥职能，为扩大开放提供了全方位保障。各地坚持开放带动战略，通过出台政策措施、理顺工作机制，形成务实高效、运转协调的工作推进体系，开放氛围更加浓厚。省市县三级齐动，各有关部门携手联动，全方位开放格局已经形成。

综上所述，2019 年以来河南省开放型经济平稳健康发展，对外开放平台建设进一步完善，但是仍有一些困难和问题必须引起我们重视。一是开放型经济水平仍有待提升。2019 年河南进出口额在中西部落后于四川、重庆。2019 年实际吸收外资按商务部口径在中西部落后于重庆、四川、湖北、江西。进出口高度依赖富士康。二是开放平台载体能级效应不足。河南省口岸资源大部分集聚在郑州。河南省综合保税区少于安徽、山东，省级经开区少于山东、湖南、江苏、安徽、湖北、江西。三是开放环境急需优化。扩大开放的紧迫感、使命感不强；政府服务效率不高，行政审批服务的效率和精细化程度不高；企业融资难、融资贵和土地、环境、人才等制约因素较多。四是开放体制机制创新不够。“五区联动”叠加效应发挥不够充分，“四路协同”可持续发展能力不足，郑州航空港区、河南自贸试验区、郑洛新国家自创区等国家级平台制度创新不足。五是国际化程度仍需提升。教育、文旅、外事、体育等领域国际交流合作水平偏低，与河南省教育人口大省、文化旅游大省、经济发展大省的地位极不相称，需在全国乃至全世界提升知名度、美誉度。同时，还面临城市国际化程度不高和国际化设施不足等问题。

二　2020年对外开放形势分析

面对加速演变特征更趋明显的世界大变局，面对突如其来的新冠肺炎疫情，其复杂严峻形势多年少见，给对外开放工作带来了前所未有的影响和压力。但正如习近平总书记所讲，对形势的判断要客观、全面、辩证、积极。中国经济从风雨中一路走来，其抗压性和坚韧性一次次令世人刮目相看；河南经济在闯关夺隘中前进跃升，高质量发展其时已至、其势渐成。

从危机看，国际形势更加严峻复杂。当前受单边主义和贸易保护主义盛行、地缘政治风险上升等因素影响，世界经济下行风险加大，发达经济体和发展中经济体经济增速同步趋缓，多家国际组织和机构下调全球经济增长预期。展望未来，世界经济增长乏力局面较难改观，加上全球经贸格局深度调整，各国政策不确定性增加，全球化大势与逆全球化势力博弈胶着，大国之间战略竞争加剧，世界经济面临的风险和挑战依然较多。同时，新冠肺炎疫情已全球扩散，形势不容乐观。一是可能引发全球经济衰退。随着全球疫情升级，国际货币基金组织可能进一步下调全球经济增长预期。二是造成全球市场震荡。全球疫情加速扩散引发恐慌情绪，全球主要股指下跌。若疫情持续蔓延，将对股市造成更大冲击。全球大宗商品市场受到冲击，原油价格大幅下跌。三是冲击全球产业链和供应链。全球化生产和交易网络中，疫情防控带来的停工减产及延迟复工，将加大全球供应链风险。四是导致逆全球化和保护主义势力借势猖獗。在发达国家逆全球化和保护主义抬头的情况下，西方一些国家政客从狭隘的政党和个人利益出发，操纵舆论和民意，一些国家出现种族、民族、国别等身份歧视。

国内经济下行压力加大。受全球经济增速较低和中美经贸摩擦影响，叠加国内经济转型升级阵痛和既有的结构性体制性矛盾，加上国外持续蔓延的疫情，我国经济发展面临的内外风险明显增多。当前疫情蔓延、股市震荡，美国大选徒增变数，中国“十三五”规划面临收官，中美经贸谈判即使能够取得阶段性成果，但双方的根本分歧难以消除。中美贸易摩擦导致的国际贸易环境前景不确定，制造业对美出口显著下降，临时性用工和常规性用工均持续回落。部分企业生产基地外迁，导致就业机会外移。同时，疫情对整体经济的冲击也不容忽视，这次疫情的传染性更大，恰逢春节黄金周，中国经济处于缓慢的下行通道，同时也正值逆全球化的高峰期，中美出现 40 年以来前所未有的紧张关系，本次疫情对经济的冲击毫无疑问要大于 2003 年“非典”，与消费联系紧密的零售、餐饮和交通等行业将遭到重创。

河南以开放推动高质量发展任务艰巨。近年来，河南对外开放取得了显著成效，但是放在全球的视野中、全局的发展中、全面的竞争中，与发达地区相比，与西部的四川、重庆相比，差距在逐步扩大。最大的差距是思想解放不够，思想是行动的先导，与沿海地区，与北上广深等相比，思想解放程度不深。影响到政策举措是否务实、工作手段是否灵活、服务企业是否到位。河南面临的最大挑战是一些要素的保障优势正在减弱，特别是人力资源、土地、物流成本等方面接近沿海，甚至超过沿海；最大的短板是产业集聚度低，高质量集群发展不够，仅有两个万亿集群；最大的不足是人才教育落后，全国性世界性大学科研院所等几乎空白；最大的困难是平台能级效应不高，国家级战略不少，但落地见效、协同发展不够。

从机遇看，世界经济前景总体向好。在经历了艰难的2018年和2019年之后，2020年的世界经济仍将普遍呈现下行趋势，世界经济走势不会有太大的改观。但最严重的经贸风暴正在过去，加上世界各国都在放宽货币政策，大力刺激经济发展，2020年的经济发展成效会更加明显，世界经济的前景将总体向好。同时，虽然疫情在全球蔓延，但世界卫生组织评估显示，通过采取严格并且统筹协调的措施，新冠肺炎疫情在中国和世界的传播可以被控制住。国际货币基金组织认为，疫情对世界经济的影响将相对较小且时间较短。多家知名研究机构也预测，疫情对全球经济产生的影响将集中在2020年上半年。在经济全球化背景下，各国相互协作、优势互补，产业链供应链你中有我，我中有你，相互嵌入。目前判断，疫情对国际市场需求将带来一定影响，主要体现在人员交流受限、国际物流不畅，国际货物贸易，特别是中间品贸易更易受到影响，但影响是阶段性的、总体可控的。

我国经济形势依然向好。2020年注定是难上加难的一年，复杂严峻的外部环境和自身繁重的改革发展任务，以及新冠肺炎疫情，都会给中国经济带来更大的挑战，特别是上半年的拖累很明显，但是在党中央的坚强领导和全国人民的共同努力下，影响必将是短期性的、结构性的、区域性的，全国人民有信心、有能力继续保持国民经济高质量发展长期向好的基本态势。同时，2019年中国经济对世界经济的贡献率在30%左右，成为世界经济稳定增长的重要力量；随着商品和服务进口规模不断扩大，中国正由“世界工厂”向“世界市场”转变。疫情发生以来，中国投入巨大的人力、物力、财力与病毒鏖战，国内形势正在逐步好转。中国拥有应对 2003 年 SARS 的丰富经验，提升了抗击新冠肺炎疫情的防控能力，中国的诊断标准、治疗、隔离等措施，有效遏制了疫情蔓延，树立了世界防疫典范，中国防疫经验值得全球借鉴，这些都让世界人民和资本市场看到了中国的强大，也看到了中国经济的坚韧，中国经济不会改变平稳运行的态势。

河南高质量发展优势进一步累积。在经济下行压力加大的情况下，实现了高基数上的较快增长，经济总量突破 5 万亿元大关，增长 7% 以上，在总量排名全国前五的经济大省中，河南省的增速是最高的。在转型阵痛凸显的情况下，结构调整迈出了坚实步伐，三产占比首次超过二产，实现了产业结构“三、二、一”的历史性转变。在财政收支矛盾突出的情况下，有效保障和改善了民生，居民人均可支配收入增速超过生产总值增速，又有 68.7 万农村贫困人口脱贫，贫困县全面摘帽。面临的新机遇和蓄积的新势能也进一步增强了发展信心，中部地区崛起、黄河流域生态保护和高质量发展两大国家战略显著提升了河南在全国发展大局中的地位；快速推进的城镇化进程创造出广阔的发展空间，1 亿多人口形成的巨大内需加大释放，百万农民工返乡创业也为乡村振兴打开了新天地；“米”字形高铁网成形在即，“四路协同”“五区联动”的开放优势不断彰显，超过 600 万的市场主体、突破 1100 户的日均新登记企业数，都是河南高质量发展的强劲动力。

总之，当前对外开放工作面临的形势非同寻常，机遇与挑战同在，困难与希望并存。我们既要看到更加严峻复杂的国际形势，也要看到总体向好的世界经济前景；我们既要看到国内经济下行压力加大，也要看到我国经济强大的韧劲；我们既要看到河南艰巨的高质量发展任务，也要看到河南不断蓄积的比较优势。

三　对策与措施

2020 年，我们将以习近平新时代中国特色社会主义思想为指导，深入贯彻落实习近平总书记视察河南重要讲话精神，坚持稳中求进工作总基调，坚持新发展理念，坚持以改革开放为动力，加强对国际经济形势的研判分析，兼顾疫情防控和对外经贸合作，着力稳外贸、增外资、促外经，以更高水平扩大对外开放，打造内陆开放高地，努力实现疫情防控和开放事业“双战双赢”，为新时代中原更加出彩做出新贡献。

1. 聚焦布局优化，加强区域合作

发挥好产业基础、开放通道、交通区位等优势，统筹推进高水平开放，集中力量做强郑州、洛阳“双引擎”，推动漯河、三门峡、南阳、焦作等区域中心城市发挥区位交通和资源禀赋优势发展特色产业，推动安阳、鹤壁、濮阳、商丘、周口等省际交界城市借势借力发展，提升县域经济发展水平，力争在参与和服务“一带一路”建设中走在前列，加快形成优势互补高质量发展的区域经济布局。

2. 聚焦“五区联动”，提升效应能级

通过举办第四届全球跨境电子商务大会、中国·河南招才引智创新发展大会等重大经贸活动，打造开放品牌；发挥河南自贸试验区、郑州航空港区、跨境电商综试区、郑洛新国家自创区、大数据国家综试区“五区”溢出带动效应，实现资源共享、优势叠加；加大体制机制改革力度，推进开发区创新提质；加快口岸和海关特殊监管区建设，积极构建全球招商网络，为高水平开放提供强力支撑。

3. 聚焦“四路协同”，夯实通道优势

推进国内外运输单证标准化，建设信息共享、标准兼容、衔接顺畅、服务便捷的协同发展平台，以“空中丝绸之路”为核心深化空中、陆上、网上、海上丝绸之路“四路”协同共进，组建铁公海联运平台公司，推进空港陆港互联互通，构建高水平集疏网络体系。

4. 聚焦转型升级，构建现代产业体系

积极融入全球产业链，大力发展枢纽经济、数字经济，通过引进战略性合作项目，加快制造业高质量发展，培育本土优势产业和龙头企业，以重点突破带动全局发展，加快新旧动能转换，促进产业集聚和转型发展。

5. 聚焦联动发展，推进开放型经济稳中提质

把国家和河南省稳外贸、增外资、促外经相关政策用足用好用活用实，推

动招商引资增量提质，促进对外贸易转型升级，推动优势产业“走出去”，大力发展现代服务业，推动开放与消费融合发展，加大企业纾困力度，培育竞争新优势，不断增强开放型经济对全省经济社会发展的综合带动作用。

6. 聚焦企业需求，优化营商环境

充分发挥各级政府引领作用，强力推进“放管服”改革，将提升治理能力现代化水平和提升城市国际化水平作为优化开放环境的有效途径，着力打造国际化、市场化、法治化营商环境。

7. 聚焦顶层设计，强化服务保障

强化提升省对外开放工作领导小组的功能作用，进一步完善政策体系，营造良好开放氛围，为高水平开放推动高质量发展提供强有力的支撑和保障。

B.4

2019 ~2020年河南省国内经济合作形势分析与展望

刘兵　王彬*

摘　要： 2019年，面对国内外风险挑战明显上升的风险，全省坚持稳中求进工作总基调，全面贯彻新发展理念，落实高质量发展要求，以开放招商为动力，持续深化区域经济合作，提升开放招商水平，实际到位省外资金实现“量”的平稳增长和“质”的有效提升，为全省经济社会高质量发展提供了有力支撑。2020年，外部环境依然复杂严峻，新冠肺炎疫情对经济的影响已初步显现，不稳定不确定因素增加，经济运行面临的风险挑战较多，但中国经济发展长期向好的基本面没有变，机遇与挑战并存。

关键词： 河南省　国内经济合作　开放招商

一　2019年河南省国内经济合作回顾

2019年，在中共河南省委领导下，全省上下以习近平新时代中国特色社会主义思想为指导，认真落实习近平总书记关于河南工作的重要讲话和指示精神，深入贯彻党中央决策部署，围绕推进招商引资提质增效，坚持稳中求进，践行新发展理念，落实高质量发展要求，创新招商方式，实施精准招商，深化区域合作，狠抓项目落实，国内经济合作工作迈出了新步伐，取得了新成效。

---

* 刘兵、王彬，河南省商务厅。

（一）引进省外资金稳定增长

2019 年，全省新增省外资金项目 4787 个，合同省外资金 24136.1 亿元，实际到位省外资金 9993.8 亿元，同比增长 3.6%，超额完成预期目标。分季度看，一季度同比增长 3.2%，二季度同比增长 5.0%，三季度同比增长 5.1%，四季度同比增长 1.1%。

1. 重点区域招商引资再上新台阶

积极引导全省各地承接高水平产业转移，进一步加大在京津冀、长三角、粤港澳大湾区等发达地区招商引资力度。北京、广东、浙江、上海等 6 省市到位资金 7342.2 亿元，同比增长 13%，占全省的 73.5%。其中，北京市到位 1614.5 亿元，同比增长 6.5%；广东省到位 519.1 亿元，同比增长 4.3%；浙江省到位 981.1 亿元，同比增长 2.1%；上海、浙江、江苏分别投入河南 1203.9 亿元、1196.9 亿元、1136.6 亿元，到位资金增速在 17% 以上，上海增长最快，增幅达 33.1%；山东到位 671.2 亿元，同比增长 7.2%。这些资金的引入成为河南高质量发展的引擎。

2. 产业结构优化提升

全省围绕主导产业、新兴产业开展产业链招商、精准招商，持续推进第一、第二、第三产业协调发展，加快构建现代产业体系。第一产业到位 588.5 亿元，同比增长 1.9%。第二产业到位 4748.5 亿元，同比增长 3.4%；其中，制造业到位资金为 4277.2 亿元，增长 8.7%，占全省到位省外资金总额的 42.9%，有力促进了实体经济发展。第三产业到位省外资金为 4656.8 亿元，增长 4%，增速最快，高于第一产业到位资金 2.1 个百分点，高于第二产业到位资金 0.6 个百分点。

3. 项目质量效应凸显

全省以产业高端化、技术尖端化、质量顶端化为目标，深化供给侧结构性改革，在引进项目中注重创新引领，推动项目规模、质量和效益协调发展，吸引了宝武钢铁、恒大集团、比亚迪、比克电池、奥克斯、赞宇科技、中农联控股、北京首创、中国电建、中铁工程装备集团盾构再制造等大企业、大集团在豫投资建设新能源材料、高端装备制造、新能源及网联汽车、人工智能、电子信息等项目，发展前景好，市场潜力大，带动能力强，尤其在加快科技创新、产业升级中发挥着重要作用。据统计，合同省外资金10亿元以上项目达436个，合同省外资金约7294.9亿元，实际到位资金4112.5亿元。这些大项目的落地，对河南调整产业结构，实现高质量发展起到了极大的促进作用。

（二）重大招商活动举办成果丰硕

全省立足深化与京津冀、长三角、粤港澳大湾区等经济发达地区知名企业合作，举办了河南（北京）经贸合作项目推进会、河南省与长三角地区经贸合作交流会、河南省与粤港澳大湾区经贸合作交流会等系列专题开放招商活动。一是成功举办了河南（北京）经贸合作项目推进会。通过座谈推进与京东集团、北京控股集团、新农利合控股集团、中铁建设集团建筑科技公司、北京千佳圆投资基金管理公司、哈工大机器人集团等合作的23个重点项目，投资总额为453.3亿元，涉及制造业、现代服务业、现代物流、新能源、文化旅游等领域。二是精心组织了河南（北京）经贸合作暨农特优产品推介会。专门组织了好想你枣业、伊赛牛肉、信阳文新茶叶、河南羚锐、淇花食用油、怀山堂、洛阳杜康、宋河酒业、洪河米业、澳的利饮料等159家企业，精心筛选面制品、速冻食品、油脂类产品、豆制品、山药及深加工产品、食用油、果蔬、饮品、白酒、黄酒、养生酒、休闲食品、调味品等360余种农特优产品进京集中展示，开展产销对接，伊赛牛肉、山里红食品、怀山堂、怀研堂、庆文食品、密二花等20余家企业与华联、永辉、京客隆、中粮、物美、华润、大润发、北京首航等大型连锁超市签订了长期合作供货协议。三是组织了河南省与长三角地区经贸合作交流会。现场达成35个项目签约，总投资378.6亿元，涵盖了总部经济、数字经济、智能制造、生态农业、电子科技、现代物流、节能环保、专业化工、新材料、休闲用品、文旅医疗教育等领域。四是组织了河南省与粤港澳大湾区经贸合作交流会。现场达成36个签约项目，总投资415亿元，项目涵盖智能制造、电子信息、现代物流、新能源、新材料等行业领域。

（三）区域经济合作水平不断提升

（1）2019年5月18日至20日，第十一届中国中部投资贸易博览会在江西南昌举办，河南组成了以省政府主要领导为团长，各省辖市800余人的河南代表团参会参展，成功举办了“助力中原更出彩产业洽谈对接活动”，签约项目36个，总投资额为294.24亿元，涉及智能制造、新能源、现代化物流、生物医药、文化创意产业园等产业，单个项目平均投资超过8亿元，其中投资额在10亿元以上的大项目13个，投资额为158.5亿元，呈现质量高、合作区域广、牵引作用突出等特点。河南还组织了焦作怀山堂、滑县道口烧鸡、开封市朱仙镇天成老店等企业参加了大会举办的名特优（老字号）展，推介了河南产品。

（2）2019年9月5日至8日，第四届中国—阿拉伯国家博览会在宁夏银川举办，河南组织郑州、开封、洛阳等16个省辖市和兰考、邓州、固始等3个省直管县（市）39家企业、170余人参会参展。河南展团现场销售产品53万元，签订贸易订单109单、1303万元，达成意向客户256家。

（3）坚持内外联动、双向开放，“引进来”和“走出去”相结合。新疆建设兵团十三师代表团、浙江中小企业协会、上海市河南商会等先后率团来豫考察交流、洽谈合作。河南还先后组织省辖市和相关企业参加了2019中国（青海）藏毯国际展览会、第六届中国—俄罗斯博览会暨第三十届哈尔滨国际贸易洽谈会、第25届中国兰州投资贸易洽谈会、2019一乡一品国际商品博览会、第28届中国食品博览会暨中国（武汉）国际食品交易会，推介了河南产品，宣传了河南形象。

（四）内资签约项目跟踪工作扎实推进

第十三届投洽会签约内资项目441个，投资总额为4025.48亿元，合同省外资金为3804亿元。截至2019年底，416个项目履约，履约率为94.33%；358个项目开工建设，开工率为81.18%；到位资金为1123.35亿元，资金到位率为29.53%。郑州市颐高电子产业平台服务项目因投资方发展战略改变放弃投资，开封市万达广场项目因土地价格问题投资方放弃投资，洛阳市吾悦城市广场建设项目因投资方调整投资规划放弃投资，安阳市汤阴县医药产业园项目、北关区卡尔美运动服装生产项目、殷都区安西物流园项目因投资方调整投资方向及资金链问题放弃投资，安阳市殷都区智能制造及装配式建筑生产项目因投资方要求过高无法达成一致投资终止，新乡市中品冷链物流项目因投资方资金链问题放弃投资，南阳市现代化生猪养殖扶贫基地项目、南召农商智慧城项目因投资方问题放弃投资，商丘市华昌年屠宰生猪200万头生产线项目因投资方资金链断裂放弃投资，新蔡县宝业装配式建筑产业园项目因投资方问题放弃投资，12个项目终止，不再跟踪。从合同履约率看，平顶山、新乡、许昌、三门峡、信阳、巩义、兰考、汝州、长垣、邓州、永城、固始、鹿邑等市、县情况较好，均达到100%。从项目开工率看，开封、平顶山、焦作、三门峡、商丘、信阳、驻马店、巩义、兰考、汝州、长垣、永城、固始、鹿邑等市、县情况较好，均在90%以上。从资金到位率看，开封、平顶山、焦作、巩义、兰考、滑县、长垣、邓州、永城、鹿邑、新蔡等市、县情况较好，均在50%以上。

二　2020年发展形势

2020年，国内外发展环境更加复杂严峻。尤其是春节期间，新冠肺炎疫情迅速向全国蔓延，打破中国经济2019年底的弱企稳，需求和生产骤降，投资、消费、出口均受到明显冲击，对一季度经济活动造成较大扰动；但是中国经济长期向好、高质量增长的基本面没有变化，经济发展中的积极因素正在增多，经济内在的韧性不断增强，疫情带来的产业结构变革将孕育出新的机遇和市场增量，催生更多新的业态。自疫情发生以来，在党中央的领导下，各地疫情防控全国一盘棋，集中力量，分区施策，统筹做好“六稳”工作，这些都将对经济稳定运行形成支撑；同时，河南作为全国重要的经济大省、人口大省，有厚实基础、有独特优势、有巨大潜力保持经济持续稳定发展。可以说，困难与机遇并存，风险与挑战同在。

从外部环境看，世界经济逆全球化抬头，贸易保护主义蔓延，多边主义和多边贸易体制遭遇生存危机，国际贸易和投资增长受到拖累，全球价值链遭到破坏，新兴经济体经济增速分化依旧，全球经济贸易增速放缓；同时，新冠肺炎疫情已蔓延至全球多个国家和地区，贸易冲击、消费疲软、投资压力等因素叠加，对全球经济复苏造成较大影响。从国内经济形势看，中国正处于经济增速换挡时期，财政货币政策空间较小，新冠肺炎疫情对中国经济影响已初步显现，制造业、房地产、基建投资短期停滞，线下消费行业如旅游、电影、餐饮、住宿、零售、文体娱乐等受到较大冲击，劳动密集型产业如纺织、服装、家具、造纸等由于复工复产推后和原材料供给不足而受到较大冲击，受前端消费传导影响，食品制造、酒水饮料制造也受到影响；尽管中美签署第一阶段贸易协议，但中美贸易摩擦仍存在长期性、反复性；受国内周期性问题与结构性矛盾叠加、人口老龄化和各种成本上升等多种因素影响，经济运行面临下行压力。从全省发展态势看，受疫情影响，省内企业停工停业、业务拓展受阻、资金压力增大、订单无法完成、原材料积压，造成了不同程度损失，中小微企业受损程度更大；全省食品加工、旅游、零售等行业受影响较大；同时，全省经济社会发展面临的新老矛盾仍然突出，创新发展能力有待提升，新旧动能转换还需加速，产业结构调整任务艰巨，污染治理和生态建设任重道远，营商环境还需进一步改善，经济发展面临严峻挑战。从全省招商引资情况看，2019 年全省实际到位省外资金同比增长 3.6%，较 2017 年、2018 年分别减少 4.3 个百分点、2.3 个百分点，2020 年全省引进省外资金增速下行压力较大；周边省份利用国家战略和政策优势，重塑发展优势，提升发展位次，在招商引资上竞相发力，纷纷出台招商引资优惠措施，均对河南招商引资形成挤压态势；加之疫情影响，部分投资项目推迟，短期内新增投资下降，招商引资压力增大。

虽然，新冠肺炎疫情对中国经济造成较大冲击，但是中国经济长期向好的基本面不会因疫情改变，在看到不利因素的同时，也要看到 2020 年经济发展的有利条件。从世界经济看，新冠肺炎病毒只是暂时的冲击，不会对全球经济产生持续性影响，危机结束后，经济损失将会被填补，全球经济升温和复苏势头仍然存在。从宏观政策看，在党中央的领导下，全国各地在全力以赴抓好疫情防控的同时，统筹推进经济社会发展各项任务，加强经济运行调度，加快推动改革开放创新，加大逆周期调节力度，保持稳健的货币政策灵活适度，研究出台一系列阶段性、有针对性的减税降费措施，完善支持中小微企业的财税、金融、社保等政策，更大力度实施就业优先政策，有序推动企业复工复产，在扩大内需、稳定外需、推动消费、促进投资等方面正在发挥积极作用。从省内应对看，为最大限度降低疫情影响，河南省委、省政府坚持“一手牵两头”，一头坚决抓好疫情防控，另一头统筹抓好经济发展，落实分区分级精准防控，分类有序推动企业复工复产，切实强化复工复产保障，出台了《河南省应对疫情影响支持中小微企业平稳健康发展的若干政策措施》，从全力保障企业有序复工复产、强化金融政策支持、加强财税支持、减轻企业负担和加大稳岗支持力度等五个方面出台20条具体措施，支持中小企业平稳健康发展，为夺取疫情防控和经济社会发展双胜利提供有力保障。

当前，河南发展仍处于重要战略机遇期。河南积极应对风险挑战，奋力推动高质量发展，着力扩需求稳增长，着力推动转型升级，着力打好三大攻坚战，着力深化改革开放创新，着力统筹城乡建设，着力惠民生增福祉，2019年全省生产总值突破5万亿元，比上年增长7%以上，全面建成小康社会取得新的重大进展；特别是黄河流域生态保护和高质量发展、促进中部地区崛起两大国家战略叠加，为河南高质量发展提供了宝贵机遇。河南正以大开放引领大发展，深度融入“一带一路”建设，统筹“五区联动”，强化“四路协同”，谋划推进全省对外开放工作，推动由商品和要素流动型开放向规则等制度型开放转变，促进全方位高水平开放，高质量利用外资和产业合作，全力以赴打造高质量外资集聚地。

三　主要对策

2020年是全面建成小康社会和“十三五”规划收官之年，河南将统筹疫情防控和经济社会发展，坚持以习近平新时代中国特色社会主义思想为指导，全面贯彻党的十九大和十九届二中、三中、四中全会及中央经济工作会议精神，深入贯彻落实习近平总书记视察河南重要讲话精神，紧扣全面建成小康社会目标任务，坚持稳中求进工作总基调，坚持新发展理念，大力实施黄河流域生态保护和高质量发展、促进中部地区崛起的国家战略，推动高质量发展，更高水平扩大对外开放，始终把法治化的营商环境作为扩大高水平对外开放的基础，全面强化开放理念，全方位打造开放环境，持续扩大招商引资，把引进重点产业摆到更加重要的位置，抢抓新一轮科技革命和产业变革机遇，以推进制造业高质量发展作为主攻方向，吸引国内外资本来豫投资，积极承接沿海经济发达地区高水平产业转移，大力引进战略性新兴产业，更加注重项目跟踪落实，着力推进签约项目落地，努力提高招商引资精准性、针对性和有效性，着力提升引进省外资金质量，力争全省实际到位省外资金增长3.0%，圆满完成引进省外资金任务，以项目建设推动规划落实。

1. 谋划推进招商引资高质量发展

根据疫情防控形势发展，对2020年谋划的重大经贸招商活动举办时间、规模、方式进行科学调整，重点围绕京津冀、长三角、珠三角等经济发达地区，以企业考察、洽谈对接、高层推进等形式，举办小规模经贸合作活动，以点带面，精准推进重大合作项目。针对疫情防控中催生的新需求，储备一批网络经济、生物制药、医疗康养、卫生保健项目。围绕装备、食品、新型材料、汽车、电子信息等五大制造业主导产业和人工智能、新能源及网联汽车等十大新兴产业，紧盯世界500强企业、知名跨国公司和行业龙头企业，梳理确定一批有可能、有需求的目标公司，与相关省辖市一起，组建专业招商小分队开展针对性招商，力争引进一批具有引领性、突破性、方向性的重大项目。依托省外河南商会，开展豫商回归专题活动，积极引导豫商返乡投资创业。依托外地驻豫商会、省外知名商协会，在省内部分省辖市开展商协会企业区域对接活动。

2. 创新优化招商引资方式

积极应对疫情变化，针对招商对象需求，做好招商项目征集及网上发布，积极开展网络招商推介对接，探索建立“云招商”系统，加快河南省商务厅商协会信息服务平台上线运行。通过电话拜访、以屏会面、视频会议、在线签约等方式，大力开展不见面招商活动，整合各类招商资源，持续推进招商工作。加快推动招商引资工作重点从注重引资向注重引智转变，以高端人才和团队的招引带动项目落地。充分利用各种招商机构和平台，加大投资环境和合作项目推介，积极开展以商招商、委托招商；围绕产业上中下游，利用已有企业和重大项目开展产业链招商；大力实施牌照补缺招商、增资扩产招商、PPP合作招商、产业引导基金招商等合作招商；积极推行股权招商、并购招商等“资本+招商”方式。围绕京津冀、长三角、粤港澳大湾区等重点区域，开展精准化、精细化招商，突出龙头带动作用，着力促进招大引强。

3. 开创区域经济合作新局面

中央经济工作会议指出，“加快落实区域发展战略，完善区域政策和空间布局，发挥各地比较优势，构建全国高质量发展的新动力源”。中国经济潜在增速仍在下行的背景下，激发增长内生动力的一大方向，就是进一步放松资源流动束缚、推动新一轮区域经济一体化。河南将全面落实《促进中部地区崛起规划（2016—2025年）》，就加快“一中心、四区”建设，开展专题招商，积极承接新兴产业布局和转移。深化与京津冀、长三角、珠三角、环渤海等发达地区合作，务实办好河南在京津冀、长三角、珠三角等地区举办的经贸合作、招商活动，围绕先进制造业、现代服务业、生物医药、节能环保和新能源新技术等主导产业和新兴产业，做好项目精准对接，提高招商引资和承接产业转移的实效。立足互补共赢，加强与东部、沿海、中西部及东北等区域合作，借助各类重大经贸活动平台，抓好企业产品市场开拓与促进企业投资合作两大重点，组织企业参会参展，开展双向投资贸易活动。深度融入"一带一路"建设、"京津冀协同发展战略"、"长江经济带发展战略"等，与有关省份建立合作机制，构建务实合作的载体和平台，加强区域合作。

4. 加强项目服务保障

把项目落实作为招商引资工作的重中之重，密切跟踪在谈重大项目进展，确保疫情期间招商不停顿，进资早落实。安全有序高效推进企业复工复产，帮助企业协调防疫物资，完善防疫措施，保障企业投资按计划进行。加强项目跟踪服务，强化落实责任制，单位主要领导要牵总负责，分管领导要抓好落实，分类施策，开展点对点服务，通过实地调研、现场办公等方式，集中力量协调解决项目落地过程中存在的困难和问题，努力提高签约项目履约率、开工率和资金到位率。第十一届中国中部投资贸易博览会助力中原更出彩项目推介暨签约仪式、河南省与长三角经贸合作交流会、河南省与粤港澳大湾区经贸合作交流会等重大招商活动签约项目对各地产业结构调整、新旧动能转换和经济高质量发展具有重要的促进作用。为贯彻落实习近平总书记统筹推进新冠肺炎疫情防控和经济社会发展重要讲话与省委、省政府"一手牵两头"决策部署的重要举措，切实抓紧、抓好，全力推进项目履约落地。要继续适时组成检查小组赴基层实地查验合同省外资金10亿元以上项目的进展情况，及时掌握项目建设过程中政策落实、承诺兑现、要素保障、服务质量等方面的困难和问题，有针对性地提出建议和对策。完善招商引资工作考核机制，增加对引进规模大、科技含量高、知名品牌多的主导产业项目的考核，以此作为全年评比各地先进的重要依据。

5. 持续优化营商环境

积极推进"互联网＋政务服务"，简化投资项目管理程序，进一步减少投资企业设立和变更工作环节，创新便利投资企业举措，进一步缩短投资企业登记办理时间，为投资企业提供服务和便利，及时解决企业入驻过程中遇到的困难和问题，为企业提供“管家式”服务。对于已落户企业，要建立项目管理台账，分类做好跟踪服务，深入企业调研走访，了解企业的经营情况，加强重大项目的运营保障，以现有的产业资源为基础，搭建企业交流服务平台。保持招商引资政策稳定性、连续性，认真履行依法签订的各类合同，严格兑现向投资者及投资企业依法做出的政策承诺。全面落实《河南省招商引资专项资金管理办法》，抓好重大招商引资项目和社会资本投资社会公益事业项目专项资金奖励落实。指导投资企业用好用足财政、金融、税收、社保、就业以及政府采购等各类政策，做好客商投诉和权益保护工作，营造更加稳定、公平透明、可预期的投资环境。

6. 夯实加强基础建设

健全引进省外资金项目档案和台账归档管理，进一步规范完善《河南省引进省外资金统计报表制度》。适时在全省范围内举办业务培训或专题讲座，提升统计人员的工作技能和业务水平。各级商务部门要建立健全责任体系，稳定统计队伍建设，对统计人员加强法律、制度、业务学习培训，提升统计工作人员的整体素质和业务水平，提高统计工作的科学性和权威性。

B.5
2019～2020年河南省利用外资形势分析与展望

张 艳　李祥卿　周 磊*

摘　要： 2019年，河南省实际利用外资187.3亿美元，继续保持稳定增长，“稳外资”工作初显成效，为中原更加出彩提供了有力支持。2020年，面对新冠肺炎疫情、中美贸易摩擦等诸多风险挑战，同时《外商投资法》正式实施、对外开放步伐加快，河南利用外资挑战与机遇并存。

关键词： 河南省　稳外资　招商引资

2019年，面对国内外风险挑战明显上升的严峻形势，全省深入贯彻落实习近平总书记考察调研河南时重要讲话精神，认真贯彻党中央、国务院“稳外资”工作安排部署，在省委、省政府的正确领导下，积极应对利用外资工作面临的新形势、新特点、新挑战，研究落实“稳外资”政策措施，不断优化营商环境，加大招商引资力度，提升外资服务水平，推动全省利用外资高质量发展。

一　2019年河南省“稳外资”取得实效

（一）全省利用外资稳中有进、稳中提质

2019年，全省设立外商投资企业214家，实际吸收外商投资（含外商投

* 张艳、李祥卿、周磊，河南省商务厅。

资企业再投资、资本金、设备出资、境外借款、留存收益、境外上市融资等）187.3 亿美元，同比增长 4.6%，完成计划的 104.6%，继续保持稳定增长。其中外商投资企业资本金到位（商务部口径）15.2 亿美元，同比增长 1.04%，规模在全国排第 14 位。外资龙头企业和重大项目增多，投资领域更广，资金来源地多元化，对全省产业带动和结构调整作用进一步增强。

1. 重大项目支撑作用明显

2019 年，一批重大外资企业成功落地、增资扩股，有力支撑了全省吸收外资平稳增长。特斯拉、日本住友、美国通用电气、美国空气化工、新加坡益海嘉里、新加坡丰树等一批世界 500 强企业及知名跨国公司新增投资，全省落地世界 500 强总数达到 161 家。在新设项目中，有 81 家投资额超千万美元，占项目总数的 38.3%；总投资额达到 76.4 亿美元，单个项目平均投资 9400 万美元，规模近亿美元。外资龙头产业带动力增强，如华润集团加速在河南布局新能源风力发电项目，新设 10 家企业、总投资额 3.1 亿美元；香港光大环保能源聚焦生物质发电领域，新设 5 家企业、总投资额 4.1 亿美元。

2. 制造业吸收外资质量提高

2019 年，全省制造业领域新设外商投资企业 48 家，占企业总数的 22.4%，较上年比重下降了 8 个百分点；合同外资 12.3 亿美元，占合同外资总额的 29.7%，比重下降了 3 个百分点；实际吸收外资 91.9 亿美元，占实际吸收总额的 49.1%，比重下降了 3 个百分点。一批先进制造业落户河南，如美国通用电气投资的通用电气风电设备制造（河南）有限公司，芬兰莫比诊断与安图生物合资的郑州安图莫比分子诊断技术有限公司等。

3. 服务业吸收外资质量趋优

2019 年，全省服务业领域利用外资继续保持增长，新设外商投资企业 156 家，同比增长 13.9%，占企业总数的 72.9%，与 2018 年的占 63% 相比，比重增加近 10 个百分点；合同外资 28.1 亿美元，占合同外资总额的 67.9%，比重增加了 10 个百分点；实际吸收外资 87.6 亿美元，同比增长 12.3%，占实际吸收总额的 46.8%，比重增加了 3 个百分点。服务业领域新设企业主要集中在科技研发、批发零售、电力燃气和租赁服务业等行业。特别是新设科学研究和技术服务业外商投资企业 40 家，位居服务业领域利用外资行业第一。服务业新领域利用外资实现突破，塞浦路斯阿维亚解决方案集团投资设立河南航投飞行培训有限公司，亚洲汽车运动投资基金管理有限公司投资设立勒芒发展有限公司。香港华平亚洲金融投资有限公司投资中原消费金融股份有限公司，成为河南省设立的首家金融消费领域外商投资企业。

4. 外资来源地越来越广

2019 年，全省吸收外资涉及 49 个国家和地区。其中 35 个国家和地区在河南省新设外商投资企业，比较多的有韩国 13 家、加拿大 9 家、美国 9 家。实际到位资金方面，资金到位的有 33 个国家和地区，其中 15 个国家和地区超亿美元，比较多的有英国 13.6 亿美元、美国 7.7 亿美元、新加坡 6.5 亿美元。14 个共建“一带一路”国家新设外商投资企业 28 家，实际到位 13.9 亿美元，同比增长 18.2%。

（二）重大招商引资活动突出实效

2019 年，全省紧紧围绕“五区联动”“四路协同”，积极创新招商方式，举办一系列招商引资活动，同时利用进博会、厦洽会等国家级投资促进活动，推介河南、宣传河南，为中外客商构架交流桥梁，搭建合作平台，取得丰硕的成果。

1. 办好重大活动推进招商

成功举办河南省第十三届投洽会。来自全球 88 个国家和地区的 1.57 万名客商、中外政要、世界 500 强企业高管以及国内 14 个省级经贸团等参会，共举办重点活动 4 场、主宾国活动 4 场、专题活动 12 场、专业专场活动 6 场、各省辖市举办的活动 11 场，同期举办投资贸易展览展示。认真组织 2019 年香港春茗活动，精心谋划波匈德系列经贸活动，圆满完成豫台经贸合作交流活动。应邀出席比利时公主访华活动。比利时公主阿斯特里德率经贸代表团访华期间，河南省商务厅与比利时瓦隆大区贸易投资署署长帕斯卡尔签署项目推进合作协议，重点推动河南省与比利时瓦隆大区在货运班列、跨境电商、医药物流、高校合作等领域合作。承办中非经贸合作系列活动。组织河南省政府和经贸代表团近 300 人参加第一届中国—非洲经贸博览会。在第二十二届中国农产品加工业投资贸易洽谈会上举办了河南—非洲经贸合作推介及签约活动，来自肯尼亚、埃塞俄比亚、纳米比亚等非洲 10 个国家的驻华使馆官员及 60 家企业参会参展，现场签约贸易合同 2.3 亿美元。

2. 借助平台优势开展精准招商

利用进博会境外客商数量多、质量高的平台优势，抽调精干力量，通过举办活动、展位对接、发放省情简介等手段，对接拜访了日本贸易振兴机构、丰田、通用等1000余家境外企业及机构，广泛宣传、推广了河南。重点加强与德国的经贸合作交往，实施德国与河南省经贸合作行动计划。省投洽会期间成功举办“2019中国（河南）—德国经贸合作对接会”。德国前国防部长、鲁道夫·沙尔平战略咨询交流股份公司董事长鲁道夫·沙尔平等代表参会。省商务厅分别与德中工商总会、世界500强费森尤斯公司签署战略合作协议，长葛市人民政府与德国百菲萨集团签署不锈钢除尘灰项目合作协议，活动促进了河南与德国企业经贸对接。经过积极推动，德国百菲萨集团在许昌市投资5000万美元的百菲萨环保科技项目成功落地。借助省投洽会交流成果，接待了德国智能制造代表团，举办了“中国（鹤壁）—德国投资合作与智能制造论坛”“2019豫欧产业合作交流会”，进一步加强与欧洲的产业合作和经贸交流。

3. 跟踪推进签约项目落地

第十三届省投洽会审核备案签约项目463个，投资总额达4226.6亿元，合同利用省外、境外资金达4114.5亿元。截至2019年底，22个签约外资项目中2个项目注册为内资企业，已履约项目15个，履约率为75%，已开工项目13个（含已投产项目1个、试投产项目1个），开工率为65%，到位资金43.9亿元，占合同引进资金总额的25%；441个内资签约项目，已履约项目416个，占比为94.3%，已开工项目358个，占比为81.1%，到位资金1123.3亿元，占合同省外资金的29.5%。

（三）外商投资载体建设取得新进展

2019年，河南自贸区新设立企业1.95万家，注册资本为2018.9亿元，实际利用外资11.6亿美元。挂牌以来累计入驻企业6.94万家，92家世界500强设立投资项目。自贸试验区总体方案160项试点任务已完成159项，政务、监管、金融、法律和多式联运五大专项106项改革创新举措完成98项，构建“两体系、一枢纽”差异化试验成效明显。

（四）服务水平不断提升

省商务厅下发了《关于建立“三外”重点企业“服务官”制度的通知》，建立了重点外商投资企业“服务官”机制，为重点外资企业逐家确定“服务官”，帮助企业解难纾困，稳定企业生产经营信心。全面落实准入前国民待遇加负面清单制度，推进投资便利化，不断优化“一口办理”流程，提高外商投资企业信息备案的推送成功率，2019 年，全省共受理外商投资企业设立和变更备案申请688 项，办结687 项，备案完成率达99.8%。完善服务外资企业工作机制，制定了《河南省外商投资企业服务日工作方案》，并于7 月29 日举办了第一次企业服务日活动，为参会外商投资企业解决经营中存在的问题，得到了企业好评。

二　2020年河南省利用外资形势分析

1.全球经济弱势回稳，经贸摩擦暂时缓和

2020 年制约经济增长的因素目前尚未有确定性好转的迹象，尤其新冠肺炎疫情的发生，更增加了不可确定性。预计2020 年经贸摩擦局势可能暂时缓和、多国财政和货币政策的加码将使得全球经济在2019 年的低基数下出现弱势回稳的态势。在经济全球化的过程中，国内市场国际化、国际市场国内化日趋明显，尽管河南市场外向度不如东部沿海地区，但世界经济走势对河南利用外资的直接、间接影响依然不可低估。对河南的机遇：沿海省份考虑区域整体协调发展的问题，逐步加大省内产业转移力度，当地部分资金及项目开始“分流”。随着《外商投资法》正式实施，实行准入前国民待遇加负面清单制度，对外商投资企业在上市、招投标、融资等方面取消门槛，对外资的吸引力增强。不利因素：兄弟省份不断扩大利用国家战略及政策优势，出台招商优惠措施，不断优化营商环境，对河南利用外资形成挤压态势。同时，发达地区因产业升级，对外资企业带来的“虹吸效应”，对高端科研机构、企业研发中心等高科技企业有很大的吸引力。各地招商引资竞争也异常激烈，相互“抢商”现象屡见不鲜。据部分地区招商部门反映，受大环境影响相关外资政策优惠减少，外商投资意愿下降，外资增幅下滑，外资项目储备不足。

2. 河南利用外资仍处于重要机遇期

一是城镇化潜力大和人口规模具备较大优势。河南省以中原城市群建设为主体，打造大中小城市与小城镇协调发展的具有中国特色的现代城镇体系，建设“中心带动、多点联动、县域支撑、全域开放”的区域发展新格局。同时，河南省1亿人口带来的市场优势是其他省区市不可比拟的。河南快速扩张的城镇建设和巨大的消费群体，为外商投资企业提供了强有力的市场保障。

二是交通区位优势更加巩固。河南省以郑州航空港为核心的国际交通门户枢纽建设不断加快，以“米”字形高铁为核心的铁路网络建设不断取得新进展，随着郑州机场三期、呼南高铁豫西通道等项目建设，以及不断完善的高品质公路网和航道、港口和集疏运支持保障系统等建设，河南正逐步形成畅通便捷的综合立体交通体系。

三是开放通道优势愈加明显。河南省不断积极融入“一带一路”建设，开放通道、开放平台、开放环境优势不断提升，新时代高水平开放的新格局正在逐步形成。随着“四路协同”的高水平开放通道建设的深化，以及郑州—卢森堡双枢纽的建设推动、中欧班列（郑州）运贸一体化形成、跨境电商产业链和生态圈不断完善，河南省铁公海联运、空陆联运平台已初现雏形。随着“五区联动”开放平台建设的不断深入，将赋予郑州航空港经济综合实验区、郑洛新国家自主创新示范区、中国（河南）自由贸易试验区、中国（郑州）跨境电子商务综合试验区、国家大数据综合试验区，更大的改革自主权及经济社会管理权限，不断复制推广创新成果，推进政策集成和制度创新。打造一流的国际化营商环境，积极承接境内外先进产业的布局和转移，加快金融、物流、旅游、文化、医疗、教育等领域开放，大力吸引掌握着产业链核心技术、关键环节的优势企业，健全龙头型、基地型、战略型重大项目的省级统筹推进机制，让外资企业到了河南，能留得住、发展得好。

四是产业基础优势明显。河南省把发展高端制造业，促进制造业高质量发展作为全省重点发展方向，积极贯彻落实“巩固、增强、提升、畅通”方针，不断加强产业基础高级化、产业链现代化，加强制造业在全省经济发展中的支柱地位以及辐射带动作用。加快实施十大新兴产业发展行动，加大在新能源、人工智能及网联汽车等领域建设，吸引集聚一批“旗舰型”骨干企业。加快智能化、高端化、绿色化、服务化发展，打造装备制造、食品加工、新材料、电子信息等主导产业集群，大力发展数字经济，加快虚拟现实、区块链、生命科学等产业布局，以国家大数据综合试验区建设为引领，加快布局发展软件、信息服务业等领域，推进龙子湖智慧岛“四岛共建”，打造数字经济发展新高地。大力发展现代物流、现代金融、健康养老等现代服务业，培育现代供应链、人力资本服务、绿色低碳、共享经济等领域新的增长点，加大金融对实体经济的支持力度，不断促进先进制造业与现代服务业的融合发展。

三 2020年河南省利用外资展望

目前河南省利用外资还处于基数少、规模小的阶段。现存外资企业2040家，仅占全国总量31.6万家的0.6%，不但与发达省份差距较大，与中部六省相比也处于落后状态，这是河南省外资工作的短板，也是潜力所在。2020年河南省应重点做好以下几方面工作。

1. 加大外资促进工作力度

围绕全省优势产业和发展布局，以“一带一路”建设为引领，拓宽利用外资渠道。推动经济开发区创新提升，培育打造“中德（许昌）产业园”等国际合作园区。加强对欧美、日韩等重点国家（地区）招商引资力度，持续跟踪服务重大经贸活动签约意向，推进项目履约落地。加强与专业服务机构的合作，适时联合举办省领导对话跨国公司高管等活动，建立省领导与跨国公司高管之间的对话机制，鼓励跨国公司高管为河南经济社会发展建言献策。

2. 不断提升外资服务水平

贯彻落实国务院《关于进一步做好利用外资工作的意见》，以及省委、省政府支持外贸外资外经企业稳定发展的有关措施，做好宣讲解读，确保各项政策能够落到实处、见到实效，让企业有实实在在的获得感、增强投资信心。制定出台中介招商奖励等政策措施，持续落实对重大招商引资项目、跨国公司地区总部和功能性机构的奖励扶持政策。不断推进高水平投资自由化、便利化，建立和完善外资企业“服务官”制度、外企服务日制度、政府企业直通车制度等服务外资企业工作机制，积极协调、解决外资企业落地、经营中存在的问题和困难，维护外企合法权益，营造稳定、透明、可预期和公平竞争的市场环境。举办全省外资促进、外资统计业务培训，提升外资工作基础能力。

3. 提升外资管理能力

加大对《外商投资法》及其实施条例、《鼓励外商投资产业目录（2019 年版）》等外资法律法规的宣传培训力度，对 2017 年以来国家、省政府出台的系列促进外资发展政策进行梳理，并分批次、分地区在各省辖市进行宣讲解读，扩大政策影响力，把政策信息及时传递到每一家外资企业，指导企业用好用足这些政策。加强与市场监管等部门的信息共享，适时建立与相关部门的协同监管和信息共享工作机制，加强信息互动和管理联动，形成监管合力。

4. 构建招商引资网络体系

围绕河南省优势产业和发展规划，编制好利用外资产业指引，提升精准化招商水平和实效，按照“做强港澳台、深耕日韩、拓展欧美”的方向，加强对重点国家地区的招商引资力度。制定招商引资奖励办法，发挥各类招商引资中介机构的桥梁作用，激发社会化引资能量；加强企业招商引资主体作用，鼓励企业开展产业链招商。发挥河南自贸区、郑州航空港区等“五区联动”的平台优势，在境内外投资促进活动中优先推介、重大项目优先入区。在全省推进国际合作园区规划建设，高水平承接国际先进产业转移，打造一批产业结构层次高、研发创新功能强、国际交流渠道畅、综合服务效率高，具有较强竞争力和影响力的区域开放合作平台。做好第四届全球跨境电商大会的各项工作，利用好国内外重大活动平台。做好第二十一届中国国际投资贸易洽谈会、第三届中国国际进口博览会等境内大型经贸活动参会组织筹备，谋划在港澳地区、日韩、东南亚国家等举办境外招商活动。

B.6

2019～2020年河南省对外贸易形势分析与展望

张新亮　王铮铮　井 鹏*

摘　要： 2019年，河南省积极应对复杂严峻的外贸形势，认真落实国家"稳外贸"政策安排，加大支持力度，着力稳预期增信心，激发企业主体活力，加速布局多元化市场，全省外贸结构持续优化，进出口保持了稳定发展。

关键词： 河南省　外贸　贸易便利化

一　2019年河南省外贸运行情况

2019年，全省进出口5711.6亿元，再创新高，同比增长3.6%，增幅高于全国平均增速0.2个百分点。其中出口3754.6亿元，同比增长4.9%；进口1957.0亿元，同比增长1.2%。进出口额、出口额分别居全国第12位、第9位，均居中部6省第1位。

（一）运行特点

1. 进出口稳步回升向好

受中美经贸摩擦影响，2019年上半年货物贸易均为负增长但增幅逐月回升。7月开始进出口增幅由负转正，下半年以来保持小幅增长，2月以来全省进出口额每月单月均为正增长，前7个月累计增速由负转正。随着富士康苹果

* 张新亮、王铮铮、井鹏，河南省商务厅。

手机进入生产销售季，10月全省进出口创20个月以来新高，全年外贸增幅呈现先抑后扬、前低后高走势。

2. 市场主体活力进一步增强

随着各项政策效应持续释放，营商环境和贸易便利化水平稳步提升，河南省外贸企业数量继续增长，全年发生进出口业务的企业8693家，比上年增加963家。富士康在豫企业进出口3399.4亿元，同比增长0.3%，占全省比重为59.5%，继续发挥“顶梁柱”作用。全省民营企业进出口1696.4亿元，同比增长12.9%，增速最快，占比为29.7%，成为带动外贸稳定发展的关键力量。

3. 境外市场覆盖面不断拓展

美国仍为河南省最大贸易伙伴，进出口1271.3亿元，同比下降8.1%，占比为22.3%；东盟超越欧盟成为第二大贸易伙伴，对东盟进出口766.4亿元，同比增长20.0%；对欧盟进出口746.7亿元，同比增长15.3%；对韩国进出口373.4亿元，同比增长14.3%；对中国香港进出口210.6亿元，同比增长13.4%。对共建“一带一路”国家进出口1362.1亿元，同比增长14.6%，高于总体平均水平11个百分点。对拉丁美洲和非洲等新兴市场进出口393.2亿元、210.1亿元，分别同比增长11.8%和14.6%。

4. 贸易结构持续改善

一般贸易进出口2005.5亿元，同比增长8.0%，占比为35.1%，提高了1.4个百分点，对全省外贸增长贡献率为74.4%。第一大出口商品手机出口2183.1亿元，同比增长3.2%；农产品出口182.6亿元，同比增长8.0%；人发制品出口120.0亿元，同比增长6.5%；罐头出口39.5亿元，同比增长111.0%；家具出口44.5亿元，同比增长51.0%；陶瓷产品出口31.3亿元，同比增长15.3%；服装出口78.8亿元，同比增长10.6%。第一大进口商品集成电路进口694.9亿元，资源类商品进口增长良好，原油进口36.7亿元，同比增长497.7%；铅矿砂进口21.8亿元，同比增长131.9%；煤进口29.6亿元，同比增长47.4%；铜矿砂进口137.2亿元，同比增长31.2%；铁矿砂进口64.6亿元，同比增长21.2%。

（二）主要工作

1. 全面落实国家“稳外贸”安排

省委、省政府主要领导对全省应对中美贸易摩擦、保持外贸稳定增长多次做出批示指示，2019 年 7 月 24 日，省委、省政府召开高规格的全省对外开放大会，省委书记王国生、时任省长陈润儿对推动新时代河南省高水平开放工作进行了部署，其中多次强调做好“稳外贸”工作。9 月，陈润儿多次调研外贸企业并召开座谈会听取意见建议，9 月 29 日省政府召开全省稳外贸增外资促外经工作会议，要求制定对企业有实实在在帮助、让企业有获得感的管用的政策，促进“三外”稳定发展。黄强常务副省长、何金平副省长等省领导多次召集相关部门和单位专题研究应对中美贸易摩擦和支持“三外”企业发展政策措施。8 月 22 日，何金平副省长主持召开全省稳外贸稳外资暨第二届进口博览会工作推进会议，对下一步稳外贸等工作进行了安排部署。省商务厅牵头建立“稳外贸”20 条政策措施、开拓多元化市场工作落实月台账，各相关部门对口细化配套措施，做好工作落实。

2. 加大政策支持力度

出台了河南省支持“三外”企业稳定发展若干措施，围绕优服务、降成本、拓市场、强保障等方面，确定了 19 条含金量很高的措施，从 2020 年起省级外经贸发展专项资金增加到 5 亿元，对“三外”企业融资建立主办银行制度、给予贷款贴息，强化出口信用保险服务，提高出口退税效率，落实援企稳岗政策，加强涉外法律援助等。省政府将文件落实情况纳入督查事项，省商务厅组成专班，建立台账，狠抓落实。省商务厅还提请省政府印发了《关于做好当前稳外贸重点工作的通知》《关于扩大进口促进对外贸易平衡发展的意见》；会同省财政厅推出“稳外贸”政策创新试点，鼓励市县开展“外贸贷”、设立出口退税资金池。南阳市出口退税周转资金池已运转，郑州、鹤壁、驻马店、开封等市试点正加快推进。强化产业和贸易融合互动，持续推进外贸转型升级基地建设，2019 年新获批 3 个国家级转型升级基地，总数达到 13 家；优选十大特色外贸产业基地重点培育，进出口总额占比超过 80%。2019 年内拨付企业开拓国际市场和出口信保支持资金 2.09 亿元、承接加工贸易梯度转移资金和国家级外贸转型升级基地奖励资金 1.58 亿元，超过 2000 家企业获得支持。

3. 建立完善企业联系制度

省商务厅建立进出口排名前 200 位外贸重点企业联系制度，加强跟踪服务，特别是加强与富士康等行业龙头企业联络沟通，实时掌握业务动态，及时研究支持重点企业进出口稳定发展对策。省政府 19 条措施中进一步明确建立重点“三外”企业“白名单”，所在地政府逐企业梳理问题清单，建立服务台账。积极做好贸易摩擦预警响应、协调应对，建立了对美出口、进口“双百”重点企业联系机制，商务、司法、律协等联合组建了涉外法律服务团，为企业提供预警信息、法律支持、案件应对等精准服务，建立了 25 个贸易摩擦预警点，支持企业应对贸易摩擦，对诉讼费给予补贴由 70% 提高至 80%，单个案件补贴限额由 100 万元提高至 500 万元。

4. 持续提升贸易便利化水平

省商务厅发挥省贸易便利化厅际联席会议牵头部门作用，相关部门通力协作，营商环境和贸易便利化水平稳步提升。商务、海关、税务、外汇等部门赴各省辖市开展稳外贸政策巡回宣讲，覆盖 3000 多家企业。省商务厅对自动进口许可证和出口许可证实行无纸化管理，签发时间缩短至 1 天半，年内共办理各类进出口许可证 1.9 万份，积极帮助企业申请汽车摩托车出口资质、钨和白银出口国营贸易企业资质、原油进口资质、玉米粉和锯材出口配额；省发展改革委继续清理规范口岸收费，未发现违规收费；郑州海关 2019 年进、出口整体通关时间分别为 52.31 小时、0.98 小时，较 2017 年分别压缩 50.4% 和 86.8%；省税务局全面推行出口退税无纸化管理，全年累计核准出口退（免）税 249 亿元，增长 29.3%，河南省出口退税平均办理时间压缩至 6.5 个工作日；外汇部门对电子退库业务“即来即审即办”，审核无误的 2 个工作日办理到位。加大对外贸企业信保、融资支持服务力度，2019 年全省出口 300 万美元以下中小微企业政府统保平台覆盖率约 59%。截至 2019 年末，进出口银行河南省分行发放外贸产业贷款 207.8 亿元，其中政策性业务贷款 105.4 亿元，发放小微企业转贷款 6.2 亿元。

5. 支持企业多元开拓市场

收集、发布重点展会信息，引导企业有针对性地参加境内外知名展会。2019 年重点组织企业参加广交会、十三届河南投洽会进出口商品展、2019 年中国五金工具（美国）品牌展、中国品牌匈牙利展、中国品牌与服务波兰展、澳中博览会等境内外经贸活动。全年河南省企业参加境外展会项目超过 3000 个。组织 7659 家企业和机构参加第二届进博会，参会人数增长近 2 倍，成交 22.6 亿美元，增长 48.3%，进入全国第一方阵。第十三届河南投洽会进出口商品展参展企业为 400 家，展览面积为 54000 平方米，意向成交额为 80.2 亿元。

6. 积极发展外贸新业态

扎实推进中国（郑州）跨境电商综试区建设，越来越多传统制造企业利用跨境电商开辟新的贸易渠道；洛阳获批跨境电商综试区，洛阳、南阳、商丘获批跨境电商零售进口试点城市；成功举办第三届全球跨境电商大会，高水平规划建设E贸易核心功能集聚区，获批国内首个跨境电商进口药品和医疗器械试点，郑州航空港区跨境进出口单量、货值分别增长245%和197%；新增跨境电商省级示范园区和孵化平台14家，总数达到35家。2019年全省跨境电商进出口（含快递包裹）1581.3亿元，增长22.7%。联合相关部门认定7家省级外贸综合服务企业，推出多项便利化措施，会同省税务局解决豫满全球、宝聚丰等外综服企业退税周期长等问题，实现部分出口回流。省级外综服企业郑州宝聚丰实业2019年进出口62.6亿元，增长24.8%。推动企业在商品销售集中的国家或地区建立品牌展示中心、分拨中心、商品市场、海外仓等，河南省共有101家企业在境外设立各类国际营销服务体系项目448个，其中有36家企业设立海外仓103个，面积为57.7万平方米；国际营销服务公共平台6个，服务中国生产企业数量为1495家。

二　2020年外贸发展面临的困难问题

纵向比较，近年来河南省外贸发展取得了一定成绩，进出口从2010年的全国第17位快速发展到2019年的全国第12位。但横向比较，“前有标兵、后有追兵”，推动外贸高质量发展任重道远。2020年突如其来的新冠肺炎疫情，给企业生产经营带来了极大的负面影响，特别是近来海外疫情快速扩散，各国纷纷采取严格的防疫措施，日常经济活动能力、生产活动大幅下降，短期内外贸企业面临国际市场需求不振的影响；疫情对全球产业链、供应链、物流链产生冲击，各国实施的贸易限制措施会破坏贸易秩序，放大贸易保护主义，更增加贸易成本，外贸发展面临的外部环境更加复杂严峻。

（一）外贸结构有待进一步优化

河南进出口从2010年的全国第17位快速发展到2019年的全国第12位。2019年四川进出口6765.9亿元，重庆进出口5792.8亿元，均增长10%以上；

安徽进出口4693亿元，增长14.3%，2019年前8个月进出口一度超过河南省；湖南进出口4342.2亿元，增长41.2%，增速全国第一。与这些省市相比，河南省进出口对富士康一家依赖度较高，富士康以外进出口超百亿元的企业仅中原黄金一家，超10亿元的也仅34家，近年来虽然通过招商引资和内生培育了一批新兴外贸企业，但多数体量和规模还不大，强点支撑、多点支撑局面尚未形成。2019年全省进出口低于300万美元的企业7171家，占实绩企业的82.5%，但是进出口额仅占全省的4%。除手机、客车等商品外，出口超10亿元的多为资源型和劳动密集型商品。

（二）近期疫情对外贸影响巨大

一是企业订单减少。受疫情影响，大部分企业春节放假后直至2月中下旬才陆续启动复工复产，无法及时备货及发货，部分外贸企业已签订的临期订单无法按时交货，面临索赔及客户流失风险。3月初企业全面复工复产以来，国际疫情形势不断升级，已有超过60个国家或地区相继宣布进入紧急状态，部分国家或地区还采取了“封国”“封城”措施。很多外贸企业遇到客户推迟下单或要求取消订单、停止发货，未来订单也将视疫情发展和控制程度确定。因疫情影响上半年大部分境外展会推迟或取消，经贸合作人员往来趋于停滞，线下市场开发手段受阻，外贸企业的新客户、新订单骤减。二是国际物流通道不畅。截至2020年3月23日，共有56个国家（地区）关闭全部或部分口岸或加强口岸检疫，112个国家（地区）对航班、列车、船舶进行限制，部分海运空运航线停航，国际物流时效大幅下降，价格大幅上涨。三是上游供应链震荡。疫情的全球蔓延给国际贸易供给端带来严重冲击，部分原材料、中间品面临上游主要供给端供应不足的问题。巴西、印度等国部分矿山开始减产或者停产，将对河南省企业后续原料进口供应产生直接影响。日、韩、东南亚疫情，可能导致电子信息产业上游供应受到影响。四是企业运营成本增加。由于部分企业订单暂停或取消，企业库存的原材料或成品占压大量流动资金。因境外客户停工停产，部分企业已发运货物不能按期收货，很多客户推迟付款时间，企业不能按期回笼资金。疫情停工期间，企业员工工资、厂房租金等无效的成本支出以及防疫消杀、物流等增加成本，导致企业现金流周转困难。企业复工复产过程中，用工成本大幅上升。

三 发展对策

疫情虽然对外贸发展带来了一定影响，但我国完备的制造业体系和完整的产业链优势无可替代，在全球产业链、供应链中的地位没有改变，疫情的影响是暂时和阶段性的。我们将深入贯彻落实习近平总书记关于统筹推进疫情防控和经济社会发展的重要讲话精神，全面分析疫情对全省外贸工作的影响，聚焦稳住外贸基本盘，进一步健全稳外贸工作机制，研究推出更加精准有效的支持政策，促复工、保订单、拓市场，抢时间、赶进度、提速度，保障和稳定产业链、供应链畅通运转，努力实现全年预期目标任务。

（一）加大支持力度

全面落实国家和河南省稳外贸安排部署，高质量打好稳外贸“组合拳”。深入基层企业，加大政策宣传力度，充分了解政策需求，研究推出更加精准有力的政策举措。指导各地用好提前拨付的省级外经贸发展专项资金，科学制定资金使用方案，提高资金使用效率，强预期、增信心，助力企业复工复产。加快开拓国际市场、出口信保等项目评审和资金拨付进度，提高促进资金使用效益。督促各地尽快落实出口退税资金池、中小微外贸企业纾困资金池、中小外贸企业贷款贴息等政策，降低企业融资成本。积极对接加大出口信保信息服务、承保支持、保单融资等方面支持服务力度，对受疫情影响企业加快定损核赔进度，适当放宽理赔条件，应赔尽赔。

（二）优化企业服务

发挥好省贸易便利化厅际联席会议制度作用，加强横向协作，纵向联动，持续优化外贸营商环境。落实外贸重点企业联系机制和“服务官”制度，积极帮助企业协调解决问题，加快推动产业链协同复工复产。特别是密切跟进、精准服务富士康发展，稳住跨国公司核心企业和主要产能。加强与中国信保河南分公司、进出口银行河南省分行对接合作，发挥好政策性金融保险作用，加大对企业信保、融资支持服务力度。进一步方便企业办理进出口手续，对自动进口和出口许可证实行全流程无纸化管理；对两用物项等纸质进出口许可证开通邮寄服务、逐步实现“零接触办理”。积极帮助企业获得更多进出口资质和配额，指导上汽河南分公司、奇瑞河南子公司、洛阳栾川钼业等企业利用好汽车、钨及钨制品等出口资质，形成新的出口增长点。

（三）多元开拓市场

出台国际性展会项目组织管理办法，尽快调整发布境外重点展会名单，对企业参加境内外重点展会分类别、按不同比例给予补贴，精准支持企业深耕细作传统市场，大力开拓新兴市场，力保美国市场份额。对企业受疫情影响无法赴境外参展的已支付费用，给予一定比例补贴。对接商务部外贸司、贸发局和国家级商协会，及早谋划疫情后境外贸易促进活动，组织企业参加第三届进博会、广交会、加工贸易博览会、中国建材（巴西）品牌展、中国五金工具（美国）品牌展、中国医疗健康（印尼）品牌展等境内外知名展会。引导企业在线数字化营销，支持企业网上参展、网上洽谈，为企业提供更多开发新客户、新订单的机会，拓展出口渠道。对接知名外贸服务企业，举办“并肩战疫、与企同行”系列外贸网上直播培训，每天推出一场线上直播，助力企业在特殊时期增强外贸业务能力。

（四）优化贸易结构

加快培育新的贸易主体，推动更多企业走向国际市场。指导各地精准开展产业招商，完善产业链条，提升产业集聚度，打造特色出口产业集群和区域出口品牌。继续支持企业开展境外专利申请、商标注册、管理体系认证、产品认证，培育具有竞争优势的新产品，打造国际知名品牌，提升高技术、高质量、高附加值产品出口。积极承接重点加工贸易转移项目，延伸加工贸易产业链、增值链。

（五）发展新型业态

推进郑州、洛阳跨境电商综试区加快建设，带动更多企业利用跨境电商扩大出口。推动跨境电商1210模式境外复制推广，争取跨境电商进口药品和医疗器械试点尽快取得实质性突破。继续开展省级外贸综合服务企业考核认定，落实支持政策，促进出口“回流”。推动外贸综合服务企业与外贸产业基地对接合作，扩大特色产品出口。跟进汽车平行进口保税、符合性整改等相关措施落地，扩大汽车平行进口规模。积极与商务部汇报沟通，争取国家市场采购贸易方式试点和二手车出口试点。研究出台支持企业建立公共海外仓等国际营销服务体系项目的政策。

B.7

2019 ~2020年河南省对外投资合作形势分析与展望

吕同航　杨军岐　潘菊芬*

摘　要： 2019年，中美贸易摩擦给世界经济带来了不确定因素，但是在全省外经工作者的共同努力和开拓下，外经工作取得了新成效、新突破，对外承包工程及劳务合作合同额及完成营业额均实现较大幅度的增长。2020年，新冠肺炎疫情的暴发及全球蔓延，给世界经济带来了严重冲击，给外经业务造成较大影响。在抗击疫情的同时，不断创新，强化服务，努力解决“走出去”过程中遇到的困境、问题，推动河南省外经业务持续稳定发展。

关键词： 河南省　对外承包工程　劳务合作

一　2019年河南省对外投资合作情况

2019年，河南省对外承包工程及劳务合作新签合同额为44.3亿美元，同比增长18.2%，绝对额居全国第10位，中西部第3位；完成营业额41.6亿美元，同比增长20.7%，绝对额居全国第11位，中西部第4位。全省对外直接投资实际出资14.1亿美元，同比下降26.7%，绝对额居全国第12位，中西部第2位；协议投资金额为14.3亿美元，同比下降35.9%；新备案境外投资项目110个，其中新设75个，变更（含增资）17个，注销18个。全省外派劳

* 吕同航、杨军岐、潘菊芬，河南省商务厅。

务28580人次，同比下降10.0%，绝对额居全国第7位，中西部第1位。全省7家企业获批援外资格，具有援外资质企业总数达到12家，河南援外力量进一步壮大。

1. 对外承包工程快速发展，大项目增多

新签合同额在全国比上年提高了2个位次；完成营业额增幅高出全国18.4个百分点，绝对额在全国比上年提高了1个位次，占全国的比重为2.4%，比上年提高0.4个百分点。全省对外承包工程新签合同额为1亿美元的项目7个，比上年增长40%；1000万美元以上的项目62个，与上年持平，新签合同额39.8亿美元，占全省新签合同总额的90.0%，主要为交通运输建设、石油化工、一般建筑、电力工程建设类项目，主要分布在沙特阿拉伯、玻利维亚、尼日利亚、埃塞俄比亚、乌干达、毛里求斯、塞内加尔等国。完成营业额排名前5位的中铁七局集团有限公司等5家企业合计27.5亿美元，占全省的66.1%。

2. 对外直接投资趋于理性，资金流向主要是中国香港

受中美贸易摩擦和全球经济不稳定因素影响，河南省企业对外直接投资趋于理性和观望。全省对外直接投资协议出资额在1亿美元以上的项目有4个。从实际投资区域来看，对亚洲投资12.6亿美元，占比为89.1%，主要分布在中国香港、哈萨克斯坦、新加坡、印度尼西亚、乌兹别克斯坦；非洲5226.2万美元，占比为3.7%；北美洲4918.4万美元，占比为3.5%；欧洲4054.3万美元，占比为2.9%。从行业分布来看，租赁和商务服务业10.3亿美元，占比为73.1%，主要分布在中国香港、莫桑比克；制造业1.9亿美元，占比为13.1%，主要分布在美国、芬兰、西班牙；居民服务、修理和其他服务业6311.6万美元，占比为4.5%，主要分布在中国香港、澳大利亚；建筑业6082.6万美元，占比为4.3%，主要分布在坦桑尼亚、哈萨克斯坦、赞比亚、新加坡；批发和零售业4031.9万美元，占比为2.9%，主要分布在中国香港、埃塞俄比亚。

3. 外派劳务领域不断拓展、行业日趋多元

全省外派劳务的28580人次中，通过省内外派劳务企业派出24175人次，占比为84.6%；通过省外外派劳务企业派出4405人次，占比为15.4%。从贫困地区派出劳务人员3262人（建档立卡768人）。从派出区域来看，对亚洲派出17702人次，占比为61.9%，主要分布在吉尔吉斯斯坦、巴基斯坦、伊拉克；非洲5455人次，占比为19.1%，主要分布在南非、乌干达。从行业分布

来看，通过对外承包工程项目派出的16728人次中，石油化工项目10822人次，占比为64.7%；交通运输建设项目1942人次，占比11.6%；水利建设项目1159人次，占比6.9%。通过外派劳务企业派出的7447人次中，建筑业4211人次，占比56.5%；制造业1800人次，占比24.1%；交通运输、仓储和邮政业614人次，占比8.2%。外派劳务从事行业正由单一建筑业向多行业拓展。

4. 境外合作区建设稳中提质、势头良好

目前河南企业在境外正在建设和近期拟规划建设的各类产业园区有13个，其中中亚4个、欧洲3个、非洲4个、南亚2个，多数在共建“一带一路”国家，主要有吉尔吉斯斯坦亚洲之星农业产业合作区、乌克兰中乌农业科技示范园区等。从规模上看，大多处于起步阶段，也有少数处在规划阶段。从产业定位上看，涉及装备制造、农业及农产品加工、资源开发利用和商贸物流等领域。2019年，河南省共有8个园区纳入商务部统计范围，总数居全国第4位。省级境外经贸合作区建设已成为河南对外经济合作工作的新亮点，发展速度明显加快、作用逐步显现。

二　2019年主要亮点

1. 出台政策促外经

全面贯彻落实国务院《关于进一步引导和规范境外投资方向的指导意见》（国办发〔2017〕74号），严格按照鼓励类、限制类、禁止类对外直接投资行为进行合规性、真实性审查。河南省商务厅提请河南省人民政府出台了《河南省政府办公厅关于促进对外投资持续健康发展的实施意见》（豫政办〔2019〕6号），这是河南省首次以政府规范性文件形式出台促进对外投资、对外承包工程工作发展的政策措施，对有序扩大河南省企业对外投资合作、规范海外经营行为、防范化解安全风险、促进对外投资和合作健康发展起到积极作用。

2. 支持首批省级境外经贸合作区助推提质升级

河南省出台了《河南省支持省级境外经济贸易合作区建设实施意见》和《河南省省级境外经济贸易合作区申报审核工作指南》，明确了河南省经贸合作区建设的总体思路、发展目标、基本要求、分类标准及加强指导、积极扶持、规范管理政策措施，在全国支持境外经贸合作区建设工作中较为领先。

3. 规范对外承包工程促发展

根据国家对外承包工程资质管理和投标（议标）核准改革的新要求，认真做好对外承包工程项目备案。充分发挥河南省企业国际协会对外承包工程委员会的作用，开展对外承包工程相关业务的政策咨询、研究工作。加大政策宣传力度，帮助20多家对外承包工程企业享受到统保平台政策红利，促进行业快速发展。进一步规范驻豫央企对外承包工程业绩统计工作。

4. 推动援外工作上台阶

指导企业申报对外援助资格，2019年，为中铁七局、中国水利水电第十一工程局等9家企业向商务部报送了资格认定申请，已有7家企业获批，河南省具有援外资格单位总数达到12家，进一步充实了河南省援外力量。注重援外培训，河南工业大学是河南省在商务部认定的唯一援外培训机构，围绕河南粮食大省、文化大省、经济大省的地域优势和特色，2019年共承办了针对发展中国家的粮食安全、储藏、加工及管理和以少林武术、陈式太极拳为主题的各类培训班14期，培训人数445人，人员涉及政府官员、技术人员、教练员、运动员等，受到受援国的一致好评。

5. 搭建平台促交流

用好中国河南国际投资贸易洽谈会这一平台，举办了豫企对外合作洽谈对接会、中德企业合作论坛、“一带一路”境外经贸合作论坛等专项活动。组织企业参加了亚欧博览会、中国—东盟博览会、厦洽会、中国—非洲经贸博览会等国家级重大经贸活动。在2019年第二十二届中国农产品加工业投资贸易洽谈会上，河南省商务厅和驻马店市政府共同承办了中非经贸合作系列活动，举办了河南—非洲经贸合作推介及签约活动，来自肯尼亚、埃塞俄比亚等非洲10个国家的驻华使馆官员及60家企业参会参展，现场签约贸易合同2.3亿美元。联合协会，举办多场外经企业交流对接活动。

6. 夯实基础强化服务

认真贯彻落实商务部《对外投资备案（核准）报告暂行办法》（商合发〔2018〕24号），加强河南省对外投资合作事中事后监管。成立“走出去”专家库，为对重大境外直接投资项目进行可行性、合规性、安全性评价，河南省商务厅委托河南省国际企业合作协会组建了专家库，现已有入库专家22名，涉及项目管理、咨询、法律等领域。

三 存在的主要问题

一是对外投资境内投资主体实力不足，境外经贸合作区后续发展乏力。目前河南省纳入商务部统计的境外经贸合作区共有8个，其中通过商务部、财政部确认考核的国家级合作区1个。从当前情况看，河南省在建的境外经贸合作区境内投资主体普遍存在资产规模小、整体实力弱、推进速度慢、示范带动效应不强及高素质专业人才缺乏等问题，造成境外经贸合作区建设运营效果不及预期。

二是多数境外投资项目属于资源获取型、农业种植及养殖型、产品初加工型、商务服务型，处于产业链末端，市场竞争力不强。加上部分企业对投资所在国的政治、法律、文化、环境、产业、市场、用工等要素缺乏深入研究和了解，对外投资存在盲目性，经济效益欠佳。

三是对外承包工程中交通运输建设、石油化工、矿山工程建筑、电力工程建设等项目居多，占新签合同额总额的90%左右，参与国际产能合作项目较少。对外承包工程市场原本竞争激烈，“僧多粥少”局面存在已久，随着国际形势的复杂多变及国内资质放开，竞争日趋激烈，对外承包工程企业面临的挑战日益增大、困难增多，其业务取得实效的不确定性也随之增大。

四 2020年对外投资合作形势

自2020年初，新冠肺炎疫情相继在国内外暴发，国内外疫情防控和经济形势正在发生重大变化，境外疫情呈加速蔓延态势，世界经济贸易增长受到严重冲击，我国经济发展特别是产业链恢复面临新的挑战。影响对外经济合作业务的外部挑战和各种困难仍将在相当长的一段时间内继续存在。

纵观全球，国际政治经济形势日趋复杂，中美贸易摩擦持续反复，加上多数国家为应对疫情封国封港，停工停产，导致国际金融、原油市场价格大幅下滑，商品、资源、生产力的需求出现全球性下降，世界经济衰退，双向投资的压力加大，很多中小企业即使有对外投资的意愿，也因不确定性增加而踟蹰不前。在此背景下，贸易保护主义、民粹主义进一步抬头，项目成本加大，一些国家强制性要求中标企业将合同20%份额交由本国公司分包；还有一些国家在签订承包合同时，强收占合同总额2%的环保担保金，推高成本费用。英国脱欧、意大利债务危机、法国黄背心运动、德国政局动荡等事件表明欧元区经济衰退的程度比预期还严重，中方企业投资意愿减弱；企业部分重点业务市场，如马来西亚、巴基斯坦、斯里兰卡等国政策不稳定，一旦政府更迭，已签约项目或被暂停或取消，相关的财政投资政策也出现调整，企业在这些国家的经营风险陡然增加。非洲国家政治、财政环境雪上加霜，改善艰难，财政状况紧张，债务违约风险增加，基础设施建设资金严重不足，工程款支付难、项目融资难等问题在未来相当长一段时期内将影响企业的国际业务拓展。新冠肺炎疫情与“逆全球化”风潮双重叠加，部分国家为保障国内就业，提高准入门槛，对外籍劳工的语言、技能、数量等提出更加严格的要求，导致我国劳务资源供给与国际市场需求之间的结构性矛盾更加突出。从机遇来看，保持经济稳定快速发展仍是各国政府的首要任务，各主要经济体对外来投资的需求依然强劲。新兴经济体和发展中国家新建基础设施需求将持续扩大。亚非地区经济的较快增长和各国工业化、城镇化进程的加快，将推高对外来投资和基础设施建设的需求。

从我国宏观政策来看，党中央保持战略定力，统筹疫情防控和经济社会发展，有针对性地出台了一系列政策措施，稳定了对外开放的良好局面。深化“一带一路”国际合作的总体环境持续向好，随着“一带一路”倡议的国际影响持续扩大，西方国家政府、多边金融机构开始将目光投向中国企业，其参与“一带一路”项目的意愿日益增强，为今后在第三国开展合作提供了重要契机。2020年我国将全面建成小康社会、全面开启社会主义现代化建设新征程。2020年也是我国“十三五”规划实施的收官之年、谋划编制“十四五”规划的关键之年，政策效应将逐步显现，加上供给侧结构性改革红利进一步释放，国内经济形势将有好转，国内企业主动“走出去”进行全球布局，开展国际化经营的意愿和实力将进一步提高，以境外经贸合作区建设为主要形式和重要渠道的国内企业对外投资将进一步加快。《商务部等19部门关于促进对外承包工程高质量发展的指导意见》将进一步规范对外承包工程业务市场，加强对企业的服务、引导和监管，对河南省对外承包工程业务也将产生积极影响。

需要单独一提的是，2020 年新冠肺炎疫情暴发，势必会对我国的外经业务带来冲击。据河南省商务厅调查，新冠肺炎疫情背景下，外经企业面临的主要困难包括以下几点。一是多国采取入境管控措施，航班减少，人员流动受阻，影响外经业务正常开展。疫情在全球蔓延情况下，世界多个国家采取入境检测、隔离等措施，部分国家拒绝非本国公民入境。这些措施的实施，直接影响了河南省管理技术人员、劳务人员派出，项目考察、合同签署及境外项目的推进。二是市场大幅下滑、全球经济在较长时间内深度衰退已成定局，欧美国家多处于停工停产状态，新客户开拓艰难，海外项目面临严峻形势。三是生产资料运输迟缓，部分供应链断裂，导致我部分海外项目停工停产。四是多数企业产品积压，资金链出现问题，融资困难，推高企业成本。

但是机遇也蕴藏在挑战中，中国对此次疫情的处理和防控及时、高效、有效，正在获得越来越多国际社会和组织的肯定、称赞，长远来看，这将进一步提升中国企业自身危机应对能力和国际形象，有利于外经业务的开展。同时，有些外经企业通过优化现有资源配置，挖掘互联网平台优势，通过远程办公、视频会议、网络洽谈、在线签约等方式，逐渐恢复境外业务。

五　发展对策

2020 年河南省外经工作将以习近平新时代中国特色社会主义思想为指导，认真贯彻落实党的十九大和十九届二中、三中和四中全会，中央和省委经济工作会议，全省对外开放大会和“三外”工作会议，全国和全省商务工作会议精神，科学应对疫情，围绕国家“一带一路”建设，突出重点市场，拓宽合作领域，积极承揽对外承包工程，稳健促进境外多元化投资，高水平建设境外合作区，持续提升外派劳务规模层次，进一步提高风险防控能力，促进外经工作成为投资和贸易主要途径，为打造内陆开放高地，实现全省经济高质量发展提供有力支撑。

1. 上下联动，统筹推进外经企业疫情防控和复工复产

一是建立外经企业疫情防控体系。做好对已外派人员疫情排查和处置工作，从严招选外派人员，妥善处理外派人员回国休假事宜，引导境外物资捐赠，制定舆情应对预案。实行疫情日报告、零报告制度。掌握疫情防控期间境外河南籍中资企业员工、劳务人员基础信息和动向，做好境外疫情输入防控。二是建立境外合作区“四位一体”防控体系。实行重大事项报告制度。三是建立外经企业复工复产服务体系，落实白名单企业服务官制度。落实《河南省商务厅 河南省财政厅关于积极应对新冠肺炎疫情做好外经贸工作若干措施的通知》，坚持问题导向、结果导向，动态摸清外经企业境内外复工复产面临的困难，做好形势预判，关注外经企业生存发展状态，有针对性地开展银企对接、劳务与工程企业对接活动，助推企业复工复产。四是建立辖区外经企业服务微信群，建立疫情期间的快速服务通道，对企业提出的各类问题给予及时回复和协调解决，提高咨询服务效率。及时向外经企业发布国外、国内、省内相关生产销售防疫物资的厂商信息，协调解决企业开工后所需防疫物资，指导企业开展防疫工作，为企业安全生产经营提供支持。五是加强与外侨办、公安、金融、外汇、司法等部门协调联动信息共享机制，及时向外经企业发布出入境信息、国外疫情信息等，解决境外项目遇到的困难和问题，确保境外项目安全、正常运营。六是明确扩大政府支持海外项目保险范围，与财政厅、中信保对接，联合出台《河南省政策性出口信用保险“走出去”风险统保平台专项资金申请及使用管理办法》。

2. 用好内外载体平台，宣传推介河南企业

一是用好河南省跨境电商大会和上海第三届进博会。征求外经企业意见，结合外方文化习惯，创新推介形式，打造特色名片，服务企业“走出去”。二是结合实际情况，用好亚欧博览会、中俄博览会、中阿博览会、中国—东盟博览会等省外经贸平台，组织外经企业参会参展，交流信息，拓展业务。三是结合业务情况，科学谋划境外考察团组。组织河南省企业赴境外考察项目，参加相关经贸活动，拓宽信息渠道，强化境内外交流。四是创造条件，支持“走出去”企业组建战略联盟。支持、指导省企业国际合作协会建立副会长单位沟通机制、理事单位沟通机制、协会和政府沟通机制。依托协会，组织企业开展境外项目沙龙、考察活动，鼓励企业抱团发展，为企业间战略联盟搭建平

台，创造条件。

3. 结合河南省优势产业，推动企业境外多元化投资

一是支持开展资源型投资，弥补河南省资源短板，助力河南省经济可持续发展；支持优势产能“走出去”，积极开展国际产能合作和装备制造合作，调整优化产业结构，实现产业转型升级；支持商贸物流型企业“走出去”，通过建设境外商贸物流类合作区、海外仓，形成辐射效应，带动产业链延伸，进而带动设备、技术出口及劳务输出。二是利用好国家援外平台，帮助河南省企业争取援外项目，扩大援外布局，树立河南援外品牌和形象。三是利用好河南省境外经贸园区平台，以点带面，扩大招商，抱团发展，投建营一批高质量境外经贸合作区。

4. 发挥龙头带动作用，积极承揽对外承包工程

发挥对外承包工程对设备出口、技术、标准、境外投资和劳务输出的带动作用，紧盯基础设施、石油化工、矿产资源开发、工程建设等优势领域，主攻西亚、南亚、非洲、东盟等传统国家和地区。一是认真贯彻落实好国家、河南省一系列政策措施，大力发展海外承包业务，画好“一带一路”工笔画。支持企业加快转型升级，有序参与市场竞争，提高对外工程质量。二是发挥驻豫央企及河南省对外承包工程骨干企业的龙头带动作用，引领河南工程企业更好更稳地开拓海外市场。三是发挥好商业保险政策的保障作用，为河南省工程承包企业“走出去”保驾护航。

5. 拓宽劳务输出渠道，持续提升规模层次

一是认真落实好《河南省进一步加大对外劳务扶贫力度工作方案》，压实责任，助推打好扶贫攻坚战。对外承包工程企业要发挥外派劳务主力军作用，随着业务的增长要加大省内劳务人员外派数量，尤其是建档立卡贫困户。二是加强对劳务扶贫目标任务、支持政策等工作的检查指导，各省辖市商务主管部门要担负主体责任，外派劳务企业要主动作为，拓宽合作渠道，实现外派数量稳中有升。三是要扩大宣传，强化培训，落实建立外派劳务人员境外人身保险统保体系，落实建档立卡贫困户出国务工前实现“零收费”政策，讲好外派劳务扶贫故事，带动更多贫困劳动力通过出国务工实现脱贫。

6. 增强涉外法律意识，提高风险防控能力

一是引导企业理性投资，科学实施产能转移。在企业“走出去”过程中，要量力而行，要有契约精神、法律意识。要增强风险意识，建立健全海外资产安

全保障机制，有效防范化解海外投资风险，确保企业走得出、稳得住、能发展。二是加快境外企业和省内联络服务平台建设，指导省内投资主体企业建设分平台，强化平台日常监测、风险预警、安全巡检、突发事件处置等监管和服务功能。三是加强事中事后监管，强化“双随机、一公开”检查，及时发现处置企业“走出去”过程中的问题，加强联合惩戒，严格规范企业海外经营行为。

7. 建立部门合作机制，形成外经合力

一是省商务厅要联合省发改委、外办、财政厅等省直单位建立省直外经联系机制，增加外经工作交流渠道。二是加强与各级商务部门的沟通与联系，扩大经验推广，形成“走出去”合力。三是要加强对政策、国别投资特点及风险防控的研究、宣讲，加强业务培训，保护河南省海外投资安全。四是发挥省企业国际合作协会专家库作用，在政策咨询、法律服务、风险防控、项目评估等方面发挥专家作用。

8. 进一步从国家层面加快推进“空中丝绸之路”建设

积极配合商务部做好中国（河南）与卢森堡共建郑州—卢森堡“空中丝绸之路”经贸合作发展规划的商签准备工作，推动规划尽早出台，为河南更好地建设“空中丝绸之路”提供规划和指导，全方位、全领域开展与卢森堡，乃至欧洲的经贸合作。

B.8 2019～2020年河南省消费品市场运行分析及展望

郭海燕　张亮哲　陆　军　邹　君*

摘　要： 2019年，中美贸易摩擦不断升级，面对国内外风险挑战明显上升的复杂局面，在以习近平为核心的党中央坚强领导下，全省上下以习近平新时代中国特色社会主义思想为指导，全面贯彻落实党中央、国务院各项决策部署，坚持稳中求进工作总基调，以供给侧结构性改革为主线，积极推动高质量发展，扎实做好稳就业、稳金融、稳外贸、稳外资、稳投资、稳预期工作，全省经济运行保持总体平稳、稳中有进的发展态势，消费品市场运行总体平稳，消费成为全省经济稳增长的“压舱石”，消费规模进一步扩大，消费水平逐步提高，消费结构不断优化升级。预测2020年，新冠肺炎疫情对全省消费市场短期内造成严重冲击，社会消费品零售额将出现大幅度下降，长期来看，消费市场稳定发展和持续升级的趋势不会改变，疫情催生新兴业态和新兴商业模式加速增长，不断涌现，消费转型升级进程加快，消费拉动经济发展的基础性作用将会进一步增强，全省消费品市场将会实现3%～5%的增长。

关键词： 河南省　消费品市场　消费转型

---

* 郭海燕，河南省商务厅；张亮哲、陆军、邹君，河南省博览事务局。

一　2019年河南省消费品市场运行特点

2019年，随着中央和河南省委、省政府促消费政策措施持续发力，全省上下认真贯彻落实《进一步优化供给推动消费平稳增长促进形成强大国内市场的实施方案（2019年）》和《河南省完善促进消费体制机制实施方案》等促消费政策措施，全省消费品市场行业零售差距逐步缩小，城乡市场协调发展，消费结构持续升级，新型消费方兴未艾，消费品市场运行总体平稳。初步核算，2019年全省生产总值为54259.20亿元，比上年增长7.0%，高于全国平均水平0.9个百分点；其中第三产业增加值增长7.4%。全年全省社会消费品零售总额为22733.02亿元，同比增长10.4%，增速高于全国平均水平2.4个百分点，在全国居第3位，中部六省居第3位。

1. 消费品市场总体运行平稳

2019年，全省消费品市场总体保持平稳增长，全年累计增长10.4%，比上年高0.1个百分点。从零售额各月度增速走势来看（见图1），全省社会消费品零售额分月增速在波动中趋于平稳：一季度，受2019年春节消费拉动全省零售额增长超预期，1～2月、3月增速分别为10.3%、10.5%；二季度4月增速明显回落到9.7%，5月、6月由于“国五”标准汽车去库存促销，零售

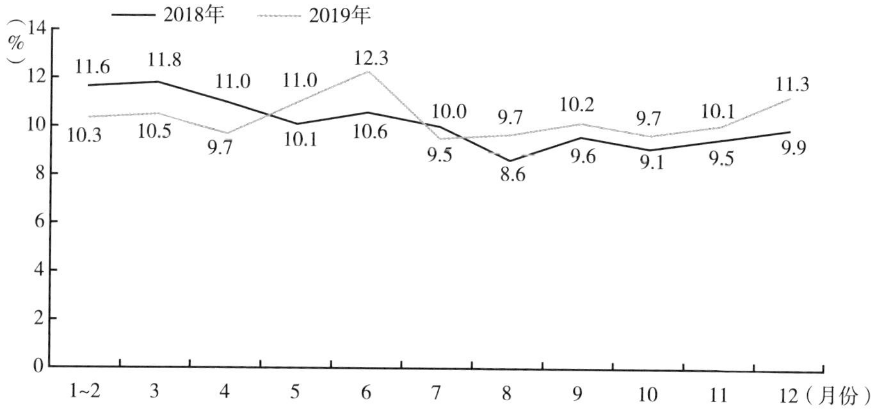

图1　2018年、2019年全省社会消费品零售额各月增速走势对比

资料来源：河南省统计局。

额受汽车提前集中消费拉动，增速大幅提高，当月增速分别为 11.0%、12.3%；三季度 7 月、8 月增速快速回落到低点 9.5%、9.7%，9 月受“双节”消费拉动当月增速有小幅反弹，增长 10.2%；四季度，分月增速小幅波动稳中向好，12 月增速达 11.3%，比上年同期提高 1.4 个百分点。

2. 河南消费品市场走势与全国基本一致

从大环境来看，河南社会消费品零售额增速变化与全国走势基本一致。2019 年一季度、上半年、前三季度和全年河南社会消费品零售总额分别增长 10.4%、10.9%、10.4% 和 10.4%，全国社会消费品零售总额分别增长 8.3%、8.4%、8.3% 和 8.0%（见图 2），河南增速高于全国 2 个百分点以上，走势与全国一致。

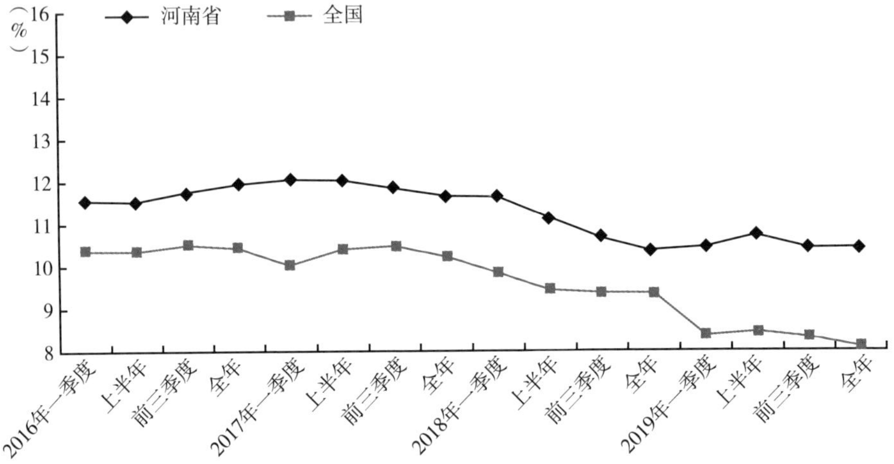

图 2　2016～2019 年河南社会消费品零售总额季度累计增速与全国对比

资料来源：河南省统计局。

3. 限额以上单位消费品零售额增速低于全省零售额增速2.8个百分点

2019 年，全省限额以上单位消费品零售额累计完成 5851.65 亿元，增长 7.6%，低于全省零售额增速 2.8 个百分点。农村消费增速快于城镇。按经营单位所在地分，城镇消费品零售额为 5366.57 亿元，同比增长 7.0%；乡村消费品零售额为 485.08 亿元，同比增长 15%。餐饮收入增速快于商业零售。按消费类型分，餐饮收入为 369.58 亿元，同比增长 10.7%；商品零售额为 5482.07 亿元，同比增长 7.4%。

4. 吃穿用类基本生活消费仍然是消费市场的稳定器，但走势分化明显

一是食品类商品消费增长较快。从全省限额以上企业商品零售分类看，全省食品类商品零售额增速仍保持两位数增长。粮油、食品类，饮料类，烟酒类分别增长13.8%、13.5%、14.1%（见表1），分别高于全省限额以上单位消费品零售额增速6.2个、5.9个、6.5个百分点，分别比上年同期增速提高1.5个、2.1个、1.6个百分点。二是穿着类商品消费增速放慢，全省服装、鞋帽、针纺织品类商品零售额增长8.3%，比上年同期增速回落2.6个百分点。三是日用品类商品消费增速加快，全省日用品类商品零售额增长15.2%，比上年同期提高5.4个百分点。

5. 部分升级类商品消费增速明显放缓，消费升级任重道远

2019年，保健、美容、文化娱乐、通信等反映居民消费升级类商品增速明显放缓。全省限额以上单位化妆品类商品零售额同比下降21.8%；金银珠宝类商品零售额增速为7.3%，比上年同期回落1.5个百分点；书报、杂志类，通信器材类，体育、娱乐用品类等商品零售额分别增长17.1%、7.7%、6.6%，分别比上年同期增速回落3.5个、4.5个、4.1个百分点。中西药品类商品零售额增长17.3%，比上年同期提高3.6个百分点。

表1　限额以上批发零售企业商品零售分类情况

单位：万元，%

商品类别	2019年	增长	占限上零售额的比重
粮油、食品类	5056428	13.8	9.3
饮料类	1122236	13.5	2.1
烟酒类	1796150	14.1	3.3
服装、鞋帽、针纺织品类	4304716	8.3	7.9
化妆品类	1096619	-21.8	2.0
金银珠宝类	849702	7.3	1.6
日用品类	2058005	15.2	3.8
五金、电料类	470687	6.4	0.9
体育、娱乐用品类	168605	6.6	0.3
书报、杂志类	714833	17.1	1.3
电子出版物及音像制品类	30583	15.3	0.1

续表

商品类别	2019 年	增长	占限上零售额的比重
家用电器及音像器材类	2994486	8.7	5.5
中西药品类	2187681	17.3	4.0
文化、办公用品类	1002126	7.7	1.8
家具类	738740	11.9	1.4
通信器材类	994721	7.7	1.8
煤炭及制品类	110442	-12.9	0.2
石油及制品类	7202349	7.3	13.2
建筑及装潢材料类	711073	10.2	1.3
机电产品及设备类	332978	0.4	0.6
汽车类	19552895	4.4	35.8
棉麻类	1873	-81.2	0.0
其他类	1150242	13.1	2.1
总计	54648170	—	—

资料来源：河南省统计局。

6. 餐饮行业保持较快增长势头，对全省零售额增长的拉动作用增强

从零售额来看，2019 年全省社会消费品零售额中餐饮收入实现 3396.22 亿元，占比为 14.9%，比上年提高 0.3 个百分点；增速为 12.5%，比上年提高 0.8 个百分点，比全省零售额增速高 2.1 个百分点，拉动作用明显增强。从分行业销售额（营业额）来看，餐饮业营业额增长 14.8%，比上年同期提高 0.6 个百分点，比批发业（9.6%）、零售业（11.9%）销售额增速分别高 5.2 个、2.9 个百分点，比住宿业营业额增速（11.5%）高 3.3 个百分点。

二 河南省消费品市场存在的困难与问题

1. 消费市场规模不断扩大，增速逐渐放缓成为必然趋势

纵向来看，随着全省社会消费品零售总额规模的不断扩大，增长速度维持较高水平的难度也越来越大。连续观察近 13 年来河南省社会消费品零售总额及增速的变化情况：2006～2010 年（“十一五”期间），全省消费品零售总额

从3900多亿元增加到8000多亿元，净增4100亿元，年均增速为19.6%；2011～2015年（“十二五”期间），零售额总量从8000多亿元增加到15740亿元，净增7740亿元，年均增速为18.4%；“十三五”时期的2016～2019年全省零售额总量净增6993亿元，年均增速为11.1%。从长期趋势判断未来3～5年，全省社会消费品零售总额增速仍将继续保持逐年回落态势，增速将滑落到10%以下。

2. 河南农村地区消费潜力亟待进一步挖掘和释放

河南是农业大省、人口大省，农村人口基数大，占比高。2019年末全省乡村常住人口为4511万人，占总人口的比重为46.8%，而乡村社会消费品零售额占比只有19.4%，所以农村地区消费潜力巨大。当前，农村消费潜力释放仍面临较多障碍。一是农村商贸流通基础设施相对薄弱，如商贸流通中心、大型超市等布局少、种类少的问题。二是农村信息化基础设施相对滞后，如光纤不入村、网速较慢等问题影响线上消费需求的释放。三是受商品流通链条较长等因素影响，农村商品零售价格普遍较高。

3. 限额以上单位数量较少，零售额占比较低

河南省商贸行业市场销售规模和主体资产都普遍较小，盈利能力较差，网络化布局比较滞后，市场带动和引领作用较弱，全省10亿元以上规模的零售企业不足40家。本土企业如丹尼斯百货、新玛特购物广场、大张实业、西亚和美、国美电器、大商集团、世纪联华等实力较强企业，目前还未能实现省内全面布局，全国战略布局更是刚刚起步，欠缺商业领袖风范。2019年全省限额以上单位零售额比重仅占25.7%，比上年下降1.9个百分点，比全国平均水平低10.3个百分点。

4. 消费品市场消费环境有待进一步优化

美容、美发、健身等服务消费领域预付卡消费问题较为突出，擅自终止服务、设置“霸王条款”、虚假宣传、诈骗等行为导致大量付款消费者蒙受损失。互联网领域消费陷阱防不胜防，“假疫苗”“毒辣条”“假鸡蛋”等负面新闻不断刷新人们对道德沦丧的认知，“非洲猪瘟”等敏感词接连刺痛公众敏感神经。种种触目惊心的食品、药品乃至教育、医疗等领域危及人们生命健康安全的案件时有发生，暴露出当前商品与服务的供给和质量都有待提升，消费环境仍有很大改善空间。

三　2020年河南省消费市场环境分析和形势展望

（一）影响全省消费品市场发展的不利因素

1. 新冠肺炎疫情对消费市场短期冲击较大

新冠肺炎疫情蔓延以后，居民外出急剧减少，消费市场受到较大冲击，1~2月河南省社会消费品零售总额与其他省份一样出现较大幅度的下滑，特别是住宿、餐饮、美容美发、大型百货商超等行业的经营面临较大困难。1~2月全省社会消费品零售总额比上年同期下降26.5%，其中限额以上单位零售额同比下降32.9%。从长期来看，消费市场稳定发展和持续升级的趋势不会改变，消费拉动经济增长的基础性作用会进一步增强。

2. 居住类和出行类大宗消费拉动作用明显减弱

近两年来，受产业政策和中美贸易摩擦等多重因素影响，出行类和住房相关类消费持续低位运行，对总消费增长的拉动作用明显减弱。2019年，全省汽车零售额占全社会零售额比重达35.8%，汽车消费同比增长4.4%，比全省限额以上零售额增速低3.4个百分点；石油及制品类商品消费增长7.3%，增速比上年同期回落3.7个百分点。另外，国家对房地产行业调控没有放松，各地限购限贷政策扼制居民购房需求，与购房相关的居住类消费持续偏冷。2019年，全省家用电器、家具类、建筑及装潢材料类等商品消费分别同比增长8.7%、11.9%、10.2%，分别较上年同期回落0.9个、1.7个、3.1个百分点。

3. 生活必需品价格持续上涨一定程度上削弱了零售额增长

消费品价格上涨一定程度上会削弱居民消费预期和意愿。2019年，受猪肉价格大幅上涨的带动，全年全省居民消费价格同比上涨3.0%，涨幅比上年扩大0.7个百分点。分城乡看，城市上涨2.9%，农村上涨3.1%。分类别看，食品烟酒价格上涨7.4%，衣着上涨0.7%，居住上涨0.8%，生活用品及服务上涨0.6%，交通和通信同比下降1.0%，教育文化和娱乐上涨2.7%，医疗保健上涨1.9%，其他用品和服务上涨5.2%。

（二）2020年全省消费品市场增长的有利因素

1. 政策红利密集释放，消费升级环境更加有利

2020年，为了应对新冠肺炎疫情对经济尤其是对消费市场的冲击，各级政府相继出台一系列刺激消费的政策措施，促进消费回补和潜力释放。例如国务院办公厅下发了《关于进一步精简审批优化服务精准稳妥推进企业复工复产的通知》，河南省政府及相关部门相继推出《关于印发河南省应对疫情影响支持中小微企业平稳健康发展若干政策措施的通知》《关于积极应对新冠肺炎疫情影响做好促消费工作的通知》《关于阶段性减免企业社会保险费的实施意见》等政策措施，有力推动企业复产复工，保障企业平稳健康运行，促进消费市场向好发展。从市场表现看，随着疫情防控取得阶段性成效，复工复产企业持续增加，街道门店开始营业，员工复岗率不断提高，行人及车辆明显增多，消费市场日趋活跃。

2. 高效便捷的电商平台在疫情期间的独特作用，为消费市场拓展更大发展空间

一场恰逢春节的新冠肺炎疫情暴发，给我国经济社会生活带来了全方位的影响，在全国人流物流受限、企业复工受阻等情况下，以京东、阿里等为代表的电商凭借网络平台优势，有力保障了物资供应、促进社会稳定，有效缓解了疫情的硬冲击。疫情期间，全国生活消费品并未出现比较明显的短缺，各方面比较担心的线下也几乎没有出现抢购潮，这其中电商功不可没。一方面，各大电商企业凭借强大的信息优势和货源组织能力，增加了商品供给，有效满足了需求。另一方面，几家全国性电商平台展示出的货源充足、价格平稳，有效稳定了群众预期。疫情压力之下也蕴含巨大潜力和机遇，一些产品逆势增长，生鲜电商、远程医疗、在线教育、线上办公等新模式、新服务快速扩张，为疫情应对提供了多方位的精准支持。比如，电商平台创新的无接触配送，也大大降低了人们因为生活用品采购被感染的风险；一些电商企业增加或扩大远程医疗、远程教育等服务的供给，有效减少了人们出门聚集的频次。相信不远的将来，线上各种形式的商品消费和服务消费将会渗透到居民生活的方方面面，河南电子商务基础较好，规模较大，有着很大的市场空间和发展前景。

3. 居民收入稳步增长，为进一步扩大消费奠定基础

2019 年全省居民人均可支配收入为 23903 元，比上年增长 8.8%；居民人均消费支出为 16332 元，增长 7.7%。按常住地分，城镇居民人均可支配收入为 34201 元，增长 7.3%，城镇居民人均消费支出为 21972 元，增长 4.7%；农村居民人均可支配收入为 15164 元，增长 9.6%，农村居民人均消费支出为 11546 元，增长 11.1%。2019 年全省有 68.7 万农村贫困人口脱贫，14 个贫困县脱贫摘帽。

4. 城镇化进程加速促进消费结构升级

国际发展经验表明，农村人口向城市的迁移，会产生巨大的消费“累积效应”。2019 年，河南省常住人口城镇化率为 53.2%，比上年末提高 1.5 个百分点，提高幅度比全国高 0.5 个百分点。河南城镇化在全国仍处于较低水平，城镇化率低于全国平均水平（60.6%）7.4 个百分点，城镇化还有较大发展空间。据测算，河南省城镇化水平每提高 1 个百分点，全省就可以新增消费支出 100 亿元左右。因此推进城镇化进程将有利于增加居民整体收入水平，进而提高消费能力。特别是农民市民化可以有效带动居民在住房、家居、文化娱乐、教育、医疗等方面的消费需求。

综上分析，2020 年河南消费市场短期内受疫情冲击较大，中期影响较平缓，后期将逐步恢复。疫情影响是短期的和外在性的，消费市场长期平稳增长的基础仍然存在，转型升级持续推进的内在发展态势没有改变。河南省拥有近 1 亿人口的大市场，其中有近 3000 万的中等收入群体，蕴含着大量的升级需求，消费市场规模大、潜力足、韧性强。后期随着疫情因素消除，抑制性消费逐步释放以及市场供给结构持续优化，河南省消费市场仍将保持平稳增长，预计 2020 年全省社会消费品零售总额增速保持在 3% ~5% 区间。

四　促进河南省消费品市场平稳增长的对策建议

1. 积极落实各项优惠政策

为应对新冠肺炎疫情对消费市场的影响，近期国家发展和改革委员会等 23 部委联合发布《关于促进消费扩容提质加快形成强大国内市场的实施意见》，以供给侧改革为主，从提高消费供给质量、改善消费环境等方面着手，鼓励消费。提出依靠进博会扩大进口、推动跨境电商发展等措施来改善进口商

品供给，落实消费税改革；提出“完善市内免税店政策”“扩大口岸免税业务，增设口岸免税店”“适时研究调整免税限额和免税品种类”等多项政策；促进深化收入分配改革、汽车和绿色智能家电消费、加大消费者权益保护等政策举措，多点施策促消费。确保这些政策措施落地兑现，发挥实效，将对促进消费回补和潜力释放，实现2020年消费市场正常运行发挥重要作用。

2. 加快社区商业发展

疫情期间，全国各地实行社区封闭管理，保供电商平台为满足重点疫区的社区居民消费需求发挥重大作用。社区商业和老百姓的日常生活息息相关，各级商务部门加大促进社区商业发展的工作力度，应从四个方面着力。一是加快推动社区便利店的发展，优化便利店的网点布局，依托大型超市大力推进连锁便利店品牌化建设。二是支持社区菜市场的建设改造，积极支持农产品冷链物流，推进菜市场、农贸市场、社区菜店等农产品零售终端的建设改造，提升建设管理的标准化、规范化水平。三是促进社区生活服务业的发展，积极推进城乡便民消费服务中心建设，整合餐饮、洗染、美容美发、家政、培训、快递、维修等消费服务功能，构建便民服务消费圈。四是创新社区新业态、新模式，积极推广自助结算、扫码支付等智能技术进行便利店的数字化改造，整合实体便利店与线上资源，开展全渠道经营，强化“互联网＋便利店”建设，探索推行社区体验式电商、社区无人零售、无接触配送等新模式的发展，类似盒马鲜生、叮咚买菜、美团“安心餐厅”、京东到家等，促进社区消费模式创新。

3. 加快发展农村流通体系

改造提升农村流通基础设施，促进形成以乡镇为中心的农村流通服务网络。打造电商进农村综合示范“升级版”，支持农村电商发展水平较好的县（市）探索农村现代流通和县域电商发展新模式，进一步挖掘农村电商发展潜力。加快实施商贸古镇振兴计划，推动商贸物流与休闲农业、乡村旅游有机结合，重点培育认定一批省级商贸古镇，给予政策支持，引导品牌零售企业在乡镇布局，推动优质商品下乡进村。优化农村公共服务供给，持续推动“万村通客车提质工程”“快递进村工程”“信息进村入户工程”。

4. 政策扶持电商平台发挥更大作用

新冠肺炎疫情在国外蔓延的形势越来越严峻，国内面临外防输入、内防扩散的巨大压力。在当前抗击疫情取得重要阶段性成果、下一步要统筹做好疫情防控和经济社会发展工作的背景下，应充分总结前一阶段抗疫中应急物资保障工作的得失，充分认识电商在应对疫情等突发重大事件的特殊价值，坚持问题导向，加强政策引导，健全体制机制，更好发挥电商在抗疫和应急管理中的作用，深化电商服务战“疫”大局。一是鼓励电商平台针对当前全国一些医疗物资需求大、产业链不同环节响应差异大等突出问题，发挥网络化优势，促进全产业链上中下游加速对接。二是鼓励电商平台强化农产品供需对接，解决好买菜难、卖水果难、卖水产品难等，更好地满足城乡居民生活需要，为尽快打赢战“疫”营造良好环境。三是鼓励电商平台强化对种子、化肥等农资产品的保障力度，帮助农村地区把疫情耽误的春耕备耕时间抢回来。另外，有关部门出台综合引导政策，提供贴息贷款等专项扶持，鼓励电商企业面向乡村、农业、扶贫等领域加快恢复和拓展业务，支持电商强化和畅通相关物流。

5. 释放汽车消费潜力

加快新能源车辆推广，新增公交车、市政环卫、城乡配送用车全部使用新能源汽车，推进在用燃油出租车分批置换新能源汽车，党政机关及公共机构带头使用新能源汽车。对新建新能源汽车充电站、燃料电池加氢站给予补贴。简化在现有加油站、加气站及大型停车场等设置充电桩的审批程序。引导二手车交易市场规范升级。大力推进平行汽车进口试点建设，推进郑州铁路口岸尽快实现整车 B 型保税功能，探索设立平行进口汽车标准符合性整改场所，扩大汽车平行进口规模。

6. 优化市场流通环境

积极开展放心消费示范行动，认定一批放心消费示范商场、示范市场、示范商圈。强化消费信用体系建设，推行消费领域信用分类分级监管，采取差异化监管措施，加快构建信用监管机制，引导市场主体建立覆盖线上线下的重要产品追溯系统。大力加强对医疗、药品、食品、保健食品、房地产、金融投资理财等事关人民群众健康和财产安全的重点领域虚假广告监管，大力整治网络虚假违法违规广告。严厉打击线上线下销售假冒伪劣商品行为，针对食品、药品、汽车配件、小家电等重点商品，开展农村和城乡接合部假冒伪劣食品专项整治行动。落实汽车、平板电视等消费品修理更换退货责任规定。积极倡导企业实行七日无理由退货制度。

B.9

2019～2020年河南省电子商务形势分析与展望

张 巍 袁文卓*

摘　要： 2019年，面对国内外风险挑战明显上升的复杂局面，在河南省委、省政府的正确领导下，全省电子商务领域深入贯彻落实习近平总书记考察调研河南时重要讲话精神和扩大对外开放重要论述，以高质量贸易发展为统领，围绕跨境电商、农村电商、电商扶贫等重点领域，多措并举，齐心协力，全省电子商务运行持续、快速、高质量发展。展望2020年，面临打赢疫情防控阻击战和脱贫攻坚决胜战的双重任务，全省电子商务事业发展将迎来新的大变局。作为人口大省、消费大省，在产业升级、消费升级的背景下，因势利导、继续发力，河南省电子商务将继续保持高速运转、高质量发展。

关键词： 河南　电子商务　电商扶贫

一　2019年河南省电子商务发展情况

2019年，河南省电子商务交易额达1.94万亿元，超过同期全省生产总值的1/3，作为数字经济的重要组成部分，电子商务已成为河南经济阔步发展的核心动力。网络零售额达4045亿元，接近同期全省社会消费品零售总额的1/5，电商品牌经济、品质消费成为消费升级的风向标。跨境电商交易额

* 张巍、袁文卓，河南省商务厅电子商务办公室。

1581.3 亿元（含快递包裹和海关数据），同比增长 22.7%，成为外贸发展的稳定器。新增 18 个国家级电子商务进农村综合示范县，累计认定 95 个电商进农村综合示范县（其中，国家级 53 个、省级 42 个），争取中央和省财政资金 14.81 亿元，建成县级电商扶贫公共服务中心 121 个、村级电商扶贫服务点 2.35 万个，服务覆盖 7381 个建档立卡贫困村，培育电商扶贫带头人 5740 人。开展农产品产销对接 700 多场次，促进销售 415.7 亿元，带动贫困人口就业创业 5.93 万人。习近平总书记在光山县考察时对电商扶贫予以肯定。

1. 电子商务环境大幅改善

2019 年是《电子商务法》实施的第一年，电子商务行业的发展终于实现了有法可依。该法的出台，不仅明确了国家要推动和促进电子商务发展的主基调，同时也对电子商务各参与主体之间的法律关系予以明确，既维护了线上线下各主体的公平竞争，又促进了电商平台对平台上经营的商品的审查义务，从而维护了市场繁荣、保证产品的质量安全，为消费者放心购物把好第一道关。持续开展电子商务企业备案，为电商经营主体实名认证，全年全省新增备案电子商务企业 9214 家，累计认定备案 2.12 万家。国家级、省级、市县级三级电子商务示范企业 2000 余家，为改善河南电子商务环境，发挥着不可替代的示范引领作用。

2. 电子商务支撑数字经济

数字经济是一个经济系统，它是由数字技术的应用催生经济环境和经济活动发生的根本改变。具体而言，数字经济就是数字及数字化产品及服务的生产、流通、消费等诸环节的总和，而电子商务不仅涵盖了数字及数字化产品的流通和消费环节，还在不断促进生产方式向定制化、网络化和数字化转变。2019 年，河南省电子商务交易额达 1.94 万亿元，增速达到 29.4%，作为数字经济的核心组成部分，电子商务已成为河南数字经济阔步发展的重要推动力。

3. 网络零售引领消费升级

党的十九大报告指出：中国特色社会主义进入了新时代，我国社会主要矛盾已经转化为人民日益增长的美好生活需要和不平衡不充分的发展之间的矛盾。网络零售作为最直接、最便捷的满足人民日益增长的美好生活途径，已成为人民日常生活中不可或缺的一部分。2019 年，河南省网络零售额达

4045 亿元，增长 26.3%，占同期全省社会消费品零售总额的比重达 17.8%。增幅略有降低，但品牌消费、品质消费能力已大幅提升。在商务部组织的首届“双品网购节”上河南上百家品牌企业参加，掀起了以品牌商品提升消费品质的新高潮，为培育消费新的增长点，加快行业高质量发展提供了新的途径。

4. 跨境电商搭建“网上丝路”

2019 年，河南跨境电商综试区建设推进有力有序，全省跨境电子商务快速发展，跨境电商交易额稳步增长，“网上丝绸之路”越来越便捷，在促进外贸转型升级、优化产业结构、满足群众新需求新消费等方面取得了积极成效。跨境电商规模、应用水平和跨境电商综试区建设水平稳居中西部首位。E 贸易核心功能集聚区，集聚跨境电商企业 1600 余家，商品 198.1 万种，入驻了网易考拉、豌豆公主、澳洲大药房、中大门等众多跨境 O2O 线下自提体验店。推进“1210”模式反向复制，已初步在俄罗斯远东符拉迪沃斯托克、卢森堡、印度尼西亚、美国达拉斯等国家和城市完成测试，并与越南、马来西亚、匈牙利、波兰等共建“一带一路”国家进行了沟通对接。

5. 农村电商助力乡村振兴

农村电子商务是助力乡村振兴的重要一环。随着互联网的全面覆盖及移动 4G 的日益普及，河南省农村电子商务蓬勃发展，一方面传统电商把大量工业品、消费品输送到农村，对活跃农村流通、繁荣农村消费发挥了重要作用；另一方面也拓宽了农产品外销渠道，增加了农民收入，同时带动了乡村旅游、农村教育、医疗服务和金融服务等方面的快速发展，为活跃农村市场、振兴乡村经济注入新的动能。

6. 电子商务加快精准扶贫

为了提升电商扶贫实效，助力精准扶贫，河南省印发《关于加快推进 2019 年全省贫困村电商帮扶工作的通知》，新选定 3000 个贫困村开展电商帮扶，打通农业上下游，促进农产品流通，助力贫困群众信息创业、脱贫增收。实施了“五大工程”和“五大行动”新举措，成效显著。“五大工程”主要是实施电商网点覆盖、农村产品上行、电商带头人培育、农村电商培训、农村产品品牌建设等工程。引导商贸、农业等部门资源和大型电商、快递企业等资源，共同构建县乡村三级电商扶贫公共服务体系；加强知名电商平台和企业联合，助推农村产品上行；鼓励电商带头人引领、带动贫困户参与种养殖、采摘、分拣、包装、物流快递、开网店等电商产业链各环节，促进就业创业增收；开展电商扶贫专项培训，培养一支懂电商业务、会经营网店、能带头致富的人才队伍；评选奖励100个农特产品畅销网货品牌。“五大行动”主要是开展农村电商出村、农商互联对接、电商扶贫示范带动、农村电商龙头企业培育、物流和网络保障等行动。优选贫困县开展农村电商出村试点，促进农产品标准化、商品化、品牌化、电商化；加快传统农产品交易市场向现代综合交易市场转型升级，探索“电商+市场”新型经营模式；培育10个电商扶贫先进县、50个电商扶贫先进乡镇、100个优秀电商扶贫带头人，实现示范带动作用；以商贸流通企业、农业龙头企业为重点，加快电商平台和销售网络建设；加快农村交通运输网络、电商物流配送网络和4G网络建设，满足电商扶贫物流需要。

河南省电子商务发展仍然存在人才结构不合理、区域发展不平衡、行业发展不充分等问题。具体而言，从区域看，省会城市强其他地区弱，郑州市网络零售额在全省占比接近一半，其他省辖市虽增速较快，但占比普遍不大。从城乡看，工强农弱，工业品下行和农产品上行差距明显。从流通方向看，买多卖少依然存在，全省进出包裹比例接近6∶4。

二　2020年河南省电子商务发展形势分析

1. 电商发展仍处初级阶段

虽然，近年来随着互联网流量红利潮流的减退，电子商务发展速度开始放缓，但电子商务的市场空间仍然非常巨大。一方面，就网络零售而言，2019年，全国网络零售规模再创新高，但与全国社会消费品零售总额相比仅占两成，还有八成左右的市场空间有待拓展。另一方面，技术的更新也将为电商的持续发展提供动力，随着区块链、大数据、人工智能、5G等新技术的应用开发，新的电子商务模式势必重构或颠覆现行的电子商务模式。因此，在服务当代经济发展的征途中，电子商务发展仍将有很长一段路要走。

2. 疫情发展助推商业变局

进入2020年，一场突如其来的疫情闯入了我们生活。疫情不仅对经济发展造成很大的影响，同时也对商业模式进行着改造。适者生存，面对来势汹汹的疫情，不少企业已开启变身模式。众多原本只在线下开展业务的行业，开始通过网店、短视频、直播、VR、社区电商等另辟蹊径，仅淘宝每天就有超过3万人开立新店。房产企业、汽车商家、大型商超也纷纷转身线上，甚至明星们的演唱会也开启直播、新上线电影线上首播、博物馆开启直播春游，一场大的商业变局正在粉墨登场。

3. “宅经济”催生社区电商

“宅经济”本是10年前随着网络兴起而出现的一个新词，主要指宅在家中上班、兼职、从事商务活动或者生活消费等经济活动。当非常时期“宅在家里就是做贡献”成为日常，生活的刚需便催动了社区电商的蓬勃发展。餐饮企业改造线下门店、全力发展“无接触式外卖”；将水果门店打造成“网络主播”，通过社群无接触配送到社区；蔬菜、生鲜等供应链企业也开始将业务重心从To B转向To C，关注个人及家庭消费群体，通过社区团购、拼团下单等模式走进社区。疫情只是阵痛，但长远来看，企业的多元及社区服务的下沉都应是不可轻视的方向。

4. 数字经济崭露头角

建设现代化经济体系离不开数字经济的发展。当前，我国正处在转变发展方式、优化经济结构、转换增长动力的攻关期，结构性、体制性、周期性问题相互交织，“三期叠加”影响持续深化，经济下行压力加大。当前世界经济增长持续放缓，仍处在国际金融危机后的深度调整期，世界大变局加速演变的特征更加明显，全球动荡源和风险点显著增多。发展数字经济不仅是深化供给侧结构性改革的着力点，也是推动经济发展动力变革、效率变革、质量变革的重要途径。中央经济工作会议在部署“着力推动高质量发展”重点任务中，明确提出“要大力发展数字经济”。这为我们抓好数字经济这个高质量发展的新引擎，更好地推动数字经济和实体经济深度融合，指明了方向和路径。

5. 世界形势影响跨境电商

习近平总书记多次强调，当今世界正经历百年未有之大变局，世界经济增长持续放缓，全球动荡源、风险点增多，逆全球化抬头，国际贸易治理体系改变，中美经贸摩擦具有长期性、艰巨性、复杂性，但我国有超大规模的市场优势和内需潜力，有完善的产业配套体系，有集中力量办大事的制度优势，完全有信心也有能力抵御外部环境的冲击。我们既要看到国内经济下行压力加大，也要看到国家战略和政策叠加优势在河南省显现。随着国民生活水平的提高，国内消费者对海外商品的需求也越来越旺盛。艾媒咨询数据显示，2019 年中国海淘用户规模超 1.5 亿人，2020 年这一数字将继续增大。不断扩大的市场需求势必会支撑跨境电商的快速发展。

6. 农村电商渐入佳境

商务部披露的数据显示，2019 年 1 ~ 11 月，全国农村网络零售额达 1.5 万亿元，同比增长 19%；全国农产品网络零售额为 3556 亿元，同比增长 26.6%；而同期全国网络零售额为 9.5 亿元，同比增长 16.6%。农村网络零售额、农产品网络零售增速均高于全国网络零售增速，全国农村网络零售额与全国网络零售额的占比也达到 16%。这一方面是由于大型电商平台下沉市场，激发了农村电商潜力；另一方面，随着电商进农村示范的强力推进，农产品受困的销售渠道、物流通道有序解决，制约农村电商发展的“最后一公里”大幅改善，也大大助推农村电商快速发展。

三　推动河南省电子商务高质量发展的对策

1. 坚定信心，持续推进电子商务高质量发展

越是形势严峻，越要坚定信心、保持定力、强化担当，把外部压力转化为深化改革、扩大开放的强大动力，在危中寻机，在变中求胜，坚决把中央决策部署和省委、省政府工作安排落到实处，围绕商务部电子商务工作会议精神，牢牢把握电商产业升级的新的历史机遇，以加快电子商务高质量发展为奋斗目标，真正把健康发展、融合发展、普惠发展、开放发展努力方向落到实处，全力抓好电商促进、服务各项工作，稳步推进电子商务高质量发展。

2. 协同发展，实现跨境电商再飞越

充分利用跨境电商综试区、河南自贸区、郑州经开综保区、郑州经济技术开发区、E 贸易核心功能集聚区五大开放平台叠加优势，抢抓发展机遇，创新监管模式，将集聚区打造成全球新型国际贸易产业发展示范区。支持不同跨境

电商业务主体协同发展。支持河南保税物流中心、郑州新郑综合保税区、在中欧班列、进出口企业等主体间的跨境电商业务协同发展，加强与阿里巴巴、eBay、亚马逊、菜鸟等企业的深度合作。组织跨境电商专题培训班，指导各地结合本地发展实际，因地制宜、突出特色，推动跨境电商与当地特色优势产业深度融合发展。

3. 渠道创新，促进社区服务电商化

持续推进社区生活服务业的数字化转型，既是生活服务行业面临转型的必然选择，也是各级政府、行业组织、平台企业新的发力点。当前社区生活服务业的发展，既要鼓励平台企业的数字化生态与各地数字化基础设施相互连接，以支撑社区生活服务行业数字化应用，又要依托社交电商、社区电商，改造社区生活服务业终端开展本地生活服务创新，满足居民日常消费的个性化、品质化、绿色化的本地生活需求。同时，各社区生活服务业终端也要打破封闭的运营理念，依托社群电商在多层面、多场景实现服务资源的协同与共享，促进社区服务网络化、便利化、智能化。

4. 惠民助农，打造电商进农村综合示范“升级版”

开展电商进农村综合示范五年来，河南省已有国家级电商进农村综合示范县53个，省级电商进农村综合示范县42个，覆盖人口7000多万。电商进农村综合示范县工作已成为商务工作的一张名片，下一步要对产业基础较好的示范县，进一步挖掘农村电商发展潜力，打造一批电商进农村综合示范“升级版”，形成农村电商可持续发展的市场化运营机制，巩固电商扶贫成效，助推乡村发展。完善农村电商服务站点功能，做好智慧乡村服务应用，进一步提升农村电商乡村站点管理和服务水平，真正把名片锻造成商务名牌。

5. 转变战场，电商扶贫助力乡村振兴

2020年初，河南省宣布所有贫困县全部脱贫。几年来，在电商扶贫的助力下，贫困县县域经济得到长足发展，基础设施、公共服务建设极大改善，农村居民人均可支配收入节节攀升，“农民富、农村美、农业强”正逐步走进现实。电商扶贫要发挥优势转战乡村振兴。梳理总结脱贫攻坚战打响以来，全省在电商扶贫领域富有河南特色的经验做法和成功案例，在全省宣传推广。开展电商扶贫“回头看”，以“三落实”“三精准”“三保障”“四不摘”为重点内容，全面检视、深入查找电商扶贫领域的薄弱环节和存在的问题，切实抓好抓实问题整改，全面提升电商扶贫工作质量和水平助力乡村振兴。

6. 多措并举，全方位完善物流配送体系

持续抓好物流业转型发展规划、工作方案的落实工作，支持郑州打造现代国际物流中心，支持有关市、县完善物流通道、园区、口岸等基础设施，强化区域分拨和物流配送功能，打造物流节点城市。继续培育认定一批省级冷链、快递、电商物流示范园区，实现省辖市省级示范物流园区全覆盖。支持新建、改造提升一批低温共同配送中心、农产品产地预冷集配中心。实施快递下乡工程，继续支持建设一批农村标准化快递物流营业网点。推动中欧班列（郑州）运贸一体化发展，支持开展中欧班列商品进县区、进社区。完善农村物流，打造“河南农村物流共配体系”。依托商务部电商进农村综合示范和邮政部门“快递下乡”，完善农村物流体系建设。联合阿里巴巴菜鸟物流共同打造“河南农村物流共配体系”，实现2020年底覆盖全省80%以上的县域目标。

专题报告

Special Topics

B.10

新时代河南对外开放的新实践新探索

宋玉哲　刘海涛　丁　敏　乔云飞*

摘　要： 改革开放以来，河南省历届省委、省政府高度重视对外开放工作，把开放作为推动经济发展的基本省策和带动全局的战略之举。特别是党的十八大以来，省委、省政府动员全省上下深入学习贯彻习近平总书记关于对外开放的重要论述，加快构建开放型经济新体制，打造内陆开放高地，在新起点上取得重大突破，不断迈向更高水平，实现了新时代对外开放的有益实践和全新探索。

关键词： 河南　对外开放　开放型经济

* 宋玉哲、刘海涛、丁敏、乔云飞，河南省商务厅。

一　深刻理解习近平总书记关于对外开放的重要论述

习近平总书记着眼于国际国内两个大局，不断推动对外开放的理论和实践创新，形成了完备的对外开放思想理论体系。习近平总书记关于对外开放的重要论述，是习近平新时代中国特色社会主义思想的重要组成部分，是新时期推动高水平对外开放的科学指引和基本遵循。

论述之一——改革开放是决定当代中国命运、实现“两个一百年”奋斗目标的关键一招。这是习近平总书记站在全面建成小康社会、实现“两个一百年”奋斗目标和中华民族伟大复兴的高度，特别强调对外开放的重要性。习近平总书记指出，“开放带来进步，封闭必然落后”，“中国越发展，就越开放”，“对外开放是中国发展的关键一招”，“开放是国家繁荣发展的必由之路”，“开放已经成为当代中国的鲜明标识”，“中国开放的大门不会关闭、只会越开越大”。习近平总书记的这些重要论述，针对当前国际上保护主义盛行、国内对开放存在模糊认识的新情况，向外界释放了坚定不移继续扩大开放的强烈信号，对统一全党思想、形成开放共识至关重要。

论述之二——以开放促改革、促发展，是我国现代化建设不断取得新成就的重要法宝。这是习近平总书记运用历史思维、辩证思维，立足国内外两个大局，对近代以来中国发展道路的深刻总结和科学指引。习近平总书记指出，“改革和开放相辅相成、相互促进，改革必然要求开放，开放也必然要求改革”，“以开放促改革、促发展，是我国改革发展的成功实践”，“坚定不移完善对外开放体制机制，以扩大开放促进深化改革，以深化改革促进扩大开放，为经济发展注入新动力、增添新活力、拓展新空间”。习近平总书记的重要论述，指出改革和开放是辩证统一的，开放需要改革，改革需要开放，改革开放的最终目的是促进发展。

论述之三——形成全面开放新格局，发展更高层次开放型经济，是推动新一轮高水平开放的重要内容。这是习近平总书记适应经济全球化新趋势，准确判断国际形势新变化，深刻把握国内改革发展新要求做出的重大战略部署。在开放领域上，习近平总书记指出，“扩大服务业对外开放”。在开放空间布局上，习近平总书记指出，“加大西部开放力度”，“优化区域布局”，“形成陆海内外联动、东西双向互济的开放格局”。在开放深度上，习近平总书记指出，“加快构建开放型经济新体制”，“适应新形势、把握新特点，推动由商品和要素流动型开放向规则等制度型开放转变”，“发展更高层次开放型经济”。习近平总书记的重要论述，表明开放是构建以“一带一路”建设为重点的全面开放新格局，既要拓宽开放领域、优化开放布局，又要创新开放方式、提升开放质量，以高水平开放促进深层次结构调整，为社会经济发展释放新的改革红利。

论述之四——建设开放型世界经济，推动经济全球化和维护多边贸易体制，是构建人类命运共同体的现实要求。习近平总书记指出，“历史地看，经济全球化是社会生产力发展的客观要求和科技进步的必然结果”，“中国经济要发展，就要敢于到世界市场的汪洋大海中去游泳，如果永远不敢到大海中去经风雨、见世面，总有一天会在大海中溺水而亡”，“要推动经济全球化朝着更加开放、包容、普惠、平衡、共赢的方向发展”，“合力引导好经济全球化走向，提供更多先进理念和公共产品，推动建立更加均衡普惠的治理模式和规则，促进国际分工体系和全球价值链优化重塑”。党的十九大报告明确指出，中国“奉行互利共赢的开放战略”。习近平总书记的重要论述，是在我国逐步走近世界舞台中央，由过去被动适应国际规则逐步转变为主动参与甚至引领国际规则变革的背景下，对历史规律、时代潮流的深刻洞察，体现了大国担当。

论述之五——要在开放中确保国家经济安全，做好应对任何矛盾风险挑战的准备。这是习近平总书记坚持底线思维，对维护我国发展利益，防范化解重大风险，确保国家经济安全提出的重要要求。习近平总书记指出，“现在搞开放发展，面临的国际国内形势同以往有很大不同，总体上有利因素更多，但风险挑战不容忽视，而且都是更深层次的风险挑战”，“如果防范不及、应对不力，就会传导、叠加、演变、升级，使小的矛盾风险挑战发展成大的矛盾风险挑战，局部的矛盾风险挑战发展成系统的矛盾风险挑战，国际上的矛盾风险挑战演变为国内的矛盾风险挑战，经济、社会、文化、生态领域的矛盾风险挑战转化为政治矛盾风险挑战，最终危及党的执政地位、危及国家安全”，“必须积极主动、未雨绸缪，见微知著、防微杜渐，下好先手棋，打好主动仗，做好应对任何形式的矛盾风险挑战的准备”。因此，在开放的过程中既要注意防范外来风险的输入，也要树立开放的安全观，在扩大开放中动态地谋求安全，自主把握开放的力度、程度和进度，做好开放中的内外统筹，牢牢把握开放的主动权。

论述之六——要坚持党对开放工作的全面领导，为新时期扩大开放提供政治保证。这是习近平总书记从践行共产党人的初心和使命，坚持党对开放的全面领导，维护党中央权威和集中统一领导的高度，提出的重要论断。习近平总书记指出，“中国共产党领导是中国特色社会主义最本质的特征，是中国特色社会主义制度的最大优势”，“改革开放是亿万人民自己的事业，必须坚持尊重人民首创精神，坚持在党的领导下推进”，“改革开放是当代中国最鲜明的特色，也是我们党最鲜明的旗帜”，“改革开放是我们党在新的历史条件下带领人民进行的新的伟大革命”。因此，必须坚持发挥党总揽全局、协调各方的作用，发挥社会主义制度集中力量办大事的优势，为新时期对外开放提供坚强政治保证。

二　新时代河南对外开放实践及成效

党的十八大以来，在习近平总书记对外开放重要论述的指引下，省委、省政府牢记总书记关于河南要“建成连通境内外、辐射东中西的物流通道枢纽，为丝绸之路经济带建设多作贡献”“朝着买全球、卖全球的目标迈进”的嘱托，积极融入“一带一路”建设，深入实施开放带动战略，对外开放取得新的重大成就，实现了从外向度不高的内陆省份到内陆开放高地的华丽转身。

（一）对外贸易跨越增长

党的十八大以来，全省货物进出口总额连续跨上 600 亿美元、700 亿美元、800 亿美元台阶，2019 年达到 5711.6 亿元（合 828 亿美元），占全国比重从 2012 年的 1.3% 上升到 2019 年的 1.8%，进出口总额居全国第 12 位，居中部六省首位；贸易结构明显优化，机电产品、高新技术产品出口占比分别由 65.6%、54.7% 上升到 71.9%、62.2%，智能手机成为第一大出口商品；外贸队伍不断壮大，全省有业绩进出口企业 8692 家，比 2012 年增加 4486 家，出口、进口超 5 亿元的骨干企业由 2 家、4 家分别增加到 33 家、32 家。中铁盾构、中信重工、许继电气等一批高端制造企业享誉海外。富士康在豫企业进出口年均增长 9.0%，带动全省外贸快速增长。宇通客车对标国际领先水平，加强自主创新，产销量连续 8 年保持世界第一，中大型客车全球占有率在 15%

以上，新能源客车领域占据领导地位。跨境电商发展迅猛，2019 年全省跨境电商交易额（含快递包裹）为 1581.3 亿元，增长 22.7%，总额居全国前列，成为外贸增长新动力。应对中美贸易摩擦，推进市场多元化成效明显，2019 年对共建“一带一路”国家进出口额达 1362.1 亿元，增长 14.6%，高于全省平均增幅 11 个百分点。

（二）招商引资扩量提质

2019 年，全省实际吸收外资 187.3 亿美元，实际到位省外资金 9993.8 亿元，分别是 2012 年的 1.6 倍、2.0 倍，外来投资占全省固定资产投资的 1/4 左右。英国 BP、美国通用电气、特斯拉、日本住友、阿里巴巴、京东集团等世界 500 强企业落户河南，法国电力、泰国正大、新加坡益海嘉里、丰树集团等跨国公司把河南作为战略投资区域，相继增资扩股。在豫投资世界 500 强企业由 2012 年的 76 家增至 130 家，其中境外世界 500 强企业 91 家。利用外资结构不断优化，装备制造、新能源汽车、金融服务、清洁能源等先进制造业和现代服务业领域外资企业增加，传统制造业吸收外资保持平稳，环保、新能源成为外商投资热点领域；服务业利用外资占比为 46.8%，比 2012 年提高 7.7 个百分点。郑州市通过引进富士康，聚集手机整机及配套企业 200 多家，形成电子信息制造业集群，年产值超过 3000 亿元，“一颗苹果”变成了“一片果园”。许昌市建设中德产业园，引进德国技术，建成了全省第一条六连轧智能生产线；联合奔驰设计公司，主打产品镁合金机车轮毂，成功开拓欧美市场；百菲萨集团投资 5000 万美元的电炉炼钢除尘灰项目开工建设。商丘市大力承接产业转移，打造了民权制冷、虞城五金工量具、夏邑纺织等产业集群，形成了一县一特色的产业格局。平顶山市以精准招商来延链、补链、强链，打通了从煤炭到工程塑料、化纤服装的全产业链条。

（三）对外投资有序发展

全省对外投资从 2013 年开始加速发展，2016 年呈爆发式增长。经过严格的规范管控，对外投资逐步回归理性。2019 年，全省对外直接投资中方协议出资额为 14.3 亿美元，自 2012 年起年均增长 5.5%；在境外累计设立企业、机构 1100 多家，遍及 80 多个国家和地区。全省 8 个境外经贸合作区被纳入商务部统计范围，数量居全国第四。中吉亚洲之星产业园成为国家级境外经贸合作园区，中塔（河南）农业产业科技示范园区首批被命名为国家境外农业合作示范区建设试点。一批龙头企业成功收购国际行业巨头，跨国经营能力持续提升。双汇集团成功收购全球最大的猪肉食品企业——美国史密斯菲尔德公司，在生猪养殖、猪肉及制品加工领域世界领先；洛阳钼业大手笔收购国外矿业企业，成为世界级稀有金属行业龙头企业；郑煤机收购德国博世集团的电机业务、国内优质汽车零部件企业亚新科，成功突破煤机行业“天花板”实现转型，汽车电机市场占有率国内领先；南阳淅减并购欧洲“减振之王”意大利威奥斯图公司，迅速占领产业链制高点；南阳国宇收购欧洲最大动臂塔机制造商德国威尔伯特集团，一举进入国际高端装备制造供应链体系；河南大森并购欧洲管道挖掘、钻探设备生产“隐形冠军”德国 GTA 公司，实现技术、管理与国际一流接轨；中原内配通过与英国吉凯恩集团、德国莱恩金属集团强强联合，成为亚洲最大的气缸套生产企业。

（四）对外合作领域不断拓宽

在持续扩大制造业对外开放的基础上，河南省科教文卫、旅游、金融和农业等领域对外开放取得新突破。2019 年，新建 41 家省级国际联合实验室，总数达 232 家；在海外新建 2 所孔子学院，总数达到 11 所；新增中外合作办学机构（项目）26 个，累计达 278 个，在读学生近 6 万人。在卫生领域新签对外合作协议 95 个，国家“一带一路”中医药国际合作项目——中医特色微创技术（筋骨针法）国际传承基地落户河南中医药大学。3 家全国政策性银行、12 家全国性股份制银行、全球四大会计师事务所全部入驻河南，郑东新区金融集聚核心功能区入驻金融机构 300 余家；郑州在全国 31 个金融中心城市中排名第 12 位，稳居“第一方阵”。河南省在境外从事农业种植、养殖及深加工的企业 72 家，投资区域分布到世界 42 个国家和地区，位居全国前列。累计与 49 个国家缔结 117 对友好城市关系。

（五）国际影响力不断增强

近年来，河南省成功承办了上海合作组织成员国政府首脑（总理）理事会第十四次会议、中欧政党高层论坛经贸对话会、《区域全面经济伙伴关系协定》（RCEP）第27轮谈判、中部投资贸易博览会、外交部河南全球推介活动等高规格国际性会议，每年举办黄帝故里拜祖大典、中国河南国际投资贸易洽谈会、全球跨境电子商务大会、产业转移系列对接活动等，各地也举办了特色经贸活动，充分展示了河南省深厚的文化底蕴、显著的发展成就，展现了河南人追求美好、开放包容的新形象。特别是2019年举办的第十三届河南投洽会，设立匈牙利、泰国双主宾国，举办了中英、中德特色经贸活动，来自88个国家和地区的2570名重要客商，90多位世界500强、跨国公司及境外知名企业高管参会，国际化水平明显提升。河南在全国发展大局中的地位越来越突出，在国际社会的影响力越来越大。

（六）开放通道、平台优势持续提升

河南抢抓"一带一路"建设重大机遇，无中生有打造空中、陆上、网上、海上"四条丝绸之路"，架起了通往世界的桥梁。顺应航空经济蓬勃发展的新趋势，成功收购卢森堡货运航空35%的股权，实施郑州—卢森堡"双枢纽"战略，拓展空中运输通道，空中丝路越飞越广。2019年郑州机场旅客吞吐量为2937万人次，全国排名第12位，增长7.4%，客货吞吐量在中部六省继续保持双第一，形成了以郑州为中心，"一点连三洲，一线串欧美"的国际航空货运网络。立足郑州全国铁路枢纽的优势，成功开通中欧班列（郑州），持续开辟线路，不断扩大集疏网点，陆上丝路越跑越快。2019年中欧班列（郑州）开行1000列，货值33.5亿美元、货重54.1万吨，总累计开行2760班，运输货物重量总计138.5万吨，货值117.8亿美元，稳居全国第一方阵。中欧班列（郑州）实现每周14去10回高频次往返运行，"连通境内外、辐射东中西"继续向纵深推进，开通6个出入境口岸、7个目的站点，服务网络遍布30多个国家130个城市，境内外合作伙伴5000家，形成了连通欧洲、中亚和东盟及亚太的多口岸、多线路国际网络布局。抓住新业态、新模式迅猛发展的机遇，在发展跨境电商上率先"起跑"、持续发力，网上丝路越来越便捷。河南首创的"1210网购保税进口模式"推广到全国，还被国际海关组织确定为全球推广的样板，已在俄罗斯符拉迪沃斯托克和卢森堡测试成功。国内首家实现跨境商品现场提货，让百姓2分钟在家门口买到全球的好产品。河南E贸易辐射190多个国家和地区，郑州进口化妆品、保健品、食品交易额分别占全国的2/3、

1/2、1/3。中国（洛阳）跨境电子商务综合试验区获批，洛阳、商丘、南阳纳入跨境电商零售进口试点范围。积极发展铁海联运，已开通9条铁海联运班列线路，实现了与青岛、连云港、天津等港口无缝衔接，海上丝路越来越通畅。“五定”班列辐射亚美欧多个港口，正在形成以郑州为中心、区域节点城市为支撑的陆海货运通道枢纽。加强口岸和海关特殊监管区建设，建成3个国家一类口岸，粮食、药品、肉类、汽车整车、水果、活牛、食用水生动物、冰鲜水产品、国际邮件经转等9个功能性口岸，3个综合保税区、3个保税物流中心。2019年，郑州新郑综保区进出口额为3461.9亿元，实现封关运行以来“8连增”，居全国综保区前列。同时，河南省主动顺应经济全球化和区域经济一体化大势，从郑州航空港实验区率先领跑，到自由贸易试验区、郑洛新自主创新示范区和跨境电子商务、大数据综试区等战略平台密集落地并形成叠加效应，筑牢了河南新时期高水平对外开放的基石。在“四路”协同、“五区”联动带动作用下，河南正在向世界瞩目的开放高地迈进。

回看走过的路，一串串数字、一件件事例，表明河南对外开放已由“跟跑”到“并跑”再到一些领域“领跑”，取得了举世瞩目的成绩。开放为河南经济社会发展注入了强大动力和活力，全省经济总量在2005年迈上万亿元台阶后，5年后迈上2万亿元台阶，2013年、2016年相继迈上3万亿元、4万亿元台阶，2019年增长7.0%，达到5.4万亿元，稳居全国第5位。通过引进关键技术和重大项目，培育形成了一批龙头型、基地型企业和智能制造、电子信息、新能源、现代物流、现代商贸服务等优势产业，有力地推动了产业优化升级，全省第二、第三产业占比增至43.5%和48.0%，成为促进经济发展的主导力量。大批招商引资项目落地、企业出口订单增加，创造了更多就业、创业机会，持续推动增收致富、民生改善；品种丰富的进口商品更好地满足了消费者的需求，提高了人民群众生活品质。

三　新时期推动河南实现更高水平开放发展

在肯定成绩的同时，也要看到，与先进省份相比，与经济社会发展、人民美好生活需要相比，河南省对外开放工作还存在差距，开放型经济发展还不充分。有些地方、有些部门扩大开放的紧迫感、使命感不强，工作机制创新和统筹合力不足，政务服务效率不高。利用外资区域不平衡，高层次、有影响的外向型市场主体少，外贸综合服务企业少，缺乏高端龙头企业和拳头产品，创新能力不足等。特别是在当前中美经贸摩擦升级的大背景下，河南对外开放工作面临新形势、新挑战。

2019 年 7 月 24 日，河南省委、省政府召开了高规格、大规模的全省对外开放大会，贯彻落实习近平总书记在推动中部地区崛起工作座谈会上的重要讲话精神，对推动新时代河南高水平开放工作进行安排部署，在全省掀起了新一轮开放高潮。2019 年 9 月 16 日至 18 日，习近平总书记在河南考察时指出，“河南具有产业基础、区位交通、开放通道等优势，要抓住促进中部地区崛起战略机遇，立足省情实际、扬长避短，既立足当前抓好‘六稳’，又着眼长远谋势蓄势，加快建设现代化经济体系”，“要积极融入共建‘一带一路’，用好中国（河南）自由贸易试验区等国家级战略平台，加快打造内陆开放高地”。这为河南今后的开放发展明确了方向、提出了要求、指出了路径。要站位全局、服务全国、放眼全球，围绕建设内陆开放高地目标，深度融入“一带一路”建设，着力打造高品质营商环境，着力提升开放通道平台优势，着力促进创新要素开放合作，着力加快外贸优化升级，发展更高层次的开放型经济，以高水平开放促进高质量发展。

（一）强化“四路协同”，提升开放通道优势

破解“不靠海、不沿边、不临江”的开放瓶颈，推进空中、陆上、网上、海上四条丝路协同并进，打造河南开放自主品牌。

增强空中丝路辐射力和影响力。2017 年 6 月，习近平总书记会见卢森堡首相贝泰尔时明确提出，支持建设郑州—卢森堡“空中丝绸之路”。河南省认真落实习近平总书记的指示，以连接全球重要枢纽机场为重点，完善通航点布局，加密国际航线网络，打通与全球的空中货运物流通道。下一步，要着力提升航空枢纽能级，加大国际客货运航线开辟力度，培育壮大基地航空公司，推进与国际国内一流货代企业合作，形成“双枢纽、多节点、多线路、广覆盖”的发展格局。深化与卢森堡等欧洲国家在旅游、文化、教育、人才、科技等领域的合作交流，打造连通欧亚、辐射全球的空中经济廊道。

促进陆上丝路扩量提质。加快发展冷链业务、数字班列、定制班列，积极

开展班列运邮业务，全面推广“一单制”多式联运，创新增值服务和新兴业态，以优质服务赢得市场，以便捷物流带动产业集聚。在稳定开行既有线路的同时，积极拓展新线路，加密往返班次，推动设立一批海外分拨集疏中心和分拨基地，完善跨区域集货节点功能，拓展完善境外、国内和省内中欧班列枢纽网络。做大做强“9610”监管方式班列电商线路，加强与菜鸟、DHL（敦豪）、顺丰等深度合作，推动中欧班列（郑州）与跨境电商联动发展。

加快网上丝路创新发展。大力推进跨境电商业态模式持续创新，高水平规划建设E贸易核心功能集聚区，支持中国（洛阳）跨境电子商务综合试验区建设，支持基础好的省辖市申建跨境电商综试区，引导更多传统企业通过跨境电商开辟新的贸易通道，构建完整的跨境电商生态圈和产业链，打造全国性跨境电商与多元化贸易中心。

推动海上丝路无缝衔接。制定实施铁海联运支持政策，加强郑州铁路口岸与连云港、青岛、天津、上海、宁波、广州和福建、广西等沿海港口合作，提升铁海联运班列运营水平，建设以东向、南向为主的铁海联运国际通道，逐步实现网络化常态运行。

（二）统筹“五区联动”，完善开放平台功能

郑州航空港实验区、河南自贸试验区、郑洛新自主创新示范区和跨境电子商务、大数据综试区“五区”是事关河南开放发展全局的战略平台，要统筹推进、协调联动，增强各类开放平台集聚、辐射功能，形成完备的开放平台支撑体系。

发挥郑州航空港实验区开放门户功能。航空港实验区已经建成世界最大的手机生产基地，还将建设顺丰航空快件集散中心、中国邮政航空邮件处理中心、中通快递公司国际快递业务基地、韵达河南快递电商总部基地等重点项目，推动DHL、联邦快递公司在郑州设立转运中心，打造现代物流服务体系。加快推进合晶单晶硅二期、华锐液晶显示等重点项目建设，巩固提升智能终端产业全球地位。持续培育引进生物医药类企业，加快推进菜鸟、苏宁、唯品会等跨境电商项目建设，引进新能源汽车整车制造、核心零部件研发制造等领域龙头项目，培育壮大生物医药、电子商务、国际物流、航空租赁等新兴产业集群。积极争取国家支持，力争144小时（或72小时）过境免签、离境退税等

方面早日取得突破。

高水平推进河南自贸试验区建设。河南自贸试验区的定位是“建设贯通南北、连接东西的现代立体交通体系和现代物流体系，建设服务‘一带一路’建设的现代综合交通枢纽”。要持续深化政务、监管、金融、法律、多式联运五大服务体系建设。强化产业支撑，大力发展总部经济、枢纽经济，加大外资、外贸企业招引力度。建立自贸试验区发展状况量化评价指标体系。推动出台《中国（河南）自由贸易试验区条例》。抓好改革试点经验的系统集成、总结提炼和复制推广工作。探索建立河南自贸试验区联动发展区，发挥改革溢出效应。

高标准建设郑洛新自主创新示范区。郑洛新自主创新示范区主要依托郑州、洛阳、新乡3个国家高新区，建设具有较强辐射能力和核心竞争力的创新高地。河南省将全面推进自创区体制机制改革，建立以绩效激励为导向的人事与薪酬管理体制。最大幅度向自创区核心区下放管理权限，赋予自创区核心区省辖市级经济管理等相关权限。实施重大科技专项，力争在产业关键技术和环节取得一批核心成果，完善产业链条，培育形成3～4个具有核心竞争力和影响力的优势产业集群。逐步构建“3＋N”自创区空间发展布局，让更多优秀企业、高校、科研院所等享受自创区先行先试政策。

加快推进口岸和海关特殊监管区域建设。优化全省口岸布局，将口岸功能向各省辖市拓展，打造优势突出的功能性口岸体系。加快郑州国际邮件转运中心、药品进口口岸建设。推动洛阳、鹤壁、开封等地综保区和保税物流中心获批建设，支持现有保税物流中心做大做强。依托各类口岸、综保区、保税物流中心等平台，积极构建贸易、物流、制造、金融、商务服务等产业集聚发展的口岸经济生态圈。

（三）创新招商方式，提升招商引资质量

围绕装备制造、现代物流、文化旅游等重点产业，紧盯世界500强、国内500强、民营500强企业，实施产业集群招商、精准招商，推行股权招商、并购招商等新模式，引进一批具有引领性、突破性、方向性、标志性的龙头项目。注重引资、引智、引技并举，在引进资金、项目的同时，更加注重引进技术、人才和管理经验，吸引跨国公司、央企、民企来河南省设立区域总部及研

发中心、技术中心和结算中心等功能性机构，着力引进拥有核心竞争力的优秀企业和人才团队。完善全球招商网络，出台引导豫商返乡发展政策措施，鼓励全球豫商返乡兴业、抱团发展。重点办好每年一届的中国河南国际投资贸易洽谈会和央企合作、承接产业转移等投资贸易活动，支持各地办好特色招商引资活动，搭建品牌化、国际化、市场化招商平台。

（四）转变发展方式，培育外贸竞争新优势

落实河南省支持“三外”企业稳定发展若干措施，加强中美贸易摩擦分析研判，支持指导企业做好应对工作，最大限度降低对投资链、就业链的冲击。实施出口品牌和外贸主体多元化战略，实施“千企出国门”行动，培育一批出口名牌、出口领军企业。以各类开发区、产业集聚区、海关特殊监管区和加工贸易产业重点承接地为载体，打造外贸转型升级基地，巩固传统产业优势，提高先进制造业和战略性新兴产业国际竞争力。推动出口退税资金池、外贸贷等政策创新试点落地见效。推动省级外综服企业与金融保险机构、外贸产业基地企业对接，服务更多企业，打开国际市场。积极有序扩大进口，充分发挥进口在引导境外消费回流、推动消费升级、促进产业转型等方面的重要作用。加快培育以技术、品牌、质量、服务、标准为核心的竞争新优势，推动河南对外贸易向优进优出迈进。

（五）拓展开放领域，构建全面开放新格局

持续扩大教育科技、商贸物流、文化旅游等开放合作，不断拓展国际人文交流合作领域。贯彻国家放宽服务业准入限制、扩大服务业开放的政策措施，做大河南省现代服务业利用外资规模，持续扩大金融保险、现代物流、信息服务、健康养老、教育培训、交通运输等领域对外开放。积极引进世界一流大学和特色学科，开展高水平人才联合培养和科学联合攻关，建设一批示范性中外合作办学机构和项目等。积极推进国际人文交流合作，不断提升中原文化国际影响力，发挥中原文化资源优势，积极参与海外中国文化中心建设，加大具有中原特色的演艺、杂技、动漫、工艺品等文化产品和服务的出口力度，努力尝试中原故事世界演绎、中华元素国际表达。积极参与丝绸之路文化之旅，推进旅游对外合作，建成具有较高知名度的国际旅游目的地和客源地。继续实施

“豫企出海”工程，支持企业在境外开展收购股权并购、技术研发合作、品牌并购等对外投资，提升河南企业在全球的资源整合和配置能力，支持有实力企业境外上市，着力打造一批本土跨国公司。支持河南企业在境外设立商品展示、品牌推广、仓储物流、批发零售和售后服务等国际营销服务网络，支持有条件的企业在主要出口市场设立品牌商品展示中心和海外仓。

（六）提升政务服务，打造一流营商环境

对外开放的核心竞争力是良好的环境，要打造有吸引力且能够引得来、留得住企业、资金和人才的营商环境。深入落实外商投资新版负面清单、外商投资准入特别管理措施，大幅放宽外资市场准入。大力推进“放管服”改革，深化“一网通办”前提下“最多跑一次”改革，建立企业直通车服务制度，让企业和群众“办事不求人”。持续开展“减证便民”行动，全面清理“奇葩”证明、循环证明、重复证明等。加强社会信用体系建设，完善守信联合激励和失信联合惩戒制度。深入贯彻实施国务院减税降费政策，切实降低实体经济企业生产经营、融资、税费、物流等成本。健全人才服务体系，在落户、就业等方面出台更多优惠政策，最大限度吸引留住高校毕业生；在高端人才配偶就业、子女就学、住房、医疗、社会保障等方面完善服务措施，营造良好的人才发展环境。

B.11

河南省跨境电子商务专题调研报告

李玉　胡阳*

摘　要： 河南省获批跨境电商综试区后，以做大做强 B2B 作为主攻方向，着力构建“三平台”“七体系”，促进河南省跨境电商快速发展。本报告在调研了解跨境电商情况及面临的困难基础上，梳理了河南对国家跨境电商政策落实有关情况及河南出台的相关支持政策，着重分析了中美贸易摩擦升级背景下跨境电子商务企业遇到的新情况、新问题，并提出了应对举措。

关键词： 河南省　跨境电商　中美贸易摩擦

根据国家统计局贸经司要求，为了解跨境电子商务发展情况及面临的困难，特别是在近期中美贸易摩擦升级背景下跨境电子商务企业遇到的新情况、新问题，河南省就跨境电子商务发展情况召开了省直部门座谈会，并深入河南保税集团、新郑综合保税区、中国（中部）电子商务港三个典型跨境电商基地调研，抽选其中 13 家企业进行座谈，调研结果报告如下。

一　河南跨境电商发展情况

2016 年 1 月，河南省获批跨境电商综试区后，积极推进综试区建设，明确把做大做强 B2B 作为主攻方向，以促进产业发展为重点，进出口并重，以出口为主，着力构建跨境电商线上综合服务、线下综合园区、人才培养暨企业

* 李玉，河南省地方经济社会调查队；胡阳，河南省商务厅。

孵化“三平台”，构建信息共享、金融服务、智能物流、信用管理、质量安全、统计监测、风险防控“七体系”，促进河南省跨境电商快速发展。根据河南省跨境办统计，2018 年，全省跨境电商进出口交易额为 1289.2 亿元，同比增长 25.8%。2019 年 1 ~4 月，全省跨境电商进出口交易额为 528.1 亿元（含快递包裹和海关数据），同比增长 23.0%，但增幅相较上年同期有所收窄。其中，出口 382.9 亿元，同比增长 22.6%，进口 145.2 亿元，同比增长 24.1%。快递包裹出口 3012.5 万件，货值 65.9 亿元，同比增长 15.3%。

（一）全省联动发展

在组织架构上，成立了省长任组长、商务厅厅长任办公室主任的河南省跨境电商建设工作领导小组办公室，上下联动引领河南跨境电商从郑州的“一枝独秀”向“众木成林”发展。跨境电商零售出口以各地优势产业为基础，主要出口发制品、蜂制品、陶瓷、香菇、茶叶、玉制品、艾草制品等商品。

（二）融入“一带一路”建设

通过改革创新，打造“网上、陆上、空中、海上”四条丝路，推进跨境电子商务发展融入国家“一带一路”建设。一是“网上丝绸之路”。全国首创“1210 网购保税”进出口监管服务模式，世界海关组织作为全球推广示范样板，创新开展 O2O 现场下单、现场提货。二是“陆上丝绸之路”。打造中欧班列（郑州）+跨境电商独特发展模式，2018 年，累计货值超过 32 亿美元，综合指标居全国前三。三是“空中丝绸之路”。郑州新郑国际机场开通国际货运 29 条，货运运力、航班量及通航城市均居全国第五，货运吞吐量跻身全球机场 50 强。四是“海上丝绸之路”。积极发展铁海联运，有效衔接青岛、连云港等重点港口。

（三）认定省级跨境电商示范园区

各地结合优势产业，不断优化跨境电商产业链，培育形成一批跨境电商特色出口产业集群，培育认定了 21 家省级跨境电商示范园区，2018 年共入驻各类跨境电商企业 800 多家，跨境电商交易额为 115 亿元。

（四）与知名跨境电商企业开展合作

阿里巴巴、京东、聚美优品、网易考拉、UPS、DHL、联邦快递等知名企业相继落户并不断扩大业务；世界工厂网、中大门、世航之窗、万国优品、全速通、易通等本土跨境电商企业不断壮大。

（五）加大人才培养力度

开展政府、高校、协会、企业合作，推动大众创业、万众创新。培育认定5家省级跨境电商人才培养暨企业孵化平台，2018年开展310场培训，培训5.5万人次，孵化企业2500多家。

（六）举办全球跨境电子商务大会

每年5月10日在郑州举办全球跨境电商大会，推介河南省跨境电商发展成果，为跨境电商发展搭建高层次平台。在2019年5月10日举办的第三届大会上，发布了《中国跨境电商创新发展报告（2019）》《中国跨境电商综试区城市发展指数》。

（七）打造E贸易核心功能集聚区

依托郑州经开综合保税区，规划建设10.51平方公里的EWTO核心功能集聚区。重点在鼓励创新、引进培育市场主体、打造“零费区”、完善物流体系、完善交易链条、建立周转资金池等方面给予支持，保持河南跨境电子商务发展先发优势。

二　河南省跨境电商发展存在的问题

（一）跨境电商生态圈需进一步完善

跨境电商龙头企业少，缺乏大型跨境电商平台企业，无一家具有互联网支付牌照的第三方支付机构，综合服务企业数量少、规模小，跨境电商企业融资难，海外仓储物流体系不健全，产业配套支撑能力偏弱等。

（二）跨境电商制度、管理、服务创新力度还不够

随着跨境电商快速发展，监管改革进入“深水区”，当前，在关务申报及质量追溯方面进行了改革探索，但在涉及税负公平、征收方式、统计口径、风险防控、信用管理等方面政策改革还不到位。

（三）跨境电商数据统计制度还不完善

海关总署与商务部在对跨境电商进行定义时，有明显不同。海关在实际工作中仅有对跨境电商 B2C 的定义、统计，并无对跨境电商 B2B 的定义和统计，造成海关总署的数据与商务部的数据不同。同时 B2B 出口与一般贸易未能形成明确区分，邮件出口无法纳入统计。需要商务部联合海关总署等监管部门，出台更加完善的跨境电商统计制度。

（四）全省各地跨境电商发展不均衡，全国竞争压力更趋激烈

由于各地产业结构差异和跨境电商应用水平不均衡，河南各市跨境电商交易差别较大。同时，随着全国跨境电子商务综合试验区不断扩围，各地纷纷出台更加优惠的政策，湖北、陕西、山东等周边省对跨境电商零售进口市场造成分流，竞争压力更趋激烈。

（五）缺乏跨境电商专业人才

人才缺乏是阻碍跨境电商平台发展和中小企业跨境电商应用的重要问题。调研发现，河南省大多数电子商务应用企业缺乏电子商务技术应用型和管理型人才，虽然多数高校和培训机构已开设相应课程，但其人才培养的速度和标准还不能满足行业的发展速度和要求，无法满足企业对高级人才的需求。

（六）跨境业务开展的品类偏少，相对沿海地区政策利好不足

一是监管环境导致准入度不足。在宁波、杭州等地允许进口的宠物食品、儿童食品等，河南均无法开展。二是产业链关键环节不健全，贸易型企业偏少。三是招商的侧重点不利于中小微企业快速集聚。四是抽验批次繁多导致企

业负担加重，有企业反映河南检验检疫抽验比例比宁波高40%左右，抽验商品成本损失大，且由企业自行承担。

三　河南对国家跨境电商政策落实有关情况

（1）根据商务部、财政部等14部委《关于复制推广跨境电子商务综合试验区探索形成的成熟经验做法的函》（商贸函〔2017〕840号），加快对跨境电商已探索形成的成熟经验做法进行复制推广的要求，结合河南实际，出台《河南省复制推广跨境电商综试区成熟经验做法责任分工方案》，积极推进完成复制推广工作。

（2）在税收方面，根据《财政部 商务部 税务总局 海关总署关于跨境电子商务综合试验区零售出口货物税收政策的通知》（财税〔2018〕103号），河南省贯彻落实并印发《河南省跨境电子商务综合试验区零售出口货物税收管理办法（试行）》（豫税发〔2018〕158号），在河南省内综试区“一篮子”解决跨境电商零售出口税收政策，试行跨境电商零售出口增值税、消费税的“无票免税”政策，研究制定跨境电商零售出口企业所得税无票采购成本税前扣除办法，是目前全国唯一明确提出解决跨境电商零售出口所得税办法的省份。同时，积极落实国家降低增值税税率、扩大增值税留抵退税范围、提高出口商品退税率等一系列优惠政策，增值税免征额进一步提高（单月销售10万元以内免税）。

（3）在外汇方面，认真执行国家各项政策。为支持跨境电商等新业态发展，对于经常项目下小额、零星的货贸结售汇，可以凭有效身份证件在个人年度便利化额度内通过个人储蓄账户办理。

四　河南跨境电商支持政策及实施措施

1. 着力支持河南自贸区和跨境电子商务综合试验区载体建设

印发《中国（郑州）跨境电子商务综合试验区建设实施方案》《河南省跨境电子商务示范园区和培训孵化基地认定管理暂行方法》《关于大力发展跨境电商促进产业集群发展的指导意见》等文件，自2016年起开始安排专项资金助力两区公共服务平台及相关建设。持续完善河南省跨境电商综试区项目库，征集项目1445个，其中新增项目428个；认定21家省级跨境电商示范园区和5家人才暨企业孵化平台，给予政策资金扶持；组织实施跨境电商综试区省级专项资金项目申报工作，对应用跨境电商转型升级、第三方平台、仓储物流、综合服务等跨境电商项目给予资金扶持。

2. 支持郑州航空港经济综合实验区建设，加强口岸建设支持力度

出台《关于支持郑州航空港经济综合实验区加快发展的财政政策》（豫财建〔2017〕297号），支持港区建设。近五年来，河南省安排资金25.42亿元，积极争取中央民航发展基金，支持郑州机场开拓航空市场和强化硬件设施建设；2013~2015年，省财政共筹措机场二期工程建设资金54.93亿元，强化了郑州机场的软硬件设施，保障了机场二期顺利投入使用；2016~2017年，省财政安排1.07亿元，支持郑州国际陆港汽车整车进口口岸项目和多式联运监管中心项目建设。

3. 率先出台支持出口信保的财政支持政策

出台《河南省政策性出口信用保险"走出去"风险统保平台的实施方案》（豫财贸〔2016〕125号），从2017年1月1日起对纳入统保平台的海外投资和对外承包工程及对外劳务合作保险项目，省财政给予保费扶持。目前，河南省是首个出台支持出口信保财政支持政策的中西部省份。

4. 主动融入"一带一路"倡议

安排专项资金补助中欧班列运营。2016年11月，邮银豫资"一带一路"（河南）发展基金正式注册成立，总规模为1000亿元，主要投向城市基础设施建设、新农村建设、海绵城市、地下综合管廊等领域和产业类项目。加大对共建"一带一路"国家的中国政府奖学金支持力度，持续推进中卢创新科技郑州—卢森堡"双园"共建项目建设，探索开展中卢创新科技郑州—卢森堡"双园"共建暨科技基金合作。

5. "单一窗口"出口退税系统"一站式"服务河南省出口企业发展

河南省政府口岸办联合多部门打造了国际贸易"单一窗口"网络平台，税务局积极进行"单一窗口"出口退税系统开发，并于2018年12月18日正式上线运行。通过"单一窗口"出口退税系统，企业可以直接生成申报数据，足不出户完成退税申报、办理、退库全流程，申报退税时间节约90%以上。

五　河南省海外仓建设情况

河南省综试区共有49家企业在40个国家和地区设立海外仓129个，总面积达352.9025万平方米。

一是政策支持。支持企业建立海外营销渠道，创立自有品牌，通过跨境电商B2B、海外O2O、跨境B2C模式，设立海外仓、体验店、展览展示中心等，融入境外销售体系。支持有实力企业在主要出口市场设立公共海外仓，为跨境电子商务企业提供贸易、仓储、配送和售后等一站式服务；推动跨境电商融入国家"一带一路"倡议，重点支持企业在共建"一带一路"国家建设运营海外仓。

二是资金扶持。支持企业建设跨境电商出口"海外仓"，采用以奖代补形式，在境外自建、购买或租赁用于提供第三方仓储服务，对于仓储面积、投入额、营收达到一定规模，累计服务跨境电商企业达到一定数量、服务内容完善的，经核查认定后，给予资金奖励。

六　中美贸易摩擦对河南省跨境电子商务影响情况

从河南的贸易结构看，中美贸易摩擦对河南跨境电子商务的影响总体较小。河南省对美贸易占全省对外贸易总额的20%左右，跨境电商对美交易额则更低，即使中美贸易摩擦对B2B和交易量较大的B2C出口影响较大，但由于交易体量小，对河南跨境电子商务影响总体较小。2019年1～4月，全省跨境电商进出口交易额同比增长23.0%，仍保持增长态势，仅增幅相较上年同期有所收窄。

（一）中美贸易摩擦对B2C进口和对美交易量较小的B2C出口几乎无影响

中美贸易摩擦对河南B2C进口影响甚微。河南进口主要为美妆、母婴、保健食品等快消品，来源地以日韩、欧洲等国家或地区为主。美国此类商品在河南并不太受欢迎，本身交易量较小，替代品也较多，加征关税后由于价格劣势，消费者会转而购买其他国家产品。当然也有个别企业因购买时间节点不当受到损失，调研中有企业提出 2018 年从美国进口红酒，因加征关税一直放在保税区，目前关税已达到红酒价值的 90% 左右，近期不准备交税卖出，这种情况短期存在，但长期来看，转而进口他国商品便可不受影响。

中美贸易摩擦对于交易量较小的 B2C 出口目前无影响。中小跨境电商企业对美出口的多为香菇、茶叶、发制品等货单值较小的商品，通过快递小包方式邮寄至美国 200 美元以下不收关税，可以规避加征关税的影响。

（二）中美贸易摩擦对 B2B 和交易量较大的 B2C 出口单个企业影响较大，但受河南省贸易结构影响，整体影响较小

中美贸易摩擦对美出口交易量较大的 B2B 和 B2C 出口单个电商企业而言，影响相对较大。关税上调造成商品成本提升，削薄了企业的利润空间，若提高产品价格，则中国制造的低成本优势就大大减弱，会造成卖家流失，销量下滑。调研中，某企业数据显示，自 2018 年 9 月出口关税增收 10% 之后，经过各方面的平衡，利润率仍然下降 5% 左右。如果商品关税再提升 15% 的话，利润率将严重下滑，针对部分产品来说只能加价销售或者是直接下架。

虽然单个企业影响较大，但从河南省贸易结构来看，对跨境电商影响较小。一是河南的跨境电子商务 B2C 模式以进口为主导，B2C 出口变动对跨境电商影响较小。郑州海关数据显示，2019 年 1～4 月，监管跨境电商零售出口验放清单 962.4 万票，货值 9.4 亿元，进口 2574 万票，货值 37.6 亿元；共计进出口验放清单 3536.4 万票，货值 47.0 亿元，同比分别增长 21.6% 和 16.8%，保持增长态势，但增幅小于上年同期。二是河南的跨境电子商务 B2B 模式出口大部分在中东、非洲等不发达国家和地区，对美业务体量很小，影响面不大。调研显示，相较于东南沿海地区，河南的创新产业基础支撑不足，出口的多为技术含量较低或为发达国家所淘汰的落后技术。这些商品进入不了欧美市场，但由于相对比较优势，在不发达国家还有一定的市场应用前景，如工程机械、筑路养护机械等，造成河南省跨境电子商务 B2B 出口集中在不发达国家和地区。虽然技术含量高的商品对欧美等发达国家和地区也有出口，但对美业务体量小，对河南省跨境电子商务总体影响较小。

从企业的应对措施来看，短期主要是内部消化承担，通过与供应链上下游

企业协商，合力降低综合生产成本来抵消关税上升的影响，不能消化的部分只能提高产品价格。也有企业提出可采用一些不正当的手段，如与买家协商，在报关清单上通过压低商品价格来达到避税的目的。长期来看，预期方案主要有四种。一是开拓新的国际市场，但外贸渠道的建设打通是长期的过程，需要慢慢摸索，不能一蹴而就。二是对于能进行转口贸易的商品采用迂回的战术，比如将产品首先发到新加坡或者其他国家，再由当地发往美国，或者想办法直接在第三国改变原产地证明。三是对于不能进行转口贸易的商品，可在东南亚等不发达国家投资转移生产线。但也有企业表示由于贸易摩擦，越南用工、地价等成本上涨，转移生产线性价比不高，且我国产业供应链配套措施是经过几十年的沉淀积累形成的，东南亚国家短期无法模仿，此方法只适用于类似耐克等供应链简单的外贸加工企业。四是打铁还需自身硬，通过加强研发提高产品服务、质量，在美国市场树立品牌优势，产品销量便不会受价格提升的影响。

B.12

从自由贸易试验区到自由贸易港

——关于河南自贸区开放升级的思考

邢 新 张进才*

摘 要： 在我国自贸试验区形成“1+3+7+6”的梯度发展格局之时，十九大报告又提出“赋予自由贸易试验区更大改革自主权，探索建设自由贸易港”，2018年4月习近平宣布设立海南自由贸易港，一时间自由贸易港成为关注热点。在国家政策带动下全国掀起创建自贸港热潮，广东、浙江、四川等十余省市竞逐建设自贸港。河南省也响应号召，提出“建设内陆开放高地、积极申建自由贸易港”。但是，目前我国对自由贸易试验区的探索尚处于起步阶段，对建设自由贸易港缺乏全面认识。本报告通过梳理河南自贸区现状及国外自贸港先进经验，对河南省自贸试验区发展升级及是否适合创建自贸港提出思考与建议。

关键词： 河南省 自由贸易试验区 开放升级

一 关于自由贸易试验区与中国特色自由贸易港的关系辨析

自由贸易区、自由贸易试验区以及自由贸易港作为全球贸易对外开放程度较高的特殊经济区域，在不同经济发展阶段及不同地区发挥了重要作用。几类

* 邢新、张进才，河南省商业经济研究所。

经济特区名称叫法不同，内涵也不尽相同，虽然它们在功能上有相近的特性，但在开放程度及制度安排上仍有较大差别。首先通过梳理比较它们之间的关联，为自由贸易试验区的探索升级厘清思路。

（一）概念辨析

自由贸易区是指一国在其境内设立的免于海关惯常管辖的特殊经济区域，在这部分区域内允许外国货物免税进口，无不必要的贸易与投资管制，借以营造有别于区外的营商环境。自由贸易港是指一个国家在其国境之内、关境之外划出的允许境外货物、资金、人员等要素既无须缴纳关税，也无须履行其他复杂的海关监管手续便可自由出入的一个特殊经济区域。自由贸易港作为比自由贸易区划定区域范围更广、自由度更高的开放高地，大多具有明显的地理区域隔离性，以海港、河港、空港或内陆港为主，且通常提供减免关税等经济上的优惠待遇，拥有除贸易自由外，更高程度的投资、金融和人员自由流通等特征。自由贸易区与自由贸易港均拥有“境内关外”特殊属性。

自由贸易试验区这一叫法由中国提出，与世界传统的自由贸易区不同，它是经国务院批准设立，承担着在贸易、金融及投资等领域探索并试行具有特别安排的政策，创新政府管理模式，并打造一批可复制、可推广的经验来服务于全国的特定经济区域。以制度试验为目的的自由贸易试验区属性上仍是“境内关内”，与实行“境内关外”政策的自由贸易区及自由贸易港存在本质区别。

（二）自由贸易试验区的实质与功能

综观我国各自由贸易试验区总体方案，发现我国建设的自由贸易试验区往往包含若干海关特殊监管区，它们是自贸试验区中深化探索扩大开放与贸易投资自由的核心区域，在这些区域外的自贸试验区，主要以探索法制化、国际化、便利化的营商环境为使命。因此，中国自由贸易试验区实质上是依托于海关特殊监管区的外向型经济开发区，兼具深化改革与扩大开放双重使命，以制度改革创新为核心，强化在投资、贸易、财税、金融及人员流动等领域进行“先行先试”的制度创新，为全国其他地区提供可复制、可推广的战略经验。

（三）自由贸易试验区与自由贸易港（区）的区别

1. 传统自由贸易区与海关特殊监管区的差异

自由贸易区与海关特殊监管区的比较见表1。

表1　自由贸易区与海关特殊监管区的比较

	传统自由贸易区	海关特殊监管区(如综保区)
位置	一般为港口或港区周边	一般为港口或港区周边
性质	属于"境内关外"	属于"境内关内"
管理机构	国家成立机构进行专门管理	国务院与地方政府两级管理,前者审批、后者设立管理委员会
监管模式	无海关监管,可对货物进行检验、混装、试验、维修、展示、再加工及出口等操作 撤销账册管理,实行门岗管理	有海关监管,货物可在监管下进行清拣和重装 对进出的货物实行电子账册管理
企业自主经营权	可完全自主经营,政府不加干预,免关税,货物出区时(关境之外),在海关进行量登记即可	不可完全自主经营,政府可实行干预,执行保税措施,入区货物作为进口(关境之内)进行海关登记,出区作为出口进行退税

2. 自由贸易试验区与自由贸易港（区）的差异对比

为厘清具有中国特色的自由贸易试验区与传统自由贸易港（区）在制度安排上的重要差异，将从投资、贸易、税收、人员流动等方面进行政策要点梳理和对比。

从表2可知，我国的自贸试验区在海关监管、关税征收及税收减免力度三方面与自由贸易港（区）存在核心不同。中国自贸试验区实行保税政策（入区征税、出区退税），看似与自贸港（区）免征关税类似，但本质上却是"境内关内"的制度安排，不同于自贸港（区）"境内关外"的实质。我国之所以用"自由贸易试验区"的表述，正是因其并非是真正的自由贸易区，而只是先行先试地部分采用了自由贸易区的机制并进行压力测试，等条件允许时再全面尝试自贸港（区）的制度措施。

表 2　自贸试验区与自由贸易港（区）的对比

	自由贸易试验区	自由贸易港(区)
海关监管	有监管	无监管
关税政策	无免征。属于"境内关内",保税	免征。属于"境内关外",零关税
其他税收优惠	无优惠。执行海关特殊监管区税收政策;较少的增值税优惠	有优惠。新加坡:对企业减免 30 万新元税收。中国香港:对企业征收税种类较少,税率较低;免征个人投资所得税。迪拜:免征公司税及个人所得税;对企业 50 年内外加 15 年延长期免征税;全额返还资本和利润
贸易可否自由化	有限范围内探索便利化贸易措施	全面实现贸易自由
投资可否自由化	不能。实行负面清单,对特定领域的投资准入条件放宽要求	可以。投资完全自由,注册要求及投资准入等全面开放,规范的投资企业监管制度
资本可否自由汇兑	不可以	可以
监管环境	较严格。尝试货物状态分类监管;前期以事前审批为主,强化事中事后监管	较宽松。较少的配额与通报关限制,便利的检验检疫安排
有无健全法律体系	无。缺乏完善的知识产权体系及法制化营商环境;存在较多行政指导	有。拥有独立一套完整稳定的法律体系
可否人员自由流动	仅在海南实行 59 国免签,其他自贸试验区未能实现人员自由流动	实行对大多国家人员流动采取免签或落地签措施

（四）自贸试验区和中国特色自贸港的关联

综上可知，自由贸易区是成熟的开放地，具有一套完整的运行机制，自由贸易港为其高级进阶的形态。中国的自贸试验区则是在一定条件下有限地探索制度创新，且其重要改革举措具有可复制性和可推广性。中国要建设的自由贸易港则是在自贸试验区探索成果的基础上扩大制度创新与开放的宽度、广度与深度，促使国内体制改革将开放范围扩及自贸试验区尚未实现和从未触碰的海关、投资、税收、人员流动等领域，使其具备并超越自贸试验区制度创新的终极优惠政策，且大多不可在全国复制推广，实现真正意义上的"境内关外"，同时又不同质于传统意义上的自由贸易港。

所以，中国要建设的自由贸易港实质上接近自由贸易区，但又拥有鲜明的“中国特色”，是在社会主义制度框架下高度开放的自由贸易港建设模式：在自贸试验区制度创新的基础上探索实现部分零关税、保留极少的负面清单，征收相对较低的综合税负，实现货物、投资及自然人等较少限制自由流动。

二　国内外成熟自由贸易港建设的实践经验

纵观世界成熟先进自贸港的发展历程和运行经验，可发现其有一些共性特征，下面以新加坡、中国香港和迪拜为例，简要概述国内外先进自由贸易港的发展经验（见表3）。

表3　国内外先进自贸港的先进做法

要点	先进自贸港			
	中国香港	新加坡	迪拜	相同点
贸易自由化	海关不对在港内转船、装卸和储存的货物进行监管与检查；可自由选择贸易结算币种；货物无配额限制；14日内向海关报关即可	结算可自由选择多元币种；进出口货物无配额限制；航运税费优惠减免；拥有可十秒申报、十分钟获批的高效海关系统贸易网络	拥有发达的可快速向中欧非市场转运货物的海陆空运输体系，机场与港口之间货运仅需要十分钟；实行低税费政策，中转及空箱20天内堆存免费，给予多于8万个集装箱的航运企业部分价格折扣优惠	多元化的结算方式，航运及货物通行自由；快速便捷的通关报关与检验检疫，较为宽松的监管环境，设限较少的配额限制
投资自由化	政府对外商投资全部平等对待，不干预、无补贴；对企业注册资金无限额要求，可百分百控股，并可一小时内通过网上申请获得企业注册证书；对企业依据法律进行监管	外商投资行业及企业经营范围无限制；企业可于3个工作日内实现注册，注册资本金最低限为10万新元并采用认缴制；对企业依法监管	政府对内外资企业同等对待；可15日内完成注册，并完全控股；由专业机构管理	市场准入限制少，快速完成注册，平等对待内外资，依法监管

续表

要点	先进自贸港			
	中国香港	新加坡	迪拜	相同点
金融自由化	完全融汇自由,在岸与离岸贯通;高度开放的金融中心	打造内外一体化金融市场,对外汇的管制全面取消;拥有成熟发达并可提供个性定制的项目融资、融资租赁等金融服务体系	实施自由经济策略,企业利润可全额向境外汇出,无外汇管制,无货币及金融限制	便利的国际投融资环境,拥有完善先进的结算、交易设施,完全开放资本项目,可自由汇出全额资本及利润
税收政策	实行零关税,企业征收简单低税率,其中有限公司按16.5%,非有限公司按15%征收利得税;免征包括股息、利息、分红等在内的个人投资所得税	实行零关税;内外资企业均执行17%所得税税率,并免征企业前30万新元应税所得	实行零关税;免征公司税及个人所得税;对企业50年内外加15年延长期免征税;全额返还资本和利润,并可全部汇出境;商品在仓库储存免税	实施零关税及其他减免力度较大的优惠税收政策
政府管理	政府不干预,发展自由的市场经济	企业运营中无常规的政府行政管理	实行由海关、港口及自贸区联合组成的机构集中管理	较少的政府干预,管理部门以服务为主
法制化体系	拥有成熟的法律体系,立法及条例多达1000条,高度法制化的市场与营商环境	出台涉及其功能、定位、监管等诸方面规定的《自由贸易区法》	全面执行《劳动法》《商业公司法》等法规	完善的法治环境
人员流动	签证灵活宽泛,短期可免签;国外人才流动可由企业向政府申请工作签	依据学历、技能不同设置多种类型工作签证供流动人员选择;实行外籍工作人员配额制,劳工税由雇主代缴	不设限外籍雇佣员工,可为外籍雇员直接办理入区手续	拥有丰富的人才资源,自然人流动自由化

由表3可知，国内外先进自贸港有很多共同特征，它们发展迅速得益于均实行了在金融投资、贸易、人才等领域高度自由化的制度，打造了宽松完善的监管与法治环境，建设了先进的软硬件设施等。

三　河南省自贸试验区向自贸港跨越升级的基础与差距

通过对自由贸易港（区）的深入了解，结合河南自贸试验区建设实际，在全国兴起创建自贸港的热潮中，究竟是该顺势而上积极申建自贸港，还是应该稳扎稳打进一步建好自贸试验区，对于河南省来说是一个值得深入思考的问题。

（一）河南省自贸试验区建设现状与取得成效

作为中部重要的交通枢纽和改革先行者，近年来，河南省在建设自贸试验区过程中积累了部分有益的经验，取得了一定的成效。

1. 完成规定动作，形成创新成果

目前河南自贸试验区总体方案规定的160项试点改革创新任务落实情况良好，已完成150项，完成率94%。不断推进制度创新，构建了政务、法律、多式联运及监管等五大服务体系，总结形成了200多项改革创新成果，12项改革举措在全国先行先试，属全国首创，主要集中在建立“多评合一”“统一评审”新模式、完善外贸发展载体、开展多式联运先行示范、研究境外所得税收抵免的税收政策等领域。

2. 深化“放管服”改革，逐步完善配套政策

转变政府职能，提升市场效率，为加强片区改革自主权，全省下放了450多项省级经济社会管理权限；创新实施“22证合一”并积极探索“36证合一”和“一址多照”、“照章同办”等登记模式；企业在郑州片区实现半小时领取营业执照、税务登记等证件；工程建设项目审批时限在开封片区比全省缩减一半。河南省财政厅、河南省发改委、法院、海关等发布配套政策支持自贸试验区建设；人民银行、银保监会等积极与国家部委就涉及中央事权事项主动对接，力争上级专项支持政策。

3. 突出综合枢纽作用，提升服务“一带一路”能力

郑州机场获批第五航权，已成功运行的国际物流多式联运数据服务平台初步实现铁公海等运输方式与国际陆空运输链的信息共享，最终将实现围绕郑州机场、国际陆港及自贸区等地形成“一单到底、物流全球”的信息联动闭环。

积极搭建了陆上、空中、网上、海上四条“丝路”，全力拓展服务于“一带一路”的多式联运模式，每周“去五返五”均衡对开的中欧班列（郑州）已成为陆上丝绸之路的重要力量。

4. 增强集聚效应，提升经济贡献

从自贸区挂牌至今，已累计实现6.02万家企业入驻；世界500强企业已有161家在河南省投资设立企业项目。2019年，郑州、开封等三片区实际引入外资6.57亿美元、税收实现270.8亿元，同比增长80.8%和47%。引入世邦魏理仕、APUS（麒麟合盛），其在自贸区设立了全球第二总部，并结合各片区功能定位引入了传奇影业、巴库生物等优质项目落户自贸区，为经济发展增加动力。

（二）河南自贸试验区向自贸港跨越升级存在的差距

尽管河南自贸试验区建设取得了众多成果，但仍处于起步探索阶段，对于河南这样一个经济外向度不高的省份来说，此时若想实现由自贸试验区向自贸港的升级跨越还存在较大的差距与问题。

1. 开放程度仍需进一步提高，自贸试验区改革仍有较大探索空间

河南自贸试验区虽然实行了外商投资负面清单准入机制并大量简化负面清单目录，但在外资准入尤其是服务业领域仍有诸多限制。此外，自贸区建设至今，基于政务、监管等操作层面的改革较多，而针对贸易便利、海关监管、金融开放、税收优惠等制度体制性改革较少，特定的法制体系仍不健全，自由开放的环境尚未完善。这些制度创新的滞后使河南自贸试验区离既定的自由贸易园区的目标还相差甚远，自贸区的政策改革也未能达到效用最大化的边界，仍有较大探索空间可供发挥，而对于想要在此基础上创建更高自由程度的自贸港来说无疑是不具备现实基础的。

2. 外地可复制经验仍需借鉴学习，本省优秀成果也需推广实施

自贸试验区肩负着为深化改革开放提供可复制可推广经验的重任，从我国第一个自贸区——上海自贸区诞生到2019年6月，中国18个自贸试验区累计探索形成223项制度创新成果并在全国宣传、复制、推广。资历较浅的河南自贸试验区，有必要先吸取借鉴其他先进自贸试验区的成熟经验并在省内复制，促进本自贸区的开放升级与快速发展，但目前河南自贸区在推广复制外省（区、市）

自贸区创新成果及国家建议复制推广的改革事项中仍有大量优秀经验亟待借鉴学习。同时，对于各省（区、市）改革创新成果在全省推广方面，截至 2019 年 6 月，处于领先地位的广东省已经印发并在全省相关范围内推广实施了五批共计 122 项可复制、可推广的改革创新成果，而河南自贸区才刚刚形成第一批共计 27 项改革创新成果并将在全省及相关区域推广实施。因此，不论是外地经验的复制还是本省成果的推广，对于河南自贸区来说都有很大的空间等待开拓，自贸区这一平台仍需扎实深耕，不能贪大求成，追跟创建自贸港之风。

3. 平台载体能级效应不足，改革举措难以有效开展

基于世界先进自贸港区经验，实施对外贸易自由化的自由贸易区或自贸港，大多临港，属于交通要冲，且基本都具有特殊区域隔离性这一特征，像香港、海南省这类离岛具有天然物理隔离优势便于打造全域自由贸易区。作为位于内陆地区的河南自贸区来说，其不具备打造自贸港的天然物理隔离优势，必须依托综合保税区等海关特殊监管区域来实施自由贸易政策。而河南在综合保税区数量本身就落后于周边省份的情况下（河南 3 个、安徽 4 个、山东 7 个），划入河南自贸试验区范围内的海关特殊监管区面积小、功能不足，洛阳片区综保区尚处于建设阶段，开封片区刚启动综保区申建。航空港实验区作为发展空港自由贸易平台的优势未能体现，港区内的新郑国际机场、位列全国综合保税区首位的新郑综保区并未被纳入自贸试验区实施范围，海关特殊监管区内改革探索受到制约，导致自贸区明确的畅通航空物流通道、扩大航空服务对外开放等改革创新任务无法完成，不仅限制了河南自贸区贸易便利化改革的统筹推进，更难达到自贸港的建设要求。

4. 外向型经济总量不足，制约对外开放升级

河南作为不沿边不靠海的内陆省份，与沿海、沿江城市相比，开放的意识不足，长期以来以发展内需型经济为主，外向型经济发展起步较晚，虽然近年来在各项国家战略效应的加持下对外开放水平不断提高，但仍存在开放型经济总量偏小，从事开放型经营的企业比例不高，外贸依存度较低，货物贸易以顺差为主，服务贸易发展落后等现实问题，这些问题的存在均对建设以外向型经济为依托的自由贸易港构成严重阻碍。根据国际先进自贸港的发展经验可知，高度发达的国际贸易交往及数量庞大且出入便捷的货物、服务进出口是支撑每一个自贸港繁荣发展的基本条件，而河南省 2018 年的货物贸易进出口额仅占

全国比重的1.8%，其中出口3579亿元，进口1933.7亿元，存在明显的贸易顺差，且河南的出口以富士康“一枝独秀”，占全省贸易总量的近一半，剩下的外贸主体多为中小微企业，仅依靠一两个龙头企业来维持的外向型经济，不确定性因素较多，难以支撑自由贸易港的发展基础。

5. 金融业相对落后，配套服务欠缺

目前为止，河南自贸区金融服务业整体不强，欠缺大型主导型的金融机构，融资租赁等先进金融模式发展滞后，融资渠道较为狭窄。金融开放度低，由于国家实施宏观审慎的金融外汇政策，地方金融创新的自主权较少，推动难度较大，河南自贸区自由贸易账户体系没有启动，金融工具较少、趋同性高，没有建立适应本地并支撑自贸区高效引入外资运作的金融体系，这与能够发展离岸贸易和离岸金融的自贸港之间存在较大差距。

6. 自贸区的人才储备不足，高层次人才匮乏

河南自贸区成立两年多来，在人才储备尤其是熟练掌握国际商务及贸易规则等方面的人才还是远远不够的。以河南高等教育为例，河南仅郑州大学一所211院校，每年全省可培养博士指标不超过500个，而仅浙江大学每年就向社会输出3000～4000名博士等高级人才。目前河南在两院院士、享受国务院特殊津贴的高层次专家、百千万人才工程国家级人选及博士后等优秀人才的拥有量占全国比重均不足2%。

综上可知，河南自贸试验区建设虽取得一定成果，但由于地处内陆、经济外向度不高，不具备自贸港物理隔离的优势以及自贸试验区仍有较大空间亟待深化探索等现实差距的存在，我们认为河南目前并不适宜进行自贸港的建设，而应该继续着力于河南自贸试验区的深化改革。

四 关于促进河南自贸试验区开放升级的几点建议

（一）充分挖掘制度创新空间，稳扎稳打推进自贸区建设

通过对国际先进自贸港经验、河南自贸区发展现状及与建设自由贸易港要求差距的梳理发现，不同于自贸试验区承担先行先试与复制推广的任务，中国特色自贸港的建设是为了开放国内市场并高标准对接国际市场，因此建设自由

贸易港应“少而精”，不可“多而快”，避免全面铺开，切忌急于求成，更不可全盘照搬。针对目前国内各省一拥而上地争创自由贸易港的形势，我们应该清楚地认识到，不能把建设自由贸易港作为地区之间的资源争夺战，而应该看作在全球化视野下对我国个别条件成熟先进地区进行高度开放的创新探索。河南自贸区建设现在正处于起步摸索阶段，自贸区的改革目标尚未全部实现，全方位的开放探索试验需深入展开，改革创新措施的系统集成也亟待提升，对于便利化的贸易投资、扩大化的金融开放、便捷化的监管服务等方面制度的改革创新仍有较大的挖掘空间。因此不建议河南此时盲目地开展自贸港的创建实践，而应该稳扎稳打地先在深化自贸区建设的探索上下足功夫、打好基础，通过几年探索创新，打造出与国际贸易及投资标准相匹配的制度体系，形成宽松、便捷、法制的环境，将河南自贸区建成交通物流通达、集聚高端产业、投资贸易便利、监管高效便捷、辐射影响作用突出的高水平自由贸易试验区，为今后创建自贸港奠定基础。

（二）大力争取支持政策，增强自贸区改革力度

整体来说，自贸试验区在市场准入、海关监管、金融汇兑等领域进行的改革创新较少，主要是中央事权与地方事权分配问题造成的。其中金融、司法、税收、海关、检验检疫等改革权限由上级掌控，省级一般无权决定。因此，河南自贸试验区可借鉴上海、广东等先进地区经验积极与中央等上级部门对接，以争取获得上级政策支持从而进行深层改革。特别是河南自贸试验区以建设现代综合交通枢纽为使命，尤其是建设“两体系、一枢纽”在国际物流枢纽建设、产业市场准入、国际化人才引进、特殊税制安排、相关规则标准制定等方面，急需争取国家部委的大力支持，获得更多先行先试的权限。

（三）强化对先进经验的复制推广，积极打造本省创新成果

河南自贸试验区应充分借鉴上海、广东等自贸试验区在贸易、投资、金融和政府职能转变及自贸试验区风险防控等领域的经验做法，加强河南省自贸区关键领域的深化改革，形成一系列结合河南实际的基础性制度和核心制度，并在省内合适区域复制推广。与此同时，河南自贸区也要大力推进内陆开放经济

新模式的探索，创建一批可复制、可推广的经验应用于其他内陆省区，助力我国全面对外开放。

（四）积极谋划推进自贸区扩区，实现更大范围开放创新

根据国务院2019年5月印发的《关于推进国家级经济技术开发区创新提升打造改革开放新高地的意见》（国发〔2019〕11号）明确支持国家级经开区按程序开展符合其发展方向的自贸区相关改革试点。河南省应借鉴学习上海自贸区新片区发展经验，推动河南自贸区扩区或建设自贸区联动发展区，将郑州航空港、新郑综合保税区、郑州国际陆港、出口加工区、保税中心等省内其他符合条件的地区纳入自由贸易试验区范围，充分发挥郑州航空港实验区作为日后建设空港型自贸港的优势，拓展部分海关特殊监管区域功能和范围，协调推动海关总署启动洛阳综合保税区审批流程，加快开封片区申报建设综合保税区。建立开放创新联动发展机制，将先进地区的经验在联动区域复制推广，实现政策、创新、平台及产业多方面协同发展。

（五）立足区位优势，围绕主导产业进行布局

作为交通枢纽的河南自贸区在今后的发展与布局中要立足交通、区位以及市场优势并与主导产业相契合。河南自贸区可将现代物流业作为主导产业，建立以物流业为中心的产业生态圈。另外，河南作为大市场，在自贸区内发展符合各片区定位的航空服务、医疗、装备制造、文化旅游等产业，使此类企业获得发展的同时，将其管理经验辐射至自贸区外，提升全省相关产业发展水平。

B.13
河南省对欧洲、美洲、大洋洲经贸合作研究

李 晋　李 惠　闫卫波　刘 丹　侯 锐*

摘　要： 2019年，河南省商务厅以机构改革为契机，推进对欧洲、美洲、大洋洲的经贸合作，着力化解中美贸易摩擦产生的负面影响，积极推进对欧洲经贸关系的快速发展。2020年初，新冠肺炎疫情在全球蔓延，给河南与欧洲、美洲、大洋洲合作带来了巨大挑战。本报告在对2019年河南与欧洲、美洲、大洋洲经贸情况和主要工作举措进行回顾梳理的基础上，对2020年以来新冠肺炎疫情暴发对世界经济的影响进行了研判，对河南省进一步扩大对外开放面临的机遇和挑战进行了深入分析，对2020年推进与欧洲、美洲、大洋洲经贸合作重点领域和重点工作提出了对策建议。

关键词： 河南省　欧美　经贸合作

一　2019年河南省与欧洲、美洲、大洋洲地区投资贸易情况分析

2019年，全省与欧洲、美洲、大洋洲地区经贸合作整体保持稳定增长，其中，利用外资增长较为明显，外贸实现小幅增长，对外投资更趋理性。受中美贸易摩擦影响，河南对美进出口略有下降，但降幅好于预期，主要得益于手

* 李晋、李惠、闫卫波、刘丹、侯锐，河南省商务厅。

机出口保持稳定，弥补了汽车及零配件和纺织品出口额的下滑；美国在豫新设外商投资企业数量下降较为明显，但实际吸收美国资金增长 24.6%，反映出美在豫投资大、项目增多；对美国投资大幅缩减，中方协议投资额下降 82%。2019 年，欧洲已成为河南开拓多元化市场的重点对象，豫欧经贸合作关系更加紧密，对欧进出口贸易增长 14.76%；实际吸收欧洲资金增长 36.9%；对欧投资增长 73.7%，占全省总额的 60%，豫英、豫德合作发展迅速。河南与大洋洲投资贸易保持小幅增长，进出口贸易增长 7%，实际吸收大洋洲资金增长 5%。河南与南美洲经贸合作基数较小，受进口拉动影响双边进出口增长 11.8%，保持良好势头。

1. 欧洲、美洲、大洋洲在河南投资情况

2019 年，全省新设外资企业 214 家，同比下降 1.4%，实际吸收外资 187.3 亿美元（河南省口径数据，含外商投资企业资本金、外商投资企业再投资、境外借款、境外上市融资、设备出资等），同比增长 4.6%。其中，欧洲、美洲、大洋洲共在河南省新设立外商投资企业 45 家，占全省的 21.03%；实际吸收外资 38.6 亿美元，同比增长 27.8%，占全省的 20.63%。其中，欧洲在豫新设外商投资企业 20 家，实际吸收外资 23.2 亿美元；南美洲在豫新设外商投资企业 1 家，实际吸收外资 4.2 亿美元；北美洲在豫新设外商投资企业 18 家，实际吸收外资 9.3 亿美元；大洋洲在豫新设外商投资企业 6 家，实际吸收外资 2.02 亿美元。

2. 河南与欧洲、美洲、大洋洲进出口货物贸易情况

2019 年，全省进出口总额为 5711.6 亿元，同比增长 3.6%，其中出口 3754.6 亿元，增长 4.9%；进口 1957 亿元，增长 1.2%。全省与欧洲、美洲、大洋洲进出口总额为 2820.24 亿元，同比增长 2.4%，占全省进出口总额的 49.4%；出口 2310.17 亿元，增长 1.5%，占全省进出口额的 61.5%；进口 510.07 亿元，增长 6.9%，占全省进出口总额的 26.1%。2019 年，河南对欧洲贸易额呈现快速增长态势，对欧洲进出口额为 861.80 亿元，同比增长 14.76%。其中，对欧盟进出口额为 746.72 亿元，增长 15.3%；对荷兰进出口额为 222.84 亿元，增长 18.5%；对英国进出口额为 144.74 亿元，增长 21.2%；对德国进出口额为 109.99 亿元，增长 21.2%。2019 年，河南对北美（不含墨西哥）进出口额为 1375.61 亿元，受贸易摩擦影响同比下降 6.7%，但美国仍是河南最大贸易伙伴，

进出口额为1271.29亿元，下降8.1%；河南对加拿大进出口额为104.32亿元，增长13.9%。2019年，河南对拉丁美洲贸易实现较快增长，进出口额为393.23亿元，同比增长11.8%，其中，对巴西进出口额为103.85亿元，增长1.8%；对墨西哥进出口额为120.84亿元，增长6.4%；与阿根廷、智利、秘鲁等国贸易额增长较快。2019年，河南对大洋洲贸易保持稳定增长，进出口额为189.6亿元，同比增长7%，其中对澳大利亚进出口额为175.73亿元，同比增长7.4%。

2019年，河南出口欧盟主要商品为手机、纺织制品、铝及其制品、客车及零配件、机械设备及零配件、家居用品等；进口欧盟主要商品为铜矿砂、光学医疗设备、发动机及配件、化妆品、汽车、生皮等。其中，出口荷兰主要商品为纺织服装、塑料及其制品、轮胎、旅行箱包、钛白粉、陶瓷制品、无机化学品，进口荷兰主要商品为医用X光发生器、车用柴油机、旋转木马娱乐设备、腈基化合物等；出口英国主要商品为手机、服装及纺织原料、人发制品、家具等，进口英国主要商品为机动车辆及其零件、皮革及其制品、化工产品、塑料及其制品；出口德国主要商品为手机、纺织服装、柴油机零件、铝及其制品、塑料、轮胎，进口德国主要商品为医疗器械、铜及其制品、液压挤压机。河南出口美国主要商品为手机、纺织服装、柴油机零件、铝及其制品、塑料制品、轮胎，进口美国主要商品为医疗器械、铜及其制品、液压挤压机。河南出口澳大利亚主要商品为手机及零件、太阳能电池、铝及其制品、固体矿物分选处理器、铸造砂，进口大洋洲主要商品为铁矿砂、贵金属矿砂、生羊皮、烟煤、铜矿砂、锌矿砂等。

3. 河南在欧洲、美洲、大洋洲投资情况

2019年，全省对外直接投资中方协议投资额为14.3亿美元，同比下降35.9%。其中，河南在欧洲、美洲、大洋洲地区的对外投资项目新增备案49个（含新设、并购、变更、再投资、注销等），中方协议投资额为10.2亿美元，同比下降13.2%，占全省总额的71%。2019年，河南在欧洲投资项目新增备案23个，中方协议投资额为8.53亿美元，同比增长73.7%，占全省总额的60%；河南在美洲投资项目新增备案25个，中方协议投资额为0.69亿美元，同比下降82.7%（其中在美国的对外投资项目备案20个，中方协议投资额为0.67亿美元，同比下降82%）；河南在大洋洲投资项目新增备案1个，中方协议投资额为0.98亿美元，同比下降65.7%。

二 2019年河南省推进与欧洲、美洲、大洋洲经贸合作主要举措

1. 围绕重点区域，推进重大项目取得新进展

2019年，在中美贸易摩擦的大背景下，美国通用电气公司不仅没有撤出在中国的投资，反而加大了在中国的投资力度，在河南省商务厅和濮阳市的共同推进下，美国通用电气公司投资25亿元，在濮阳打造GE陆上风电先进制造中心项目。河南省和美国通用电气公司将在濮阳建设集工程应用中心、数字化服务中心、风电培训中心、运行维护中心为一体的GE陆上风电业务的先进制造中心，双方并将就可再生能源项目开发、装备制造、产业链建设等方面开展深层次合作。为持续推进项目进展，河南建立了省市县三级项目跟踪机制，与项目方共同推进项目建设。

近年来，河南省把比利时作为推动对欧合作的重点国家，不断密切双方经贸合作，加强人员往来。2019年，河南省商务厅与比利时驻上海总领事馆商务领事多次对接，推进双方在航空、物流、医药等产业领域合作。11月17～22日，比利时公主阿斯特里德（Astrid）率经贸代表团访华。其间，省商务厅厅长与阿斯特里德公主会见交流，代表河南省商务厅与比利时瓦隆大区贸易投资署署长帕斯卡尔签署项目推进合作协议。会后，省商务厅厅长与比利时瓦隆大区政府副主席威利·博苏斯进行正式会见，双方将在货运班列、跨境电商、医药物流、高校合作等领域加强合作，并共同推动比利时瓦隆大区在河南设立经贸代表处。

为推进河南与北欧合作，9月25日河南省政府与芬兰国家商务促进局在郑州成功举办了河南数字经济峰会“豫见芬兰”创新主题日活动，会上，黄强常务副省长见证省信产投、中国电信河南公司、诺基亚贝尔三方“政企行业应用战略合作协议”等4个重大项目签约。为加快项目落地，河南省商务厅多次与芬兰方面进行对接，12月10日，省商务厅副厅长在京参加芬兰大使馆举办的芬兰独立日庆祝活动，并与芬兰驻华大使肃海岚举行了座谈，通报签约项目河南方面的进展情况，落实诺基亚研发项目选址，推进了郑州陆港公司、河南机场集团在芬兰开通货运班列和空中航线等合作事宜。

2. 利用国际会议平台，增强河南在全球知名度

经河南省积极争取和国务院批准，7 月 22 ~ 31 日，《区域全面经济伙伴关系协定》（RCEP）第 27 轮谈判在郑州市举行。RCEP 谈判是当前亚太地区规模最大的自由贸易协定谈判，是中国主动参与国际经济治理、形成全面开放新格局的重要载体。习近平总书记和李克强总理多次做出批示指示，加快 RCEP 谈判进程。TNC（贸易谈判委员会）主席伊曼・庞巴尤和来自东盟、日本、韩国、澳大利亚、新西兰等 16 个国家的近 700 位代表参加了本轮谈判。省委、省政府对筹备工作高度重视，把此次国际谈判作为展示河南发展成就、扩大对外开放、提高海外知名度的重要平台。在 10 天的会议期间，河南省协助商务部和贸易谈判委员会筹备了近百场双边、多边谈判和工作组会议，让参会代表感受到河南人民的热情周到和细致用心，给各国谈判代表留下深刻的印象。

3. 办好出访活动，开展精准对接

河南把开展精准对接作为加强与欧洲、美洲、大洋洲地区开放合作的主要任务，通过深入研究河南与欧洲、美洲、大洋洲有关国家各自优势和合作空间，结合双方产业优势和河南各地市、企业诉求，办好境内外经贸合作活动，进一步扩大河南的国际影响力和知名度。7 月，河南组织省内企业参加 2019 澳中博览会，推动河南与澳大利亚经贸合作，为两国企业开拓市场搭建桥梁。会后，河南省商务厅与澳中博览会组委会多次沟通，拟于 2020 年在河南郑州和澳大利亚墨尔本分别举办中澳博览会。9 月初，河南省副省长何金平率经贸代表团出访西班牙、瑞士、塞尔维亚，在此期间举办经贸合作对接会，与所在国驻外使领馆、政府部门、经贸机构、知名企业建立联系机制、互通信息、拓展合作，推动一批重点合作项目落地。9 月下旬，河南省经贸代表团对美国、墨西哥等国进行了访问，考察美国有关世界 500 强企业总部，并与美中硅谷协会、墨西哥中国商业科技商会签订了合作备忘录，推进相关事宜。

4. 梳理重点产业，构建联络机制

一是分地区、国别梳理河南省与欧洲、美洲、大洋洲地区双向投资、贸易情况，建立合作项目库和客商资源库，分析产业互补性，研究各自优势和合作空间，深挖合作潜力，推动上下游和关联产业协同发展。二是建立与商务部欧洲司、美大司、国际司、合作司及中国驻相关国家使领馆经商处、相关国家驻华使领馆及有关国家在华商协会的联络机制，互通双向经贸投资信息。三是与

河南自贸区、国家级经开区进行联动，以点带面，优先将河南自贸区的政策叠加优势向欧洲、美洲、大洋洲地区企业和机构进行宣传推介。

5. 做好来访接待，积累客商资源

近年来，河南的市场和区位优势得到了越来越多境外企业和经贸机构的关注，2019 年河南省商务厅接待了比利时驻上海总领事馆、英国驻武汉总领事馆、澳大利亚驻华使馆商务处、英国谢菲尔德城市群代表团、英国威尔士驻华代表、墨西哥中华企业协会、宝洁公司代表团、瑞士玺飞航空、加拿大立体农场种植技术有限公司、加拿大河南经济贸易促进会等欧洲、美洲、大洋洲地区来豫访问团组 20 余家；省商务厅领导出席了世邦魏理仕河南分公司成立仪式；接待商务部欧洲司商务参赞到郑州经开区、郑州航空港区、中德（许昌）产业园调研河南省对德合作。通过与来访团组的沟通与联络，对接了一批项目，推进了与欧美企业在装备制造、航空设备、现代农业、服务业等领域的开放合作。

6. 完善服务保障，规范对外投资合作

河南省积极做好“走出去”相关工作，增强省内企业在全球范围内配置资源的能力。2019 年，省商务厅办理省内企业对欧洲、美洲、大洋洲地区的非金融类对外投资项目备案 49 个（含新设、并购、变更、再投资、注销等），中方协议投资额为 10.2 亿美元，占全省总额的 71%。加强服务保障，推动重点经贸合作国家和地区的境外经贸联络网络建设，推动河南企业抱团“走出去”，维护河南企业在海外的合法权益。加快对纳入信保“走出去”风险通保平台项目的审核进度，加大对全省“走出去”企业的支持力度。加强事中事后监管，积极开展两次“双随机一公开”检查，指导企业规范经营。

7. 探索设立驻外联络机构，促进双向投资贸易

在广泛调研发达省份做法及全省对外经贸合作现状、需求的基础上，河南省积极探索设立境外经贸代表联络机构，起草了《关于设立和完善河南省境外经贸联络机构的建议》，从机制建议着手，搭建国际经贸交流合作平台，广泛宣传塑造河南对外改革开放的新成果和新形象，加快构建全球投资贸易促进网络体系，促进国际经贸交流和投资促进等活动的常态化，充分发挥“建桥梁、设窗口、促合作、优服务”的桥头堡作用。

三　2020年河南省开放合作面临的问题与挑战

1. 新冠肺炎疫情产生的外部影响

2020年第一季度，新冠肺炎疫情在全球快速蔓延，世界主要经济体之间的人流、物流停滞，国际金融市场和大宗商品市场剧烈波动，资本避险情绪强烈，这将进一步恶化本已疲弱的全球经济走势。国际货币基金组织（IMF）总裁克里斯塔利娜·格奥尔基耶娃在二十国集团冠状病毒紧急事件部长级电话会议之后发表声明称“疫情给人们带来的代价已经难以衡量，2020年将是负增长，这一经济衰退至少与全球金融危机期间一样严重，甚至更严重”。经合组织（OECD）秘书长古里亚称新冠肺炎疫情给全球经济、金融和社会的冲击已经超越“9·11”事件和2008年国际金融危机，是进入21世纪以来最严重的全球危机，全球GDP或区域GDP有可能在2020年各季度出现持续下降。

从宏观经济角度，供给侧方面，因为各主要经济体采取封闭措施，全球产业链支离破碎，部分商品产能会受到较大抑制；需求侧方面，消费者居家防疫将明显减少消费需求，特别是生活性服务业会受到重创。由于供给和需求均遭受冲击，因此经济形势的演变较为复杂。疫情缓和后，消费需求有望大幅反弹，不过从长期来看，需求冲击可能需要更长时间化解。从进出口贸易来看，第一阶段由于境内企业尚未完全复工复产，部分订单无法按时交付，引起订单外流；第二阶段，由于疫情在境外扩散，全球总需求下降，纺织服装等部分商品出现海外订单取消现象，有可能会对国内外贸企业造成“二次冲击”。从投资角度看，疫情影响和原油的暴跌，引发全球金融市场的剧烈波动，投资者的恐慌情绪和避险情绪上涨，受此影响，投资者以持有美元现金为最安全的做法，资产被变现回流，全球的投资需求受到极大抑制，据国际货币基金组织统计，截至2020年3月下旬已有830亿美元的资金撤出新兴市场，对双向投资会产生负面影响。

2. 河南省经贸结构内在问题

（1）贸易结构不均衡。一是产品集中度强，尤其表现在出口方面，2019年全省出口额为3754.6亿元，其中第一大出口商品手机出口额为2183.1亿元，占比将近60%，农产品作为河南第二大出口产品，2019年出口额为182.6

亿元，占比不到5%，手机市场的任何波动，都会给河南进出口增长带来较大的影响。二是对欧美地区出口远大于进口，贸易不平衡比较突出。2019 年河南对欧洲出口 735.6 亿元，进口 126.2 亿元，出口额是进口额的近 6 倍；河南对美国出口 1235.5 亿元，进口 35.7 亿元，出口额是进口额的 34.6 倍，美国又是河南第一大贸易伙伴，占全省进出口总额的 1/5，较大的贸易顺差会造成贸易失衡，在中美贸易摩擦的大背景下，会对全省进出口产生负面影响。

（2）外商投资项目较少。近年来，通过积极融入“一带一路”建设，河南开放的步伐越走越快，来豫投资的欧美企业越来越多，欧美企业在全省外资企业数量占比从 2015 年的 12.5% 升至 2019 年的 21%。但从整体来看，欧美地区在河南设立的外资企业数量偏少，如富士康一样大体量的能够对全省外贸起到支撑作用的项目更是不足，河南的区位、市场、要素成本等综合优势还没有得到欧美企业的高度关注，还有很大的成长空间。

四　2020年河南省扩大开放发展的机遇

1. 政策叠加优势

黄河流域生态保护和高质量发展、促进中部地区崛起两大国家战略叠加，为河南省高质量发展提供了宝贵机遇。随着这些战略政策在 2020 年逐步细化落实，将对招商引资工作产生积极的促进作用。在国家层面，2020 年 1 月 1 日起，《中华人民共和国外商投资法》正式实施；4 月 1 日，全国范围内取消证券公司和基金管理公司外资股比限制。国家以高水平投资自由化便利化政策，为外资企业发展提供积极的法律保障。这表明中国开放的大门越开越大，开放的步伐越走越快，对于进一步扩大开放，营造稳定、透明、可预期的投资环境助益良多。

2. 全球产业链重构

随着新冠肺炎疫情在全球蔓延，不断有新的国家采取封城、封国措施，全球制造业供应链危机正逐步显现。受此影响，一些发达经济体将重新审视制造业在经济活动中的地位，对于一些涉及国家安全和有战略影响的产业，将促进其回流，资本和产品的自由流动和跨国公司的全球采购将成为过去，对部分商品而言，不再是生产到销售的全球布局，而是在各主要经济体内部，从配件到组装到市场的闭环，企业的供应链从全球的串联模式变为区域内的并联模式。但是欧美长期以来服务业在经济中占比过高，实体经济空心化，产业转移的成本高昂，也不会一夜完成。中国是全世界唯一拥有联合国产业分类中所列全部工业门类的国家，产业链、供应链、服务链体系相比于世界其他国家是最完备的，全球对中国制造的依赖短期内难以被取代。相比于欧美重起炉灶打造产业集群，中国的任务是延链补链强链，难度相对较低，再加上中国是最先摆脱疫情影响，实现复产复工的国家，为了确保中国生产、维护中国市场，一些跨国公司可能将尚在困境中的欧美工厂转移到中国。同样的，河南在国内属于产业体系较完备的省份，应当抓住此次产业链重构的机遇，延链补链强链，优化产业结构，加速向产业链完备化高端化布局。

五 2020年推进与欧洲、美洲、大洋洲地区经贸合作重点

1. 抓重点，紧盯与重点国家（地区）深入合作

一是要落实好省商务厅与比利时瓦隆大区贸易投资署项目合作协议，推动比利时瓦隆大区在豫设立代表处，推进陆路航空物流、跨境电商、生物物流园区建设方面的合作等事宜。二是深入推进河南省与英国经贸合作三年行动计划，密切与威尔士谢菲尔德城市群等英国地方往来，推动河南省相关产业与英国企业开展经贸合作。三是密切与澳大利亚贸易投资委员会的合作伙伴关系，推动相关企业的项目对接，促进双向贸易投资。四是进一步强化与芬兰各经贸机构联系，推动中芬各领域签约合作项目进程，引导支持更多中芬企业交流合作，促进中芬合作再上新台阶。五是加强与奥地利克恩顿州的经贸合作关系，推进省商务厅与奥地利南奥物流中心经贸合作备忘录的签署。

2. 抓项目，推动合作成果落到实处

一是推动美国通用电气公司（GE）在濮阳投资建设的风电设备制造基地项目等重点项目落地。二是积极落实对英经贸合作三年行动计划、河南省与比利时瓦隆大区项目推进合作协议，策划赴英国、比利时等相关国家举办专题洽谈对接活动，推动在具体产业、具体项目上的务实合作。三是推进河南与芬兰

等一批合作项目加快进程。

3. 抓活动，以经贸活动为载体推动经贸对接洽谈

一是提前谋划2020年驻华商务参赞“知华行”和中国—拉美国际博览会。二是探索通过网上洽谈、视频会议、在线签约等方式促合作。通过委托招商、以商招商等形式开展灵活多样的招商活动，争取一批新项目签约落地。三是加大支持企业“走出去”力度，鼓励企业在疫情缓和后积极参加国际知名展会，拓展贸易多元化市场，注重借展招商，同期开展专业化的精准招商，持续推动外经贸高质量发展。

4. 抓机制，建立内外联动的立体经贸促进体系

一是加强与相关国家经贸机构、商协会和企业保持密切联系，加强信息沟通，为疫情结束后尽快启动经贸合作做好准备工作。二是积极探索设立境外经贸代表处，打造河南省开展国际经贸合作的海外桥头堡。三是密切与商务部有关司局、中国驻外使领馆经商处、国家级和行业知名商协会联系，争取更多资源支持。

5. 抓建设，提升业务能力和水平

一是调查摸底河南省产业优势、贸易产品和项目需求，全面掌握全省产业情况；通过境外商协会和经贸机构收集信息，了解外方投资贸易需求，为双方精准对接打好基础。二是收集各省辖市、济源示范区双向投资贸易中的典型案例、先进经验，在全省复制推广，如濮阳与通用电气公司合作案例。三是协助基层商务系统建立对外联络渠道，开展有针对性的经贸对接活动。

6. 抓服务，协助企业解决存在问题

一是指导企业做好全面风险评估，制定科学应对方案，积极与境外合作伙伴进行良好沟通，共同寻求过渡时期的解决方案。二是探索建立微博、公众号等新媒体平台，设立政策分析、国别指南、风险提示、使馆信息、项目需求等栏目，推动企业掌握更多信息。

B.14 猪肉的逆周期储备调节研究

郭海燕　魏 爽　蔡永灿*

摘　要： 生猪生产及猪肉行业具有较强的“周期性”，“猪周期”价格的暴涨暴跌，往往造成生产者和消费者“双受伤”，形成“猪贱伤农，肉贵伤民”的循环怪圈。如何打破怪圈、消除魔咒成了业界、政府和各方面专家多年来研究的重大课题。研究主要从政府和企业两个层面出发，政府层面主要从政策和储备两个方向研究，企业层面主要从产业链和规模化两个方向进行探索。本报告旨在从政府层面对猪肉逆周期储备调节进行探索研究，并就河南省肉类储备提出相关意见和建议。

关键词： 猪肉　逆周期　储备调节

一　生猪、猪肉行业特点及“猪周期”

（一）生猪及猪肉行业的主要特点

1. 行业的重要性特点

中国生猪饲养数量占世界生猪总饲养量的近60%，猪肉消费量占世界猪肉消费总量的约50%。据统计，猪肉产量和消费量在国内肉类总产量和消费量中占比已经超过60%。2019年中国猪及猪肉行业产值占国内畜禽（猪牛羊禽）行业总产值的比重为56.6%。①

* 郭海燕，河南省商务厅；魏爽，河南省博览事务局；蔡永灿，河南省肉类协会。

① 《冷鲜肉行业数据统计》，中国报告大厅网，http：//www.chinabgao.com/k/lingxianrou/55392.html。

2. 行业的产业链特点

未来生猪及猪肉产业的竞争越来越体现为产业链的竞争。企业产业链越完整，其产品质量越有保证，经营风险越小，产品成本越低，盈利能力越强，发展空间越大。产业内的企业分别向上游或下游进行延伸，通过投资建立饲料生产、生猪养殖、生猪屠宰及肉制品加工全产业链，各环节的竞争将更加激烈。行业中产业链掌控得越完整，企业的竞争优势也就越明显。

3. 行业的规模化特点

市场的竞争和行业企业产业的整合，使企业规模化的优势日趋明显。规模化养殖场相对于传统养殖户其成本优势更大，另外种猪品质的改进、猪场设计的先进、疫病防控的重视等多个方面也能发挥出其较大的优势。生猪屠宰及肉制品加工行业也正在迅速发生变化，规模化、机械化、品牌化趋势明显，行业集中度逐步提高。业内规模强势企业利用自身优势，持续扩大产能，围绕占有资源、成本控制、产品开发、品牌塑造、经营管理等方面正展开新一轮竞争。

4. 行业的季节性特点

中国生猪及猪肉产业的季节性特点比较明显，具有明显的淡旺季之分。生猪的价格和产量存在明显的季节性，一般每年的 4 ~ 5 月猪价见底，然后持续上涨至 8 ~ 9 月，10 ~ 11 月回落，12 月至次年 2 月回升。这种季节性特点既有需求方面的影响，也有供给方面的影响。供给方面季节性影响因素，主要有母猪配种率、仔猪出生数量、仔猪存活率等。需求方面的影响，主要是每年 8 月、9 月以及年底的节日需求等因素。

5. 行业的“周期性”特点

生猪价格围绕市场供求关系呈现阶段性、有规律的波动，就是行业内部所谓的“猪周期”。它是一种行业经济现象，指周期性生猪及猪肉价格变化的“怪圈”：猪价肉价持续上涨，养殖户盈利增加，刺激生猪养殖积极性，生猪存栏增加，市场猪肉供给增加。而供给的大幅增加又造成猪价肉价的持续下跌，养殖户亏损严重，养猪积极性受挫，又造成存栏减少、供给短缺，猪价肉价上涨。上涨—下跌—上涨—下跌，周而复始，波谷与波峰交替出现，就形成了所谓的“猪周期”。“猪周期”的产生，主要由生猪养殖周期的天然属性和生猪养殖的相对分散性决定的。尤其是当前，国内生猪规模化养殖程度依然不高，抵抗风险能力依然不强，稍有疫情等风吹草动，猪价肉价便剧烈波动，“猪周期”频繁上演。

（二）关于“猪周期”

1. 商品肉猪的养殖周期

在中国目前商品肉猪的养殖周期一般是 10 ~ 18 个月（如图 1 所示）。

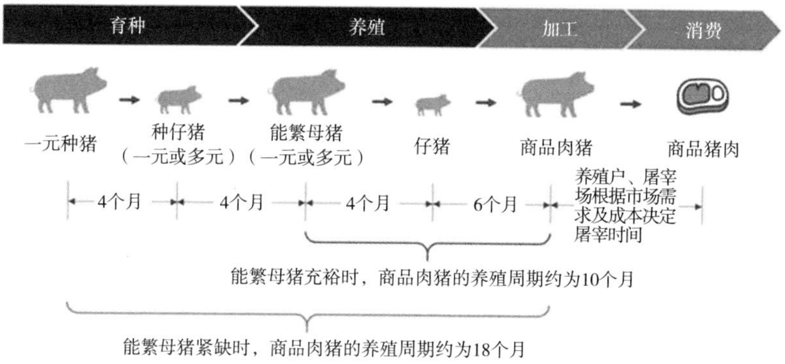

图 1　商品肉猪的养殖周期

资料来源：华创债券论坛。

2. 关于“猪周期”

“猪周期”是指生猪养殖天然的周期性，使生猪及猪肉价格出现周期性波动的一种行业经济现象（如图 2 所示）。

3. 近年来几轮“猪周期”回顾

第一轮：2006 年 7 月，国内部分省份发生生猪蓝耳、猪瘟，疫情开始蔓延，生猪大量死亡或被扑杀，生猪价格一路攀升，至 2008 年 3 月达到本轮价格最高峰。2008 年 4 月，生猪价格开始震荡回落，持续走低，一年后生猪价格终于探底企稳。这一周期，行业亏损 15 个月，盈利 31 个月。第二轮：2009 年 2 月至 2010 年 7 月，猪肉价格持续低位运行，猪肉价格低于养殖成本，时间长达一年半，养殖户亏损严重，中小养殖户纷纷关门歇业，大型养殖场被迫缩减规模，生猪存栏持续下降。2010 年夏季，国内猪瘟、蓝耳病再次暴发，2011 年冬季流行性腹泻又导致仔猪大量死亡，于是第二轮“猪周期”暴发。这一轮历时 59 个月，行业亏损 12 个月，盈利 47 个月。第三轮：2015 年开始，由于猪瘟疫情影响，生猪存栏减少，再加上国家出台新的《环境保护法》，划定

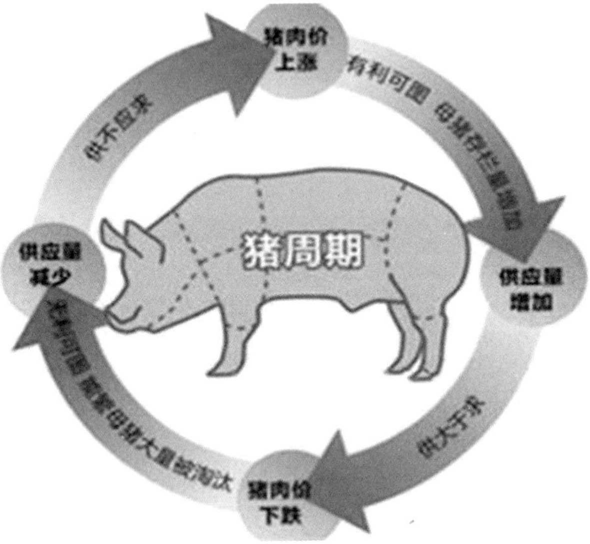

图2 “猪周期”

资料来源：笔者整理。

了禁养区，生猪产能大幅下降，2017 年底国内生猪存栏量降至4.3 亿头。2018 年 8 月以来发生的非洲猪瘟疫情，由于来势凶猛，又是世界性的，无疫苗无治疗药物进行防治，养殖户对突如而来的疫情开始时束手无策，不少中小养殖场户几天内存栏生猪死光或恐慌性低价抛售，中小养殖户和农户多年辛勤积累所剩无几或全部化为乌有。大的养殖企业因防疫措施较好损失低于中小养殖场户。多数省区市生猪存栏下降超过 40%，部分省区市存栏下降 60% 以上，为第四轮周期的到来埋下了伏笔。2019 年 5 月，生猪存栏量已同比下降 25.8%，能繁母猪同比下降 26.7%。2019 年 8 月在经历了两个月缓慢涨价之后，生猪价格开始飞涨。

二 建立省级猪肉储备的必要性

猪肉是城乡居民消费的重要副食品，是“菜篮子”商品的重要品种。保障猪肉市场供应总体稳定、保持合理的猪肉价格水平，对稳定市场供应、满足消费需求、增加农民收入、促进经济发展具有重要意义。猪肉储备是政府在市场经济条件下建立调控机制、应对突发事件、稳定市场供应、引导居民消费预期的重要手段。

1. 建立省级猪肉储备制度是各级政府的明确要求

《国务院关于促进生猪生产发展稳定市场供应的意见》（国发〔2007〕22号）明确要求“建立健全中央与地方相结合的猪肉储备制度。中央储备主要满足应对突发事件和救灾的需要；地方储备主要用于局部应急和保证节日市场供应”。2014年1月，《河南省人民政府关于加快流通产业发展推进现代商品市场体系建设的意见》（豫政〔2014〕7号），要求“研究建立省级猪肉储备制度，提高市场应急保供能力”。2018年8月以来，国内部分地区发生非洲猪瘟疫情，对生猪生产造成较大影响，猪肉市场价格呈持续上涨趋势。习近平总书记多次做出重要指示批示，强调要加强非洲猪瘟防控处置，防范生猪价格大幅上涨。国务院副总理胡春华同志两次召开电视电话会议安排部署生猪生产和市场保供工作。2019年11月29～30日，胡春华副总理在驻马店召开全国畜牧工作会议，进一步安排部署生猪生产和市场保供工作。2020年中央经济工作会议强调“要加快恢复生猪生产，做到保供稳价”。省委书记王国生同志对生猪生产和市场保供工作提出了具体要求。按照黄强常务副省长2019年6月28日在河南省发展改革委《关于河南省冻猪肉储备进展情况的报告》上的批示，要求结合当前形势和河南省情况，有必要尽快建立省级猪肉储备制度。2019年以来，国家发展改革委、财政部、商务部等部门通过下发文件、召开电视电话会议等形式，要求各地择机收储冻猪肉，确保猪肉市场供应稳定。建立省级猪肉储备制度，既是国家的要求，也有利于发挥导向作用，更好地督促各市建立健全市级猪肉储备，实现国家、省级、市级储备的三级联动，更好地调控市场，稳定市场供应，促进生猪产业发展。目前，全国已有24个省（自治区、直辖市）建立了省级储备制度，河南省周边的山东、湖北、山西、安徽等省也建立了省级猪肉储备制度，安排省级储备肉资金。

2. 建立省级猪肉储备制度是经济社会稳定发展的需要

河南省是生猪养殖大省，也是猪肉消费大省，猪肉市场价格的异常波动，对生猪生产企业和居民消费影响较大。猪肉市场价格过高时，会对中低收入群体尤其是困难群众的生活造成相当大的影响；猪肉市场价格过低时，会给生猪养殖农户和企业造成重大的经济损失。2019年末全省总人口10952万人，常住人口9640万人，其中城镇常住人口5129万人，肉类的供应和肉类价格的变化将严重影响广大人民群众的日常生活。在生产方面，2018年全省生猪年出栏量为6777万余头，占全国的15%。万头以上猪场894个，占全国的14.08%。截至2019年末，生猪出栏量为4502.1万头，比上年降低29.68%，生猪存栏3170.5万头，比上年降低26.90%，能繁母猪存栏301.2万头，比上年下降27.80%。2019年河南省猪肉产量为344.43万吨，比上年下降28.1%。在价格方面，2019年全国猪肉价格上涨了42.5%，特别是自非洲猪瘟疫情发生以来，全国猪肉市场波动更大。2019年3月猪肉价格开始起飞，12月猪肉价格同比上涨97.0%。2019年河南省生猪平均收购价、白条肉平均价分别为20.51元/千克和26.86元/千克，较2018年分别上涨了60.36%、59.28%。2019年11月生猪平均收购价、白条肉价达到全年最高，分别为33.2元/千克、42.81元/千克，较2018年最高价格分别上涨了17.69元/千克、22.99元/千克，增幅分别为114%、116%。2019年，河南省居民消费价格指数（CPI）同比增速为3.0%，高出国家平均水平0.1个百分点，而食品价格是拉升CPI的主力军。作为推升CPI的主要因素，畜肉价格上涨133.9%。采取有效措施抑制肉类价格的过快上涨，加强肉类储备工作将是平抑肉类价格的有效措施之一。

特别是近年来，影响猪肉市场波动的因素日趋复杂多样，猪肉商品的自然属性、突发事件、商品供求、国际传导等因素都会反映到市场上来，导致价格出现波动，并使市场波动范围扩大、幅度增大，周期出现明显变化。建立猪肉储备制度，适时开展调控，有利于应对市场异常波动，稳定生猪生产，稳定猪肉市场供应，引导居民消费预期，保持社会大局稳定。

三 现行猪肉储备模式分析

商品储备制度，是政府为保障人民群众基本生活需要和经济建设顺利进行，平抑物价、稳定市场、应对自然灾害和突发事件的物质基础，是发挥商品市场流通宏观调控最直接最有效的手段之一。《中央储备肉管理办法》明确指出，储备肉是国家用于应对重大自然灾害、公共卫生事件、动物疫情或者其他突发事件引发市场异常波动和市场调控而储备的肉类产品。目前，中央储备肉的功能定位主要是应急保供，兼具市场调控的功能；地方储备肉的功能定位主要是局部应急、保证重大节日活动期间的市场供应。

目前猪肉储备的形式主要是活体储备和冻肉储备。活体储备的主要做法是有关部门每年年初下达年度储备计划，依据调控需要、承储企业资质等，选择符合要求的规模猪场作为活体储备点，通过合同方式确定生猪出栏数量、时间等。在承担储备计划期间，国家财政给予一定的储存管理费，并对储存基地、场给予贷款利息补贴。冻肉储备的收储和投放时机，由商务部会同国家发改委、财政部确定，原则上采取公开竞价方式进行，国家财政对紧急情况下投放出现的价差亏损及调运费用给予补贴。

多年来，猪肉储备制度在应对突发事件、维护市场稳定方面发挥了不可替代的作用，但同时也要看到，储备肉制度中仍存在一些亟待完善、解决的问题。一是储备目的定位不明确。储备制度设计包含防止局部供应紧张、稳定市场价格、保障农民收入等多重政策目标，定位多元化、重叠性势必导致多个目标相互影响干扰。二是储备规模不足。猪肉储备规模占猪肉总产量的比例太小，调控能力十分有限。近年来，许多地方按照满足当地城镇人口每人每天 2 两肉、7 天消费需求的标准建立了地方猪肉储备制度，但储备规模和进度参差不齐。三是财政压力较大。猪肉储备面临保质期短、储存保管费高、居民对冻肉消费排斥心理等现实问题。政府收储，势必增加财政负担，尤其是地方收储，有一定的财政压力和市场风险。四是储备决策主体分散。目前的收储投放机制，涉及生产、流通、监管等多个部门，属于多头管理，对于收储、投放的时机和补贴等重要问题，协调沟通时间长、效率低，往往导致反应迟钝，市场调控滞后。

四 猪肉储备调节相关建议

针对当前猪肉储备制度中存在的问题，结合河南省生猪生产及省情特点，现提出如下政策建议。

1. 猪肉储备工作常态化

除了国家储备肉，目前各级地方政府也陆陆续续在建立和完善储备制度、出台储备政策，各级财政也拨出专款进行肉类产品的储备。国内北京、上海等多个省市都建立了常态储备机制，河南省郑州、洛阳、平顶山等地市也都有肉类产品储备，在稳定肉类消费市场中发挥了非常明显的作用。由于没有明确的功能定位，各地储备肉制度建设还处于探索、试运行阶段。建议商务部尽快修订出台《中央储备肉管理办法》，明确国家猪肉储备的功能定位、运作机制，为地方提供更为符合实际的参考办法，从而在制度层面建立起中央、省、市三级肉类储备制度，制度化、常态化收储投放，保障市场供应，稳定市场价格。

2. 明确储备主管部门，设立专门运作机构

为避免多头管理，减少部门间职能交叉、重叠，提高市场调控效率，应明确由发改委或商务部门，或其他政府部门单独负责猪肉储备管理工作。参照国家储备肉由华商储备管理中心运作的模式，各地也可设立专门的机构，或委托第三方专业机构具体负责组织实施。在收储时机把控、承储企业资质认定、出入库管理、资金拨付等方面进行专业运作。

3. 创新猪肉储备方式，“逆周期”收储

探索建立政府储备与社会商业储备相结合的猪肉储备新方式。在生猪价格过低时，政府“托市”收储，社会商业储备机构自行选择，增加猪肉库存，既保护了养殖户利益，又降低了收储成本，减轻财政负担；在价格上涨时，政府储备加大猪肉产品市场投放，引导社会商业储备有序出库，增加市场供应，满足居民消费需求，平抑市场价格。随着疫情防控形势明朗，生猪生产全面恢复，能繁母猪存栏量回升，可以预见未来随着生猪供应的增加，生猪生产还会进入下一个“猪周期”。为了更好地稳定猪肉市场价格，建议早谋划、早部署，将政府收储纳入常规预算，实行“逆周期”收储，以便在进入“猪周期”上涨通道时有序投放，充分发挥政府宏观调控作用，稳定市场价格总水平。

4. 扩大储备品种

长期以来，肉类产品储备品种仅在生猪和猪肉冻品方面进行，由于各种原因并没有延伸到其他产品。近期有些省市在探索鸡肉产品、牛羊肉产品及深加工产品的储备，也都产生了比较好的效果。河南省畜禽产品品种多、产量大，在其他肉类产品方面也有优势，建议除加强猪肉产品储备以外，还可探索牛羊、禽等其他肉类产品的储备，以发挥更好的作用，达到更好的效果。

B.15

河南省冷链物流业发展现状研究

李 鹏　秦华侨*

摘　要： 2019年以来，全省上下围绕冷链物流业转型发展各项重点任务，持续推进各项工作方案和保障措施落实，全省冷链物流业发展的基础和环境不断改善，冷链物流需求规模持续扩大，骨干企业快速成长，冷链物流业呈现加速发展态势，已成为河南省最具比较优势和发展潜力的新兴产业。2020年，全省冷链物流运行的宏观经济环境总体向好，冷链物流业转型发展加快推进，冷链物流网络不断健全，市场主体培育持续强化，冷链物流标准体系逐步完善，营商环境日益改善，先进业态模式加快成长，物流统计监测不断加强，冷链物流人才短板加快补齐，冷链物流业持续向高质量方向发展。

关键词： 河南省　冷链物流　智慧平台　政策环境　人才培养

2019年以来，全省上下在习近平新时代中国特色社会主义思想指导下，深入贯彻落实党和国家以及省委、省政府关于推进冷链物流业高质量发展的各项工作部署，加快推进冷链物流业高质量发展，加强政策规划引领，着力补齐软硬件短板，完善空间网络布局体系，推进市场主体发展壮大，推广新技术新业态新模式，加强重点项目实施，推进“全链条、网络化、严标准、可追溯、新模式、高效率”的现代冷链物流体系建设，全省冷链物流业运行延续总体平稳、稳中有进的发展态势。

* 李鹏、秦华侨，河南省物流与采购联合会。

一　河南省冷链物流业发展基本情况

1. 冷链物流需求平稳增长

随着全省经济社会快速发展，居民收入和生活水平不断提高，对生鲜品品质要求日益提高，冷链物流需求持续增长，电商下乡、农产品进城和出口等进一步推动冷链物流的发展。据初步测算，2019 年，全省重点行业冷链物流总额为 1870 亿元，同比增长 10%。2019 年河南省冷链物流总额构成及占比见图 1。

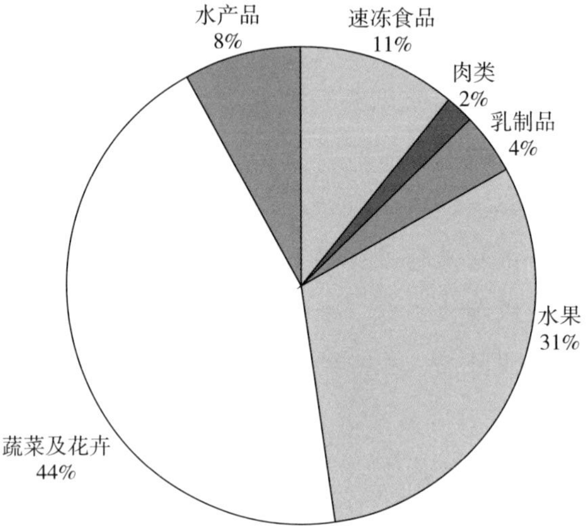

图 1　2019 年河南省冷链物流总额构成及占比

资料来源：河南省物流协会。

2. 冷链物流实物量不断增长

随着全省冷链物流基础设施建设不断加快，尤其是农产品产地预冷设施设备和冷藏运输车辆增加，经冷链储存和运输的农产品和加工品数量持续增加。据初步核算，2019 年，全省速冻食品、鲜肉及肉制品、果蔬、乳制品、水产品等冷链物流货运量为 5630 万吨，增长 18%。果蔬、肉类、水产品等的冷链流通率和冷藏运输率不断提高，流通腐损率明显降低，冷链流通规模居中西部前列。2019 年河南省冷链物流货运量构成及占比见图 2。

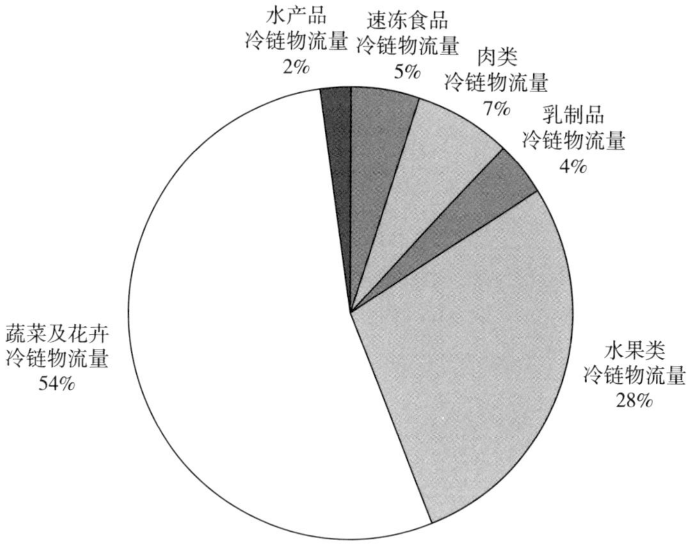

图 2　2019 年河南省冷链物流货运量构成及占比

资料来源：河南省物流协会。

3. 冷链物流运行质量不断提高

随着全省物流降本增效工作不断深入，冷链物流成本持续回落，成本结构不断优化，再加上冷链物流技术和业态模式不断创新，冷藏存储运输设施设备不断升级，冷链物流质量和效益持续提升。2019 年，全省冷链物流总费用为 280 亿元，增长 10% 左右。2019 年河南省冷链物流总费用结构见图 3。

4. 冷链基础设施不断优化

冷链基础设施体系不断健全，各类设施设备快速增加，冷链物流基地布局不断优化，郑州国际冷链物流中心和区域冷链基地加快建设，“一中心、多节点、全覆盖”的冷链空间网络日益完善。截至 2019 年，全省冷库总容量为 850 万立方米，同比增长 15%；冷藏车保有量为 19000 辆左右，增长 12%。口岸功能不断提升，已建成并常态化运营肉类、活牛、水果、冰鲜水产品、食用水生动物等冷链产品指定口岸，对壮大跨境冷链物流规模支撑作用明显增强。

5. 冷链装备制造业加快发展

在全省冷链物流业发展强力带动下，冷链装备制造业加速发展，形成了较为完备的产业链条，产业集群效应凸显。民权县制冷工业园现已入驻企业 200 余

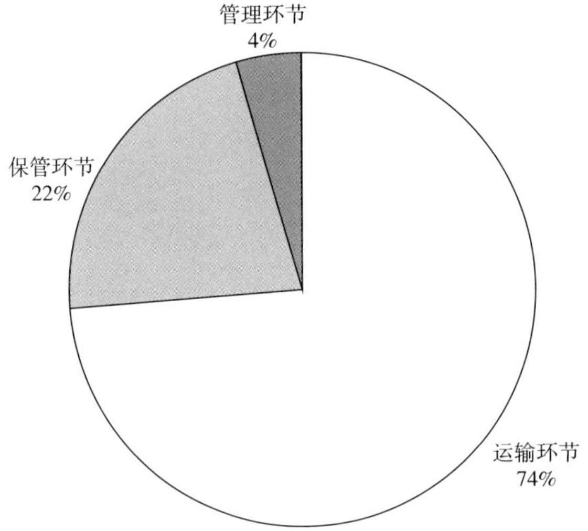

图3　2019年河南省冷链物流总费用结构

资料来源：河南省物流协会。

家，其中制冷企业100多家，包括制冷整机装备企业47家，制冷配件生产企业65家，拥有万宝、澳柯玛、香雪海、冰熊、华美、英泰、阿诗丹顿等20余个知名品牌。冰箱冷柜年产能超过1800万台，占全国的1/10；冷藏保温车年产量为2.5万辆，国内市场占有率达到40%；制冷产业从业人员达到4万人，拥有省级工程技术研究中心14家，博士后工作站5个，博士后流动工作站1个。

6. 冷链物流市场主体逐渐壮大

随着全省经济社会快速发展，冷链物流需求规模持续扩大，龙头企业快速成长，冷链豫军不断发展壮大，综合竞争力加快提升，网络化、标准化、规模化和集团化趋势加强，其中，双汇物流、鲜易供应链等10家企业入选全国冷链物流百强，比2018年增加3家，总量位居全国前三；万邦、双汇等9个物流园区入选河南省冷链物流示范园区；星级冷链物流企业3家，位居中部省区市前列；华夏易通等第三方冷链物流企业服务创新走在全国前列。

7. 生鲜电商和跨境贸易成为新增长点

电商和跨境贸易等新兴业态的快速发展改变了传统流通方式，为冷链物流创造了新的发展空间，产生了一批以鲜易网、菜篮网和莲菜网等为代表的生鲜电商平台，班列购、中大门、新鲜卢森堡等跨境贸易平台冷链业务量持续增长。

二 冷链物流发展存在的问题

尽管全省冷链物流发展取得了长足进步，市场规模持续扩张，市场份额稳步提升，竞争力不断加强，但与先进国家和地区相比还有较大差距，发展中还存在一些问题，主要表现在以下几点。

1. 冷链物流设施水平有待提升

全省现有冷库容量与快速增长的冷链服务需求相比存在较大缺口，表现为存储型冷库多、流通型冷库少，销地冷库多、产地冷库少，部分冷藏冷库功能定位与市场需求不符，供需不匹配情况严重，造成资源浪费，现有冷库以平堆库为主，自动化立体库稀缺，贮藏型冷库较多，低温加工配送中心等建设不足，产地冷库建设相对滞后，冷链“最初一公里”配套设施不足。

2. 农产品冷链物流亟待加强

全省鲜活农产品冷链流通率低、腐损率高等问题较为突出，70%以上果蔬不进行预冷就进入流通环节，造成较大浪费。农产品脱冷断链现象尤为突出，鲜切花、果蔬等农产品冷藏保鲜技术方面落后于发达地区。

3. 信息化和技术装备水平有待提高

企业缺少覆盖冷链物流全链条的信息化监控手段，车辆定位、温度监控等信息化设备应用不足，仓储、运输、订单等的信息化管理系统尚未大范围普及，冷藏保温车辆占货运车辆的比例较低，空驶率居高不下，末端冷藏保温配送设施设备不健全，冷链“最后一公里”断链严重。

4. 国际冷链业务规模亟须提高

全省冷链物流企业集中服务于区域干线配送和城市配送，除了郑州机场、国际陆港等相关企业外，从事国际冷链运输的物流企业较少，业务规模和服务能力与建设国际冷链物流中心要求还有很大差距。

5. 新业态新模式相对不足

全省冷链物流自营比重较大，第三方冷链物流发展滞后，缺乏资金技术实力雄厚、创新带动力强的领军企业，服务网络不健全，专业化、社会化、规模化、集群化发展不充分，共同配送等先进组织形式和新型冷链物流技术发展不充分。

此外，全省还存在冷链物流标准和服务规范体系不健全，市场主体培育不足，冷链物流复合型人才、高技能人才匮乏等矛盾和问题，制约着全省冷链物流进一步发展。

三　2020年全省冷链物流业运行预测和分析

近年来，全省上下深入贯彻落实习近平总书记视察指导河南的指示精神，落实省委、省政府各项决策部署，立足实际，加强规划政策引导，加快基础设施补短板，推进重点项目建设，培育壮大市场主体，优化发展环境，加快建设现代国际物流中心和全产业链现代物流强省，推动冷链物流业持续健康发展。2020 年及今后一个时期，河南省冷链物流业将呈现以下几方面特点。

1. 物流需求规模不断扩张

随着全省物流业转型发展持续推进，到 2020 年，现代国际物流中心地位基本确立，覆盖全省的“一中心、多节点、全覆盖”的物流空间网络体系加快形成，“全链条、网络化、严标准、可追溯、新模式、高效率”的现代冷链物流体系不断完善，冷链物流需求结构不断优化，供应链体系更加健全，行业规模效益稳步上升，企业竞争力明显加强。初步预测，2020 年，河南省重点行业冷链物流总额将达到 2060 亿元，增长 10% 左右。

2. 冷链物流成本持续降低

当前，河南冷链物流效率与发达地区相比仍有一定差距，降本增效仍然是工作重点。为进一步破除制约物流降本增效和创新发展的体质机制障碍，持续降低制度性交易成本，河南省积极响应国家号召，认真组织研究，出台了《河南省物流降本增效综合改革试点建设实施方案》，以探索“政府 + 平台新型行业服务模式”、建立物流大数据统计监测制度、创新物流行业信用监管机制、创新物流金融服务模式、建立高效的多式联运衔接机制等为重点任务，强化支撑保障，促进冷链物流业提质增效。2020 年，随着各项政策措施的落地实施，全省冷链物流业发展质量将不断提升，冷链物流费用占地区生产总值的比重将进一步下降。

3. 冷链物流政策环境持续改善

2019 年，为加快物流业转型发展，河南省出台了《关于聚焦企业关切进一步推动优化营商环境政策落实的通知》《关于促进经济平稳健康发展的意见》等一系列政策措施，推进冷链物流重大项目建设、市场主体壮大、业态模式创新、运行成本降低、物流体系加快完善、营商环境更加优化、平台载体日益完备。同时，国家出台了《关于推动物流高质量发展促进形成强大国内市场的意见》《优化营商环境条例》等，推进营商环境持续优化，现代化经济体系加快完善，冷链物流业高质量发展环境持续改善。2020 年，随着各项政策措施不断落实见效，冷链物流业发展的制度环境将持续向好，冷链物流业高质量发展将持续推进。

4. 冷链物流园区加快建设

为充分发挥区位交通优势突出、市场规模巨大、产业基础良好等优势，推动物流枢纽（园区）建设，省商务厅牵头开展了全省冷链、快递、电商物流园区示范创建工作，评选出周口黄淮农产品物流园、河南万邦国际农产冷链物流园和漯河双汇物流产业园等一批业态模式先进、辐射带动作用强的省级冷链示范物流园区；省发展改革委和交通运输厅联合出台了《河南省现代物流运行体系布局和建设实施方案》（豫发改服务业〔2019〕533 号），着力打造“通道 + 枢纽 + 网络”的现代物流运行体系；省交通运输厅实施货运枢纽（物流园区）集疏运道路建设行动计划，聚焦解决多式联运“最先（最后）一公里”道路连接问题。随着示范物流园区基础配套设施不断健全，运作模式不断创新，信息化标准化水平不断提升，将有力促进全省冷链物流业转型发展，推动冷链物流园区布局建设。

5. 航空冷链物流加快发展

按照《国家物流枢纽布局和建设规划》相关要求，河南省加强谋划，认真研究，积极申请纳入第一批国家物流枢纽布局建设名单，经国家有关部门综合评定，郑州市成为全国第一个也是唯一一个空港型国家物流枢纽。随着《郑州空港型国家物流枢纽建设方案》贯彻实施，航空干线运输组织、区域分拨及配送、空陆多式联运组织、国际物流服务等功能将持续深化，“干支配”、供应链集成等业务不断拓展，平台支撑运行体系不断健全，郑州机场枢纽航线网络不断完善，多式联运信息平台功能不断健全，口岸通关效率不断提升，航空物流、临空产业、枢纽经济将加快发展，带动航空冷链相关业务加快发展。

6. 国际冷链物流加快发展

河南省不断完善多式联运政策体系，探索建立国际运输多式联运规则，制定陆空联运设施标准和运行规程，创新航空集装器整板运输车辆标准和规程，打造陆空联运大数据服务平台，开展试点示范建设，强化基础设施配套服务，优化运输组织流程，促进信息互联共享，全省多式联运业务保持较快发展。郑州陆港公司冷藏集装箱及监控平台等冷链软硬件资源不断完善，依托国际国内“双枢纽”“七个站点、六个口岸”的运行体系和遍布欧盟、俄罗斯及中亚地区等30多个国家和地区130个城市的物流运行网络，持续推进运贸一体化，将有力促进全省国际冷链物流业务加快发展。

7. 冷链物流信息平台加快建设

为加快完善物流业管理体制机制，降低制度性交易成本，发展物流新业态模式，推动物流高质量发展，国家发展改革委和交通运输部联合下发了《关于做好物流降本增效综合改革试点工作的通知》，鼓励河南省积极探索“政府+平台”的新型行业服务模式。河南省积极谋划建设全省冷链大数据监管平台，以“互联网+监管”模式，实现冷链物流实时监管、温度预警、行业分析、资源共享、数据交换等功能，在一定程度上解决全省现有冷链物流信息平台功能单一、公共信息开放不足、车货信息匹配率不高、“信息孤岛”、“信息烟囱”等普遍存在的问题。此外，随着华夏易通“多温区仓储+共同配送+冷链宅配”的城市冷链共同配送信息平台开发应用，鲜易“冷链马甲”等专业平台不断发展完善，全省冷链物流平台经济将持续发展。

8. 农村冷链物流体系不断完善

农村冷链物流建设是全省物流业转型发展的重要环节，河南省是传统农业大省和农产品加工大省，农村冷链物流建设水平直接决定了全省冷链物流业转型发展水平。为进一步加快农村物流发展，国家多部门联合出台了《关于深化交通运输与邮政快递融合 推进农村物流高质量发展的意见》，积极推进县、乡、村三级物流网络节点体系建设，加快农产品产地预冷设施建设，改善农村末端配送设施条件，着力提升农村物流服务水平，加快形成布局合理、便捷高效、保障有力的城乡物流基础设施网络体系。河南省2020年政府工作报告中明确指出要完善农村信息、冷链物流等基础设施。预计2020年，随着各项政策措施逐步落实，全省农村冷链物流体系逐渐建立健全，农村冷链物流业将实现飞速发展。

四 推动全省冷链物流业发展的对策建议

充分发挥全省综合交通枢纽和产业基础优势，破解冷链物流发展瓶颈，推动冷链全程不断链不脱冷，打造全链条、可追溯、高效率的冷链物流产业生态，建设形成国际冷链物流基地和全国冷链集散分拨中心。

1. 加快冷链物流转型发展

2020年是全省加快物流业转型攻坚、建设“现代国际物流中心和全产业链现代物流强省”的关键之年。推动建立“一个专班、一本规划、一个方案、一套政策、一个重大项目库”的行业物流转型升级工作机制；继续贯彻落实全省物流业转型发展规划、工作方案、配套措施，推动体制机制创新，补齐软硬件短板；加快建成链条完整、设施先进、标准健全、服务高效的冷链物流体系，促进冷链物流规模化、标准化、智慧化、专业化发展；完善城乡冷链物流网络，优化冷链物流空间网络布局；培育全国性领军企业和本土第三方冷链物流企业，积极引进国内外龙头企业；加快郑州国际冷链物流枢纽和全国冷链集散分拨中心建设，推进区域性冷链物流基地建设，打造具有国际影响力的冷链物流强省。

2. 完善冷链物流网络体系

持续推进全省冷链物流基础设施补短板建设，支持冷链物流企业在大中城市周边规划建设一批冷链加工配送基地（园区、物流中心），集中完成肉类和水产品分割、果蔬分拣以及包装、配载等处理。鼓励冷链物流企业、农产品批发市场、大型连锁商超加快应用预冷保鲜、实时监管、冷藏冷冻、温度预警、低温分拣加工等设施设备，补齐末端网络短板。打造城市冷链公共配送服务中心，引导冷链物流资源和企业集聚，大力推进冷藏集装箱运输和城市共同配送，提高“公铁海”多式联运比例和效率，健全网络完善、便捷高效、通达国内、连接国际的冷链物流配送网络体系。

3. 完善冷链物流标准体系

依托行业协会、龙头企业制定和推广一批冷链物流技术标准和操作规范，打造覆盖冷链物流全链条的标准体系，推行鲜肉、水产品、乳制品等强制性标准规范，推进农产品预冷加工、分选包装、标识标志、储藏运输、分拨配送、分销零售等环节标准化建设，打造全国冷链物流“河南标准”，着力解决标准体系不健全、不完善造成的“断链”现象。建立健全冷链物流标准执行监督机制，推动强制性标准以及规范操作类、管理类标准执行，提高冷链物流标准化应用水平。鼓励企业在先进技术、设施研发应用和标准制定推广等方面开展探索，支持部分先进标准在行业推广应用。

4. 打造智慧冷链物流平台

利用大数据、云计算、物联网、人工智能、区块链等先进技术，建设全省冷链物流公共服务平台，推进平台社会化公益性运营，提供交易撮合、行业分析、资源共享、数据交换、金融服务和信用记录等服务。鼓励企业积极利用现代化信息技术和智能化设施设备进行信息系统改造升级，统一企业内部各子系统之间的标准接口，实现信息资源整合共享，提升整体运行效率。建设全省冷链物流大数据监管平台，加强对食品、药品在仓储、运输、配送等环节的冷库、冷藏车辆、冷柜的温度、位置、速度等线上监管、分级预警，实现对重要风险点的提前干预和有效管控，保障冷链物流不断链，增强食品、药品安全。

5. 着力培育先进业态模式

大力发展智慧物流，整合交通、仓储和运输资源，完善智能仓储配送设施网络，加强先进仓储配送技术研发与应用，打造线上线下冷链资源融合交易平台，推进城市冷链共同配送、“互联网 +”冷链物流、“电商 + 冷链宅配”、“网络化冷库 + 生鲜加工配送”、“温控供应链 + 大数据”和“中央厨房 + 冷链配送”等业态模式创新发展。引导冷链平台公司、金融服务公司、资产管理公司、信息服务公司等综合冷链业态发展。鼓励企业研发应用绿色包装、绿色仓储、低碳运输等技术，加强冷链物流包装物回收利用。加强现代供应链管理，推动冷链物流业与农业、上下游制造、商贸企业深度融合，延伸产业链、优化供应链，提升价值链。

6. 加强冷链物流人才培养

引导和推动全省高等院校和中等职业技术学校增置冷链物流相关学科专业和方向，加强冷链物流领域交叉学科建设和产教深度融合，推进校企合作，建设专业实训基地，培养既懂理论又有实践经验的实用型复合人才。着力引进一批冷链物流领军人才和创新团队，探索建立冷链物流专家库、人才库，加强冷链物流发展智力储备。支持企业建立教育培训中心，通过企业内训、管培生等途径，加强对企业人才的储备和培养。建立健全在职人员培养机制，提高冷链物流从业人员素质和能力。

7. 强化冷链物流统计监测

完善社会物流统计体系，建立冷链物流专项统计制度，设立统计指标体系和统计调查方法，编制统计发展公报，及时反映行业发展动态。依托互联网、物联网、大数据、云计算等先进技术，开展冷链物流大数据统计监测，实时监测全省冷链物流资源分布、货量流向、物流效率、物流价格等数据，提高物流统计时效性和准确性。建立政府协调指导、行业落实推动、企业广泛参与的工作机制，加强对统计分析工作的组织协调。推进与行业协会、第三方机构等合作，研发冷链运行指数，及时通报行业运行情况，加强行业发展预测和研究分析，为企业经营和政府决策提供参考。

参考文献

《河南省人民政府办公厅关于印发河南省物流业转型发展规划（2018—2020 年）的通知》（豫政办〔2017〕109 号）。

《政府工作报告——2020 年 1 月 10 日在河南省第十三届人民代表大会第三次会议上》。

《河南省人民政府关于明确政府工作报告提出的 2020 年重点工作责任单位的通知》（豫政〔2020〕7 号）。

何黎明：《行稳致远谋大局 聚力前行高质量——2020 年新年贺词》，《中国物流与采购》2020 年第 1 期。

《河南省人民政府办公厅关于推进电子商务与快递物流协同发展的实施意见》（豫政办〔2019〕12 号）。

《河南省人民政府办公厅关于聚焦企业关切进一步推动优化营商环境政策落实的通知》（豫政办〔2019〕1 号）。

《河南省人民政府办公厅关于促进经济平稳健康发展的意见》（豫政办〔2019〕15 号）。

B.16 美国供应链发展对河南的启示

魏克龙　李 鹏　方建佳*

摘　要： 供应链是以消费端需求为导向，以提高供应的质量效率为目标，以整合各类要素资源为手段，实现产品设计、生产加工、批发零售、管理服务等全链条高效协同的组织形态。目前，欧美许多发达国家已经将供应链上升为国家战略，供应链创新与应用已经成为优化我国产业组织方式、推动供给侧结构性改革、提升我国企业国际市场竞争力的重要抓手。美国供应链发展起步较早，供应链管理具有较高水平，值得学习借鉴。

关键词： 美国　供应链　国际市场

一　美国供应链管理发展经验

美国作为世界上供应链管理最发达的国家之一，已建立较为完善的供应链体系，包括完善的供应链基础设施、高效的供应链组织模式、完备的政策支持和人才支撑体系等。美国供应链发展主要特点如下。

1. 上升为国家安全战略

为维护技术领先、经济和国家安全，美国将供应链管理上升为国家安全战略，并通过战略、立法、审查、评估等一系列政策措施构建全面、统一的供应链安全管理体系。先后发布了《全球供应链安全国家战略》《确保关键矿物安全和可靠供应的联邦战略》《密歇根州物流与供应链战略（2013～2020）》等

* 魏克龙、方建佳，河南省商务厅；李鹏，河南省物流与采购联合会。

战略规划；出台了《安全技术法案》《联邦采购供应链安全法案2018》《加利福尼亚州供应链透明度法案》等政策文件；组建了供应链竞争力咨询委员会、ICT供应链风险管理特别工作组、联邦采购供应链安全理事会等领导机构，维护供应链安全，维持美国经济、科技等快速发展。

2. 行业协会发挥重要作用

为加强全球供应链管理和研究，美国成立了美国供应管理协会（ISM）、美国运营管理协会（APICS）和美国供应链管理专业协会（CSCMP）三大供应链行业协会，三个协会分别在采购、供应、物流、运营等供应链管理的不同领域和方面，承担标准制定、数据统计、行业研究、人才培训和职业资格认定等工作，对美国供应链管理理论研究和实践发挥了重要作用。

3. 专业人才培养体系健全

供应链（物流）管理专业是一个协同性、交叉性学科，内容涉及工业设计、系统工程、运筹、采购、信息技术、市场营销、风险控制等多方面知识。美国高校和研究机构针对本科和研究生阶段分别设立了不同的专业课程和研究方向，满足企业对不同层次的人才需求。此外，美国加强供应链管理与工科等相互融合，从多角度加强供应链管理的发展研究，全面培养学生规划、设计和运营现代化供应链方面的能力。

4. 企业供应链管理意识强

在企业管理方面，众多美国先进公司高度重视供应链及其影响业务性能的能力，专门设立了供应链治理架构，全面统筹公司的计划、采购、生产、物流等职能，并聘用具有全球供应链管理经验的人员为企业高管。在企业运行方面，美国企业强调基于信息技术的现代管理方法与管理理论，坚持以顾客为中心的核心理念，强调企业的核心业务、供需之间协作共赢和优化信息交流流程，创新出即时生产（Just in Time）、精益制造（Lean Production）、全程质量控制（Total Quality Management）、快速反应（QR）、有效客户反应（ECR）等供应链管理方法，在全球企业生产经营中具有重大影响力。

5. 供应链管理信息化程度高

美国企业高度重视新技术的研发与应用，企业资源计划（ERP）系统、企业管理解决方案（SAP）系统、甲骨文（Oracle）数据库等信息管理系统应用广泛，并针对不同企业个性化需求，创新附加板块与个性化功能。美国企业不断加强技术创新，在人工智能、机器自主学习和区块链等方面投入了大量人力物力，加强无人驾驶货车研究，解决货运司机短缺难题；建立供应链信息化平台共享货运信息，提高车货匹配效率，解决货车空驶问题，节约物流成本；积极推广二维码、虚拟系统等先进技术，提升企业自动化、智能化管理水平。

6. 供应链全球化水平高

美国波音、星巴克、亚马逊等先进跨国公司依托互联网、物联网、大数据、云技术等先进技术和物流管理、供应商管理等先进理论体系，不断加强全球供应链的治理体系和能力建设，从而实现综合利用全球不同地区的优势资源进行设计、采购、生产、加工、销售等，降低流通成本，提高产品的市场竞争力。

二　河南省供应链管理存在的问题和差距

近年来，河南省对供应链创新与发展的重视程度不断提升，省政府出台了《河南省物流业转型发展规划（2018—2020 年）》《关于积极推进供应链创新与应用的指导意见》等政策文件，设立供应链产业发展基金，积极开展供应链创新与应用试点示范建设，河南省部分先进企业积极引进供应链管理理论和技术，不断完善供应链体系，补齐供应链发展的软硬件短板，不断扩大国际交流与合作，企业供应链管理水平和国际竞争力不断提高。但与欧美发达国家和国内发达地区相比，河南省的供应链管理建设还处在起步阶段，还存在一些问题和差距。

1. 供应链理念有待增强

当前，河南省不少企业缺乏供应链管理理念，缺少资源整合协同思绪，仍采用较为传统的纵向一体化管理方式实现对企业资源的直接控制，缺乏“外包非核心业务，专注打造核心竞争力”的供应链思维，导致资源过于分散，核心竞争力不强；企业还未能从提升企业整体生产效能的角度对供应链的运作进行规划管理，采购、计划、存储、生产等活动依旧分散在不同的部门，各部门之间缺乏有效的协同机制，无法实现内部供应链管理的一体化，导致企业效率低下。

2. 供应链理论研究有待加强

目前，河南省现有供应链理论研究无论是在模型、标准、模式方面还是在技术研究方面与发达地区相比都相对滞后，能够助推供应链管理与服务水平提高的研究成果较少。部分已开始重视供应链的企业不少是聘请欧美的咨询、研究机构提供支持，但欧美的经济体制和发展环境与河南省情况有很大不同，导致供应链管理理论匹配度不高，并且欧美的供应链研究基本面向跨国公司或技术、管理等较先进的头部企业，对众多中小企业并不完全适用。

3. 企业间供应链协同程度低

河南省许多行业领域供应链上下游企业发展水平不平衡不对称，对新技术应用的需求程度不一，不同企业之间的物流、资金流、信息流、知识流的协同化程度低，企业供应链上下游不能有效互联，物流、金融、信用、管理等领域的融合和协同程度低，导致供应链的风险把控能力差、市场竞争力低下。此外，河南省信息与物流基础设施未能形成高效的互联互动，多式运输的相关信息往往受到条块阻隔限制，协同运作效率低下。

4. 供应链基础设施和标准体系不完善

河南省交通优势突出、市场规模巨大、产业基础良好，具有发展物流业得天独厚的优势，但河南省公路运输业务量占总货运量的 90% 以上，交通、物流、信息等供应链基础设施跨地区互联互通能力不强，供应链基础设施建设滞后，缺乏具有全球竞争力和影响力的大型物流企业，国际物流业务发展缓慢。此外，由于河南省企业供应链信息化标准各异，关联企业商品、信息标准不兼容，不同标准间数据传输共享平台缺乏，形成了许多信息壁垒，制约了大数据、物联网、区块链等技术在供应链管理中的应用，导致上下游企业间的信息共享和衔接不畅，行业标准的规范应用程度较低。

5. 供应链专业人才短缺

供应链管理涉及多门学科和专业知识，要求供应链管理人才要有供应链战略思维，熟悉供应链各领域的知识和运作，具备实践经验和管理、执行能力。由于河南省供应链建设还处于起步阶段，企业供应链管理理念落后，相关理论研究匮乏，尤其是河南省产业多数处于供应链低端，供应链人才教育培养体系还未形成，供应链管理人才的培养方式以企业短期培训为主，供应链人才基础相对薄弱，基础保障不力，导致供应链高端人才紧缺。

三　推动河南省供应链发展的建议

1. 加强政策支持引导

从政策层面加强供应链顶层设计和战略引领，破除供应链发展障碍，构建涵盖河南省特色供应链概念、理论、倡议、战略和行动计划等在内的话语体系，鼓励和包容创新，推动构建以企业为主导、产学研用合作的供应链创新网络，深入开展区域和行业领域的供应链试点示范工程，推动现代供应链发展，普及供应链思维，提升全社会对现代供应链的认知水平，引导供应链系统服务商从绿色发展方面创新供应链模式。

2. 营造良好发展环境

深入贯彻落实国家和河南省推动供应链发展的各项政策措施，建立由发展改革、财政、商务、工信、交通、市场监管、银行等相关单位和部门组成的联席会议制度，形成工作合力，不断完善现代供应链多方协同管理服务体系，自上而下打破部门管理壁垒，加强信息交流和资源共享，逐步实现各地产业间联动融合和有序合作。通过采用现代信息技术手段，积极引入社会力量，打造由政府、企业、第三方机构、媒体、消费者等构成的促进供应链协同发展体系。

3. 提升供应链全球化水平

筛选一批具有全产业链控制能力或较强产业整合能力的业内优势企业，一企一策、重点联系、重点扶持、重点培育，支持通过参股控股、合资合作、兼并控股等方式在全球重点国家和地区设立研发、生产、销售和服务网络、物流配送中心和海外仓等，提升河南省企业参与全球供应链构建的深度与广度，推动河南省相关行业、产业向全球价值链中高端跃升，提升全球竞争力。同时，出台相关政策规划和配套措施吸引国内外龙头企业入驻，挖掘与发挥供应链龙头企业的示范引领作用，加快推动河南省技术、标准与产品“走出去”，以提高河南省参与全球供应链的竞争力和影响力。

4. 加强技术应用和模式创新

加快人工智能、5G、物联网、云计算、大数据、区块链等现代信息技术在供应链管理中的创新与应用，促进各类资源要素高效整合、共享，破除供应链上下游信息壁垒；加快工业机器人、智能物流等技术和智能化设备的应用，提高动态大数据存储、感知和保障能力，积极培育“互联网 +”车货匹配、运力优化、仓储交易等新业态新模式，延伸产业链、优化供应链，提升价值链。

5. 强化标准应用和统计监测

建立政府引导、行业组织参与、骨干企业示范的供应链标准实施应用机制，建立和完善供应链标准体系，依托行业协会、龙头企业、科研院校等，研究制定行业规范和标准，在重点企业开展标准化试点示范；建立和完善供应链统计体系，利用大数据、云计算、区块链等技术加强供应链信息数据直采，实时监测供应链运行情况，降低供应链风险。

6. 构建多层次人才培养体系

支持有关的高等院校、职业学校等开设供应链管理相关专业和课程，支持高等院校、培训机构和企业举办研修培训，培育供应链业务实习基地，加快培养多层次供应链管理人才。出台吸引国内外优秀供应链人才的优惠政策，为外国供应链人才来河南省提供工作生活便利。支持企业完善供应链组织架构，建立有效的供应链岗位内部轮岗机制和科学合理的职业上升通道，保障行业高端人才供应。

B.17
以信用建设为突破口强力推进家政高质量发展

王 苏　张大幸　王海啸*

摘　要： 近年来，河南省坚持以家政信用建设为突破口，提高站位、广泛动员、精准施策、完善机制，强力推进家政工作高质量发展。本报告通过梳理河南省家政工作情况，分析研判家政服务业发展形势，提出了下一步工作思路和措施。

关键词： 河南　家政　信用建设

党中央、国务院高度重视家政工作。习近平总书记指出，家政服务是朝阳产业，要把家政这个互利共赢的工作做实做好，办成爱心工程。2019 年李克强总理两次召开国务院常务会议研究安排推进家政工作。钟山部长在 2019 年全国商务工作会议上要求，要促进服务消费，深化家政服务信用体系建设，促进家政提质扩容。近年来，河南省坚持以家政信用建设为突破口，提高站位、广泛动员、精准施策、完善机制，强力推进家政工作高质量发展。

一　近年来河南省家政服务行业发展情况

1. 加强组织领导，凝聚家政发展合力

为贯彻落实《国务院办公厅关于促进家政服务业提质扩容的意见》，加强厅际协调联动，凝聚工作合力，参照家政服务业提质扩容部际联席会议制度，

---

* 王苏、张大幸、王海啸，河南省商务厅。

会同省发改委共同牵头成立了厅际联席会议制度，省发改委主任、省商务厅厅长为召集人，办公室设在省发改委、省商务厅。结合河南省实际，研究出台了《河南省促进家政服务业提质扩容实施方案》。积极扩大家政宣传，在全省上下形成了支持家政、推进家政高质量发展的浓厚氛围。

2. 加快信用体系建设，推动家政行业健康发展

认真贯彻落实商务部、国家发展改革委印发的《关于建立家政服务业信用体系的指导意见》，2019 年 8 月 30 日在全国率先召开了全省家政服务业信用体系建设推进会暨家政信用信息录入培训会，对全省家政信用体系建设工作进行了动员部署，对全省商务系统负责同志、重点家政服务品牌机构、“百城万村”家政扶贫企业、大型家政企业负责人进行了培训。在全国率先建立了全省家政信用信息录入技术学习交流群，邀请商务部、公安部技术专家进行线上指导，大力推进家政企业和家政服务员信息录入工作。目前，全省已上报家政服务员信息突破 12 万人，通过审核认证人数突破 3. 3 万人，家政信息上报审核工作走在了全国前列。

3. 强化技能培训，着力培育品牌企业

为推动家政企业加快规模化、连锁化、品牌化建设，2018 年，在全省评定出河南雪绒花、阳光家政、尚百帮家政等 30 家重点家政服务品牌机构。2019 年 3 月，又推动郑州阳光家政、安阳尚百帮家政成功获批国家级“家政劳务输出基地”。2019 年，在上海举办了河南家政服务管理人才培训班，签署了豫沪家政服务战略合作框架协议，学习先进管理经验。坚持以比赛促发展、以比赛促技能，省人社厅、省商务厅等部门联合举办了家政服务业职业技能大赛。

4. 坚持“智志双扶、输血造血并举”，打赢打好家政扶贫攻坚战

2017 年以来，河南省商务厅认真贯彻落实商务部“百城万村”家政扶贫工作安排部署，会同有关部门制定印发《关于开展“百城万村”家政扶贫工作的实施方案》等文件，坚持政府“搭台”、企业“唱戏”、贫困户“受益”，组织品牌家政企业与贫困人员有效对接，实现了“培训一个人、带动一个家、影响一个村”的良好效果。2019 年 9 月，在汝南县召开了全省“百城万村”家政扶贫工作现场观摩交流会，坚持“智、志”双扶、“输血、造血”并举，大力宣传“一人干家政，全家能脱贫；夫妻干家政，致富奔小康”的理念，

又对全省家政扶贫工作进行了再动员再部署。2019 年，会同省人社厅制定下发《关于做好家政扶贫培训工作有关事项的通知》，将全省 30 家重点家政服务品牌机构纳入当地扶贫机构名单，按规定享受政策补贴。

5. 完善行业组织，搭建沟通桥梁

召开了河南省家政联盟成立大会，组建了河南省家政联盟，推进全省家政行业“大团结、大联合”，凝聚全省家政行业合力，架起政府、行业、企业、社会之间的沟通桥梁。充分利用行业组织作用，加强行业自律，增强全省家政人的“认同感、归属感、荣誉感、获得感”，引领全省家政企业抱团发展。

二　家政服务业面临的形势

1. 家政服务消费已成为刚性需求

家政服务业作为重要的民生实事，涉及千家万户，是一项与民生息息相关的重要行业。随着经济社会发展和消费需求升级，特别是在我国老龄化程度加速深化和“全面两孩”政策实施的宏观背景下，我国的家政服务消费一直处于高速增长态势，居家养老、康复护理、育婴育幼、烹饪保洁等多层次、多样化的家政服务需求持续呈刚性增长。目前，全国老年群体和 0～6 岁学龄前儿童已分别达到 2.49 亿人和 1 亿多人，我国有 35.6% 的家庭有老年人需要照料，有 18.2% 的家庭有未成年人需要照料，有 30.4% 的家庭有双重照料需求。河南省作为人口大省，同全国其他省区市一样，存在相当大的家政服务需求。

2. 家政产业规模潜力巨大

家政行业涵盖面广，产业规模大，从低端的家庭保洁、烹饪、保姆，到技能较高的孕产妇护理、婴幼儿照料、老人陪护等，都呈现快速发展的态势，已成为未来促进消费、带动就业、实现经济高质量发展的重要途径。据商务部商贸服务典型企业统计数据测算，2018 年全国家政从业人员突破 3000 万人，缺口达到 2000 万人，营业收入达到 5762 亿元，预计未来几年有望继续保持 20% 左右的增速，家政服务业已具有成为万亿元级别产业的潜力。河南省人力资源丰富，农村人口加速向城市转移，具有发展家政行业的优势。

3. 家政服务水平亟待提升

从总体上看，全省家政服务业发展态势良好，但还存在一些突出问题：品牌建设需进一步加强，“小散弱”特点明显，龙头企业和知名品牌少，影响力有待提高；在家政行业的标准建设、人员统计、人才培训、行业监管等方面相对滞后；专业人才队伍匮乏，高端管理和技术人才欠缺，高等院校专业设置和职业培训体系需要进一步加强；诚信体系不够完善，诚信监管不健全，规范化管理有待提高；中高端服务供应不足，难以满足快速增长的市场需求。

三 应采取的措施

2020 年，认真贯彻落实国务院办公厅关于促进家政服务业提质扩容的各项政策，深化落实省委王国生书记、尹弘省长在 2019 年 12 月 24 日省委经济工作会上关于要突出民生导向，扩大家政服务供给，解决好“一老一小”问题，推动生活性服务业向高品质和多样化升级的具体要求，瞄准发达地区，对标先进企业，在全省倡导“新时代、新家政、新服务”理念，以完善信用体系建设为抓手，着力发展员工制家政企业，提升家政服务水平，持续推进家政扶贫，谱写新时代河南家政更加出彩的绚丽篇章。

一是着力抓好家政“黄金 36 条”政策落实。会同发改委筹备召开促进家政服务业提质扩容厅际联席会议，充分发挥厅际联席会议制度作用，强化横向协同、纵向联动，加强整体谋划，积极督促推动各级各部门落实好《国务院办公厅关于促进家政服务业提质扩容的意见》。针对由商务部门负责牵头落实的“推进员工制家政企业、推进家政进社区、建立省级家政信用平台”等政策，逐条进行研究、细化落实措施，打好政策组合拳，确保各项政策落实到位。

二是着力推动家政信用体系建设。认真落实商务部、国家发展改革委《关于建立家政服务业信用体系的指导意见》，持续推动全省家政企业依托商务部家政信用信息平台，加大家政企业和家政服务员信息录入工作力度。指导推动家政联盟尽快建立全省家政信用体系平台，逐步统一归集、管理和公开家政服务业信用信息。依托互联网技术，逐步建立“互联网 + 家政管理”模式，建立家政服务领域信用“红名单”和“黑名单”制度，构建家政服务领域守信激励和失信惩戒机制，促进家政行业健康发展。

三是着力提升河南家政影响力。充分发挥河南省家政联盟在全国的号召力，借鉴京津冀、长三角等地经验，会同中西部省区市，组建中西部省区市家政联盟，筹备召开中西部省区市家政联盟大会，加强业界交流，对标先进企业，帮助家政企业“走出去、引进来”，推进与国内外优秀家政企业开展跨区域合作交流。规范行业自律，引导成员单位遵守国家法律法规，架构起政府、行业、企业、社会之间沟通的桥梁。充分利用各种媒体，将全省品牌家政企业、优秀的家政服务员宣传出去，在全省建立形成“爱家政、干家政、支持家政”的良好社会氛围，提升河南家政在全国的影响力。

四是着力培育壮大家政品牌企业。以壮大产业规模、提升家政服务产业竞争力为核心，提升家政服务业规范化、信息化、品牌化、产业化发展水平。加快培育和引进一批竞争力强、辐射带动作用大的家政龙头企业，加大对员工制家政企业支持力度，推广使用家政服务合同示范文本，加快建立家政服务人员持证上门制度，打造在全国家政行业知名品牌。支持有条件的地方以龙头企业为重点，规划布局家政服务产业园，推进家政服务业聚集发展。探索建立家政服务保险制度，健全体检服务体系，切实保障家政服务员权益。

五是着力推动家政技能培训。积极对接江苏等发达地区，赴省外举办河南家政服务质量提升培训班，学习先进管理经验，推动河南省家政服务水平提升。会同有关部门将家政服务列为职业教育校企合作优先领域，培育一批产教融合家政企业。坚持以市场需求为导向，坚持基础培训与提升培训相结合，采取分类型、订单式培训方式，推动企业加大岗前培训和回炉培训，着力提升素质技能。会同有关部门继续开展全省职业技能大赛，培育一批享有“美誉”的家政服务企业，培养一批“金牌”家政服务员。

六是着力打好家政扶贫攻坚战。认真贯彻落实王国生书记在省委十届十次全会上关于脱贫攻坚工作的讲话精神，筹备召开全省家政扶贫工作推进会，切实加强对家政扶贫工作的组织领导，层层压实家政扶贫责任。以百城万村家政扶贫为抓手，坚持政府“搭台”、企业“唱戏”、贫困户“受益”，建立完善家政扶贫长效机制，主动为企业站台，为贫困群众全方位服务，组织动员大型品牌家政企业与贫困人员实施有效对接，让优秀的企业能及时招到合适的家政服务员，让每一个有志于从事家政服务工作的人员都能找到适合自己的工作岗位，进一步破解群众“就业难”与家政企业“用工难”的困境，确保家政扶贫取得实效。

B.18 如何提升河南经贸活动国际化品牌化水平

李 晋 闫卫波*

摘 要： 经贸活动，尤其是大型经贸活动对于一个地方招商引资、形象宣传和对外开放整体水平的提升都会起到积极的推动作用。本报告从回顾河南省近年来在境内外举办或参加的大型经贸活动及相关活动入手，总结有关经验，对比发达省份做法，指出河南省在举办经贸活动方面存在的主要不足和问题，反映出河南省打造国家级国际性经贸活动平台的紧迫性。最后，本报告就提升河南经贸活动国际化品牌化水平给出相关建议和对策。

关键词： 河南 经贸活动 国际化 品牌化

高水平的经贸活动对一个地方的对外开放和经济发展的意义不言而喻。经贸活动可以有效助力对外开放，一个地方的对外开放需要品牌化经贸活动作为平台和支撑，同时，一个地方的对外开放水平也会直接影响经贸活动的成效。可以说，经贸活动和对外开放是相互支持、相辅相成、相得益彰的。一个地方的对外开放需要高水准的经贸活动作为平台和支撑。把本地经贸活动办出特色、办出水平，提升其国际化和品牌化，对于增强经贸活动实效、提升对外开放水平都有着重要意义。

习近平总书记视察河南时指出，河南要积极融入共建“一带一路”，加快打造内陆开放高地，加快建设现代化经济体系。河南省主要领导也多次强调要

* 李晋、闫卫波，河南省商务厅。

用好改革开放这个法宝，抓住机遇，迎难而上，走出一条高质量跨越式发展之路。这都需要河南省在提升其经贸活动国际化和品牌化水平上下功夫，谱写新时代中原更加出彩的绚丽篇章。

一 河南省经贸活动基本情况

1. 中国河南国际投资贸易洽谈会

中国河南国际投资贸易洽谈会（简称“河南投洽会”）是河南省举办的规模最大、规格最高、最具影响力的经贸活动。自 2000 年开始举办，迄今已连续成功举办了十三届。活动名称先后为“河南省经济贸易洽谈会”“河南国际经济贸易洽谈会”，直至 2004 年被确定为“中国河南国际投资贸易洽谈会”并沿用至今。活动起初为两年一届，2014 年起改为一年一届。最初由河南省人民政府、中国国际贸易促进委员会联合主办，其间主办单位不断增加。2019 年第十三届河南投洽会开始由河南省人民政府、商务部、中国国际贸易促进委员会、中国人民对外友好协会联合主办，活动层次不断提升，国际关注度不断提高，已成为河南省与世界开放合作、互利共赢的重要窗口和平台。

2. 河南省赴境外举办的经贸活动

鉴于港澳在河南省乃至全国对外开放的平台、窗口作用，自 2003 年起河南省由省领导带队赴香港推介，形成了每两年在香港、澳门举办一次大型经贸活动的惯例。该活动的突出特点是规格高、规模大，每次均由省委或（和）省政府主要领导带队，融经贸推介、文化宣传、旅游展示等内容为一体，同时举办主活动和多场专题活动和项目对接、考察拜访等相关活动，是河南省在境外举办的最大型经贸活动。在相当长一段时间里，单年份在港（澳）举办经贸活动、双年份在省内举办投洽会是河南省经贸活动的一大特色。2013 年，河南省因故没有在港澳举办大型经贸活动。自 2014 年赴香港举办大型经贸活动后，河南省再没有以省主要领导带队赴港澳举办大型经贸活动。除港澳外，河南省也曾赴欧美、日韩、东南亚等地举办过经贸活动，但时间、地点均不固定，规模相对较小。

3. 河南省承办或参加的国家级经贸活动

作为中部省份，河南省分别承办过第二届（2007 年）、第八届（2013 年）中国中部投资贸易博览会（简称“中博会”）。客观上讲，尽管同是在省内举办的大型经贸活动，中博会的参会嘉宾层次、规模、效果和影响等远胜过河南省自办的河南投洽会。以 2007 年举办的第二届中博会为例，时任中共中央政治局委员、国务院副总理吴仪，全国政协副主席张思卿莅临大会。商务部等 23 个国家部委局和中央机构为主办或支持单位。全国 31 个省区市及香港、澳门组团参会。大会吸引了 108 个国家和地区的广泛关注，到会中外客商 45991 人，其中境外客商 10335 人，国内客商 35656 人，实际到会客商在 10 万人左右。世界 500 强企业有 315 家到会，国内 500 强企业中有 303 家到会。被誉为一次“盛况空前、亮点频出、精彩纷呈”和“令人震撼”的经贸盛会。参会客商规模大、范围广、层次高，在河南历史上绝无仅有。与 2006 年第四届河南投洽会相比，第四届河南投洽会到会客商仅 4168 人，38 家 500 强企业代表参会，与 2007 年第二届中博会形成强烈反差，这也充分显示出国家级平台的强劲影响，也更说明河南省迫切需要一个国家级国际性经贸活动平台。

此外，河南省近些年一直参加国家举办的相关经贸活动，如中国国际投资贸易洽谈会、中国进出口商品交易会、中国国际进口博览会等，借台唱戏，寻求合作。

4. 河南省举办或承办的其他相关活动

河南省还举办了全球跨境电商大会、中国（郑州）产业转移系列对接活动、两岸智能装备制造郑州论坛等经贸活动。各省辖市发挥自身优势与特色，举办一系列与经贸相关活动如中国洛阳牡丹文化节、中国开封菊花文化节、中国（漯河）食品博览会等。此外，河南省先后举办、合办或承办了一系列大型涉外活动，如博鳌亚洲论坛河南省午餐会（2012 年）、中国发展高层论坛 2013“中原之夜”、上海合作组织成员国政府首脑理事会第十四次会议（2015 年）、中欧政党高层论坛经贸对话会（2016 年）、外交部河南全球推介活动（2018 年）、“中国共产党的故事”专题宣介活动（2019 年）、《区域全面经济伙伴关系协定》（RCEP）第 27 轮谈判（2019 年）等。这些活动并不完全属于经贸活动范畴，但对提升河南省国际影响力和开放度都起到了积极作用。

二 主要问题和不足

1. 河南省经贸活动层次需要提升

河南省拥有郑州航空港区、自贸试验区、郑洛新自创区、郑州跨境电商综合试验区、大数据综试区等，空中、陆上、网上、海上四条丝路独具特色，但在经贸活动方面缺少国家级、国际性平台。省内最高规格的河南投洽会尽管得到了中央相关单位的支持，但本质上仍属于地方性经贸活动。

从全国情况看，有的省市承办知名国际组织领导人峰会，如2016中国杭州G20峰会（浙江杭州）、2017年金砖国家峰会（福建厦门）、上海合作组织青岛峰会（山东青岛）；有的省市有国际组织或会议直接落户，如博鳌亚洲论坛（海南博鳌）、世界经济论坛新领军者年会（夏季达沃斯）（天津/大连轮流举办）；有的省市争取到大型国家级经贸盛会长期举办权，如中国国际投资贸易洽谈会（福建厦门）、中国进出口商品交易会（广东广州）、中国国际进口博览会（上海）、中国国际服务贸易交易会（北京）；有的省市抓住时机将本省经贸活动提升为国家级别，如四川省抓住西部大开发机遇提升中国西部国际博览会层次，重庆市把中国（重庆）国际投资暨全球采购会提升为中国西部国际投资贸易洽谈会；有的省区抓住时机和热点申请国际性经贸活动落户本地，如中国—南亚博览会（云南昆明）、中国—东北亚博览会（吉林长春）、中国—阿拉伯国家博览会（宁夏银川）、中国—亚欧博览会（新疆乌鲁木齐）、中国—东盟博览会（广西南宁）、丝绸之路国际博览会（陕西西安）、中国—中东欧国家投资贸易博览会（浙江宁波）、中国—非洲经贸博览会（湖南长沙）等。上述这些国际盛会和经贸活动每次均有我国及外国国家领导人参与，活动规格、规模、成效和影响远超地方性经贸活动。这些经贸活动无不成为当地亮丽的名片，对提升国际影响力、开展对外交往、强化国际合作起到积极的推动作用。相比之下，河南投洽会在邀请国家领导人、高层次客商，以及国际国内影响等方面有相当差距。提升河南投洽会规格，打造省内国家级、国际性经贸活动平台是河南省下步高水平对外开放的迫切需求。此外，河南省经贸活动在定位鲜明主题、突出河南特色、吸引固定意向参会客商群、改进办会方式、提升服务保障水平等方面也有很大提升空间。

此外，自2012年中共中央办公厅、国务院办公厅印发《节庆活动管理办法（试行）》后，除侧重贸易类经贸活动如广交会等按原定方式举办外，一批国家级经贸活动如投洽会（厦门）、中博会、西博会等均由一年一次改为两年一次举办。对投资类经贸活动来讲，客商的积累、项目的洽谈等都需要一定的时间，河南投洽会是否每年举办一次值得商榷。在办会方式方面，河南投洽会也有很大需要改进的空间。

2. 河南省“走出去”办会力度需要加强

从整体来看，全省近年来因公出访人次、频次及境外举办经贸活动数量、规格、影响及成效与发达地区都有较大差距。在2019年召开的全省对外开放大会上，省委书记王国生同志也指出不少市对外活动很少。

香港是全国利用外资的主要来源地，国内许多省区市看重香港融资平台作用和对外开放“超级联系人”角色，广东、北京、福建、上海、四川等省市先后与香港建立合作机制，山东、陕西、湖北、江西等坚持每年在港举办经贸活动。据不完全统计，2019年在港开展大型经贸活动的内地省区市超过20个。来自香港的投资一直占河南省利用外资总量的60%左右，但自2014年后，河南省没有在香港举办过大型经贸活动。从外资统计数据上看，近几年河南省实际利用外资额与新批外资企业数、合同利用外资额长期倒挂，表明外资项目储备少、后劲增长乏力。这一现象与河南省近几年没有在港举办大型经贸活动不无关系。

在巩固港澳等传统外资、外贸市场的基础上，发达省区市已在积极拓展和深耕欧、美、大洋洲发达国家。如广东省已连续三年举办粤美、粤欧投资合作交流会，仅2019年上半年广东省就在欧美组织举办了9场经贸交流活动，且以省领导带队为主。浙江省坚持每年由省级、厅级领导带队赴欧美开展专题推介对接活动，仅2019年上半年就在欧美举办了10场经贸活动。又如为推动与非洲合作，湖南省省长、主管副省长和商务部门负责同志先后30余次率团访问非洲30多个国家，深耕非洲，围绕新丝路、加快“走出去”做文章，为湖南省承办中国—非洲经贸博览会打下良好基础。又如辽宁省政府出台了《关于全面深化辽宁省同日本交流合作的实施意见》，取消各级党委、政府及商务部门负责同志赴日开展招商引资活动限制。相比之下，河南省在公务出访方面无论是思想解放、政策把握还是具体行动上均与发达省区市有较大差距，在简化出访手续、缩短办理时间等方面还有许多工作可做。加大外出举办经贸活动力度，“请进来”与“走出去”相结合推动对外开放是值得认真考虑的课题。

3. 人才配套能力亟待提升

机关、事业单位以及银行等直接为企业提供服务的机构人员专业知识能力和业务水平有待更新和提高，遇到新情况、新问题，没有成例不敢为，只要是法律法规没有明确规定的要么推诿不办，要么直接否决，要么就生搬硬套老办法，缺乏创新意识，就怕触雷踩线，热衷于不干事不出事，错失了发展机遇。

以处在开放前沿的自贸区为例，河南省自贸片区管委会管理职能和干部队伍配置不到位，高水平专业化人才少。如郑州片区核定行政编制 13 人，目前实际人员 7 人（4 名片区管委会领导加 3 名借调人员，另招聘的 5 人系选调生，目前在乡镇需锻炼 2 年）。

从企业用工实际情况看，一方面，复合型专业人才缺乏，特别是高层次、高技术人才较少，熟练型产业工人也存在缺口，往往要协助企业去外地招工，人才匮乏和用工难导致项目不能更好落地。另一方面，由于所得税等人才引进激励机制不健全，加之子女就学、就医、休闲娱乐等基础配套功能不完善，河南省高端人才聘不来、留不住现象依然严峻。郑州大学、河南大学等省内大学优秀本科生绝大多数不在本省就业，河南省成了高层次人才的培养大省和输出大省，人才流失严重。与以南京、武汉、西安、长沙等为代表的“新一线城市”纷纷向毕业生抛出“送户口”“送房补”“免费租借办公区”等史无前例的新政相比，存在明显差距。把人才培养好、引进好和留得住需要努力下一番功夫。

4. 郑州市龙头带动作用需要进一步发挥

郑州作为国家中心城市和省会城市，对河南省经贸活动国际化、品牌化培育起到至关重要的作用。尽管郑州市在对外开放方面走在全省前列，但与一线城市和周边发达城市相比仍有不小差距，“国际范”依然不够。

郑州市在因公外出、对外交往等方面甚至落后于省内其他城市，郑州的外资等涉外经贸指标、常住外国人、外籍专家、国际游客、国际通航点、国际性活动、国际体育赛事等数量不仅比不上北京、上海等一线城市，与武汉、成都、西安等城市相比也有较大差距。例如，郑州实际利用外资仅为武汉的1/3、西安的2/3，国际通航点不足成都的1/3、西安的1/2，入境旅游人数不到成都、武汉的1/5。再从常住外国人数来看，成都常住外国人约1.75万人、武汉约1.5万人、西安约1.2万人，而郑州的常住外国人只有3300多人。郑州外籍专家约500人，其中列入国家“千人计划”的外籍专家只有十几人，在武汉、合肥、长沙都有百人左右。此外，郑州还没有一所外籍人员子女学校，举办影响力大的国际性活动不多。与周边的武汉、合肥、西安、长沙相比，郑州主要创新指标也处于劣势。郑州市除新建的奥体中心外，公共体育设施场地条件较差，国际赛事较少。

上述差距直接影响到河南省经贸活动的国际化、品牌化进程。作为国家中心城市，国际化既是对郑州的必然要求也是其发展方向。目前，郑州缺乏也急需国家级、国际型经贸平台，这个短板直接影响郑州市对外开放程度和国内国际影响力的提升。王国生书记在全省对外开放大会上指出，郑州作为河南省参与全球竞争、集聚高端资源的门户枢纽和战略平台，这个龙头昂得越高，全省开放就舞得越好。要让郑州这个龙头高昂，需要国家级、国际型经贸活动有效支撑，河南省经贸活动国际化、品牌化的培育和提升也需要郑州有更大作为。

三　建议

1. 全力打造国家级、国际性经贸活动平台

一是借鉴近期中国—中东欧国家投资贸易博览会落户浙江宁波、中国—非洲经贸博览会落户湖南长沙的经验，以河南省承办RCEP第27轮谈判为契机，积极申办RCEP经贸博览会及相关活动，争取永久举办权并以此打造优越的国际经贸合作平台。RCEP作为世界上人口最多、成员结构最多元、发展潜力最大的自贸区，涵盖22亿人口，生产总值为29万亿美元，出口5.6万亿美元，外资3700亿美元，具有重大的经济意义、政治和战略意义，是我国主动参与国际经济治理、形成全面开放新格局的重要载体。河南应以承办RCEP第27轮谈判为契机，积极申办RCEP经贸博览会及相关活动，争取永久举办权，如果成功，河南省将拥有一个优越的国际经贸合作平台，形成后发优势，对全省加快对外开放、打造内陆开放高地意义重大。二是回顾总结在河南省举办的第二届和第八届中博会成功经验及影响，考虑争取中博会长期举办权并将河南投

洽会与其合并，打造国家级经贸活动平台。三是进一步提炼主题，完善内容。在融入“一带一路”上下功夫，在“四路协同、五区联动”上做好文章，在先进制造业方面做足文章。在办好河南投洽会的同时，培育扶持跨境电商、物流、先进制造业等专题类特色经贸活动，以“1 + N”形式打造河南省经贸活动格局。四是创新办会方式，坚持开门办会。可考虑加大展览比重，发挥河南市场、物流、产业等优势，以展促会；加大利用网站、公众号、App 等新媒介宣传推介，及时更新项目、客商、活动等相关信息，预留观众登记注册入口，增强专业观众和普通观众互动，提升公众参与度；加强后续跟踪服务并提升能力，确保长期有效，建设和打造永不落幕的全球性可交易投资服务平台等。五是加强市场化运作，吸引知名商协会、专业机构、实力企业等参与举办专业特色活动，变“政府主导”为“政府引导”。

2. 积极“走出去”开展国际交流合作

按照王国生书记提出的，既要加大力度“引进来”，又要蹄疾步稳“走出去”。要紧盯重点国家（地区）、重点产业和重大项目，打造“经贸活动高层推动与造势 + 小分队针对性对接与跟踪落实”立体推广模式，优化外资外贸结构，推动外资来源、外贸市场多元化。具体来说，一是加强港澳台交流合作。积极参与粤港澳大湾区建设，考虑适时由省主要领导带队在港（澳、台）举办大型经贸活动并谋划建立合作交流机制，进一步密切与港、澳、台的联系，打造经贸合作的双向交流平台。二是拓展和深耕欧美、日韩、澳新等发达国家。借鉴发达地区做法，由省级领导带队每年有针对性地分别在上述发达国家举办经贸活动。三是推广许昌对德合作经验，鼓励支持有条件的省辖市在某一国家持续举办经贸活动，深耕细作，提升实效。

3. 加强人才培养、引进和配套能力建设

一是加强体制内新人才的引进和现有人员能力素质提升工作，航空港区、自贸区等国家级平台和各类开发区可探索“管委会 + 公司”运作模式，建立能上能下机制和薪酬激励机制，大力引进懂产业政策、懂项目运作、懂涉外规则等复合型专业人才。二是积极支持企业、科研机构等引进人才，在个人所得税、购房补贴或人才公寓、家属就业、子女就学以及外籍高端人才永久居留、就医保健、办理签证便利化服务等方面对标发达及周边省区市，制定实施有效的人才引进政策。三是大力引进中介服务专业人才，全面提升河南省对外开放配套能力。

4. 发挥郑州国家中心城市龙头带动作用

按照在国际上赢得更大影响力、在全国同类城市竞争中形成更多比较优势、在全省发挥更大辐射带动作用的指导思想，加快郑州国际化步伐。一是充分发挥郑州“四路”“五区”战略叠加优势，构建联动全球的战略平台，放大郑州航空港经济综合实验区的门户带动作用，策划举办专业、特色、针对性强的经贸活动，更加积极主动地“走出去”，提升经济开放度；二是积极申办国际会议、国际体育赛事、国际论坛等重大活动，完善城市硬件和配套服务能力，提升城市形象和国际国内影响力；三是大力发展会展经济，围绕“三中心一枢纽一门户”建设，改善展馆硬件设施和食、住、展、娱、游、购等配套服务能力，在题材创新、模式创新、理念创新和服务创新上下功夫，培育展会品牌，打造国际会展品牌聚集地和会展名城，为全省经贸活动国际化品牌化提供有力支撑，展现国家中心城市的担当作为。

B.19
国内外商业步行街发展对河南的启示

任秀苹　张进才*

摘　要： 商业步行街作为城市商业的发源地和集聚地，在繁荣城市商业、满足居民消费、传承历史文化、展示城市形象、强大国内市场等方面发挥着重要作用。本报告在梳理河南省商业步行街发展现状和存在问题的基础上，剖析问题产生的根源，对标国内外先进经验和做法，探寻促进河南省商业步行街发展的举措，以期推动商业步行街改造提升，培育一批国内外知名、中部一流的商业步行街，强大河南内需市场。

关键词： 河南　商业步行街　内需市场

一　发展商业步行街的重要意义

商业步行街是由许多商店、餐饮店等作为主体，按一定比例排列，具有一定宽度和长度的商业活动集中的街道，是城市商业文明的缩影和精华。商业步行街作为城市商业的发源地和集聚地，在繁荣城市商业、满足居民消费、传承历史文化、展示城市形象、强大国内市场等方面发挥着重要作用。伴随经济社会的发展和居民消费需求的升级，商业步行街服务功能不断丰富和拓展，集聚了购物、餐饮、娱乐休闲、旅游观光、健身等多种功能，成为居民休闲购物、感受人文情怀的城市地标和展示城市形象的名片。

* 任秀苹、张进才，河南省商业经济研究所。

二　国内外商业步行街发展情况

（一）我国商业步行街形成模式

商业步行街作为一种功能复合、业态丰富、品牌多元的商业聚集地，与城市发展相生相伴。宋代《清明上河图》描绘了当时宋都汴京商业的繁华景象，20 世纪 90 年代后期，我国商业步行街进入快速发展时期。从目前商业步行街形成模式来看，主要有以下两种。

1. 历史传承提升

这类商业步行街具有深厚的历史文化底蕴，是城市变迁的见证者和城市文脉的塑造者，历经保护、改造提升后与现代商业融为一体，成为城市的商业名片。国内北京前门大栅栏、上海南京路、杭州清河坊和国外意大利埃马努二世长廊、俄罗斯阿尔巴特街等就是其中的典型代表。北京前门大栅栏作为商业街拥有近 600 年的历史，目前前门大栅栏以“文化型旅游、体验式消费、定制式服务、多维度发展”为方向，经过提升改造，建筑物色调、风格实现统一，还原和展现了大栅栏独有的传统商业特色。

2. 商业地产新建

此类后期新建商业步行街作为城市化的产物，多数由地产商开发建设运营或交由商业运营公司管理。成都太古里即是太古地产和远洋集团共同开发的开放式、低密度的商业步行街，从 2009 年开始规划设计，以零售商的思维和专业化的能力运营，通过建筑体验、业态体验、商家品牌体验三方面的极致化，快慢结合为消费者提供充满个性的购物及休闲生活体验。武汉楚河汉街是万达集团投资 500 亿元，历史 8 个月倾力打造的以文化为核心，兼具旅游、商业、商务、居住功能的世界级文化旅游项目，绘就了现代版“清明上河图”。

（二）国内外知名商业步行街的特点

1. 业态品牌云集

商业步行街是一种功能多元、业态丰富、品牌多样的商业集合体。从品牌构成看，国内外知名商业步行街的一个共同特点，就是全球知名品牌和本地特色品牌高度聚集。目前，纽约第五大街汇集了服装、珠宝、钟表、玩具、家具、皮具、书店等业态，聚集了路易威登、乔治阿玛尼、古驰、蒂芙尼和卡地亚等众多奢侈品品牌，耐克、安德玛、阿迪达斯、彪马和 Asics 等运动品牌及 H&M 和优衣库、Zara 等快时尚品牌。伦敦牛津街汇集了国际品牌旗舰店、奢侈品精品店、家居用品、配饰和珠宝店等众多业态，有 Prada、Burberry 等高端品牌，也有 H&M、Gap、Zara 等中等价位的品牌。莫斯科阿尔巴特步行街博物馆、剧院、音乐厅、宾馆、出租公寓、各国餐饮小吃店、民族特色纪念品、古董店、银行、邮局、购物超市、药店林立，本土品牌特色商品丰富，如琥珀纪念品、俄罗斯套娃、油画、红金首饰、本土玉制品（乌拉尔天然石）、木雕制品、亚麻及其他民族特色纺织品等。餐饮既有本土餐饮连锁企业，也有麦当劳、星巴克、美国 50 年代怀旧风格餐厅、意大利“威尼斯”餐厅、德式快餐、土耳其餐厅、印度餐厅等各国特色口味。北京王府井共引进国内外知名品牌 1654 个，国际品牌 638 个，中华老字号如张一元茶庄、吴裕泰茶庄、全聚德烤鸭、东来顺饭庄、老凤祥银楼、瑞蚨祥绸布店、同仁堂药店等共计 41 个。

2. 历史人文浓郁

国内知名商业步行街通过充分挖掘地域文化，不断提升街区文化内涵和品位形象，营造浓郁的文化氛围。2003 年成都确立宽窄巷子历史文化片区主体改造工程后，宽窄巷子依托清古街道载体，在保护老成都建筑的基础上，形成了以旅游休闲为主、具有鲜明地域特色和浓郁巴蜀文化氛围的复合型文化商业步行街。杭州清河坊是杭州保存较完整的旧街区，它浓缩杭城古都历史文化，彰显市井民俗文化景观，是杭州悠久历史的一个缩影。保持清末民初的建筑风格和市井民俗文化氛围，街区坚持“雅”“俗”并重，着力体现市井民俗特色和打造中国老字号集聚地，基本形成李中医中药文化、百年老店文化、餐饮小吃文化、民间工艺文化、书画文化和古玩收藏文化，民间文化和民间手工艺技艺表演是其特色和品牌。

3. 商旅融合联动

知名商业步行街凭借独特的建筑景观和特有的商业魅力享有很高的美誉度，是游客的必去之地，年接待量可观。阿联酋迪拜购物中心 2017 年接待 8000 万游客；英国伦敦牛津街每年吸引来自全球 3000 万游客。国内上海南京路日客流量 40 万人次，重庆解放碑商业步行街日客流量 30 万人次，武汉江汉路商业步行街日客流量 16 万人次。首批试点步行街 2019 年 9～10 月客流量见图 1。

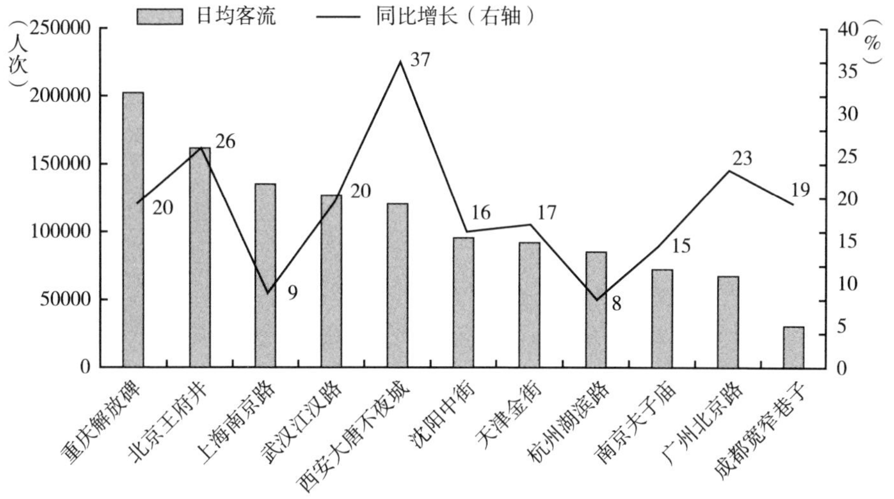

图 1　2019 年 9～10 月首批试点商业步行街客流量

资料来源：《2019 年阿里巴巴步行街经济报告》。

4. 交通便利通达

国内外知名商业步行街多位于城市的核心区域，交通便利，地铁和公交等公共交通发达。北京王府井附近有灯市口、王府井、东单等地铁口，在灯市西口站设有 4 条公交路线，王府井站设有 7 条公交路线，公交地铁换乘方便，同时距离北京站仅 2.3 公里。郑州德化街紧邻郑州站、长途汽车中心站，商业步行街北端是地铁换乘枢纽站，附近有公交站 20 个，80 多条公交线路，交通十分便利。

5. 经营效益突出

2012 年德国库达姆大街的销售额为 110 亿欧元，每平方米最高销售额达 5300 欧元。维也纳克恩顿大街经营面积约 53400 平方米，年销售额 40 亿欧元。初步估算，国内的知名商业步行街中杭州湖滨路、西安大唐不夜城、上海南京路经营坪效高，分别达到 8.3 万元/米^2、1.9 万元/米^2 和 1.8 万元/米^2。国外知名商业步行街年租金见表 1。

表 1　国外知名商业步行街年租金

单位：美元/英尺^2

商业步行街	平均年租金
纽约第五大道	3000
香港铜锣湾	2878
巴黎香榭丽舍大街	1368
伦敦新邦德街	1283
东京银座大街	1249
米兰蒙特拿破仑大街	1239

注：1 平方英尺约等于 0.0929 平方米。

资料来源：FX168 财经网、Cushman & Wakefield。

（三）主要做法

1. 政府重视引导

从发达国家和先进地区发展经验来看，政府对步行街的开发和建设进行统一规划和组织协调是通常做法。日本政府制定了步行街振兴政策，从金融支持、法律援助等方面营造步行街发展的软环境，将步行街建设纳入城市整体规划，统一规划、统筹安排、分步实施。重庆市、成都市、西安市、武汉市等城市的商业街建设工作由于领导重视起步均比较早。2000 年，武汉市政府决定将江汉路改建为步行街，将这条百年商业老街改造成一条集精品购物、休闲旅游于一体的新型商业步行街，当年 9 月 22 日正式开街，街长达 1210 米，号称中国最长的步行街。西安大唐不夜城起步于 20 世纪 90 年代末西安市曲江旅游景区“七园一城一塔”布局中的“一城”，2009 年正式建成运营。

2. 规划定位先行

制定发展规划、明确功能定位是引领商业步行街品质提升的前提。广州天河路 2012 年启动了升级改造，提出天河路商圈构建立足华南、面向亚太的世界级商业门户的战略定位，制定打造城市娱乐目的地、都市旅游目的地等发展目标，优化提升商业业态、步行系统、交通组织、空间景观、整体营销、运营模式等六大策略布局。

3. 创新业态模式

基于现有商业基础，发展多元复合业态，线上线下融合发展，打造跨界零售新格局，丰富消费供给，是知名商业街的普遍做法。重庆解放碑拥有重庆百货大楼、重庆商社、重庆书城等大型商场，2017 年丰趣海淘跨境电商总部、当当 O2O 实体书店、永辉超级物种、重庆首家无人便利店等一批新零售、新业态纷纷在解放碑首发亮相。“中华商业第一街”上海南京路步行街紧盯消费需求变化，满足本地化、年轻化消费需求，引入 Adidas、Nike、M 豆、乐高等世界级品牌的旗舰店，打造全球最大、规格最高的华为旗舰店；即将全新亮相的新世界城降低零售比例，将体验经济比例提高至近 30%，10 万平方米的新商场中，室内攀岩等重量级体验项目、超广角立体观光休闲楼、冰雪世界、儿童赛车道、汤姆熊竞技场、篮球乒乓球体验区、共享钢琴吧、中央火车站“四面钟”打卡地、5G 体验楼、上海经典与现代建筑博览墙、百年公交体验等项目精彩纷呈。

4. 营造商业氛围

知名商业步行街不断健全服务功能，依据自身优势举办各类主题展演和购物节活动，营造浓厚的商业氛围，提升人气和聚客能力。2019 年国庆期间，除保留的固定节目外，西安大唐不夜城持续开展为期十天的系列文化主题活动，我和我的祖国水舞光影秀、我爱你中国音乐主题表演、儿童情景剧《我们是秦俑》、万人同歌唱，以及新推出的房谋杜断情景剧等五大系列精彩纷呈，节日氛围浓厚，尽显古都西安古今人文风韵，带给游客精彩绝伦的视听盛宴。

5. 健全管理机制

国内外知名商业步行街均设有专门的管理机构统筹商业步行街的发展，完善管理制度、健全工作机制，实现跨部门综合治理和规范化制度化运行。以政府管理模式为主的代表性商业步行街有北京王府井、天津金街和南京夫子庙商业步行街等。南京夫子庙管理机构为夫子庙秦淮风光带风景名胜区管委会，下设六个处室，落实《南京市夫子庙秦淮风光带条例》等，编制特色街区经营项目目录、服务标准等规范性文件，推动景区提档升级。以“政府 + 商会”为主导的商业步行街有广州天河路、广州北京路等。以企业为主导的商业步行街有成都春熙路、成都锦里、西安大唐不夜城新唐人街等。国外知名商业步行街中纽约第五大道由第五大道协会（商家）、第五大道商业改善区组织（业主）与纽约市政府协作管理，巴黎香榭丽舍大街由巴黎市政府与香榭丽舍大街管理协会共同管理，伦敦牛津街由新西区公司（政府部门派员参与决策过程）管理，东京银座大街由9个商业振兴组合联合会共同管理。

三　河南省商业步行街发展现状及存在问题

（一）发展现状

近年来，河南省贯彻实施消费升级行动计划的总体要求，将商业步行街作为实施商圈消费引领示范，打造城市消费新地标，满足消费升级需求的突破口，开展了品牌消费集聚区创建、特色商业步行街培育、高品位商业步行街建设等多项工作，全省商业步行街建设取得了一定成效。

1. 总体数量较多,类型多种多样

据不完全统计，全省现有商业步行街近200条，人车混行商业步行街居多，纯商业步行街和在时间或行驶长度上限制车辆通行的商业步行街较少。与全国综合性商业步行街占比较高不同的是，河南省的餐饮、文化和旅游、特殊商品销售等专业性商业步行街占比较高。第一批河南省示范特色商业街区名单见表2。

表2　第一批河南省示范特色商业街区名单

序号	所属地区	商业街名称	序号	所属地区	商业街名称
1	郑州市	天下收藏文化街	7	鹤壁市	中凯国际商业街
2	郑州市	农科路酒吧休闲一条街	8	漯河市	昌建外滩堤顶路商业街
3	郑州市	海龙餐饮特色街	9	漯河市	河上街民俗文化街
4	郑州市	裕丰国际酒店用品特色街	10	驻马店市	平舆县上河城商业街
5	开封市	鼓楼特色文化商业区	11	驻马店市	汝南县北门里名吃街
6	新乡市	东方文化商业步行街	12	南阳市	国际玉城

资料来源：河南省商务厅。

2. 服务不断完善，经济社会效益明显

随着商业步行街的不断发展，河南省商业步行街硬件设施和软件服务水平不断提高，运营管理机构、便利的公共交通、休闲广场、绿化景观、灯饰工程、公共卫生间等已经成为绝大多数商业步行街的标配。据不完全统计，河南省商业步行街由企业运营管理的较多，专业管委会和政府机构等运营管理占比较少。商业步行街在促进消费、吸纳就业和缴纳税收方面发挥了重要作用。

（二）存在问题

目前，河南省商业步行街发展取得了一定成效，消费吸引力和辐射力也在不断提升；但与国内外先进地区相比，河南省商业步行街发展差距仍然很大，主要体现在以下几点。

1. 商业名街缺失

虽然目前河南省商业步行街数量较多，但能够占得一席之地的屈指可数。多数商业步行街规模较小，名品名店数量不多，档次不高，缺乏高档次、高规格，业态丰富，功能齐全，辐射范围广、拉动作用强的全国知名特色商业名街。郑州德化街与上海南京路、西安大唐不夜城、武汉江汉路、广州北京路等全国知名的商业步行街相比，差距还是很大。

2. 特色不够鲜明

河南省大部分商业步行街在规划布局、建筑特色、商品供给、基础设施等方面，对地域历史文化、消费人群特质等资源挖掘不够，人文特色融合不深，缺乏明确的定位，同质化竞争严重，对消费者吸引力不足，导致辐射范围有限。以郑州市德化街为例，通过近几轮改造提升，街区历史建筑遗存保留较少，百年德化历史及本土文化内涵体现不足，体现中原文化底蕴的特色业态、商铺、商品不多，特色文化氛围不浓，对消费者缺少吸引力。

3. 业态有待提升

从河南省商业步行街发展来看，无论是综合性还是专业性商业步行街，经营业态单一、新兴业态缺失、同质化经营比较严重、商业步行街千篇一律问题突出。一些商业步行街变相成了美食街，常年充斥着低劣的商品、小吃，传统特色越来越淡，假冒伪劣、低端餐饮等问题难以解决。

4. 人性关怀不够

步行，是商业步行街最基本的特征之一，从街道长宽比的设计，到休息座椅的设置，再到绿化景观等，都要体现以人为本。河南省多数现有特色商业步行街往往忽视了这一点，如休息座椅数目不足，避风雨设施不连续，无障碍设施不完善，公共停车场设置不足、人车混行等，严重影响消费体验。

（三）原因剖析

1. 整体规划滞后

河南省大部分商业步行街是自发形成的，布局不尽合理，没有统筹考虑城市总体规划格局，更没有根据城市发展的可持续性思考建设商业步行街的合理性，盲目跟风建设，缺少市场调研和规划，直接影响了商业步行街的整体运作。部分规划缺乏前瞻性，更多关注当前消费热点，对消费需求趋势变化挖掘不够，导致引领新兴消费功能难以发挥，进一步加大了业态调整难度；部分规划对商业步行街功能定位不准确，目标顾客群过泛，不利于赋予项目独特鲜明的个性和商业街的整体运作。

2. 产权过度分散

商业步行街应进行统一规划，作为一个系统整体推进。但由于历史原因，多数商业步行街内商铺产权属于个人，无法形成一盘棋运营管理，业态调整提升受到制约，商品和服务同质化严重，内部竞争加剧，进一步导致商业步行街品牌效应不突出、层次不高、转型发展困难等问题。

3. 运营管理不力

河南省商业步行街管理虽以企业运营管理为主，但多数运营企业管理经验不足，对商业步行街宣传推广、招商营销及业态调整布局等后续可持续发展作用发挥不够。对于一个商业项目，硬件设施条件是基础，但是制胜的关键还是项目的定位、招商、运营等运营团队的软实力。

4. 部门合力弱化

商业步行街建设是一项系统工程，涉及土地、规划、建设、文化、旅游、城市管理、市场监管等多个部门。由于目前相应工作机制尚不健全、作用发挥不充分，一定程度上制约了特色商业步行街区的快速发展。

四　对策建议

（一）高度重视，加强规划引领统筹商业步行街发展

把商业步行街建设作为强大国内市场、促进消费升级的重要抓手，列入重

要议事日程。加强规划引领，立足现有基础，着眼全局和长远发展，编制总体规划和若干专项规划（包括景观、业态、立体空间、交通、市政设施等），实现与城市总体规划、城市商业网点规划、城市交通规划衔接配套，最大限度用好周边和城市资源，促进商业资源协同发展。设立专门的步行街管理机构，形成政府协调、机构主导、商户参与的长效管理机制，形成合力推动商业步行街建设。

（二）因地制宜，打造一批知名商业步行街

深度挖掘城市自然禀赋、历史文化底蕴和旅游资源，鼓励郑州、洛阳、开封等城市打造一批知名特色商业步行街。郑州市以德化街等商业步行街为重点，突出展示商都文化和市井风情，建设风格独特的商业设施，打造亮丽的商业景观，塑造郑州的商都品牌形象。推动洛阳市与大唐历史文化传播、牡丹节、旅游购物相结合促进商旅文联动发展；推动开封市以鼓楼特色文化商业街区等为重点，注重保护重要历史遗存，传承历史文脉，塑造有历史记忆、人文内涵的商业步行街。

（三）加强运营管理，实现持续健康发展

强化商业步行街运营管理，探索成立步行街自治组织，统一管理街区环境、市场秩序维护等；鼓励引入专业运营团队统一运营，统筹商户实现商户资源共享、业态优势互补、功能协调发展，凸显商业步行街的整体定位和特色，提升商业步行街运营水平和经营效率。强化步行街综合治理和平安建设，建立突发事件处理机制，打造绿色和谐、安全街区。

（四）遵循商业规律，提高供给水平，适应消费升级

顺应品质化、个性化、多样化的消费趋势，完善配套设施，优化街区环境，增加优质商品和服务供给，适应消费升级需要。

(1) 完善配套设施，优化街区环境。按照适度超前、集约利用的原则，加强商业步行街公共服务设施建设，建议增加人性化设施，如绿地、休闲空间，配置遮阳等防护设施，优化交通体系，保障慢行品质。契合现代都市消费者的审美格调，改造与提升引导标识、绿植花卉、雕塑及灯光照明等软件设

施，打造格调协调统一、特色鲜明的街区环境，增加街区亲和力。

（2）提升数字化水平，搭建街区信息化平台，提供导购、精准营销、智能停车、自助服务、快速响应、数据分析等智慧服务。整治街容街貌，打造环境优美、舒适宜人、便捷智能的消费地。

（3）丰富商业业态，打造消费场景。根据目标消费群体需求变化调整业态结构，提升传统业态，布局体验式、互动式服务业态，提高文化艺术、休闲娱乐和餐饮等业态比重，增设博物馆、艺术馆、书吧和运动场所，发展满足社交创意、城市慢生活等消费需求的新兴业态。有条件的地方可加大投入，引入主题酒吧、咖啡厅、歌吧、小型演唱会、夜间小剧场、网红店等夜经济业态，打造夜间消费场景。策划丰富的节庆活动。策划多样的演艺、展览商业等活动，为消费者提供丰富的文化艺术体验，营造节日氛围，打造活力街区。

（4）优化品牌结构，提升街区品质。商业步行街的品牌结构应契合消费潮流，提高设计师品牌、个性品牌和商文融合创新品牌的比重。积极引入国内外知名的商业运营主体和一批特色区域首店，培育当地特色品牌，提高品牌聚集度。增加品牌旗舰店、形象店、体验店和概念店等门店形态，提升商业步行街的层次。

（五）政策扶持，推动全省商业步行街实现高质量发展

加大政府扶持力度，从财政金融、规划用地、文化旅游、市场监管等方面给予支持。对商业步行街基础设施、交通设施、信息平台和诚信体系等新建改建项目予以支持。实施河南商业步行街改造提升试点，对纳入试点范围的商业步行街采取以奖代补的财政政策给予扶持。将贸易便利化、投资便利化等对外开放方面的政策应用到步行街改造提升中。

参考文献

王维砚：《消费升级，高品位步行街应该怎么建》，《决策探索（上）》2019年第4期，第38~39页。

胡兆量：《步行街的演变及建设原则》，《城市问题》2019年第3期，第41~43页。

赖阳、李馥佳：《城市步行街改造提升发展研究》，《中国国情国力》2019 年第 7 期，第 41～43 页。

陈丽芬：《国际著名步行街的建设经验》，《时代经贸》2018 年第 31 期，第 12～20 页。

廖文睿：《城市改造更新背景下商业步行街改造提升对策》，《时代经贸导刊（中）》2019 年第 11 期，第 160～161 页。

王雪纯：《中小城市商业步行街的问题和发展策略》，《中国商贸》2011 年第 26 期，第 255～256 页。

B.20 关于卢氏县农村电商物流体系建设情况的分析

河南省商务厅课题组*

摘　要： 近年来，卢氏县抢抓获批全国第二批电子商务进农村综合示范县的机遇，依托良好的生态环境、产业优势和电商基础，充分发挥电子商务精准扶贫的带动作用，推动传统产业物流业转型升级，促进经济发展。本报告详细介绍了卢氏县农村电商发展的基本情况及主要成效，剖析了卢氏县农村电商发展过程中存在的问题，并提出了一些有针对性的建议。

关键词： 农村电商　物流体系　农产品上行

卢氏县地处河南省西部深山区，是河南省贫困发生率最高、贫困程度最深的国家扶贫开发工作重点县、革命老区县。近年来，卢氏县抢抓获批全国第二批电子商务进农村综合示范县的机遇，依托良好的生态环境、产业优势和电商基础，持续推进电子商务进农村综合示范县建设，充分发挥电子商务精准扶贫的带动作用，推动传统产业转型升级，促进经济发展。

一　卢氏县农村电商发展的基本情况及主要成效

通过几年的努力，卢氏县农村电商工作取得了一定的成效，电子商务发展规模、载体建设、电商扶贫、农产品上行和现代物流业发展等方面成绩显著。

---

* 课题组成员：方建佳、赵俊杰、郭永和、张进才、贵明佳。执笔人：贵明佳。

2019 年 5 月，卢氏县积极申报国家级电子商务进农村综合示范项县升级版，首批进入全省 8 个国家级电子商务进农村综合示范县升级版之列。

（一）电子商务发展呈现规模态势

截至 2019 年 7 月，卢氏县共有电商应用企业和合作社 80 家，个体网店 2046 个，通过电商服务全县贫困户 15000 余人，带动 4200 余贫困人员就业，全县电子商务交易额为 16.7 亿元，网络零售额为 7.5 亿元。

（二）载体建设不断完善

卢氏县建设了大众电商创业园，累计入驻企业 60 家，从业人员 700 人。截至 2019 年 7 月全县共建成 6 个乡镇电商扶贫服务中心，272 个村级服务站，已覆盖 287 个行政村的 95%，其中 119 个为贫困村，占全县 147 个扶贫村的 81%。2019 年，培育出 5 个电商扶贫先进乡镇、147 名电商扶贫带头人，向省商务厅推荐了 5 个电商扶贫先进乡镇、22 名电商扶贫带头人。

（三）电商培训稳步推进

2019 年卢氏县持续按照已经建立的电商培训人员扶贫总名录，由河南云联乡村网络科技公司牵头，整合部门培训资源，推动电商进村、入户、到人，激发农民创业新活力。同时根据三门峡市商务局下达的目标要求，调整了 2019 年培训实施方案，侧重村级两委、驻村工作队、村级服务站负责人等培训，提高培训质量及转化率。2019 年已累计举办各类电商培训 33 期，培训 2316 人，其中贫困人员 728 人。

（四）电商扶贫工作成效显著

一是培育龙头企业带动精准脱贫。通过“电商龙头企业 + 基地（合作社） + 贫困户”“电商龙头企业 + 电商扶贫带头人 + 贫困户”的模式，带动贫困户就业。如入驻创业园区的献民连翘茶有限公司通过连翘茶生产车间及采摘基地带动 440 余贫困人员就业。截至 2019 年 7 月，全县电商企业已带动 4196 余人就业创业，助推了全县脱贫攻坚。二是培育电商带头人。东明镇蒋渠村残疾青年卫飞舟，2016 年创办了卢氏县飞舟农都电子商务有限公司，主营卢氏县优质农副产品，代培全县致力于电商创业的群众，带动100多户农民发展电商共同致富。三是创新扶贫模式。推进“党建+电商+扶贫”模式。横涧乡营子村电商运营中心负责人唐双武，通过合作社育苗、土地入股、务工等形式带动163户贫困人员户均增收3000元。探索“电商+旅游+扶贫”新模式。官道口镇豫西大峡谷景区电商扶贫农特产品O2O体验店和双龙景区O2O体验店建设正在推进中。创新“电商+外派劳务服务平台+扶贫”新模式。已摸排出全县有出国务工意愿的劳动力3112人，共计实现外派劳务人员输送300余人次，其中建档立卡贫困人员27人。

（五）农产品上行得到进一步发展

一是多企业合作。进一步加强与甲骨文科技、河南云联乡村网络科技公司等电商企业合作，重点打造“原本卢氏”县域公共品牌，完成“原本卢氏”县域公共品牌全品类农产品商标注册。二是多平台推广。在京东、淘宝等电商平台建设“原本卢氏”店铺，以“原本卢氏”核桃、香菇、木耳、蜂蜜、绿壳蛋等作为主推产品。在河南原产地旗舰店进行了核桃直播活动，组织18家企业注册入驻“公益中国”海关电商扶贫线上平台。与《今日头条》对接，通过三农合伙人计划，网销卢氏贫困户核桃。三是多活动推销。开展原本卢氏·电商扶贫购物节活动及电商扶贫·年货节活动促进农产品线上线下销售。组织电商企业外出参加郑州第九届精品年货博览会和郑州大学第四届秋实资本论坛展销会、省十三届投洽会、三门峡“一节一会”等不同形式的活动，多方面促进卢氏县农特产品销售。四是建设O2O体验中心。采用“一馆带十二店”模式，加快推进电商产业园区卢氏特色商品O2O体验中心建设，将卢氏县特色商品通过线上线下集中销售。

（六）现代物流业转型发展取得突破

卢氏县是全省面积最大、人口密度最小的深山区贫困县，解决物流“最后一公里”和“最先一公里”问题成为卢氏县农村电商发展的最大瓶颈。2015年卢氏县曾采取多企业参与、分段集中统一配送方式，多方尝试整合现有物流快递资源，虽然耗费很大精力将“四通一达”等社会快递企业吸纳入驻园区，也借助了阿里巴巴集团的菜鸟物流体系、新华书店的云书网配送体系、京东和邮政的自有物流配送体系支撑基层物流网络，以村淘服务站、云书网村级服务站、京东帮服务店、邮政村邮站构建农村物流的基层网络，或通过客车捎货方式，开通了县乡村三级物流体系的“最后一公里”配送，较好地提升了县域内农村物流网络的连通度和覆盖面，但仍然时效较慢，成本居高不下，收效甚微。

为彻底解决“最后一公里”和“最先一公里”物流配送问题，卢氏县成立了以县长为组长的领导小组，制定了《卢氏县现代化物流重点产业转型发展实施意见》，多次召开推进会，加快转型升级的动员和思想统一；抓住郑州市对接帮扶卢氏机遇，多次对郑州现代物流中心有限公司进行考察、对接和协调，卢氏县农村物流三级网络节点体系建设项目正在有条不紊地推进。县级物流快递集配中心正在施工；16 个乡镇已与郑州现代物流中心有限公司签订了合作开发 20 年的协议，村级物流服务点正在有序筹划中。此项目的实施不但建起了县、乡、村三级物流体系，整合了物流快递资源，也将有效解决制约电商发展的“最后一公里”和“最先一公里”问题。

二　存在的主要问题

卢氏县虽然在电商扶贫、现代物流业转型等方面取得了一定的成效，但由于基础条件差、贫困程度深，在推进农村电商发展，建设农村电商物流体系和推动农产品上行过程中仍然存在一些不容忽视的问题。

（一）物流运营成本较高

卢氏县县域面积大，各村镇之间距离较远，人口居住分散，物流配送体系不健全，现有物流快递企业的运输、仓储和配送管理方式落后，加上各物流快递企业各自运营，造成下乡进村快递量小且分散，特别是上行快递量更小更分散，如民湾村淘宝服务站每月上行订单仅 30 单，平均一天 1 单，导致物流运营成本高，利润空间小甚至亏损。

对于电商服务站和小型电商企业来说，在不考虑产品收购、仓储等成本和物流效率的情况下，使用中通、韵达等普通快递，每单不超过 3 公斤的上行快递费用在 4 元左右，而超过 3 公斤的每多一公斤加收 1 元，不完全意义上的物流成本相对较小；但对于物流效率要求高的订单，使用顺丰快递，每单的快递成本在 40 元左右。对于原本卢氏和栾川印象两家将产品收购和仓储等成本都计算在内的企业来说，完全意义上的物流成本约占产品销售额的 40% 左右。

（二）农产品上行难度大

目前电商企业农产品上行的方式大致有四种，一是由电商企业直接到农户中采购，自设仓库进行储存，如原本卢氏、栾川印象；二是电商下行企业兼营农产品上行，在收到订单后再到农户中采购产品，如民湾村农村淘宝服务站、兴贤里社区服务中心等；三是村民各自送货到企业，或由村领导负责统一收购，之后将产品送到企业或企业自行提取，对于需要保鲜的农产品，企业多采取租赁冷库的方式进行储存；四是类似杜关镇民湾村扶贫产业基地的方式，由专业的企业负责产品的生产、包装和储存，电商企业向基地采购。

无论采取哪一种上行方式，在电商充分融入农产品的生产、加工和销售过程中，电商企业都面临许多困难，主要有以下几个方面。

1. 小规模经营，质量参差不齐

由于卢氏县“八山一水一分田”的地理特点，田地少且分散，多数农户特别是贫困户身处偏远地区，文化程度相对较低，接受的信息有限，生产技术无法达到现代化要求，再加上基本上都是分散种植，属于小规模经营，很难实现标准化、规模化的生产经营，导致生产出来的产品种类不一，质量也参差不齐，满足不了电商销售的需求。同时也使得产品定价普遍较低，即使质量好的产品也只能与质量差的产品卖同等价钱，无法实现按产品质量等级差别定价。

2. 未形成具有知名度的品牌，产品附加值低

目前卢氏县尚没有打造出具有知名度的农特产品品牌，“原本卢氏”县域公共品牌影响力小，无品牌农产品居多，产品附加值低。多数小电商企业依赖于传统的人脉推动型的经销方式维持经营，产品经销范围小。

3. 上行平台众多，选择存在困难

目前农产品上行平台很多，但哪个平台最适合哪种产品的销售，企业并不知道。企业在选择上行平台时没有一个可以参考的数据来选择一个最有利于产品销售的平台，只能在摸索中前进，多平台投入资金来销售产品，往往导致多数平台的经营呈亏损状态。

4. 产品包装简单，不上档次

各电商企业经营农产品基本相同，但由于未形成品牌，多数电商企业都是小企业，自行研究设计产品包装难度大、成本高，企业往往选择最简易的包装方式，导致包装不上档次，产品价格较低。尤其是鲜活农产品，包装不当直接影响了产品的质量。

（三）电商实用人才匮乏

随着电子商务的广泛应用和全面推进，各类电商人才十分短缺，尤其是电商实战型人才匮乏，应用电子商务时都是现学现用，专业人才十分缺乏，造成电子商务应用效率不高。

（四）乡村两级公共服务职能发挥不够

卢氏县虽然建成不少乡村级电商服务中心和站点，但大多数服务站点业务内容单一，还主要从事网上代购、充值等便民服务，开展网上代卖和网销农副土特产品、旅游产品业务的还不够多，增收渠道狭窄，运营效益不高，为民服务和带动贫困户增收的作用发挥不够。

三　对策建议

为进一步推动卢氏县农村电商发展和农村电商物流体系建设，促进农产品上行，提出以下建议。

（一）完善物流体系，降低物流运营成本

1. 加快推进物流资源整合

加快推进郑州现代物流中心有限公司在卢氏县的农村物流三级网络节点体系项目建设，将全县现有物流快递资源整合到该项目中，实现物流快递的集中统一配送，和上下行物流快递的结合，减少空载率，有效降低物流运营成本。郑州现代物流中心有限公司在栾川县建设的农村物流三级节点体系项目已经开始运营，整合后各物流快递企业下乡进村快递实现了集中统一配送，有效降低了企业运营成本。此外，在物流快递整合初期要坚持公益性的原则，给予下乡

进村特别是农产品上行物流快递企业一定程度的补贴，使企业获得发展壮大的机会。

2. 完善冷链物流体系

对于鲜活农产品，为保证其质量，在运输过程中需要全程冷链运输，但目前卢氏县冷链物流体系并不完善，仅个别大型企业建设有冷库，购买有冷藏车，但对小型企业来说成本过高，因此要积极推进冷链物流体系建设。做好与相关职能部门的沟通对接，采取购买冷藏车，在县域食用菌、水果、养殖业主产区增加冷库，建设冷链物流集中区，引进1～2家大型冷链物流企业，开通冷藏物流运输专线等措施，推进冷链物流建设，提高农产品附加值。

3. 充分利用现有物流基层网络

要充分利用已经搭建好的具有公益性的物流网络体系，如邮政自有物流配送体系基层物流网络、新华书店的云书网配送体系和阿里巴巴集团的菜鸟物流体系，充分发挥农村淘宝服务站、云书网村级服务站、邮政村邮站等现有的基层物流网络作用，在避免基础设施重复建设的同时，进一步提升现有农村物流基层网络体系的连通性和覆盖面。此外，要鼓励下乡进村客、货车，以捎货方式，促进农村物流快递的下行和上行。

4. 做好下行与上行的有机结合

要充分做好下行与上行的有机结合，由快递企业负责运送下行快递的车辆，在将下行快递送到服务站或快递接收点后，返程时将上行快递载回，降低快递车辆的空载率，提高物流运输效率。

（二）多策并举，推动农产品上行

1. 集约化生产和集中收购

推广杜关镇民湾村产业扶贫基地的设施租赁、合作经营、劳务增收、订单农业四种带贫模式，通过集约化的生产，提高产品质量和规模。在各村设立收购点，在固定时间集中收购农产品，或与村集体达成合作，由村领导负责集货，企业在固定时间收购。

2. 培育本土农特产品品牌

扩大“原本卢氏”县域公共品牌影响力，对符合产品标准有资质的企业授权其使用“原本卢氏”县域公共品牌销售产品；加快农产品标准化和质量追溯体系建设，提升品牌效应；协调指导并服务好重点农业龙头企业创出自身品牌；持续推进网货品牌培育，加快制定完善适应电子商务的农产品质量认定、分等分级、产品包装、业务规范等标准，推进特色产业规范化、规模化、品牌化。

3. 线上线下销售相结合

从事农产品上行的电商企业网上销售量只占其全部销售量的1/10，仍然以线下销售为主，因此要注重线上线下销售相结合，增强线上线下的相互带动作用。建立政府部门与企业的对接帮扶机制，为企业做好产销对接。

4. 重视产品分类和包装

由于产品的分散化生产，使得产品质量参差不齐，要重视产品的分类与包装，将不同种类或同一种类不同质量的产品进行分类包装，提升产品附加值，使质量好的产品可以卖出好价钱。同时对于从事农副产品销售的小企业，由于包装设计成本较高，可由政府部门帮助企业联系一家专业的设计公司，针对不同产品的不同性质设计专业包装，并由工厂集中生产，企业可自行选择购买使用该包装，这样既提高了产品的包装档次，又节约了企业的设计成本。

5. 加强服务引导

政府相关部门聘请专业人才或建设共享的信息平台，为电商企业在选择经营产品和电商平台上提供帮助，使企业能够在最短的时间内选择最适销的经营产品、最合适的电商平台，减少发展前期摸索过程中的资金投入。

6. 多种方式宣传推广

除传统的博览会、展销会、投洽会、产销对接等各类活动推广外，充分利用好各级媒体、大型电商平台企业开通的电商扶贫频道，采取新兴的网络直播平台方式，与网络红人进行合作，扩大宣传辐射范围，促销卢氏农特产品。

（三）完善服务体系，拉动脱贫攻坚

完善提升县大众电商创业园建设，择优新增入驻电商创业园企业，充分提升入驻企业质量，加快产业集聚；以扶贫开发重点乡镇、贫困村、扶贫搬迁点为主要对象，持续推进乡、村两级及易地搬迁扶贫安置点的电商服务站点建设，完善提升公共服务职能，拉动脱贫攻坚。

（四）培育电商龙头企业，带动贫困户脱贫

将适宜从事电商的农村人员分门别类，做到应培尽培。持续推进不同类型

的电商培训，电商创业园常态化持续开展电商基础、技能培训及提升培训；委托培训机构深入全县各乡镇基层的中心村、搬迁点，增强各级各部门尤其是贫困群体对电商的知晓率；重点培育电商龙头企业，做好电商龙头企业的贫困户就业用工，提升培训转化率，使贫困户通过培训直接转移就业。

四　几点启示

农村电商发展的最大瓶颈是“最先一公里”和“最后一公里”问题，因卢氏县特殊的地理、生态环境因素，使得这一问题更加突出。

1. 农产品上行最核心的问题是小生产与大市场之间的矛盾

表面上看，农产品上行的关键问题在于物流，但最核心的依然是传统的生产方式导致的组织化程度低、产品质量参差不齐、产品附加值低、品牌化等问题，无法满足大市场所需要的产品的标准，在走向大市场时必然存在诸多困难。

2. 要重视物流的作用

商品流通要实现商流、物流、信息流和资金流的有效统一，电子商务解决了信息流的问题后，物流就成为商品流通的最大瓶颈，解决农村物流体系建设中存在的问题将有效促进商品流通，尤其是电子商务的发展，进一步推动农产品上行。

3. 注重线上线下的结合

农产品上行线上销售占比仅1/10，仍以线下销售为主，为促进产品销售，要注重线上与线下的有机结合，以线上拉线下，以线下补线上。

4. 电商扶贫不是所有贫困户都要从事电商

电商扶贫并不是要让每一个贫困户都从事电商，在电商平台开店经营产品，而是要通过培育电商龙头企业和电商带头人的方式，带动贫困户就业，促进农户生产的农特产品通过电商销售出去。

案 例 篇

Case Studies

B.21 许昌市对德合作经验借鉴

王卫红 李玉瑞 张 伟*

摘 要： 近年来，从全省首个中德中小企业合作区获批到中德企业合作论坛举行，从许昌民企收购德国GTA机械公司到德国百菲萨集团再生金属项目落地，许昌市把对德合作作为促进产业转型发展的重要抓手，主动融入“一带一路”建设，大规模“走出去”、高水平“引进来”，为开放型经济高质量发展提供了强力支撑。

关键词： 许昌 对德合作 扩大对外开放

一 主要做法

近年来，许昌市围绕建设“智造之都、宜居之城”，把对德经济技术合作

* 王卫红、李玉瑞、张伟，河南省商务厅。

作为对外开放主战略，着力通渠道、搭平台、建机制、重交流，找到了融入“一带一路”的途径，为开放型经济高质量发展提供了强力支撑。2016 年以来，许昌市累计与德国（欧洲）签订了 96 个合作协议，已落地 43 个项目。中德（许昌）中小企业合作区于 2018 年 2 月成功获批，是全国第八个、河南第一个获批的中德中小企业合作区，许昌对德合作正式成为国家战略。围绕对德合作，许昌市重点做了以下五个方面的工作。

1. 明晰定位，找准突破方向

许昌市经过多年的培育和发展，形成了电力装备、再生金属、汽车零部件等优势产业，工业竞争力居河南省第 3 位。随着 2015 年国家制造强国战略的实施，许昌制造业也步入了转型升级的重要关口，努力谋划和寻找产业转型发展的突破口和结合点。借鉴外地先进地区发展经验，尤其是受到国内太仓、佛山、揭阳等地对德合作启示，推进对德合作逐渐成为许昌的战略选择。德国是欧洲最大的经济体，“德国制造”享誉世界，尤其是 2013 年提出德国工业 4.0 概念以后，制造业和信息技术的深度融合促进了德国的产业发展和转型升级，成为我国各地纷纷学习和对接的重点。2015 年 9 月，由时任市长带队赴德国进行了考察。经过市政府专题会议研究，选准了再生金属和装备制造两个产业切入，谋划了中德产业园，拉开了许昌对德合作的序幕。2016 年 1 月，经中联部中国经济联络中心引荐，许昌市与德国鲁道夫沙尔平战略咨询公司达成合作协议，合力推进许昌对德合作。为深入开展合作，许昌市成立了市委书记挂帅的对德合作领导小组，以再生金属和装备制造两个许昌的优势产业为切入点，在政策制定、产业引导、平台搭建、项目服务等方面持续用力；出台《许昌市人民政府关于支持企业“走出去”发展的若干意见（试行）》，设立了专项资金，支持企业“走出去”开拓国际市场和国际朋友圈。2019 年 2 月，许昌市与鲁道夫沙尔平公司续签了 3 年的合作协议，以许昌规划的智能电力装备、新能源及网联汽车、节能环保装备和服务、高纯硅材料、再生金属及制品、5G、现代生物和生命健康、工业机器人、新一代人工智能等 9 个重点新兴产业作为对德合作新的结合点，全方位扩大合作成效。

2. 探索路径，搭建合作平台

一是为畅通对德合作的渠道，除与鲁道夫沙尔平战略咨询公司签订战略合作协议外，许昌还与德国工商大会、德国（中国）研发创新联盟等机构建立联络机制，聘请在德国有工作生活经历、具有人脉和企业资源的人员作为对德合作顾问。借助这些机构、个人的广泛资源，开展对德经济技术合作。二是争取省商务厅对许昌对德合作工作的支持，省商务厅与市政府签订关于共同促进对德经贸合作、构建开放型经济新体制的框架协议，为许昌市引荐对德合作项目。三是注重发挥平台载体辐射面广、示范带动作用强的优点，打造投资贸易、技术转移合作平台。以产业集聚区为载体，规划建设中德（许昌）产业园，重点与德国知名企业在智能制造、再生金属利用等方面加强合作。与全球知名技术转移机构——史太白经济促进基金会合作，设立“施坦贝斯管理和技术（许昌）中心”“期图创新科技（许昌）有限公司”，搭建中德企业合作平台，为中小企业提供技术转移、人才培养等方面的服务。许昌还规划建设“德国城”项目，占地面积2.7万平方米，建设内容包括专家人才公寓、商业服务、商务办公、美食广场、电影院、超市等设施，旨在呈现原汁原味的德式商业氛围，营造纯正的德式风貌，为德国企业和人才入驻提供完善的德式商业生活配套设施。

3. 双向并重，增进互动了解

许昌积极组织企业“走出去”，每年都依托沙尔平公司等机构，组织两次以上赴德经贸活动，2016年以来已先后组织12次、100多家企业赴德国进行经贸交流，参加了汉诺威工业博览会、慕尼黑电子展等活动。每年都组建高规格代表团赴德国参加“一带一路”中德经济对话会。除了“走出去”参加展会，许昌市还自主举办多场“引进来”对德经贸活动，2018年10月，许昌承办了由中国人民对外友好协会、德国阿登纳基金会主办的第六届中德城镇化研讨会；2018年11月，承办了由工信部、河南省政府主办的2018中德智能制造合作主题论坛。2018年和2019年，连续两次与河南省商务厅共同承办了河南投资贸易洽谈会期间的对德专场对接活动。同时，注重开展经常性的“请进来”考察活动，利用沙尔平公司、德国工商大会等资源，邀请史太白、欧绿保集团、百菲萨集团、汉高集团等80余家德方企业，先后70余次莅许对接项目，推动双方增进了解、深化合作。2019年7月，先后有商务部欧洲司司长、德国驻华大使来许调研考察许昌对德合作工作，都充分肯定许昌中德合作取得的显著成效。

4. 完善机制，推动项目落地

项目是检验合作成果的关键。立足许昌对德合作现状，制定《2019年许昌市对德合作工作推进方案》，围绕“每年落地20个对德合作项目、签订20个对德合作协议、达成20个对德合作意向”的工作目标，建立了合作意向收集机制、工作通报机制和联席会议制度，力争将与德国在各领域的合作落到实处。通过对德经济技术合作交流，将德国先进技术、管理理念嫁接到许昌先进制造产业，相关产业技术水平、生产能力大幅提升，实现了“许昌速度”和“德国质量”的高效对接。德国环保龙头企业百菲萨集团投资5000万美元在许昌建设电炉炼钢除尘灰项目，于2019年11月13日开工建设。投资1亿美元的铝灰处理项目于2019年8月许昌市代表团赴德活动期间签约。世界500强企业德国汉高集团与许昌市金汇集团签订了无硝酸酸洗和新型酸回收技术工业化集成合作项目，项目可降低金汇90%以上的酸用量，高酸条件下金属离子回收率在95%以上，实现了酸洗过程中酸的自动化循环利用与可持续发展，每年可为公司降低生产成本近千万元。晟丰科技有限公司引进德国西马克公司技术和西门子的控制系统，建成年产30万吨不锈钢六连轧生产线，该生产线是目前国内第四条、河南省第一条智能化程度最高的六连轧生产线，目前项目已投产。大森机电成功并购德国GTA公司，实现了自身品牌影响力提升和业务拓展双赢，获得了中铁建设集团和济南重工的合同订单。襄城县平煤隆基引进德国公司光伏电池组件生产专用设备及技术，扩大了产能，提高了产品品质和效率，实现了生产线转型升级。

5. 巩固成果，拓展合作领域

随着对德合作工作的逐步深入开展，许昌市除了在制造业方面加强对接外，还结合许昌经济社会发展实际和合作需求，推动在贸易促进、职业教育、友好城市、健康养老、生态环保等领域全面开展合作，进一步拓展合作范围。在对外贸易方面，德威科技获得了德国奔驰设计公司5亿元30万套镁合金汽车轮毂出口订单，产品首次进入欧洲市场，成为奔驰、宝马、保时捷等德系高端汽车的配套供应商。在生态环保方面，与全球十大资源再生及环保企业——欧绿保集团签订“无废城市”战略合作协议，目前，餐厨垃圾处理项目有序推进，总投资1亿元，采用BOO模式（建设—拥有—运营），建设日处理餐厨废弃物200吨的处理设施。在健康医疗方面，与德国爱霍姆健康管理公司合作，协力打造鄢陵县中德合作糖尿病治疗中心。在职业教育方面，学习德国“双元制”职业教育先进经验，许昌学院、许昌职业技术学院与达姆斯塔特应用科技大学、中黑森工业大学，许昌电气职业学院与德国德累斯顿工业大学开展职业教育合作，定期组织研学交流活动，提升职业教育水平。在生态环保方面，与全球十大资源再生及环保企业欧绿保集团洽谈对接餐厨垃圾处理和垃圾分类项目，助力许昌“无废城市”建设。与此同时，全市还与德国拉恩迪尔区、伊达尔－奥伯施泰因市建立了合作关系，以经贸合作为纽带，定期互访交流，推动双方友好城市建立，许昌国际交往的朋友圈更加广泛。

二　下一步思路

许昌的对德合作尽管取得了一定成绩，但由于起步晚、底子薄，还存在合作渠道依旧偏少，合作项目质量有待提高，投资类、先进制造类合作项目不多，语言和专业人才缺乏等问题。下一步，许昌将紧紧围绕建设“智造之都、宜居之城”的目标，从以下几个方面推进对德合作。

一是扩大合作渠道。筹建对德（欧）合作交流中心和驻德经贸代表处，配备语言和专业涉外人才，开展驻地招商，收集合作信息，扩大合作成果。

二是推进平台建设。根据形势发展和实际需要，聘请专业机构高标准修编中德产业园规划，主动融入“空中丝绸之路”等国家、省重大战略规划，扩大园区范围，丰富园区内涵，形成“一园多区”的发展格局，吸引德国资金、技术、人才等资源优先向园区集聚，打造国际合作园区典范。

三是突出企业主体。指导企业梳理合作意向、发布合作信息、寻找合作伙伴，协助企业开展洽谈对接，为企业项目落地提供便捷服务。定期举办培训活动，提高企业家经营管理水平和涉外交往能力。

四是加强服务保障。针对全市目前对德合作中涉及的设备引进、产品出口、技术合作、双向投资、职业教育等情况，梳理完善对德合作政策扶持体系。加大对德合作企业和项目的支持，打造国际营商环境新高地。

B.22
基于物流标准化下的城乡高效配送模式

曹建顺　刘浩鹏*

摘　要： 贰仟家汽车新服务有限公司作为一家集货物运输、配送服务、仓储服务于一体的现代化第三方物流服务企业，以国家供应链体系建设试点物流标准化建设项目为契机，着力推进供应链创新和物流标准化体系建设，探索城乡高效配送模式。

关键词： 物流标准化　配送模式　贰仟家

一　企业情况介绍

贰仟家汽车新服务有限公司（以下简称“贰仟家”）是一家集货物运输、配送服务、仓储服务于一体的现代化第三方物流服务企业。先后被评为国家AAAA级综合型物流服务企业、河南省诚信物流服务企业、河南物流创新企业、河南物流50强企业、国家商贸物流标准化专项行动重点推进企业、郑州航空港区主任质量奖、“金飞马”奖中国物流企业品牌价值百强等。

贰仟家总部位于中国首个国家级航空港经济综合试验区——郑州航空港区，占地面积61607平方米，建筑面积176704平方米，总投资4亿元人民币。园区东临华夏大道，西靠京港澳高速和京广铁路，南依新郑国际机场，北距郑州市中心城区30公里，交通区位优势得天独厚，是理想的货物运输和集散中心。

* 曹建顺、刘浩鹏，贰仟家汽车新服务有限公司。

截至2019年底，贰仟家开通网点超300家，服务全国15万客户，网络覆盖河南、山东、河北、山西、陕西、安徽、湖北、江苏等16个省区市，实现河南省无盲点配送，周边省市精准直达。贰仟家积极践行国家物流标准化、信息化政策，通过整合资源、调整结构、优化产品等措施，降低成本、提高时效，实现货物精准直达；同时推出代收货款、保价运输、接送货、仓储代管等增值服务，满足客户的不同需求，大大提升物流客户的体验感。

二 供应链项目建设情况

贰仟家公司以郑州市确立为国家供应链体系建设试点城市为契机实施的物流标准化建设项目，以推动贰仟家公司供应链创新和物流标准化体系建设为中心，从标准托盘推广应用切入，以标准托盘和周转箱（筐、笼）推广应用、物流设施设备和服务流程标准化建设、标准托盘循环共用与带板运输推广等为重点，以托盘、周转箱（筐、笼）为集装单元、作业单元、计量单元和数据单元，发展单元化物流，带动物流上下游相关设施设备和服务的标准化衔接，开展物流设备设施标准化的更新改造，促进公司物流管理技术和标准化、规范化、信息化水平提升，推进物流链各环节高效运作，各主体信息顺畅交换。

项目侧重物流标准化推广，促进供应链上下游衔接，主要建设内容包括标准托盘和周转箱（筐、笼）的推广应用、物流设施设备和服务流程标准化建设、标准托盘循环共用与带板运输三个方面。通过项目建设，建立完善的物流标准化规范和标准托盘应用流程体系，提升标准化、规范化管理能力和作业水平，起到良好的示范作用，促进供应链上下游的有效衔接和标准托盘的循环使用，形成标准化托盘（含周转箱、筐等）循环共用体系和带板运输模式。以贰仟家物流园区为起点，客户仓库和区域仓库为承接转运点，各零售门店、分理处网点为终点，使标准托盘使用率在85%以上，其中日平均租赁标准托盘不低于3000片，租赁托盘超过标准托盘使用量的60%，积极推进带托运输和托盘循环共用，带托运输率提高15%以上，进一步实现物流的降本提质增效，促进城市共配体系的建立，也有助于构建布局合理、技术先进、便捷高效、绿色环保、安全有序的城市智慧供应链综合服务体系。

三 经验总结

在标准化建设中，贰仟家积极探索并总结出了一些行之有效的经验与措施。

1. 以标准化托盘应用为切入点，推动整个物流标准化建设

物流托盘看似不起眼，但是在物流中的作用却不容小觑，在物流行业中有着广泛的应用，起着举足轻重的作用。物流托盘的尺寸规格关系到物流搬运的方方面面——货物包装单元尺寸、卡车车厢、集装箱箱体、货架尺寸以及装卸搬运机具的标准尺寸等。因此，从某种意义上讲，标准托盘的应用，有着牵一发而动全身的影响。标准托盘的应用，会带动以托盘为基础的相关设施、设备、装置、工具等标准化，最终达到整体物流的标准化。

从 2016 年 2 月开始，贰仟家就在日常分拣转运、物流运输过程中开始使用 1200 × 1000 × 145 ± 5mm 的塑料九脚标准托盘，从 2017 年 6 月至今，贰仟家标准托盘使用占比一直为 100%，标准托盘日均保有量不低于 3000 片。

2. 制定标准托盘规范使用及管理规定、设置托盘日常维护部门

标准托盘的应用是贰仟家汽车新服务有限公司物流标准化的切入点和最主要的方式，因此标准托盘的管理与维护成了至关重要的一环。只重视标准托盘使用，却不注重管理与维护，会缩短调准托盘的使用周期，降低托盘的使用效率，不利于物流标准化的更好更顺利开展。制定标准托盘规范使用及管理规定、设置托盘日常维护部门，意义重大。公司特制定了《贰仟家汽车新服务有限公司标准托盘规范使用及管理规定》，并设立了专门的托盘养护团队——运营中心托盘管理组，负责托盘日常整理、维护，以及定期盘点等工作。

3. 零担货物带膜包装，提高装载率

零担物流企业散货较多，运用纸箱包装可以使货物更加规整，但由于纸箱包装成本较高，且零担货物形态各一，纸箱包装多有不便，贰仟家因地制宜地使用打包膜包装打包，提高了标准托盘的使用率，对货车装载率的提升也有所帮助。这其中，有的是大刀阔斧的改革，如淘汰非标托盘、统一使用标准托盘，有的是稍作改变的细节与变通，这些都对推动标准化建设、提高物流运输和配送效率起到了不小的作用。

四　试点成效及公司发展

通过本次试点工作，公司提升了企业实力，同时探索了城乡高效配送的发展模式，促进了公司在城乡配送方面的高效运作和因地制宜的模式创新，这主要体现在以下几个方面。

1. 找准定位

贰仟家在2006年成立之初，就以汽车配件为切入点，精准定位，先做精做强汽车配件方面的物流运输与配送，之后再丰富饮料、食品、服装等其他领域的物流配送业务。

2. 因地制宜布局配送网络

2010年之后，贰仟家开始完善布局省内物流配送网络。在河南省内城市以及乡镇的各大批发、零售市场设立配送网点，完成了河南省地级市、县的配送网络布局，实现了省内县级及以上区域实现无盲点覆盖和配送。在完善省内网点的基础上积极开拓省外布局，相继完成了陕西、湖北、安徽、山东等周边省市的网络布局。

3. 集中分拨的城乡配送模式

贰仟家结合公司网络布局和业务情况，采用集中分拨转运的配送方式进行城乡物流配送。天荣汽配城、汽配大世界、郑州科技市场、银基服装批发市场、百荣商贸城、万邦粮油蔬菜市场等多个批发市场，是影响整个郑州乃至河南的大型批发市场，为了保障物流配送时效，贰仟家在这些重要的批发市场增设多个营业网点，每个网点配备3~4台运输车辆，当天发、当天运，各个批发市场的货物，最迟第二天便可配送到收货人手中。这样高效的物流配送，得益于集中分拨的配送模式对装卸、运输效率的提升。

4. 解决城乡配送“最后一公里”问题

自2016年起，贰仟家汽车新服务有限公司开始探索解决城乡配送“最后一公里”问题的方法，经过对客户反馈的总结与不断地摸索改进，基本上形成了末端配送五公里范围内送货上门的服务标准。

5. 与时俱进，对新技术、新标准的应用

最近几年，一些与行业相关的新技术、新标准逐渐得到了推广和普及，如自动分拣、新能源运力、标准化托盘循环共用、机器人装卸等。贰仟家与时俱进，遵从国家对物流行业的正确引导，积极投入新能源配送车辆50余台，使用标准化托盘近4000片，并逐步建立托盘循环共用流程和体系，积极应用标准化、信息化的行业运作标准，将城乡配送的道路走得更加宽广。

五 未来发展思路与规划

物流标准化、信息化以及物流新技术，是物流行业未来发展的方向。在这一思路的引导下，2018 年公司开始全面实行货物称重量方；2019 年，贰仟家推出了 App、小程序在线下单功能，初步实现用户网上下单、物流上门接货的新型服务模式。下一步贰仟家计划开通网上商城，届时物流服务就像在淘宝上的各式商品一样，可以让物流客户下单购买，同时商城上也将对部分物流客户的产品进行展示与销售。贰仟家将在今后的发展中继续坚持物流标准化道路，继续提升信息化水平，不断探索尝试无车承运、机器人作业、人工智能等新技术的实际应用，提高企业自身竞争力。

早在 2018 年，贰仟家就制定发展规划，要在未来 5 年内在湖北武汉、山东济南、安徽合肥、山西太原、陕西西安、河北石家庄等六个省区域中心城市投资兴建贰仟家（分拨转运）物流中心，配合各地区城乡配送网络的完善，完成华中地区的物流网络布局，进而辐射全国，实现由区域性物流品牌向全国性物流品牌的转变。随着贰仟家武汉转运中心、西安转运中心的投入使用，贰仟家的大物流梦想正一步步变成现实。

B.23
育林控股积极建设瓜达尔河南国际产业园

徐大群　杨懿楠*

摘　要： 千年丝路，横贯亚欧大陆，在活跃贸易往来的同时，缔造了曾经辉煌于世界的丝路商业文明。2000 多年后的今天，作为古丝路滥觞之地的河南，在积极融入“一带一路”建设中再次焕发出时代生机。“绿色使者”——育林控股有限公司无疑是中巴经济走廊和新丝绸之路上的一颗璀璨明珠，为推动河南企业“借船出海”，抱团发展，深化中巴产业合作，促进中巴经济走廊建设做出了积极贡献。

关键词： 育林控股　中巴经济走廊　瓜达尔河南国际产业园

一　育林控股企业情况

育林控股有限公司（以下简称“育林控股”）成立于 1998 年，从做园林绿化工程起步，经过 20 余年锲而不舍的努力，一步一个脚印，终于成为行业的领军企业。公司业务范围涵盖生态修复、河道治理、园林工程、智慧养护、新品种研发及农林业相关产业链投资开发，现已发展成为一家集城乡生态建设运营、产业投资于一体的综合性企业，河南园林绿化界的一支劲旅。

育林控股响应国家乡村振兴战略，业务以“田园综合体、林下经济示范区”为载体对花卉苗木进行全产业链投资建设，并形成从一产到三产、相辅

* 徐大群、杨懿楠，河南省商务厅。

相成的产业布局。布局涵盖新品种培育、标准化种植、活林木交易、电子商务、植物种苗进口检疫检验等多个板块，将产、销、营科学融为一体，实现了产业升级，提升了投资区域的经济效益、生态效益和社会效益。

二 中巴经济走廊建设背景

中国和巴基斯坦是铁杆朋友和全天候战略合作伙伴，两国以中巴经济走廊为引领，以瓜达尔港、能源、交通基础设施和产业合作为重点，形成“1 +4”的经济合作布局，打造中巴“命运共同体”。

中巴经济走廊，即从新疆喀什到巴基斯坦瓜达尔港，是中巴友好历史上一个重要里程碑，也是“一带一路”建设六大经济走廊之中先行先试的典范性项目。尤其值得关注的是龙头项目瓜达尔港，在中巴两国建设者的共同努力下，如今已成为中巴经济走廊建设中最重要的组成部分，并将成为地区转运枢纽和区域经济中心。中巴经济走廊建设使中国西部地区有了一个更近的出海通道，促进了西部地区经济发展和稳定；瓜达尔港紧邻中东石油产地，可以丰富我国石油进口渠道，增加中国能源安全，对推动中国能源进口通道多元化起到了重要作用。

2020 年 3 月，巴基斯坦总统访华，中巴双方发表了关于深化中巴全天候战略合作伙伴关系的联合声明，巴方成立了中巴经济走廊事务局，以加快推进中巴经济走廊项目建设。随着瓜达尔港全面投入运营，瓜达尔新国际机场、炼油厂、经济特区建设等将为俾路支省，乃至整个巴基斯坦提供就业机会，促进国家经济发展与繁荣。目前，中巴经济走廊第二阶段建设正在展开。巴方表示将更加以人为本，关注社会发展领域，提高人们的生活水平。中巴双方也将致力于社会领域的合作，将在 27 个教育、卫生、农业、水利灌溉、人力资源开发和扶贫项目上投资 10 亿美元。这必将为河南省相关企业“走出去”，开展国际化经营创造新机遇，增添新动力。

三 建设生态新瓜港

近年来，育林控股主动顺应国家战略，积极融入中巴经济走廊建设，

2016年9月，育林技术团队分几批对瓜达尔地区的发展现状、气候环境、未来前景等方面进行细致调研，反复推敲落地方案。2016年12月，中国海外港口控股有限公司与育林控股签署生态系统建设运营合作协议；育林控股和河南航空港国际花卉产业有限公司共同签署入驻瓜达尔自由区合作框架协议。

濒临阿拉伯海的瓜达尔属于炎热干燥的热带沙漠气候，因位于西南季风的回风区，在冷高压的作用下，常年40℃的高温，降水偏少，降水以冷雾方式出现，雨量有限；瓜达尔地区无河流流经，淡水资源缺乏，先天条件不足。当地经济落后，基础设施薄弱，后天条件较差。在这样的地区搞绿化，无疑是一项挑战性很强的任务。接到这个任务后，育林把最骨干的人才、最高端的技术都部署到了瓜达尔港，一方面，积极对接国内专家教授，建立耐盐碱、耐干旱的树种资料库；另一方面，抓紧样板工程建设，仅用了20天的时间，就打造了一个大家都能看到的小公园。小公园的成功建设，打破了瓜达尔不能栽树的魔咒。以此为起点，两年时间里，育林又完成了纪念碑公园绿化、综合服务大楼周围景观绿化、瓜达尔自由区起步区绿化。如今的瓜达尔港，一排排绿树映入眼帘，枝叶繁茂，郁郁葱葱，金灿灿的向日葵和一片绿油油的草坪，如同在沙漠中看到一片绿洲，无人见后不称之为奇迹。

截至2019年5月，育林控股在瓜达尔完成绿化面积2000平方米，栽植、补栽乔木1000余棵，栽植灌木5500棵，扦插三角梅10000余盆，种植各类小花草5000余盆，养护总面积达29000平方米。正是育林控股的这份奉献与执着，让瓜达尔港有了第一条以中国省份名称命名的道路——“河南路”。据悉，这是“一带一路”上第一条“河南路”。

四　谋求集群发展，开创境外经贸合作区建设新局面

育林控股经过多年的工作发现，除了绿化树种等看得见的市场外，食品、石材、服装以及机械装备等产品也有广阔的市场。在河南国际商会的大力支持下，经与中港控的领导交流探讨，三方签订了合作项目的战略框架协议——在瓜达尔自由区建设瓜达尔河南国际产业园区。该园区规划占地9000多亩，分为六个产业园区和一个法律金融综合服务中心，分别为生态农业产业园区、商

贸物流产业园区、机电建材石材产业园区、静脉产业园区、生物医药产业园区、能源化工产业园区。

2019年3月，育林控股积极牵头组织河南企业60多家近百人参加由中国海外港口控股有限公司、瓜达尔港港务局、河南省商务厅主办，河南省贸促会、育林控股有限公司等联合主办的2019年巴基斯坦瓜达尔国际商品展销会。

2019年开始，公司围绕“清洁绿色瓜达尔行动”和瓜达尔河南国际产业园建设，相继实施推进五大工程。一是建设瓜达尔农业生态产业园，借助瓜达尔天然港口优势，打造一个以生态开发为宗旨，集苗木花卉和蔬菜组培及扩繁、蓖麻深加工、仓储物流等于一体的生态产业园；二是建设巴基斯坦养殖无疫区，联合园内生物防疫科研院所，建立瓜达尔种羊示范养殖场，促进中巴农畜产品贸易；三是建设商贸物流园区，促进冷链仓储和产品加工及相关产业的集聚；四是建设瓜达尔中巴友谊公园，在瓜达尔自由区外约一公里区域建设中巴友谊公园，占地约2000亩，主要包含生态公园、休闲旅游、度假康养、地产开发、海洋浅海主题开发等领域；五是落实好北京第二届“一带一路”国际合作高峰论坛所签约的瓜港地区2000万株苗木种植和我国驻巴大使馆区绿化提升项目。目前瓜达尔组培实验室和现代化温室大棚正在完善建设，并开始投入大规模生产工作。

随着瓜达尔河南国际产业园“六园一心”建设的深入推进，带动河南相关企业相继入驻，将有利于促进河南省产能优势、资源优势与当地生产要素、市场需求有机结合，开展国际产能和装备制造业合作，为河南企业全面参与国际产业布局、开展国际化经营、拓宽新的发展空间闯出新路子、提供新支撑。将有利于促进对外投资、贸易联动发展，提升贸易便利化水平，扩大贸易规模，拓展贸易范围，为河南农业和装备制造等行业开拓中亚、南亚等市场打下坚实基础。

B.24
漯河市推进物流园区高质量发展

张春晓　丁天明　巴现然*

摘　要：　近年来，漯河市围绕“打造对接郑州航空港、辐射豫中南的区域性现代物流中心”的战略定位，大力发展现代物流、电子商务。目前，漯河市已经拥有龙江现代物流产业园、河南东兴电商物流园、大道海尔物流园、申通快递漯河电商物流产业园、智能物联港保税物流园等一大批现代物流专业园区，培育3A级以上物流企业3家，引进顺丰、圆通、百世汇通、申通、韵达、全峰等一批知名快递企业，涌现出一批以中农物流、中远物流、一汽解放物流等品牌突出、特色鲜明、具有较强行业引领作用的龙头物流企业。本报告旨在深入分析漯河市在推进物流园区高质量发展方面的主要经验做法，为相关城市发展现代物流提供借鉴。

关键词：　漯河　现代物流　物流园

漯河市历史上就是“江淮百货萃，此处星辰罗”的商品集散中心，素有“水旱码头”之称。漯河市距新郑国际机场不足1小时车程，石武高铁、京广、漯宝（丰）、漯阜（阳）4条铁路和京港澳高速、宁洛高速、107国道及5条省道贯穿全境，构成全省重要的铁路和高速公路“双十字”枢纽，是国家二类交通枢纽城市。漯河是全国首家食品名城，食品工业发达，成功举办了17届中国（漯河）食品博览会。

---

* 张春晓，漯河市商务局；丁天明、巴现然，漯河市召陵区电子商务服务促进中心。

近年来，漯河市积极抢抓国家实施“互联网+”战略机遇，深入推进“四城同建”，着力优先打造豫中南现代物流中心。以电商物流、快递、快运、冷链为重点，突出龙头聚集、要素集中、政策集成、资源集约优势，发挥得天独厚的区位优势、交通优势和产业优势，科学布局市域物流发展空间。通过搭建发展平台，完善配套功能，拓展产业链条，致力于提升区域物流中心地位，现代物流业快速发展。截至2019年底，全市共聚集各类物流业市场主体近2000家；共培育出年营业收入超亿元企业10家，国家A级物流企业21家，冷链物流、快递物流、电商物流快速发展。先后被评定为全省现代物流转型优秀地市、省级商贸物流标准化试点城市、中国快递示范城市，中国（漯河）电子商务产业园被评定为国家级电商示范基地。省委书记王国生在全省对外开放大会上就漯河市现代物流发展势头猛进提出表扬。

一　漯河市现代物流业发展曾经面临的问题

1. 物流园区综合服务能力“弱”、布局“散”

2016年以前漯河市物流园区以专业物流园区为主，服务功能较为单一、中转联运能力不强，服务创新能力不足，缺少具有较强辐射带动作用的大型综合物流园区，缺少清晰的产业发展规划。物流园区布局比较分散，物流园区与物流节点、配送中心之间缺乏有效衔接，尚未形成多层次的现代物流网络。

2. 物流企业规模“小”、专业化和信息化水平“低”

全市3A级以上物流企业数量较少，大多数物流企业规模较小，且多数物流企业以传统运输、仓储为主，物流企业经营模式、服务质量和工作效率难以满足现代物流发展需要。此外，漯河市多数物流企业专业化程度较低，缺乏供应链管理、物流金融、商务信息、成本控制等物流增值服务，核心竞争力亟须提升。

3. 政策支持不够，招商效果不佳

物流产业长期以来未得到政府、社会等各方面足够的重视，推进物流园区高质量发展需要地方政府出台大力支持的政策措施，鼓励物流企业兼并升级，促进本土物流企业规范经营，同时大力引进国内外知名物流企业进驻落户，倒逼物流产业快速转型升级。

二　推进物流园区高质量发展相关措施

（一）做好大布局，全力支持现代物流业蓬勃发展

1. 做好顶层设计

中共漯河市委七届七次全会做出“站位为河南振兴添浓彩、建设豫中南地区性中心城市”的战略部署，把“建设现代物流中心”作为重中之重进行布局，明确提出突出龙头集聚、要素集中、政策集成、资源集约，建设全国有影响力的冷链物流基地、中原快递快运暨智慧物流基地、豫中南消费品中转分拨基地和物流公共服务平台，创建“中国快递示范城市”。

2. 做好空间规划

按照交通便利、空间集聚、两业联动、适度超前的原则，漯河市制定了到2030年的全市物流业空间布局规划，确定了“一轴带、一圈层、两走廊、多节点”的总体结构，打造1个物流枢纽、3个物流基地、8个配套物流中心，在市域内构建“1+3+8”的三级物流园体系。漯河市召陵区政府高规格编制了《龙江现代物流产业园发展规划（2016～2025年）》，三级物流园区通过运输通道和支撑平台相互作用，形成以物流枢纽为引领、物流基地为支撑、物流中心为补充的市域物流园区格局。

3. 做好融合发展

在豫中南地区性中心城市建设工作指挥部领导下，成立了现代物流中心建设工作组，围绕既定工作目标，实施品牌培育工程和龙头打造工程。着力推动本土冷链、电商、快递、快运等第三方物流企业做大做强；强化开放招商，大力招引国内外大型物流服务集成商、国内外知名快递快运企业、区域总部、物流基地、分拨配送中心等入驻龙江现代物流产业和中国（漯河）电子商务产业园，引导物流企业集中布局、集聚发展。

（二）落实大配套，助力现代物流业转型升级

漯河市根据战略定位，从政策、基础设施、营商环境各方面进行配套，确保现代物流中心建设有序推进。

1. 强化政策配套

先后出台《中共漯河市委 漯河市人民政府关于加快推进“四城同建”的指导意见》(漯发〔2019〕1号)、《中共漯河市委 漯河市人民政府关于豫中南地区性中心城市建设的实施意见》(漯发〔2019〕2号)、《漯河市物流业转型发展规划(2018—2020年)》、《漯河市快递物流转型发展工作方案》、《漯河市电子商务物流转型发展工作方案》、《漯河市促进物流业发展若干政策措施》(漯政〔2009〕53号)、《漯河市人民政府关于促进快递服务业发展的意见》(漯政〔2015〕14号)等政策措施,引导物流企业规范有序发展、错位特色发展。

2. 完善设施配套

大力推进物流园区建设,依托沙颍河复航工程启动了总规划面积17平方公里,集公路港、水运港、铁路港、信息港等“四港”多式联运、对接郑州航空港的临港产业园;在中心城区新规划了源汇区综合物流园区、东环物流园区、南部物流园区、东城物流园区等四大物流园区,总建筑规模53万平方米,年设计货运作业总量520万吨。依托区位优势,规划建成了规划面积2.67平方公里的龙江现代物流产业园;占地800亩,总建筑面积60万平方米,总投资30亿元的中国(漯河)电子商务产业园。地区内标准仓储、智能化设施一应俱全。

3. 优化营商环境配套

在市豫中南地区性中心城市建设工作指挥部的统一领导下,各县区各部门分工负责,齐抓共管。通过深化“放管服”改革,推进“互联网+政务服务”,在现代物流业各项业务办理过程中,做到所需材料“一次性告知”,不断压缩全程审批时限,提升许可管理效率,释放市场活力。

(三)营造大生态,打造可持续发展的绿色物流体系

漯河市注重现代物流业转型升级过程中的生态建设,在制定《漯河市物流业发展“十三五”规划》时就确立了发展绿色物流的基本指导思想,大力实施基础设施技术改造,加强绿色物流产品的研发,在物流产业各环节中融入绿色要素;坚持环保标准,坚决实施一票否决,坚持严管严查,对发现的不符合环保要求的环节限期整改,不让环评不达标的一辆车、一台设施、一所场地

进入物流行业；开展商贸物流标准化示范建设工作；提高清洁能源在能源消耗中的占比，走清洁、低碳、绿色物流业发展之路；推进物流产业与互联网技术深度融合，减少物流环节不必要的工作与资源浪费。运用大数据技术，优化资源配置与稀缺资源补给，以设施互联、信息互联和人员互联实现物流全行业互联。

（四）三链协同，促进电商物流融合发展

漯河市把知名电商、电商总部、区域运营中心、结算中心作为招商重点，明确在召陵区、经济技术开发区、城乡一体化示范区重点建立冷链物流发展区域，打造专业化水平较高的物流集聚地，组织专职招商小分队到环渤海、长三角、珠三角等发达地区对接物流企业，精准招商。2019 年，全市就成功举办 3 场大型现代物流业发展论坛及专场推介活动，推介了一批重大冷链物流业项目。高规格筹办了第一届以“共建物流新枢纽 · 共谋发展新动力”为主题的 2019 中国（漯河）电子商务与现代物流协同发展高峰论坛，得到了河南省商务厅、河南省邮政管理局、中国物流学会、中国物流与采购联合会、中国物资储运协会、中国快递协会等单位的大力支持。电子商务产业的快速发展，带动了快递物流加速集聚，新加坡丰树、美国普洛斯等国外知名快递物流企业在漯河市召陵区投资布局，顺丰、德邦、百世、“三通一达”等国内知名快递物流企业在漯河设立分拨中心、结算中心。目前以龙江现代物流产业园为核心，园区及周围 1 公里范围内实现日均快递中转量突破 330 万单，峰值达 606 万单，带动漯河市成为豫中南 7 ~ 9 地市快递物流配送和分拨转运中心和河南省第二大快递分拨转运中心节点城市。电子商务、快递物流呈现相互支撑、相互促进的良好发展态势。2019 年 6 月，全国加快推进粮食产业经济发展现场经验交流会、全省高效种养业和绿色食品业转型升级现场会期间，国家部委、省市主要领导和外地县区领导到漯河市电商园区实地观摩。

三　下一步发展方向

下一步，漯河市将围绕新时代漯河“四城同建”工作布局，紧盯建设豫中南现代物流中心工作目标，加快发展快递、电商、冷链物流，高质量推进现代物流园区建设，继续推动全市现代物流业加快转型升级。

（一）发展方向

以国内知名龙头企业为依托，坚持“互联网＋”快递物流发展方向，加强快递基础设施建设，积极引进和培育壮大市场主体，推广应用先进技术，融入并衔接综合交通体系，扩展服务网络惠及范围，加强行业安全监管，促进行业转型升级和提质增效，打造成为“普惠城乡、技术先进、服务优质、安全高效”的豫南快递物流集聚高地。

（二）发展重点

1. 大力发展“互联网＋”快递物流

鼓励百世快递、顺丰速运、德邦物流、圆通快递等企业做大做强，引进中国邮政等企业，打造豫南地区快递企业集聚中心。鼓励快递企业利用大数据、云计算等信息技术，加强与电子商务企业深度合作，促进线上线下互动创新；发挥供应链管理优势，积极融入智能制造、个性化定制等制造业新领域，加快向综合性快递物流运营商转型。

2. 发展壮大保税物流

鼓励有条件的企业自建海外仓，与其他企业共享海外仓资源，协同发展B2B、B2C跨境电商出口业务。加强与速卖通、亚马逊、eBay、京东等企业战略合作，合作建设海外仓，拓展海外出口市场。

3. 积极搭建智慧物流公共平台

支持园区建设外向型外商运程控制智慧园区管理中心，积极推动阿里巴巴等企业搭建各类智慧物流应用服务平台，引导中小物流企业充分利用平台，实现智慧物流平台建设的多元化。加快推广智能化设施，推进机器人自动化分拣，探索无人机投递试点，推动智能快件箱升级。积极利用现代信息技术，建立创新公共信息平台，发展云计算等信息技术实现物流数据分析、智能化分单、优选派送组合等功能，促进电商平台企业实现快速准确的订单分拣、调配到包装、出库。

（三）谋划重点项目

当前，漯河市现代物流产业已经站在新的起点上，进入高质量发展快车道。2020 年，漯河市及各类现代物流专业园区将继续以习近平新时代中国特色社会主义思想为指导，深入践行新发展理念，持续完善配套功能，着力扩量提质增效，进一步提升产业层次和发展质量，推动电子商务、现代物流深度融合，全面建成功能布局科学、生态链条齐全、集群集聚发展的现代物流园区，成为支撑全市及豫中南各类新兴业态发展的龙头高地，为中原更加出彩增添浓彩。

B.25
中原石油工程“走出去”

中原石油工程公司课题组

摘　要： 中原石油工程是中国石油石化行业最早“走出去”的队伍之一。近30年来，该公司坚持国际化经营战略，始终把海外市场作为转型升级、实现可持续发展的主渠道和主阵地，秉承“规范管理、互利双赢、扎根海外、长期发展”的理念，围绕经营企业和安全高效发展中心思路，以改革创新为不竭动力，在国际石油工程技术服务领域打响了品牌，成为加快打造世界一流品牌的生力军，海外事业呈现品牌提升、人才聚集、效益上升、后劲增强的生动局面。

关键词： 中原石油工程　“走出去”　国际化经营

一　基本情况

中石化中原石油工程公司成立于2012年12月，由中石化中原油田石油工程业务整体分离组建，主要业务包括钻井、录井、测井、固井、管具、井下特种作业、油藏综合服务，以及水平井、钻井液、空气钻井技术服务等，具有技术服务一体化、区域管理一体化、国内国外一体化的优势，拥有石油工程服务总承包的能力。

20世纪90年代初，面对中原油田储量不足、产量下滑的严峻形势，中原油田石油工程队伍率先走向海外。1992年，第一支石油工程队伍走出国门，承建了巴基斯坦55号公路项目，1996年，物探、钻井队伍进入苏丹市场，开始了“走出去”的艰辛探索。近30年来，中原石油工程坚持拓展与优化同步，做大与做强并重，中原海外市场由小到大，由弱到强，进入了世界主要油气富集区，逐步向高端市场、综合服务延伸，90%以上项目来自欧佩克成员国和跨国石油公司，可持续发展能力有了很大提升。经过不断的发展，公司目前海外市场共有86支队伍，其中钻井队53支，作业队14支，固井队7支，录井队8支，测井队4支。队伍分布在沙特、科威特、阿联酋、哈萨克斯坦、苏丹、南苏丹、乍得、刚果（布）、厄瓜多尔等，形成沙特、科威特、哈萨克斯坦、非洲等四个规模市场。用工总量5700人，其中自有外派员工2900人、外籍雇员2800人。中原石油工程（ZPEB）的品牌享誉全球，是海关AEO高级认证企业，15次跻身中国对外承包工程企业50强，连续13年进入ENR全球最大250家国际承包商，2019年居第117位。

二　发展历程

中原石油工程公司海外事业由小到大，由弱到强，实现了跨越式发展，整体实力和抗风险能力有了质的提升，大致经历了四个阶段。

第一阶段（1992～2000年）：“走出去”，迅速打开局面。20世纪90年代初，我国向国外石油公司开放石油和煤层气风险勘探和老油田提高采收率项目，中原石油工程队伍紧紧抓住这一历史性机遇，先后与英荷壳牌及美国德士古、阿莫科、安然、埃索、菲利普斯等世界知名石油公司在国内展开合作，逐渐认识和掌握国际惯例，接触先进技术和管理方法，锻炼队伍，培养人才，为进入海外市场做好了准备。1992年，第一支石油工程队伍承揽巴基斯坦55号公路项目，迈出了中原石油工程进军海外市场的第一步。油田先后成立了6个涉外机构，开始全面走向海外市场。1996年进入苏丹勘探开发、钻井和物探市场，1998年进入印尼市场，1999年进入卡塔尔市场，2000年进入也门和沙特市场。海外市场四面出击、多头并进，使中原石油工程队伍眼界更加开阔，经验更加丰富，打开了全面发展的新局面。

第二阶段（2001～2008年）：整合全局优势，实现快速发展。进入“十五”时期后，中原石油工程明确了海外市场的战略定位，确立了“规范管理、互利双赢、扎根海外、长期发展”的核心理念，通过调整组织机构，整合内外部资源，创新管理模式，逐步形成了以经济效益为中心、以增收创效为目的、具有中原特色的一体化管理体制机制，海外市场步入了持续快速发展轨道。2001～2008 年，中原石油工程海外市场经历了 8 年快速发展期，经营收入、利润和新签合同额均保持高速增长。

第三阶段（2009～2012 年）：沉着应对危机，迅速摆脱困局。2008 年底，国际金融危机爆发，给公司海外市场造成了很大冲击。2009 年 5 月，队伍开始陆续停工，全年累计收入 5.13 亿美元，海外业务首次出现了滞长，总体效益有所下滑。中原石油工程及时调整市场策略，把市场开发重点和优势资源转向中东、中亚，2010 年，科威特市场中标 7 台钻机，形成了新的规模市场。2011 年，沙特市场恢复了持续增长态势，当年动用钻机达到了 19 台，超越了国际金融危机前的规模。在海外市场恢复增长的过程中，又遭遇了中东地区和苏丹的政治危机，造成了也门、苏丹、南苏丹市场 28 支队伍停工，但是依靠中东、中亚市场的快速发展，有效稳定了局面。2010～2012 年，井筒工程业务实现连续三年增长，年均增长 4%。

第四阶段（2013 年至今）：突出转型升级，实现高效发展。2012 年 12 月 28 日，中石化实施专业化改革重组，中原石油工程驶上了专业化发展快车道。立足国际化经营新平台，更加注重提升发展的质量效益。新开辟乍得、刚果（布）市场，非洲市场连片发展，“大非洲”格局初步形成。沙特市场不断扩展，钻机总体规模达到 30 台，年产值达 3 亿美元以上，成为阿美公司陆上钻井重要战略合作伙伴。科威特市场新增钻修机 13 台，总体规模达到 20 台，发展成为又一超亿美元规模市场。在工程承包服务实现快速发展的同时，沙特气井、苏丹钻井液、乍得固井、刚果（布）测井等多个高端或技术服务市场实现突破。2013 年至今，每年签订合同额、实现收入均保持在 6 亿美元和 30 亿元以上，保持持续高效发展的良好态势。

三　管理模式

中原石油工程坚持把海外市场作为转型升级、实现全面可持续发展的主渠道和主阵地，形成了以六大体系为主要内容，具有中原特色的专业化、一体化的管理体制机制。

（一）建立协调有序的管理体系

实行中原石油工程公司—海外工程公司—境外公司—基层队四级管理体系。授权海外工程公司统一负责境外业务运营管理，作为经营、安全承包责任主体单位，统一组织 HSSE 管理、市场开发、项目管理、经营考核、队伍建设、人才培养、法律事务等工作。境外公司履行所在区域的市场开发、生产组织、安全管理、经营管理、队伍管理、公共关系管理等职责。基层队负责项目执行、安全生产，承担成本控制和安全责任。各专业化公司作为各施工队伍的母公司，负责提供人才、装备和技术支持。形成了以中原工程本部为中枢，以海外工程公司为主导，以专业化公司为后盾，以境外公司为主体的一体化运作、规范化管理模式，实现了资源的优化配置和统一管理，海外项目快速反应能力明显增强，“一盘棋”观念更加明确，中原工程整体优势得到充分显现。

（二）建立科学规范的制度体系

动态完善经验总结、提升传承机制，吸收借鉴国际先进的管理方法和甲方最新的作业程序标准，逐步完善 41 类涵盖海外项目生产经营全过程的配套制度体系。编写《HSE 管理手册》、《钻修井 HSE 程序》、现场《安全手册》、不同区域《安全设施配套标准》等制度文件，建立了以安全过程控制和监督为核心的 HSE 管理制度体系。完善设备管理制度和技术操作规程，加强现场管理，统一现场管理标准，分区域建立不同类型钻机配套标准，提高了设备配套能力和使用效能。编制钻修井《基层队管理手册》和《基层队岗位操作手册》，规范了基层队运行管理。

（三）建立支持有力的保障体系

在沙特、科威特、非洲、哈萨克斯坦等规模市场，建立功能齐全的生产生活基地，具备生产调度、现场安全管理、装备管理、仪表服务、雇员培训、材料供应、井控管理、管具工程、设备修理等功能。理顺了境外公司生产指挥、后勤支持和基层队之间的关系，提升了资源效能和管理效率。

（四）建立优势互补的合作体系

在与世界一流国际大公司同台竞技的过程中，注重诚实守信、合作共赢，逐步向高端市场、综合服务延伸。在沙特市场阿美综合业绩评价中整体优秀，与斯伦贝谢、哈里伯顿、贝克休斯进行大包合作，成为沙特钻井大包项目第一大合作体，取得固井和气井资质，配合国工取得泥浆和机修资质，成为阿美公司主要陆上钻井承包商，哈里伯顿、贝克休斯公司为中东和北非的首选钻井承包商。科威特 SP-269 队被选为甲方培训监督和高层管理人员基地，SP-174 队被甲方指定为承担注采一体化井型作业的唯一队伍。在非洲市场承钻了苏丹73%的探井，打造出苏丹“王牌钻井队”。在哈萨克斯坦市场成为当地四家大型油公司大包井重要承包商，实施了一批高质量的大包井和水平井项目，技术服务能力得到甲方普遍认可。

（五）建立防范风险的管控体系

把生产安全、公共安全、法律、资金等风险防范作为系统工程，当作事关全局的大事来抓。一是防范安全环保风险。吸收国际先进理念和管理经验，率先建立境外钻修井 HSE 体系，通过 QHSE 体系认证，持续提升领导安全引领力、管理穿透力和基层执行力。坚持以基层队为核心，开展 HSSE 自评估，实施领导干部 HSSE 行动计划，开展优秀 HSSE 诊断建议评选，强化风险分级管控和隐患排查治理，开展现场标准化建设。二是防范公共安全风险。建立境内外一体化的公共安全管理体系，健全四级公共安全管理网络和应急预案体系，建立风险评估等系列配套管理办法。对标境外安保设施和安保力量配备标准，构筑“人防、物防、技防”现场安防体系，确保在危急关头“躲得开、避得过、撤得出”。有效应对了也门、苏丹、南苏丹武装冲突、苏丹政变、沙特石油设施遭袭等公共安全事件。三是注重规避资金风险。建立资金集中管理系统，区域市场统一银行账户；在哈萨克斯坦项目引入信用保险，保证了资金安全和快速周转。四是注重规避法律风险。聘用当地会计师、律师和劳务中介机构，规范招投标、合同、税收、雇员、分包商管理，保证了项目健康发展。

（六）建立人才成长的激励体系

完善事业留人、待遇留人、感情留人的人才培养机制，为海外事业发展提供了有力的人才支撑。陆续出台了国际化人才队伍建设、涉外总监选拔管理、薪酬激励、动态考核等配套管理办法，畅通了人才成长通道。狠抓整建制倒班培训，语言、技能、HSSE 和后备培训实现常年化、常态化。坚持以基层队为核心，抓“三定”，强“三基”，达“三标”，增强基层队伍战斗力。

四　取得成效

1. 推进了中原石油工程发展

截至 2019 年底，中原石油工程海外市场累计承揽工程项目 1062 个，签订合同额 106. 26 亿美元，实现收入 563. 48 亿元。2013 年至今，累计上缴利税 49. 56 亿元。2019 年累计新签合同额 6. 82 亿美元，实现收入 39. 85 亿元，完成出口 4500 万美元。海外年收入占中原石油工程的 1/3 左右，是推动公司持续发展的重要力量。

2. 带动了贸易出口和对外投资

在发展壮大的同时，带动了贸易出口和相关企业发展。累计带动物资出口 210 多亿元，其中国内直接出口 150 多亿元、境外当地采购中国物资 60 多亿元。带动相关企业掌握国际规则，赢得业主信任，迅速做强做大。先后有 10 多家相关企业成功上市，有 40 多家企业在中东、南美、俄罗斯、中亚、非洲等地设立服务公司，有 30 多家企业在阿联酋设立独资贸易公司，对外投资总额近 60 亿美元。

3. 带动了国内技术进步和相关产业升级

外闯国际市场过程中，中原石油工程公司积极引进和学习国外先进技术和标准，推动国内设备不断升级。其中合作多年的宝鸡石油机械有限公司产品畅销国际市场，北京石油机械厂、大庆景宏机械公司的顶驱已完全取代了 VARCO、MH、CANRIG 等国际知名品牌，中原特钢、河南神龙、中原特车厂、中原总机厂、中原锐实达等上千家相关设备制造及配套厂商快速发展，部分厂商在俄罗斯、迪拜、沙特、科威特等设立公司，已进入国际主流石油设备行列。

今后的工作中，中原石油工程公司将牢固树立安全高效发展理念，全力实施专业化、市场化、国际化、高端化、特色化发展战略，持续巩固安全基础和盈利基础，严控经营规模和系统风险，着力提升发展质量和品牌形象，更加突出转型升级，更加突出创新驱动，更加突出人才建设，以更好的发展质量、更快的发展速度、更强的可持续发展能力，不断开创海外工作的新局面，更大力度地带动贸易出口和对外投资、推动国内技术进步和相关产业升级，为促进地区经济发展做出新的更大贡献。

区域篇

Regional Reports

B.26 2019～2020年郑州市商务发展回顾与展望

倪永 郭家栋*

摘 要： 2019年，郑州市商务局围绕国家中心城市建设总目标，坚持以开放促改革、促发展、促创新，持续推进更高水平的对外开放，全力做好稳外贸、稳外资、促消费，各项工作呈现了稳中有进的良好态势。2020年，郑州市商务局将继续认真贯彻中央、省、市有关扩大开放各项决策部署，聚焦国家中心城市建设，加快把郑州建设成为以自贸区为引领、以航空港实验区为载体、以综合性交通枢纽为依托、以开放体系为保障，全面深度参与国际分工合作、有力支撑全省乃至整个中部地区崛起的内陆开放高地。以国际化理念改造提升商业基础设施，打造城市消费名片，确保商务指标实现量的合理增

* 倪永、郭家栋，郑州市商务局。

长和质的稳步提升，推动郑州加快形成更高水平的高质量发展区域增长极。

关键词： 郑州　国际交通枢纽门户　内陆对外开放体系高地

2019 年，郑州市商务局在市委、市政府正确领导下，围绕国家中心城市建设总目标，坚持以开放促改革、促发展、促创新，持续推进更高水平的对外开放，全力做好稳外贸、稳外资、促消费，各项工作呈现了稳中有进的良好态势。

一　2019年郑州市商务发展指标完成情况

1. 引进资金规模持续扩大

全年实际吸收外资 44 亿美元，同比增长 4.5%；引进域外境内资金 2235.4 亿元，同比增长 6%。实际吸收外资与引进域外境内资金总额达到 2500 亿元。

2. 对外贸易稳中向好

全年外贸进出口总额超过 4129 亿元，同比增长 0.6%，继续保持中部首位、全国省会城市第五名的领先地位。

3. 消费品市场平稳增长

全年社会消费品零售总额达到 4671 亿元，同比增长 9.5%。

二　2019年主要工作开展情况

（一）抓对外开放，开创高质量发展新局面

以自贸试验区为引领，改革创新为动力，综合枢纽为支撑，开放体系为保障，加快形成全方位、宽领域、多层次的对外开放新格局。

1. 打造国际交通枢纽门户

“空中丝绸之路”实施郑州—卢森堡“双枢纽”战略，累计开通客货运

航线242条，基本形成覆盖全球主要经济体的枢纽航线网络，2019年，郑州机场完成旅客吞吐量2912.9万人次、货邮吞吐量52.2万吨，客货运规模稳居中部机场"双第一"。"陆上丝绸之路"网络遍布欧盟、俄罗斯及中亚地区24个国家126个城市，境内合作伙伴2300多家，境外合作伙伴780多家。2019年，中欧班列（郑州）全年开行1000班，总累计货值33.5亿美元，货重54.1万吨。"网上丝绸之路"依托跨境电商综试区，形成"买全球、卖全球"网络枢纽，推进贸易便利、商业模式、税收管理、电商监管、营商环境"五大创新"，保税网购"1210"监管服务模式全国复制推广，"一馆多模式""一馆多业态"O2O零售商业模式实现跨境商品"现场下单、现场提货"，建立了市民家门口的"世界超市"。2019年，全市跨境电子商务交易额完成107.7亿美元，同比增长24.6%。"海上丝绸之路"实现了与青岛、连云港、天津等港口的无缝衔接，打造了沿海港口向西开放的"桥头堡"、中西部地区向东开放的"无水港"。2019年，海铁联运完成1.1万标箱。

2. 加快形成内陆对外开放体系高地

一是中国（河南）自由贸易试验区引领作用日益明显，256项改革创新试点任务完成计划的94%，形成了140多项创新成果。2019年，片区新增注册企业超过5.4万家，新注册资本总额6450亿元。二是口岸体系持续完善，进口药品和医疗器械试点获批建设，依托2个航空、铁路一类口岸，2个公路、陆运二类口岸，汽车、粮食、邮政、药品等9个功能性口岸，"2+2+9"口岸体系服务能力不断提升，内陆地区口岸数量最多、种类最全，开放载体功能更加完善。三是加快推进多式联运建设。郑州国际陆港"一干三支"铁海公多式联运示范工程通过国家交通运输部验收授牌，被正式命名为"国家多式联运示范工程"。四是持续优化通关环境。郑州航空口岸客货运现场全面推行"7×24小时"通关，全面实施出口货物"提前申报"通关模式，真正实现"秒通关"。目前，郑州进口整体通关时间为54.1小时，比2017年压缩了48%。

3. 着力打造参与国际合作高地

将稳外贸、增外资、促外经作为重要工作，多次召开会议研究相关工作，及时解决企业存在的痛点、难点，推动全市外经贸平稳健康发展。一是加大对企业支持力度。积极争取国家、省促进外贸发展支持资金；根据全市外贸发展的新特点和企业生产经营的新需求，出台了《郑州市人民政府关于稳外贸稳外资的实施意见》，拟出台《郑州市人民政府关于支持外贸外资外经企业稳定发展的若干政策措施》。二是支持企业实施市场多元化战略。共组织400多家企业分别参加华交会、广交会和河南投洽会进出口企业展，为外贸企业与国内、外知名企业和客商开展合作创造条件。三是鼓励企业积极应对贸易摩擦。鼓励对美涉案企业积极应诉美国“双反调查”，对积极应诉美国贸易调查的明泰铝业公司、方正博研公司等3家企业予以补贴。四是利用进博会扩大进口。全市2657家采购企业和单位、5069名采购人员报名参加了第二届进博会，均比首届翻了两番，分别占全省的35%和27%。其间，全市企业现场采购暨网上签约采购合同达35个，合计采购金额9.33亿美元，比首届增长22.8%。在河南省交易团举办的采购需求发布暨现场签约会上，全市共签约14个项目，合计签约金额为112.1亿元。在河南跨境电商对接采购暨现场签约会上，签约项目62个，签约金额为64亿元。

（二）抓开放招商，为全市经济发展注入新活力

将招商引资作为扩大全市开放的重要抓手，持续提升全市招商质量和效益。一是项目引进卓有成效。2019年，全市新签约项目376个，签约总额为5235亿元，完成年度目标的104.7%，同比增长9.2%，主要有中科院苏州医工所郑州工程技术研究院、大华中原区域总部、中原高科技花卉博览园等项目。新开工项目286个，投资总额为3093亿元，完成年度目标的103.1%，同比增长7.5%，主要有固高郑州智慧产业研究院、中牧生物疫苗产业基地、标兵年产300亿只超级易拉盖等项目。二是世界500强引进成果丰硕。引进了日本住友商事、美国特斯拉、恒大新能源、利宝保险、中国电子集团、一汽集团等世界500强企业6家，超额完成年度目标任务。三是加快推进重点项目落地建设。坚持“周例会、月调度、季讲评、半年考核、全年总评”的招商引资项目协调推进机制，市级重点项目分包、“五职招商”等工作责任机制，“服务八同步”“拿地即开工”“店小二服务”等项目服务保障机制，加快推动市级重点招商引资项目，2019年上汽全球数据中心、新能源动力电池等24个重点项目取得明显进展。

（三）抓消费升级，打造内陆地区国际消费中心

一是做好国家级步行街改造提升试点工作。德化步行街“1＋5”规划初步方案编制完成已上报商务部。拆除原亚细亚酒店、二七宾馆，开展德化街整体环境提升工程。二是扎实开展品牌消费集聚区培育工作。河南省公布的第三批河南省品牌消费集聚区名单中，二七万达广场等3家品牌消费集聚区成功入围，目前全市省级品牌消费集聚区总数已达到13个。三是深入开展“夜间经济”研究。在梳理国内外先进地区夜间经济发展规律、成功经验的基础上，认真分析全市夜间经济的发展现状及存在问题，对新形势下推动全市夜间经济的发展思路和路径提出工作建议。四是认真开展生活必需品应急储备与投放工作。2019年向市场共投放肉蛋菜5700吨，其中，猪肉1300吨，蔬菜4000吨，鸡蛋400吨。

（四）抓攻坚性工作，帮扶脱贫和大气污染防治成果显著

扶贫方面，全市建成县级电商公共服务中心5个，乡（镇）级服务站38个，村级电商公共服务点529个，实现对所有建档立卡贫困村服务全覆盖，解决了电商扶贫“最后一公里”问题，实现“工业品下乡”和“农产品进城”的双向流通。在大气污染防治方面，全年出动1796车次、4195人次、会同公安、市场监管、应急管理等部门对新发现的25个黑加油点进行了查处取缔。

三 2020年商务发展展望及建议

认真贯彻中央、省、市有关扩大开放各项决策部署，聚焦国家中心城市建设，加快把郑州建设成为以自贸区为引领，以航空港实验区为载体，以综合性交通枢纽为依托，以开放体系为保障，全面深度参与国际分工合作、有力支撑全省乃至整个中部地区崛起的内陆开放高地。以国际化理念改造提升商业基础设施，打造城市消费名片，确保商务指标实现量的合理增长和质的稳步提升，推动郑州加快形成更高水平的高质量发展区域增长极。2020年，确保各项商务指标总量居全省首位，增长速度高于全省平均水平。外贸进出

口稳中提质，保持平稳增长；实际吸收外资达到44.7亿美元，同比增长3%；引进域外境内资金达到2250亿元，同比增长3%；社会消费品零售同比增长9.5%左右。

1. 全力打造支撑全省乃至整个中部地区崛起的内陆开放高地

一是持续巩固“四条丝路”通道优势和竞争优势。增强空中丝绸之路辐射力，用好第五航权，年内新增2条洲际客货运航线；打造陆上丝绸之路核心品牌，确保始终位列中欧班列“第一方阵”，中欧班列（郑州）全年开行1100班，增长10%；推进网上丝绸之路创新突破，力争全年跨境电商交易额达到125亿美元，增长20%；深化海上丝绸之路无缝衔接，建设以东向、南向为主的铁海联运国际通道，逐步实现网络化常态化运行。二是配合相关部门做好基础设施建设，着力构建以国际航空枢纽为带动，以米字形高铁、城市轨道、快速公路交通网为依托的连通境内外、辐射东中西的大交通体系。三是协调海关、物流口岸局等部门推进各类口岸建设。巩固提升现有功能性口岸业务规模，加快申建木材等功能性口岸，保持功能性口岸中西部地区领先地位。四是推动对外经贸提质增效。继续应对中美贸易摩擦，实施外贸贷、出口退税资金池等普惠性外贸促进措施，创新提升针对重点行业贸易、新型贸易等方面的个性化支持促进政策。鼓励企业开拓新兴市场，支持企业参加各类国际经贸活动，促进贸易平衡。大力引进出口型项目，壮大外贸主体实力，加快国家级、省级出口基地建设，培育千亿级外贸产业集群。高水平建设境外经贸合作区，推动德国帕西姆中欧空港产业园、塞拉利昂国基工贸园、环维多利亚湖资源综合利用产业园等加快建设。五是加快推进国际会展名城建设。加强国际交流与合作，深入与国际会展机构联系合作，筹划世界进口食品博览会落户郑州，引进更多国际会展项目落地郑州，力争全年举办国际性展会20个。

2. 强力推进招商引资工作

一是围绕城市功能布局和主导产业抓招商。按照“东强、南动、西美、北静、中优、外联”城市功能布局和主导产业开展定向招商，加强区域产业招商规划和重大项目信息汇总与动态调度，实施差异化错位招商，加快推进产城融合、平台统筹、空间拓展、内涵塑造、协调发展。二是突出重点区域开展招商，紧盯环渤海地区、长三角地区、珠三角地区、粤港澳大湾区、日韩、欧美以及共建“一带一路”国家，组建招商小分队，开展精准招商。三是突出招大引强。积极对接世界500强、中国500强和行业20强企业，一企一案专项突破。全年引进世界500强企业5家以上，引进区域总部、采购分拨中心、结算中心等功能性机构不少于3家。

3. 大力推进消费升级

一是推进二七商圈复兴工程。按照打造现代时尚国际商业街区，建成郑州精神家园、全省消费枢纽、全国城市复兴典范的标准，全面推进二七广场核心区域改造提升、锦尚德化等“九大节点”项目，以二七纪念塔、二七广场、二七纪念堂为核心，以步行街为中轴线，打造独具中原商业文化和革命文化的“百年德化·红色记忆”。二是加快推进夜间经济和新型消费模式发展。强化时尚购物、特色餐饮、文娱休闲、旅游观光、运动康体等功能补充和品质升级，形成布局合理、管理规范、特色鲜明、功能完善的夜间经济发展格局；按照对标国际、开放引领的原则，制定新零售发展相关配套政策，打造适合新零售发展的良好生态环境，挖掘高端消费潜力，吸引国际消费回流。三是开展大型商场超市综合环境整治提升工作。按照“优化营商环境、满足群众品质化消费”的原则，打造“环境整洁、管理规范、功能完善、诚实守信”的商贸市场新形象，提升商贸业现代化水平。

4. 持续推进自贸试验区创新发展

持续推进制度创新研究实施工作，全面完成改革创新和复制推广任务，组织开展片区深化改革开放方案研究，加强创新课题研究，加快推进郑州片区多式联运国际性物流中心建设研究，持续推进重点领域制度创新。组织实施自贸试验区“证照分离”改革全覆盖试点工作。持续推进营商环境优化提升工作，做好营商环境评估问题整改落实。

B.27
2019 ~2020年开封市商务发展回顾与展望

张景涛　李松彬*

摘　要： 2019年，全市商务系统在市委、市政府的正确领导下，紧紧围绕目标任务和工作重点，着力优化营商环境，积极扩大对外贸易，不断提升对外开放水平，加快商贸流通体系建设，商务经济对全市经济增长的拉动作用进一步增强，圆满完成了全年目标任务，全市商务经济保持了又好又快的发展势头。

关键词： 开封市　招商引资　电子商务

一　2019年开封市商务指标完成情况及特点

2019年，全市新增省外资金项目246个，合同省外资金累计完成1219.8亿元（含兰考县），实际到位省外资金累计完成638.1亿元，完成绝对值居全省第7位，同比增长3.2%；全市新设外商投资企业10家，实际利用外资完成71810万美元，同比增长4%。实际利用外资首次突破7亿美元大关；全市进出口总值（含兰考县）累计完成734259万元，同比增长27.4%。全市跨境电商进出口交易额完成22722.4万美元，同比增长19.86%。全市对外承包工程及对外劳务合作营业额累计完成10074万美元，同比增长13%；对外直接投资实际累计完成1015万美元，外派劳务累计1079人次，同比下降38%。全市对外承包工程和对外直接投资均提前5个月超额完成省下目标任务；全市社会

---

* 张景涛、李松彬，开封市商务局。

消费品零售总额完成1087.58亿元（含兰考县），首次突破1000亿元大关，同比增长10.9%，高于全国（8.0%）2.9个百分点，高于全省（10.4%）0.5个百分点，增幅居全省第5位。

二 2019年采取的主要措施

1. 多措并举，推进开放招商新发展

一是落实奖励政策激发开放招商热情。召开全市转型攻坚暨优化营商环境推进大会，总结表彰2018年全市对外开放工作，激发了开放招商热情。持续优化招商软环境，把优化营商环境作为对外开放、招商引资工作的基本保障。二是打造开放招商新优势。落实《开封市招才引智与招商引资行动方案》等7个系列开放招商促进政策文件，着力构建从招商线索生成，到项目建设落地，全过程全方位的政策激励促进体系，开创开放招商新局面。三是抓好开放平台建设。自贸区开封片区挂牌运行至今，累计新设立企业4908家，注册资本达841亿元，带动发展势头强劲。加快开封海关筹建与综保区申建步伐。四是积极组织开展招商活动。创新节会招商活动平台，通过节会招商，大力宣传全市开放招商政策、产业和区位新优势，吸引项目投资，2019年全年共签约招商项目159个，总投资约905.47亿元。五是强力推进派驻招商。根据《开封市招才引智与招商引资行动方案》要求，“招才引智”与“招商引资”统筹推进，选派了18名优秀科级干部作为驻地双招双引专员，聘用了11个招才招商大使，全面启动北京、上海、广州、深圳四个基地双招双引驻点招商工作。同时，组建了由人大、政协市级领导带队、相关市直部门为牵头单位的8个产业招商组，开展重点产业大招商。

2. 优服务推改革，提升利用外资水平

一是引进外资大项目有新突破。引进注册资本达到1000万美元以上的外资项目3家。二是外资企业投资的产业结构进一步优化。2019年，在全市设立的外商投资企业投资产业涉及商贸流通、物流仓储、汽车零部件、医疗器械、文化传媒、国际贸易等方面，引资结构进一步优化。三是组织参加系列招商活动。组织参加第十三届中国（河南）投资贸易洽谈会，成功签约投资项目20个，总投资128.21亿元，合同引进外资101.61亿元。四是简化外资企业设立程序，加强营商环境建设。全面实施外商投资准入前国民待遇加负面清单管理制度，推行外资企业设立商务备案与工商登记“一口受理”。

3. 优政策搭平台，积极扩大对外贸易

一是优化资金扶持政策。将外经贸发展专项资金申报初审权限下放至区县，提高政策的普及率和知晓度。二是多措并举加强政策宣传。将中央、省、市外贸发展促进政策汇编成册，通过走访调研、知识培训、微信等方式发送至各区县及企业手中，帮助企业更好地把握政策机遇，分享政策红利。三是培育壮大外贸经营主体。截至2019年11月底，全市新增备案进出口企业107家，累计备案进出口企业2338家，其中有进出口业绩的企业276家。同时，挖掘出口供货企业出口潜力，动员出口供货量较大企业转至全市自营出口，鼓励企业利用跨境电商等新业态开拓市场、开展业务。五是助推企业开拓市场。搜集和发布境内外品牌商品展会和专业展会信息，引导、组织企业参加国内外知名展会，实现外贸市场多元化发展。

4. 防风险拓业务，稳步开展对外经济技术合作

推动外经企业走出去。组织十一化建公司等外经企业积极参加第一届中非经贸博览会、第四届中阿博览会等，积极推动企业扩大对外经贸合作。整顿对外劳务市场，妥善处理外派劳务纠纷。完成对外直接投资年报统计上报工作。

5. 多举措强驱动，加快电商发展和口岸平台建设

一是电商保持较快发展。先后制定出台了《开封市人民政府〈关于加快电子商务发展的实施意见〉》《开封市电子商务重点示范企业评选办法（试行）》等相关政策文件，市财政每年安排1000万元的电商专项发展资金，重点扶持园区建设、企业培育等。目前，全市已建成电商园区6个，各类电商企业3000余家，电商商户2000多户。二是农特产品上行成效显著。2019年，全市农村电商交易额为22.8亿元，其中农村产品网络销售额为16.98亿元，带动全市贫困家庭增收1500多万元。三是农村电商培训和人才培育初显成效。2019年全市共举办电商培训159场，培训各类人员19152人，一批农村人员通过培训实现了自主创业和就业，成为带动农村电商发展和农村贫困人员增收脱贫的新生力量。四是加快推进口岸平台建设。制定了开封市口岸优惠政策，加快开封口岸发展建设。

6. 规范市场秩序，促进内贸流通繁荣发展

一是做好安全生产双重预防体系建设工作。开封宏进农副产品批发市场有限公司被省商务厅确定为全省农批市场双重预防体系建设样板企业。二是做好全市猪肉储备工作，稳定市场供应。三是认真做好市场监测和商务预报工作。目前全市共发展监测样本企业40家。四是全面整治成品油市场秩序。落实《2019年开封市大气污染防治攻坚战实施方案》，严厉打击成品油流通市场的违规违法行为，实现黑加油站清零。加快偏远农村加油站规划布局，升级单品点4座，取得农村规划确认加油站30座，确保农村市场用油供应。五是扎实做好重点领域商务稽查工作，确保商务领域市场秩序稳定。

三　2020年商务形势分析及指标预测

2020年是“十三五”规划的收官之年，是全面建成小康社会的决胜之年，做好商务工作意义重大。受新冠肺炎疫情影响，国内国际形势复杂严峻，各种不稳定因素明显增多。全球经济将受到冲击，具体影响程度尚需观察。从国内看，经济长期向好的基本面没有改变，但国际形势受新冠肺炎疫情影响较大，外贸形势异常严峻。

以习近平新时代中国特色社会主义思想为指导，深入贯彻落实党的十九大和十九届二中、三中、四中全会及市委经济工作会议精神，坚持稳中求进工作总基调，坚持以改革开放为动力，以供给侧结构性改革为主线，顺应高质量发展新要求，创新开放发展新理念，持续实施开放带动战略，建设高水平开放型经济新体制，紧紧围绕全省商务发展和市委、市政府中心工作，统筹推进开放招商、对外贸易、内贸流通、企业改革等各项商务工作，奋力谱写新时代商务新篇章，使商务事业在开封跨越发展中走在前列，为决胜全面建成小康社会做出积极贡献。

主要预期目标是：实际利用省外资金增长3%；实际利用外资增长3%；对外贸易进出口总额实现平稳增长；跨境电商交易额增长10%；对外承包工程和劳务合作营业额增长5%；电子商务交易额增长10%；社会消费品零售总额增长10%左右。

四　2020年商务发展对策

1. 着力构建对外开放新格局

聚焦全市重大战略，谋划好开放顶层设计，拓宽开放领域、层次、布局，完善对外开放新机制、新举措，以全方位的对外开放，增添经济发展新动力。一是以召开全市对外开放大会为契机，出台新的举措、形成新的对外开放机制，以更强的力度、更实的举措、更高的质量，推进全市对外开放。二是做好对外开放顶层设计。完善对外开放领导小组并建立高层决策机制和工作协调推进机制。三是重点抓好“五个融合”、突出“三个优势”、建设“六大片区”战略布局，着力推动大开放、大发展。四是加强开放平台建设，构建外向型经济新机制、新平台、新载体，补齐对外开放平台短板。加快自贸区发展，加快开封海关筹建与综保区申建步伐，形成和发展口岸经济，引领和带动开放发展。

2. 着力提高招商引资新成效

一是坚持把招商引资摆在更加突出的位置，坚持开放招商主战略不动摇。二是突出“招大、引优、选强”，围绕新材料、新技术、新制造等战略新兴产业，着力招引一批成长性强、创新能力强、市场竞争力强的企业。三是夯实基础聚力招商。建好项目落户主阵地，进一步完善基础设施配套，加快标准厂房建设、标准产业园区建设，开展特色产业园区招商。四是继续做好双招双引工作。五个招商组，全年每个招商组洽谈对接有效投资信息30个以上，五个组全年提供有效信息150个以上，力争签约一批投资项目。五是继续开展招商项目问题协议处置工作。加大招商引资项目问题协议处置工作力度，对近年来市级以上节会签约的招商引资项目问题协议进行梳理归类，按照推动落地一批、解除撤销一批等方式，确保2020年底前有效化解招商引资项目遗留问题存量，促进招商引资项目持续健康发展。六是办好清明文化节、菊花文化节等重点节会的经贸招商活动，实施目标督导考核和表彰奖励机制。

3. 着力创新内贸流通新发展

一是挖掘开封餐饮文化内涵，增强餐饮业文化软实力。开展“中华老字号”“河南老字号”和省级品牌消费集聚区认定，示范创建省级、市级特色商业街区，加快名品名店名街名区联动发展，促进多产融合、商旅文体系统、购物体验相结合。二是落实好《汽车销售管理办法》，落实促进二手车便利交易的实施意见，促进汽车销售市场健康发展。三是强化商贸领域行业监管，规范市场秩序。全面落实“双随机一公开”监管工作方式，深化商务领域信用体系建设，提高商务综合稽查工作信息化水平，强化事中事后监管，推动商贸领域繁荣发展。四是激发消费活力，推动传统商贸创新发展。提升消费商圈服务功能，融入文化旅游元素，引导商家差异化经营，提升消费档次，促进消费扩容升级。鼓励发展线上线下融合的社区便民服务中心等便利服务业，满足社区居民各种服务消费需求。开展节会促销、商旅文体专项活动等，构建线上线下同发力的促销联动机制；进一步挖掘夜间和假日消费需求，推动消费持续扩大。

4. 着力提升电商发展新水平

一是大力推进农产品上行。持续开展农商互联、农产品出村行动。针对贫困村有规模的农产品，积极组织全市电商企业开展形式多样的电商扶贫专项活动。二是深化电商进农村综合示范。重点落实精准要求，优先在贫困村建设农村电子商务服务站点，织密网络，完善服务，拓展功能，着力提升电商扶贫工作质量和成效。三是积极培育电商扶贫带头人。以返乡创业青年、大学生村官、第一书记、巧媳妇和有能力的贫困人员、残疾人等为重点，加强实操性培训，培育一批电商扶贫带头人，发挥其示范带动作用，带动更多的贫困人员融入电商、受益电商。四是做强农村电商企业群体。着力培育引进一批电商应用企业、电商平台、电商服务企业、电商商户，进行重点支持和培育，打造一批区域引导、行业辐射、产业带动和扶贫带动能力强的电商群体。

5. 统筹推进三外新提升

一是推进外贸高质量发展。积极落实国家、省市外贸发展政策，用足用活专项资金，确保政策性资金发挥最大效用。培育一批具有影响力的龙头企业，扶持一批小而专、小而精的中小外贸企业。二是着力促进对外经济合作健康发展。推进对外投资、对外承包工程和劳务合作，抢抓“一带一路”机遇，鼓励有实力的企业积极“走出去”。完善全市对外经济合作项目库，加快全市外经企业“走出去”步伐。三是深入落实《国务院关于进一步做好利用外资工作的意见》，深化投资便利化改革。保护外商投资合法权益，发挥知识产权司法保护重要作用，完善知识产权保护工作机制。尝试委托境外知名中介机构代理招商，实现以商引商；精心谋划一批可行性强的利用外资项目。

6. 扎实做好商务领域三大攻坚战

一是做好商务领域重大风险防范。加强对全市拍卖、二手车市场、二手车拆解等特殊行业监管，抓好成品油销售行业、二手车交易市场等行业监管的污染防治、反恐工作，规范企业经营行为，促进行业健康发展。重点做好“僵尸企业”83家子公司的处置工作。二是打好脱贫攻坚战。发挥商务行业优势，做好电商扶贫、家政扶贫、外派劳务扶贫，推动商务脱贫攻坚工作开展，有效发挥商务在全市脱贫攻坚中的作用。三是做好污染防治攻坚。

B.28

2019～2020年洛阳市商务发展回顾与展望

白宏涛　李亚君*

摘　要： 2019年，全市商务系统按照市委、市政府工作部署，立足副中心城市发展定位，加快现代开放体系、现代产业体系和现代市场体系建设，商务经济运行总体平稳，主要指标稳中向好，洛阳商务高质量发展取得新成效，为洛阳经济社会持续健康发展提供了强有力的支撑。2020年，全市商务系统将以习近平新时代中国特色社会主义思想为指导，以副中心城市和洛阳都市圈建设为统揽，加快推进"三区融合"、打造开放创新发展新高地，加快"四路协同"、畅通开放通道，厚植开放优势、拓展开放领域，坚持开放带动、提升外向型经济发展水平，加快国内贸易发展、繁荣城乡市场消费，推动商务发展提质增效，为洛阳副中心城市建设和全市经济高质量发展做出新贡献。

关键词： 洛阳　商务运行　对外开放　跨境电商

一　2019年洛阳市商务发展指标完成情况

1. 招商引资

2019年，全市实际利用省外境内资金838.4亿元，同比增长3.3%；全市

* 白宏涛、李亚君，洛阳市商务局。

实际吸收外资 29.08 亿美元，同比增长 4%。

2. 货物贸易

2019 年，全市外贸进出口总额为 154.6 亿元，同比增长 7.6%，再创历史新高。其中，出口额约为 133.3 亿元，同比下降 0.1%；进口额约为 21.4 亿元，同比增长 107.5%。

3. 对外经济合作

2019 年，全市完成对外承包工程营业额 3.22 亿美元，同比增长 16.7%；境外投资中方协议额为 5.15 亿美元，同比增长 49.3%。

4. 社会消费品零售总额

2019 年，全市社会消费品零售总额为 2387.7 亿元，同比增长 10.8%。

二 2019年主要工作开展情况

1. 构建现代开放体系取得新成效

2019 年，按照市委、市政府“97172”合理有效投资行动计划，推进实施自贸区建设、综保区建设等 8 个重大专项，着力打造全方位对外开放平台，为高水平开放提升承载力。自贸区洛阳片区试点任务全面落实，《企业简易注销“单一窗口”》和《“信贷 + 信用”普惠金融模式解决中小企业融资难题》两个案例入选全国自贸片区创新联盟首批典型创新案例；商事制度改革走在全省前列，全省首个交通银行离岸交易中心成功落地，打造两个无仓储、无运输石化产品贸易园区，省内首家线下国际贸易“单一窗口”建成投用，洛阳—布哈拉农业综合示范区被评为首批省级境外农业合作示范区。入驻市场主体突破 2 万家，注册资本超过 1000 亿元。进驻世界 500 强 25 家，国内 500 强 19 家，行业 10 强 26 家。成功引进乾发供应链跨境电商平台，有望带动 100 多家日资企业产品入驻综保区，力争实现跨境贸易 50 亿元以上。综保区、自贸大厦建设快速推进，自贸大厦进入内部装修阶段；综保区已完成 19 万平方米保税仓建设，申报工作进入国家部委联合审批的冲刺阶段。口岸建设成功开通洛阳到宁波港的铁海联运班列，截至 12 月底累计开行班列 129 列、运输货物 9058 标箱。洛阳机场开通通航城市 30 个（其中境外通航城市 3 个），旅客吞吐量 153.98 万人次，同比增长 17.1%。成功获批中国（洛阳）跨境电子商务综合试验区，为河南“双引擎”高水平开放引领高质量发展再添新动力，跨境电商通关平台自开通以来累计通关单数为57.9万单，出口到美国、俄罗斯等61个国家和地区。外贸转型升级基地建设加快推进，目前全市拥有3个国家级基地、4个省级基地，全省领先，基地进出口占全市的比重超过60%。随着一批开放平台载体项目加快实施，洛阳开放承载的实力显著增强，高水平开放发展的空间将更加广阔。

2. 外贸进出口实现历史性突破

2019年，面对中美经贸摩擦的持续影响，市委、市政府组织商务、海关等部门走访调研重点外贸企业300余家（次），召开外贸企业座谈会，帮助企业解决困难和问题，积极应对中美贸易摩擦，加快开发替代市场；组织企业参加河南投洽会、广交会等境内外展会，引导企业拓展更多的新市场、签订更多的贸易合同。全市共有807家企业与176个国家和地区发生贸易往来，市场开拓取得明显成效。全年外贸进出口创历史新高，为全省“稳外贸”做出了积极贡献。

3. 产业精准招商成效更加厚实

2019年，全市按照“有龙头、有配套的产业，重点要提升产业规模和质量；有龙头、没配套的产业，重点要完善配套，拉长产业链；没有龙头，但有一定产业链条基础的产业，重点要引进或培育龙头”三个层次，紧盯世界500强、中国500强、行业50强企业，相继依托第37届牡丹文化节投资贸易洽谈会、2019年河洛文化节文化旅游投洽会等节会活动，多次到上海、北京、天津、广东等区域广泛开展专题招商活动，强力实施“565”产业精准招商行动，全年共签约亿元以上项目301个，投资总额为2096.5亿元，其中，10亿元以上项目80个，投资总额为1592.08亿元；“565”产业项目225个，投资总额为1455.5亿元。格力（洛阳）洗衣机产业基地、辽宁忠旺100万吨铝合金精深加工等80个重大产业项目的成功引进，加快了产业结构调整步伐。

4. 与共建“一带一路”国家经济合作更加广泛

洛阳作为“一带一路”的主要节点城市、中原城市群副中心城市，充分发挥区位优势，积极组织企业与共建“一带一路”国家开展经贸合作，在扩大开放、合作共赢上取得了明显成效。2019年，全市对共建“一带一路”国家外贸进出口总额为59亿元，占全市进出口总额的38.2%；在伊拉克、马来西亚、越南、泰国等8个共建“一带一路”国家实现对外承包工程营业额2.71亿美元，占全市营业总额的84.2%。

5. 电子商务产业发展势头强劲

2019年，洛阳市委、市政府相继出台了《关于印发洛阳市促进物流业转型发展若干意见等4个文件的通知》《洛阳市关于推进电子商务与快递物流协同发展的实施方案》《洛阳市2019年电商进农村暨电商扶贫实施方案》等一系列政策措施，加快推动电商产业转型升级。目前，全市共有1个国家级、20个省级电商示范企业，8个省级电子商务示范基地、1个省级跨境电子商务园区；国家级电商进农村综合示范县6个、省级电商进农村综合示范县3个，电商进农村综合示范项目实现了县（市）全覆盖；积极开展电商示范网点（店）、示范村（镇）和淘宝村（镇）创建活动，共有13个村和2个镇入选阿里巴巴“淘宝村”名单。2019年全市电商交易额完成2405亿元，其中网络零售额为470亿元，名优特产品网销、线上线下服务消费、企业电商应用等成为亮点，为洛阳经济转型升级提供了新动能。

6. 消费内生动力持续增强

克难攻坚实施现代市场体系三大攻坚战。经过一年来的克难攻坚，完成并验收了西工区名优建材城等8个市场的改造提升或疏解外迁工作任务；完成农贸市场改造提升20处，新建生鲜超市20个，有效带动了社会投资，改善市民购物环境；步行街改造提升工作稳步推进。

多措并举推进商贸领域促消费工作。制定《2019～2020年洛阳市商贸领域促消费行动方案》，围绕节日促销、会展经济、休闲购物等组织开展了2019年春节和第37届牡丹文化节商贸领域促消费活动、2019年河洛文化旅游节金秋购物月活动，有效地拉动了节日消费。同时，河南大张实业有限公司、洛阳丹尼斯量贩有限公司、洛阳泉舜购物广场等大型零售企业的“提档加速”，为消费品市场提供了充足的“动力”，对全市消费品市场的拉动作用十分明显。

7. 内贸流通工作稳步推进

积极推进冷链物流建设。目前，全市形成以大张、丹尼斯为代表的大型商超型冷链物流企业，以众品、正大为代表的畜产品冷链物流企业，以宏进、通河为代表的农产品批发型冷链物流企业，冷链物流业发展势头强劲。汽车流通管理工作不断加强。加强二手车交易市场监管，2019年，全市二手车交易82780辆，交易额为46.14亿元。做好促进老字号发展工作，全市共有老字号企业34家，其中，中华老字号4家，河南老字号13家（其中2家同时为中华老字号），洛阳老字号22家（其中3家同时为河南老字号）。商务领域市场监管力度不断加强。组织开展全市汽车销售和单用途商业预付卡专项整治活动。强化成品油、废品回收等市场监管。

8. 商务扶贫攻坚深入推进

以电商进农村综合示范为牵引，实施电商扶贫攻坚行动，对全市具备条件的531个贫困村全部建立了电商服务网点，对951个非贫困村建立了电商服务点，实现了对全市728个贫困村电商服务的全覆盖。2019年洛阳市荣获全省电商扶贫工作先进市称号，孟津、宜阳、汝阳、洛宁荣获全省电商扶贫先进县称号。实施来料加工扶贫攻坚行动，推进义乌来料加工企业在全市设立62个加工车间，投资额约5.5亿元。来料加工产业扶贫项目达到803个，项目总投资68.1亿元。

三　2020年商务发展思路及指标预测

2020年，全市商务系统将深入贯彻党的十九大精神，坚持以习近平新时代中国特色社会主义思想为指导，紧紧围绕市委、市政府“建设副中心、打造增长极”的目标要求，加快推进“三区融合”、打造开放创新发展新高地，加快“四路协同”、畅通开放通道，厚植开放优势、拓展开放领域，坚持开放带动、提升外向型经济发展水平，加快国内贸易发展、繁荣城乡市场消费，全力以赴稳外贸、稳外资、扩消费、稳预期，着力打造中西部开放高地，以更高的开放水平推动洛阳经济高质量发展。

2020年预期目标：社会消费品零售总额增长10%，全市外贸进出口总额增长3%（159.28亿元），实际利用省外境内资金增长3%（863.6亿元），实际吸收外资增长3%（29.95亿美元），电子商务交易额增长10%（2640亿元），跨境电商交易额增长10%（52.19亿元）。

四　2020年商务发展对策建议

1. 持续推进现代开放体系建设

研究出台《洛阳市高水平开放引领高质量发展行动方案》，明确到2020

年、2022 年和 2025 年三个时间节点的发展目标、重点任务和保障措施，以高水平开放引领高质量发展，着力打造内陆地区双向开放新高地。研究出台《洛阳市支持外贸外资外经企业稳定发展若干措施》，在培育和引进市场主体、打造特色外贸产业基地、培育龙头企业等方面给予政策支持。加快推进现代开放体系确定的 32 个、投资总额 231.7 亿元重大项目建设。

2. 加快推进重要开放平台尽早获批

立足副中心城市发展定位，抢抓国家新一轮扩大开放战略机遇，加快推进“洛阳综合保税区、洛阳一类航空口岸扩大开放、国家级服务外包示范城市和外贸转型发展基地”等高端开放平台尽快获批建设，培育创建国家外贸转型升级基地，加快中国（洛阳）跨境电子商务综合试验区建设和伊滨经开区扩区建设，厚植洛阳高水平开放引领高质量发展优势。

3. 加快推进自贸、自创、高新“三区融合”

坚持“大胆试、大胆闯、自主改”，改革开放创新“三力联动”，梳理创新成果复制推广清单，推进制度创新和政策集成，推动自贸、自创、高新“三区融合裂变”。强化自贸区开放引领作用，将自贸区打造成为双向开放先行区、改革创新活力源、高质量发展增长极。加大自创区开放合作力度，加快形成一批千亿级、百亿级产业集群，建成具有国际竞争力的中原产业创新中心、中西部创新创业示范区、国家科技成果转移转化示范区。提升高新区开放创新能力，推进高新区与豫西北、周边地市资源共享、协同发展，打造具有国际竞争力的中原产业创新中心。

4. 加快“四条丝绸之路”建设

空中，加快推进洛阳机场三期改扩建，龙门通用机场加快建成投用。加大国际航班航线开辟力度，稳定开行洛阳至越南河内航线，积极开通洛阳至韩国济州岛航线。陆上、海上，力促年底东方红（洛阳）国际陆港物流中心完成建设，中储洛阳综合物流园建成园区铁路专用线、铁路口岸作业中心。网上，加快中国（洛阳）跨境电子商务综合试验区建设，组建中国（洛阳）跨境电商综合试验区专家委员会，研究起草《中国（洛阳）跨境电商综合试验区总体方案》，明确功能定位、实施范围、发展目标、主要任务和保障措施。编制《洛阳市跨境电子商务发展规划（2020～2025）》，制定《洛阳市人民政府关于加快推进跨境电子商务发展的实施意见》。

5. 强力实施产业精准招商行动

精心办好第38届中国洛阳牡丹文化节投资贸易洽谈会；精准对接境内外500强企业，着力招大引强，力推上海北玻智能高端装备制造产业园项目等52个总投资1227亿元的重大在谈项目顺利签约，全年签约10亿元以上项目80个。落实外商投资法及其实施条例，推进外资企业倍增计划，力争外资企业达到220家。加快中欧（洛阳）科创国际合作产业园建设，争取尽快加入中德工业城市联盟，利用联盟平台开展招商引资。积极对接德国通快智能制造云平台等项目，成为吸引外资的产业集聚地。

6. 加快推进对外贸易转型发展

全面落实中央、省“六稳”部署要求，出台《洛阳市支持外贸外资外经企业稳定发展若干措施》，补齐外贸短板。以打造百亿级外贸产业基地为目标，完成工程机械、复合材料、摩托车及零部件、有色金属、钢制办公家具、太阳能光伏等六大外贸转型升级基地规划编制，力争基地进出口额占全市总量的60%以上。高标准办好“洛阳外贸基地国际精准采购节”。研究出台《洛阳市促进服务外包产业发展若干政策》，统筹在岸外包与离岸外包协同发展。

7. 扩大对外经济合作

加强政策宣传及培训，深入宣传国家及省市有关涉外政策，提升企业对外投资合作水平。鼓励支持本市外经企业组建“走出去”企业联盟，支持优势企业拓展“一带一路”沿线市场，巩固扩大中信重工、一拖集团、洛钼集团等优势企业“走出去”成果，支持洛钼集团等有实力的企业开展海外并购和对外直接投资，组织企业参加豫洽会、中国—东盟博览会、中国进出口商品博览会等国家搭建的对外经济合作平台，深度拓展传统市场，开发新兴市场。力争对外经济合作企业达到70家。

8. 持续推进现代市场体系建设

研究出台《关于加快发展流通促进商业消费的意见》。编制《洛阳市中心城区商业网点规划（2021—2030年）》。开展“星级”农贸市场创建活动，研究出台《洛阳市城市区农贸市场管理办法》，全年创建15个星级农贸市场。开展城市区商品市场疏解外迁工作，2020年疏解外迁涧西区谷水农批市场、谷水菜果批发市场、西工区福地灯具市场、高新区锦光照农批市场等4个市场，促进商品市场转型升级。开展步行街改造提升工作，改造提升涧西广州市场、西工小街、老城东西大街、瀍河东关大街等步行街，打造一批高品质特色商业街，进一步完善步行街功能设施、优化业态布局、增强购物体验，使步行街成为消费购物的新热点、拉动消费新的增长点。争创供应链创新与应用省级示点城市。研究出台《洛阳市城市配送领域新能源汽车运营奖励政策及资金管理办法》。加快推动大张公司宜阳冷链物流园及食品生产园项目、万邦农产品冷链物流园及进出口贸易中心项目、大一物流科技园项目等冷链物流项目建设。优化消费环境，加快构建“互联网+监管”新型监管体制，推动商务领域信用体系建设；开展单用途商品预付卡、汽车销售、家庭服务等领域专项整治行动，持续打击扰乱市场经济秩序行为；做好全市商贸行业安全生产风险隐患双重预防建设，营造舒适、安全的消费环境。

B.29
2019～2020年平顶山市商务发展回顾与展望

李建超*

摘　要： 2019年，平顶山市商务系统按照年初制定的工作目标，坚持稳中求进工作总基调，自觉践行新发展理念，以商务高质量发展为目标，着力在“巩固、增强、提升、畅通”上下功夫，千方百计稳外贸、增外资、促外经、扩消费，全市商务工作呈现稳中有进、进中有优的发展态势。

关键词： 平顶山　开放招商　对外贸易　电商物流

一　2019年平顶山市商务发展运行分析

（1）实际吸收外商投资工作：2019年，全市新设立外商投资企业12家，合同外资7786万美元。实际吸收外资50488万美元，完成省定目标47278万美元的106.8%，目标完成比位居全省第一；同比增长10%，增速位居全省第一。

（2）引进省外资金工作：2019年，全市累计引进项目418个，合同利用省外资金2290.4亿元，累计实际到位省外资金599.1亿元，同比增长3.42%，完成省定目标596.7亿元的100.4%。

（3）外贸进出口工作：2019年，全市货物贸易进出口总值为36.1亿元，同比下降7.2%。其中，进口2.9亿元，增长1.6%；出口33.2亿元，下降7.9%。

---

* 李建超，平顶山市商务局。

（4）电子商务工作：2019 年，全市电子商务交易额为 398.9 亿元，同比增长 21.4%；网络零售额为 122.1 亿元，同比增长 32.2%；跨境电商交易额为 14.73 亿元，同比增长 19.5%，完成省定目标的 104.5%。

二　2019年商务工作的主要措施及成效

1. 全面实施招商一号工程，招商引资提质增量、迸发活力

2019 年，平顶山市在各种活动中累计新签约引进项目 206 个，合同投资总额为 1632.5 亿元；已履约项目 205 个，项目合同履约率为 99.5%；已开工在建项目 193 个，项目开工率为 93.7%；已到位省外资金 966.9 亿元，资金到位率为 59.2%。11 月 16 日，副省长何金平做出批示："平顶山市高度重视招商引资和企业项目落地工作，效率高、成效好，值得学习借鉴。"省商务厅第 122 期《河南商务简报》刊发平顶山市招商引资工作的做法和经验。

一是构筑招商工作体系。积极构建"1+6+N"招商体系，"1"为市招商引资工作领导小组办公室，设在市商务局，由主管副市长兼任办公室主任；"6"为由主管副市长担任组长的金融及 PPP、工业、城市及基础设施建设、文化旅游现代物流电子商务、卫生教育、农牧业及农畜产品深加工等 6 个项目招商工作组；"N"为若干县（市、区）派驻上海、深圳、广州等地的招商分局（基地）。通过构建"1+6+N"招商体系，全面打通上下左右间的投资服务通道，推动形成了市领导以上率下、市级部门靠前服务、驻外招商队伍冲锋在前，县（市、区）齐上阵的协同联动、运转有效的招商格局。

二是绘制四个招商图谱。平顶山市立足现有产业条件，着力打造"一个龙头、七大支柱"制造业产业体系，将改造提升传统产业与培育壮大新兴产业并重，不断完善产业链条，初步绘制完善了产业图谱、企业图谱、产品图谱和研究机构图谱四个图谱，谋划招商引资项目 338 个，投资总额 2960 亿元，招商引资工作的目标性、精准性明显增强。

三是推行四个拜访招商。为加快全市产业转型升级，提升招商引资的针对性和有效性，市委、市政府在招商引资工作中切实推行拜访产业发展中的国家级科研机构、专家和人才、知名企业、国家级行业协会等"四个拜访"，共派出驻地招商小分队 277 批次，拜访企业 1851 家，对接洽谈项目 1993 个，先后

引进了浙江三鼎集团己内酰胺—聚合—纺丝一体化项目、浙江互融新材料科技有限公司ACS及环氧树脂项目、北京化工大学博士生导师田明教授的神马帘子布研发中心项目等。

四是实行大员上阵招商。平顶山市把招商引资工作作为一号工程来抓，主要领导亲自带队外出开展招商活动，全市各级部门招商的积极性、主动性持续提升。市委书记亲自带队赴欧洲的博列麦公司、巴斯夫公司等企业考察对接尼龙新材料项目；市长亲自带队邀请上海医药集团、彤程新材料集团股份有限公司等化工及医药健康产业重要企业在上海召开了“医药健康暨化工产业投资座谈会”。每月在《平顶山日报》通报各县（市、区）主要领导外出招商情况，各县（市、区）主要领导全年共计外出开展招商活动158次。

五是推动外资稳步增长。组织参加第十三届中国（河南）国际投资贸易洽谈会、中国国际投资贸易洽谈会等重大招商活动，扎实开展小分队驻地招商和精准招商活动，先后洽谈拟引进美国伊顿公司拟投资3亿元人民币的伊顿二期项目、亿霖埭美（中国台湾）农业开发有限公司拟投资5亿元人民币的生态环保高效循环农业项目、上海世邦工业科技集团科技股份有限公司拟投资金额1亿元人民币的高端机械加工装备产业园等6个项目。积极挖掘现有外资企业潜力，主动与华耀城、中电投、华润新能源、天瑞集团、光大新能源、宝酒集团、中联天广集团、平高东芝等重点企业沟通，努力挖掘外资潜力，2019年，上述企业引进外资数额占全市实际完成外资总额的95%。

六是优化外商投资环境。市委、市政府把优化营商环境作为全市“不忘初心、牢记使命”主题教育的专项活动，出台了《关于转变政府职能优化营商环境的实施意见》，成立了市委书记任第一组长、市长任组长的全市优化营商环境领导小组，下设9个专业小组，商务部门牵头投资和贸易便利化组，着力打造良好的营商环境。全面落实准入负面清单加国民待遇管理制度，积极贯彻商务部《外商投资企业设立及变更备案管理暂行办法》，认真落实外商投资企业服务制度，建立了服务明白卡，做到了一次告知、一次办理，让投资企业只跑一次。负面清单管理以来，外商投资企业新设立备案6家，享受到了最新的优惠政策，并得到优质便捷的外商投资专业服务和全程跟踪代办服务。市外商投资投诉中心全年未收到一起投诉。

2. 切实优化外贸发展结构，对外贸易稳步推进、总体平稳

一是培育特色出口基地，示范带动效应初显。平顶山市高度重视外贸转型升级示范基地创建工作，对产业特色鲜明、具有一定外贸基础、产业链和配套服务体系比较完善的产业集聚区、产业园区和企业，加大扶持力度，培育为特色出口基地。2019 年，命名了舞钢市纺织服装、叶县摩托机车及零部件、郏县餐厨用具 3 家市级外贸转型升级基地。切实发挥转型升级基地的示范带动作用，借助集聚效应形成辐射，带动基地内及周边企业扩大外贸出口。

二是优化外贸发展结构，出口动力加快转换。继续实施以质取胜、品牌发展战略，继续支持企业加强产品研发创新、营销服务、品牌培育，推动企业开展境外商标注册、国际通行产品和体系认证，在提升电气装备、特种钢材、尼龙化工、纺织品等出口优势的同时，加大了机电产品、高新技术产品、农副产品的出口份额，进一步优化出口产品结构。帮助平顶山市益农科技有限公司、江融华盛科技有限公司等企业办理进出口备案、海关报关认证等相关手续，培育了新的出口增长点。

三是借力优势经贸平台，贸易空间持续拓展。积极组织企业参加国内外知名展会，宣传推介本市品牌企业，引导企业广泛寻求贸易机会，深入开展贸易投资促进活动。组织企业参加了广交会，共签订出口合同 1000 多万元。组团参加了第二届进口博览会，达成成交意向 2.8 亿元，超过上年首届进博会交易额的 60% 以上。涵盖了机器设备、优质农产品、食品、汽车用品、医疗器械、日常用品等领域及品类。

四是加大各项扶持力度，优惠政策落实到位。积极宣传国家、省、市促进外贸稳增长一系列政策措施，重点落实进口贴息、出口信保、中小企业国际市场开拓资金等促进外贸发展扶持政策。组织外贸企业参加 11 月全省稳外贸政策宣讲会（平顶山站），帮助企业熟悉当前外贸进出口政策，积极应对外贸严峻形势。总投资 1.71 亿元的平顶山海关综合业务技术中心项目 10 月正式开工建设，标志着该市增添了一个通向世界的“新窗口”。

3. 推动建设强大国内市场，内贸流通扩大供给、纵深发展

2019 年，平顶山市批发业销售额增速同比增长 9.7%，增速居全省第 9 位；零售业销售额增速同比增长 13.3%，增速居全省第 1 位；住宿业营业额

增速同比增长10.9%，增速居全省第17位；餐饮业营业额增速同比增长15.6%，增速居全省第3位。

一是提升了城市消费。全市共有监测点84个，覆盖各个县（市、区），涵盖批发、零售、餐饮等主要流通行业，基本形成了较为完善的市场监测体系。不断推进减税降费、促进就业政策落实，引导各大商场超市广开货源，努力增加高品质产品和服务供给，消费需求进一步释放。“十一”黄金周期间，全市商超、家电、餐饮和电商4个行业6家监测企业销售1843.98万元，与上年同期持平。市商务局联合苏宁易购举办了消费促进月暨苏宁易购以旧换新活动启动仪式，活动期间共计产生订单1985单，销售金额为1203.74万元。

二是促进了农村消费。全市农村电商服务站点累计覆盖457个建档立卡贫困村，实现了贫困村全覆盖。组织举办了首届电商扶贫“蓝莓采摘节”、印象宝丰端午文化节暨农特产品展销会、第二届桃花节等农产品网络预售产销对接活动，线上线下销售农产品，促进农民增收，各类时令农产品供不应求。40余家阿里巴巴“农村淘宝天猫优品店”已开店运营，苏宁易购扶贫实训店被评为苏宁全国扶贫十大样板店之一，京东平顶山馆已上架销售本市各类优质特色产品。

三是扩大了服务供给。组织举办了“寻味鹰城”美食评选活动，评选出了鹰城“十大名吃”“十大名菜”等特色菜品，通过多种形式大力开展宣传推介，形成了良好的品牌效应。切实抓好家政服务业提质扩容工作，开展了家政服务业市场秩序专项整治，扎实推动了家政服务业信用体系建设，进一步规范了全市的家政服务业市场。

四是加强成品油市场管理。建立了联动协作长效工作机制，开展了成品油流通领域改善空气质量百日会战和成品油流通领域市场秩序及环境污染防治专项检查等活动。全市查处取缔流动加油车及黑加油站点104辆（处），刑事立案28起，刑事拘留34人，行政立案216起，行政拘留244人，查扣油品153.5吨。全市商务部门、市场监管部门共抽检加油站1951座次，抽检率为593.01%，油品合格率（乙醇含量、硫含量）为99.03%。在全省打击清除黑加油站工作会议上，平顶山市作为先进典型介绍了经验。

4. 着力培育壮大新兴产业，全市电子商务和物流业转型发展步伐加快、效能增强

一是电商规模不断壮大。平顶山市通过省商务厅认定备案的电子商务企业

203家，其中应用类企业141家，平台类企业38家，服务类企业24家。全市基本建成电子商务产业园8家，总投资11亿元，入驻企业380余家，带动就业创业人员1万余人。汝州市“互联网+”电子商务产业园被评为河南省电子商务示范基地、河南省跨境电子商务示范园区。新城区双创孵化中心被评为河南省电子商务示范基地。

二是农村电商加速布局。鲁山县、叶县、宝丰县、郏县等电子商务进农村示范县全部建成了县级电商运营物流配送中心。全市建成乡（镇）电商服务站68个，各类村级电商服务站点1000余个，全市县、乡、村三级电商公共服务体系已初步形成。梳理全市“三品一标”产品，建立了电商农特产品目录库。组织参加了第十三届中国（河南）国际投资贸易洽谈会、第九届郑州精品年货博览会和北京首届中国贫困地区特色农产品品牌推介洽谈会，自主举办了“高附加值红薯产销对接”及“温泉特色产品推介暨线上产销对接现场会”等十多场产销对接专场活动，推动了农产品销售实现线上线下融合发展。

三是跨境电商发展提速。立足本市跨境电商产业基础，依托电力设备、碳素石墨制品、磨料磨具等特色产业和资源优势，通过培育扶持，推动本地跨境电商企业快速发展。全市跨境电商业务已经扩展到三轮机车、服饰、山货等多个领域，出口到美国、欧洲、非洲，以及共建“一带一路”国家等，其中地特力电气、亿宏磨具磨料、信瑞达石墨制造等企业的产品畅销全球。加强与知名跨境电商企业合作，依托亚马逊、eBay等全球主流跨境电商平台，为全市生产型企业开拓国际市场打开通道，引领优势产业、产品、品牌“走出去”。开展“跨境电商+尼龙化工”、“跨境电商+装备制造”、传统外贸企业与跨境电商对接等多项行动。先后引进了郑州企鹅粮油机械、郑州威顺游乐设备、河南国立集团等多家跨境电商企业，打造电气装备跨境产业园区。欧洲制造之窗（平顶山欧陆达供应链有限公司）与华邦铁锅、骏辰工贸、泉象实业等6家外贸企业签订合作协议，打造平顶山市特色铸铁锅产业带，加快平顶山优势特色产品、品牌跨境孵化。

四是加快培育电商人才。推进“高校+企业”模式，平顶山学院、城建学院、平顶山职业技术学院等高校建立跨境电商培训平台并开展跨境电商培训。鼓励社会培训机构和企业开展多种形式的跨境电子商务应用专项培训，健全跨境电子商务人才公共服务体系。先后与豫满全球、八方跨境等知名跨境电子商务人才中介服务机构对接，促进形成全市专业化、国际化的跨境电子商务人才服务市场。

五是物流业转型发展步履坚实。研究起草了《平顶山市关于加快物流业转型发展若干措施（讨论稿）》，进一步推进物流业降本增效，提升城市物流管理水平。推进物流业与制造业联动发展，加快传统运输企业向现代物流企业转型升级，支持国药控股平顶山有限公司、平顶山市大陆物流有限责任公司等一批知名度高、影响面广的重点物流企业发展第三方物流。全市冷链物流企业15家，冷库总库容17.8万立方米，冷藏运输车286辆，冷链物流业务总收入3558万元，冷链物流业务营业利润175.5万元。入驻快递服务企业50家，快递品牌15个，分支机构371家，末端网点672个，从业人员3000余人。

三　2020年平顶山商务发展对策

1. 加大力度，全面提升对外开放水平

一是加大政府职能转变力度。认真落实党中央、国务院关于扩大开放的决策部署，围绕“放管服”改革，深入推进外商投资负面清单管理模式，建立宽进严管的市场准入和监管制度，减少和放宽外商投资准入限制，重点扩大服务业和制造业对外开放，不断提高区域开放度和政策透明度。二是加大国家战略融入力度。主动融入中部崛起国家战略，充分利用河南陆、海、空、网开放新通道和郑州航空港区、河南自贸试验区、郑州跨境电商综试区等高端开放平台，以开展与共建“一带一路”国家经贸对接合作为重点，鼓励引导以平煤神马集团、平高集团、跃薪机械制造等为代表的本市优势企业“走出去”，积极参与国际竞争，增强核心竞争力。三是加大开放布局优化力度。把“1＋7”产业作为开放招商重点，加大产业链条上下游人才、技术、资本对接。四是加大开放平台建设力度。加快推进平顶山海关建设进度，谋划推进综合保税区等海关配套监管区建设。大力实施开发区培育升级计划，支持有条件的开发区规划建设“区中园”。五是加大开放环境提质力度。严格执行《外商投资法》和《优化营商环境条例》，做好外资外贸领域减证便民、优化服务工作，深入推进贸易投资便利化改革，完善招商引资项目全程代办服务制度，大力营造政务服务高效、人文关怀贴心的营商环境。加快设立贸促会，助推全市开放型经济发展。

2. 强化措施，积极稳外贸增外资促外经

一是推动对外贸易平稳发展。以市级外贸转型升级基地为依托，积极争创省级外贸转型升级基地。及时跟进河南隆鑫机车、力帆树民车业等有外贸增长实力的重点企业，密切关注跟踪洁利康医疗用品、吉尔木食品等新增外贸企业，指导帮助企业开拓国际市场，扩大出口份额。协调帮助鲁山县、郏县、舞钢市的农副产品出口基地转为自营出口，释放出口潜力。二是提升精准招商工作水平。持续巩固招商工作创新成果，在初步绘制完成产业图谱、企业图谱、产品图谱和研究机构图谱等“四个图谱”的基础上，抓好成果应用，聚焦重点培育的尼龙产业、盐化工产业、电气制造、不锈钢产业等图谱上的目标企业，按图索骥，推行“四个拜访”，实施精准招商，力争新引一批境内外知名企业。三是加快企业“走出去”步伐。重点协助平煤神马集团、华豫万通公司、跃薪智能机械公司等企业完成对外投资备案。对平高集团、大地集团等对外投资及承包工程重点企业及时发布预警信息，指导企业合规经营，做好境外办事机构及项目的安全生产管理。

3. 促进消费，推动内贸流通创新发展

一是加快推动服务业发展。引导流通企业增强品牌意识，实施“老字号”保护和促进行动，推动品牌消费集聚区建设，适时在全市范围开展美食大赛、行业技能大赛等活动，激发广大市民的消费热情，推动相关行业快速发展。二是加强市场运行监测和调控。进一步完善城乡市场监测体系，提高生活必需品、重要生产资料监测分析和预报水平，完善市、县应急预案体系，搞好重要时段市场供应，加强信息引导、产销对接、储备吞吐，确保重要生活必需品供求基本平衡。三是维护流通市场秩序。继续做好二手车交易市场、拍卖行业企业的年审及日常监管工作，将单用途商业预付卡的管理纳入日常监管，进一步强化对单用途商业预付卡的管理。

4. 多管齐下，加快电子商务和物流业转型发展

一是出台支持政策，培育电商龙头企业。制定 2020 年跨境电商专项资金管理使用办法，通过政策引导和配套资金支持，着力推动跨境电子商务健康发展，构建全市跨境电子商务完整的产业链和生态链。培育本土电子商务龙头企业，壮大电子商务骨干企业队伍，持续推动电子商务集聚发展，不断提升全市

电子商务应用水平。二是加强分类指导，争创省级示范园区。指导符合条件的电商企业、园区及大中院校争创省级电子商务示范园区、省级跨境电子商务人才培训暨企业孵化平台。积极组织指导符合条件的物流项目，争创省级冷链、快递、电商物流示范园区。三是加大扶持力度，服务重大项目建设。按照市县联动、部门协同、动态调整、滚动实施的原则，及时统计汇总投资 1 亿元以上的重大物流项目，进一步完善现代物流业转型发展规划重点项目库。以出台《平顶山市关于加快物流业转型发展若干措施》政策为契机，加大对物流业重大项目和企业的扶持力度，定期跟踪服务宝丰县西商农产品（冷链）物流园项目、泰顺达电商仓储物流园、内陆物流港、现代物流产业集聚区等重大物流项目，保障重大物流项目建设顺利推进。

5. 多措并举，发展农村电商助推脱贫攻坚

一是大力培育农产品网货品牌。结合贫困村产业基础和脱贫规划，确定网上营销的主打产品和主导品牌，注重培育和做大做强地域果品、绿色蔬菜、小杂粮和旅游民俗文化手工艺品等品牌，推动特色产业实现规范化、规模化、品牌化发展。二是扶持农村电商企业成长。充分利用国家和省级电子商务进农村示范县的优势，在政策倾斜和服务上下功夫，扶持农村电商企业快速成长。支持企业加大在天猫、淘宝、京东、苏宁易购、拼多多等电商平台的推广和营销力度，提升品牌知名度和美誉度，扩大市场占有率。三是组织搭建产销对接平台。联合各县（市、区）继续举办形式多样的产销对接活动，集中全市名优特产，突出产销联合，通过“全农参与，电商助力”进一步拓宽农产品上行通道。四是持续完善示范县建设。加大对鲁山县、叶县等示范县电子商务进农村的督导力度，不断改进和完善县级电子商务运营物流服务中心及乡村电商服务站点功能，逐步解决电商进农村的人才、物流等瓶颈，推动电商进农村示范建设高质量发展。

B.30
2019 ~2020年安阳市商务发展回顾与展望

刘 健 常 剑*

摘 要： 2019年，面对严峻复杂的形势，全市高举习近平新时代中国特色社会主义思想伟大旗帜，在省委、省政府和市委、市政府正确领导下，坚持稳中求进工作总基调，坚持新发展理念，坚持开放带动，抓好民生工程，着力推动招商引资、对外贸易、内贸流通、电子商务等重点工作，商务高质量发展取得积极成效。

关键词： 安阳市 招商引资 促消费

一 2019年全市商务运行情况

1. 招商引资态势良好

2019年，全市引进省外资金744.9亿元，同比增长3.6%，总量居全省第四位。全市实际利用外资5.52亿美元，同比增长4.7%，增速居全省第四位。

2. 招大引强成效突出

围绕全市四大千亿级主导产业，大力开展精准招商，积极引进项目，促进产业转型升级。2019年，全市新开工亿元以上项目295个，投资总额为1241.5亿元。比亚迪智能终端及零部件、三新产业园、上海复星合力等重大项目开工建设，为全市转型发展注入新活力。

---

* 刘健、常剑，安阳市商务局。

3. 对外贸易稳中有进

面对复杂严峻的外贸形势，全市强化举措、提升服务，进出口总值稳定增长。2019 年全市货物贸易进出口 60.1 亿元，增长 1%。全市跨境电商进出口 8.8 亿美元，增长 17%。

4. 消费规模持续扩大

在宏观经济环境趋紧、需求不旺、市场竞争加剧的形势下，全市一手抓限上企业的入库，一手抓社零关联指标的增长，促进限上企业零售额比重持续提升，2019 年全市社会消费品零售额为 953.2 亿元，增长 8.6%。

5. 对外合作有序开展

全市积极实施“走出去”战略，2019 年全市承包工程及劳务合作完成营业额 561 万美元，增长 27.5%，完成年目标的 127.5%；对外直接投资 350 万美元，完成年目标的 100%；外派劳务 4092 人次。

6. 电商扶贫扎实推进

全市农村电商扶贫服务站点累计建设 349 个，覆盖建档立卡贫困村 400 个，实现了农村电商服务站点对所有建档立卡贫困村服务 100% 全覆盖。

二　重点举措

1. 高位推进对外开放

召开了全市对外开放大会，认真学习贯彻党的十九届四中全会精神、习近平总书记视察河南重要讲话精神和全省对外开放大会精神，回顾总结了全市近年来对外开放工作取得的成就，为全市加快新时代对外开放明确了目标方向，对下一步对外开放工作做出了安排部署。市委、市政府研究出台了《安阳市加快推进新时代对外开放的实施意见》，12 个市直部门结合各自领域，分别出台了对外开放专项实施方案，形成了开放招商“1 + N”政策体系，为全市构建对外开放新格局、建设新时代区域性中心强市提供了有力支撑。

2. 多措并举强力招商

强化招商引资指挥部职能，建立健全六个专题招商组、各县（市、区）和市直部门联动招商机制。组织参加了第十三届河南投洽会、第十一届中博会、第二届中国国际进口博览会等重大活动，签约金额居全省前列。精心举办了第十一届安阳航空运动文化旅游节经贸招商活动，邀请了近200名重要客商参会，取得了签约21个项目、总金额262.1亿元的丰硕成果。全市六个专题招商组、各县（市、区）围绕主导产业抓招商，形成了协同联动的招商合力。全市实行重大项目领导分包和专班推进工作机制，建立完善了招商引资信息管理平台，坚持周通报、月督导、季考评、半年观摩、年度总评，完善了《招商引资工作考核办法》，对半年考评、年度总评前三名的县（市、区）给予通报表彰，营造了全市创先争优的招商氛围。

3. 稳步推动“三外”工作

面对中美贸易摩擦等因素影响，全市多措并举、积极应对，全力扭转外贸不利局面。一是加快推进外向型经济平台建设。成功申建万庄物流保税仓，加快推进万庄物流铁路专用线建设，为下一步申报保税物流中心奠定基础。积极申报国家级豫北跨境电商、内黄跨境电商示范园区和国家级汤阴农产品外贸转型基地。二是抓好政策落实，提升服务水平。扎实开展“稳外贸、增外资、促外经”工作，推动有关政策实施。积极为企业申报中小开、进口贴息、出口信用保险、跨境电子商务等政策资金。三是帮助企业开拓市场。组织企业参加投洽会、广交会、进博会、中国—东盟博览会、亚欧博览会、广博会、京交会、高交会、跨境电商大会等国内外重大展会，帮助企业提高知名度和开拓国际市场。四是积极实施“双向合作”战略。充分利用欧洲企业服务网络安阳联络处、中国—马来西亚联合商务理事安阳联络处两个平台，组织全市外经贸企业参加国家、省投资洽谈活动，积极推动企业“走出去”。

4. 全面促进商贸流通

一是以延伸城市绿色货运配送为抓手，推动城乡高效配送体系建设。加快内黄果蔬城等冷链物流园区在网点建设、技术运用、模式创新方面的发展步伐。二是物流转型发展积极推进。以全市入选国家陆港型物流枢纽承载城市为契机，加快陆路港建设工作，全市十大重点物流项目起色明显，物流园区外迁工作强力推进。三是平安商场创建工作日趋规范。与政法、公安等相关部门联检联创的融合机制不断完善，系统内“红线”意识和风险意识进一步强化，全市商贸领域安全生产形势持续稳定。

5. 加快发展电子商务

着力打造豫晋冀交界地区区域性电子商务中心强市，深入实施电子商务进农村、进社区、进园区的“三进工程”和培育一百个示范点、一千个电商企业、一万家网店的“百千万计划”。2019年全市电子商务交易额达到428.5亿元，快递企业业务量累计完成6652万件，增长49.1%。引进了阿里巴巴、京东、腾讯、百度等电商平台企业15家。本土电商平台蓬勃发展，培育了通用“出口易”跨境交易平台、中国铁合金现货交易网、中原钢材现货网等7家本土特色电商平台。

三　2020年面临形势

当前，世界经济增长放缓，全球动荡因素增多，中美经贸摩擦影响加剧；但我国有超大规模的市场优势，有完善的产业体系，有集中力量办大事的制度优势，随着国家战略和政策叠加优势的逐步显现，我们完全有信心、有能力抵御外部环境的冲击。从全省来看，中部地区崛起、黄河流域生态保护和高质量发展等重大国家战略交汇叠加，“四路协同”“五区联动”势头正好，为发展提供了难得机遇和支撑。从全市来看，虽然要素约束趋紧、转型阵痛加剧、经济下行压力加大，但是近年来全市在改革开放、产业转型、三大攻坚等方面都取得了扎实成果，发展质量在提升，发展环境在优化。尽管2020年新冠肺炎疫情对全市经济造成较大冲击，但经济发展和持续升级的趋势不会变，只要努力渡过难关，一定能迎来光明前景。

四　2020年展望

2020年是全面建成小康社会和“十三五”规划的收官之年，要以习近平新时代中国特色社会主义思想为指导，全面贯彻党的十九大和十九届二中、三中、四中全会精神，深入落实中央、省委经济工作会议和市委十一届十一次全会部署，坚持稳中求进工作总基调，坚持新发展理念，牢记使命、务实重干、克难攻坚，奋力开创商务工作高质量发展新局面。

1. 统筹推进疫情防控和商务发展

深入贯彻落实省、市决策部署，统筹抓好疫情防控和商务工作。一是抓好服务业企业复工复产。发挥服务业企业复产复工领导小组作用，加强扶持引导，深入企业调研督导，协调解决企业存在的困难和问题，加快企业复工复产。二是持续保障市场供应。密切跟踪疫情防控形势变化，深入市场一线，及时掌握动态，继续做好生活必需品供需衔接和市场调度，进一步畅通物流，适时投放猪肉储备，确保生活必需品不断档、不脱销、不暴涨。三是抓好政策落实。全面落实省商务厅、省财政厅《关于积极应对新冠肺炎疫情做好外经贸工作若干措施》，专人专班跟进，推动稳外贸增外资促外经各项举措落实到位、惠及企业。

2. 更高水平抓招商，推动开放招商新跨越

一是提升招商质量。围绕全市四大千亿级产业和各县（市、区）主导产业精准招商，研究制定做大总部经济、楼宇经济的具体措施。加大驻地招商、小分队招商力度，实施委托招商、以商招商、平台招商、产业链招商、并购招商等新模式，通过专题推介、“一对一”洽谈，引进一批具有带动支撑作用的大项目。二是提高服务水平。认真落实招商引资优惠政策，加快推进中博会、河南投洽会、安阳航空节等重大活动签约项目的落实。严格执行《外商投资法》及其配套法规，保障外商投资企业国民待遇，真心实意支持企业发展，吸引更多客商来安投资兴业。三是强化机制保障。健全重大项目专班推进机制，对项目进行重点跟踪服务，实行专题研究、专人负责、专案推进。实施招商引资和项目情况周通报、月督导、季考评、年度总评，形成以项目论业绩、比能力的工作导向。四是优化营商环境。持续推进“放管服”改革，实施市场准入负面清单、公平竞争审查制度，进一步优化办事流程，压缩审批时限，推进“一网通办”前提下“最多跑一次”改革，为项目入驻提供全方位、一站式服务。

3. 多措并举稳增长，培育外经贸竞争新优势

一是狠抓政策落地。贯彻落实国家、省、市稳外贸稳外资政策安排。加力落实支持外经贸企业发展“黄金 19 条”。抓好对出口退税资金池、纾困资金池、贷款贴息、服务官制度的落实。二是加快申建安阳保税物流中心。积极申建具有保税物流仓储，全球采购和国际分拨、配送，转口贸易和国际中转业务，简单加工和增值服务等功能的公共型保税物流中心。三是打造安阳市外贸综合服务平台。积极建设集通关、物流、融资、担保、进出口代理、进出口商

品展览展示等于一体的外贸综合服务平台。大力引进进出口型项目和外贸综合服务企业。四是加快发展服务贸易。支持服务贸易企业通过兼并、联合、重组、上市等多种方式扩大规模，培育一批具有较强国际竞争力的服务贸易企业。五是积极推动对外经济合作。积极组织全市企业参加重大经贸活动，为企业搭建对接平台，促使全市优势产能、企业需求和国际市场特别是共建“一带一路”国家市场有效对接。

4. 重拳出击抓监管，提升商务领域环境整治新水平

一是加强成品油市场监管。发挥全市油品综合整治攻坚推进专班职能，商务部门发挥牵头作用，联合有关部门全面开展打击劣质油品和黑加油站专项行动，形成监管合力，坚决打赢成品油市场整治攻坚战。二是加快物流转型发展。开展物流园区环境综合整治，加快物流园区外迁工作，推进万庄物流、内黄果蔬城、安阳国际物流港等重点项目进展。三是抓好平安建设。积极推动全市商贸行业企业落实安全生产主体责任，抓好平安建设，确保大局和谐稳定。

5. 多点发力促消费，增创内贸流通发展新动能

一是培育消费热点。抢抓疫情过后消费市场触底反弹、补偿性消费集中释放的机遇，积极培育消费热点。培育壮大“河南老字号”，促进老字号管理和申报工作规范化、标准化。二是促进消费升级。着力提升国家级家政劳务输出基地的示范带动效应，推进家政服务业提质扩容，深入推进“百城万村”家政扶贫工作，持续推动早餐工程提质升级。三是推进消费惠民。扎实做好电商进农村、电商扶贫和产销对接扶贫工作，抓好农产品流通体系建设，加强对品牌汽车、二手车、报废汽车拆解、拍卖行业的规范管理。

6. 示范引领育品牌，打造电子商务新亮点

一是加快发展网络消费。指导电商平台企业促进商品的个性化设计和柔性化生产。引导流通企业创新发展互联、平台、共享等流通新业态、新模式，促进线上线下融合发展。二是提升电商品牌建设。培育一批农产品网络区域品牌、企业品牌和行业性服务业电商平台，打造特色鲜明、竞争力强的优质网络品牌群体。三是开展电商扶贫“回头看”活动。切实抓好抓实问题整改，全面提升电商扶贫工作质量和服务水平。

B.31
2019～2020年鹤壁市商务发展回顾与展望

蔺其军　周永利　李　霞*

摘　要： 2019年，鹤壁市深入学习宣传贯彻习近平新时代中国特色社会主义思想和党的十九大精神，认真落实中央、省委、市委各项工作部署，认真落实全面从严治党各项任务，坚持开放带动主战略，强力推进开放招商提质增效，多措并举稳外贸增外资促外经，加强商贸流通和市场监管，全力推动高水平开放、高质量发展，多项重点工作取得较好成效。本报告总结了2019年鹤壁市商务工作情况，对2020年鹤壁市商务发展进行了分析展望。

关键词： 鹤壁市　外贸　商贸流通

一　2019年鹤壁市商务发展情况

1. 引进省外资金情况

2019年，全市引进省外资金342.9亿元，同比增长4.42%，增幅居全省第1位。项目主要集中在制造业、租赁和商务服务业、房地产业等行业。

2. 实际吸收境外资金情况

2019年，全市实际吸收外商投资87812万美元，同比增长4%。境外资金来源地主要集中在中国香港、中国澳门、英属维尔京群岛等地（见表1）。

---

* 蔺其军、周永利、李霞，鹤壁市商务局。

表1　2019年鹤壁市实际吸收境外资金主要来源地

单位：亿美元，%

利用境外资金主要来源地	实际境外资金	占比
中国香港	7.02	80.0
中国澳门	0.41	4.7
英属维尔京群岛	0.40	4.6
泰国	0.30	3.4
合计	8.13	92.70

资料来源：鹤壁市商务局。

3. 货物贸易进出口情况

2019年，全市货物进出口完成30.18亿元，同比增长26.65%，增幅居全省第6位。其中，出口26.89亿元，同比增长65.09%；进口3.29亿元，同比下降56.42%。主要出口美国、荷兰、印度等国，主要出口商品类别有电子信息、精细化工、金属镁等（见表2）。

表2　2019年鹤壁市出口主要商品类别

单位：万元，%

商品种类	出口额	占比
电子信息	205075	76.26
精细化工	30504	11.34
金属镁	8507	3.16

资料来源：鹤壁市商务局。

4. 社会消费品零售总额完成情况

2019年，全市社会消费品零售总额完成271亿元，同比增长10.4%。

5. 对外直接投资和跨境电商进出口交易额完成情况

2019年，全市对外直接投资完成1100万美元，同比增长10%，增幅居全省第5位；全市跨境电商进出口累计完成12.7亿元，同比增长40.8%，增幅居全省第4位。

二　2019年主要工作成效

1. 开放招商成效显著

鹤壁市委、市政府成立高规格开放招商工作领导小组，出台了《关于发展高质量高水平开放型经济的意见》《鹤壁市招商引资优惠政策》《鹤壁市促进物流业转型发展若干措施》《鹤壁市关于促进“飞地经济”发展的若干政策》等政策措施，形成了“1＋N”的开放招商政策体系，明确稳定的政策预期转化成为开放招商的比较优势。一是深入开展“开放招商提升年”活动。先后开展了集中招商“春雷行动”“夏季会战”“秋季冲刺”“冬季收官”活动。二是不断完善开放招商的体制机制。充实4个驻地招商组力量开展驻地招商，进一步明确由市级领导主导负责、招商组牵头突破、县区承载实施，对重大招商引资项目配备服务管家一对一跟踪服务，从项目洽谈签约到落地建设、后续服务，实现全过程、一体化推进。三是积极组织开展重大经贸招商活动。组织参加了国家和省举办的第十三届河南投洽会、第十一届中博会、河南省与长三角珠三角地区经贸合作交流会等，在民俗文化节、樱花文化节、中原文博会期间举办市情推介、招商对接、项目签约活动。成功承办了第十四届豫商大会，通过经贸活动结识了一批客商，签约落地了一批项目。2019年全市新落地亿元以上项目134个、投资总额为544.85亿元，新签约亿元以上项目144个、投资总额为775.75亿元。

2. 对外贸易逆势增长

积极应对贸易摩擦，出台《鹤壁市支持稳外贸稳外资若干政策》，建立稳外贸稳外资联席会议制度和对口服务企业机制，对全市20家外贸、外资龙头企业开展一对一服务，积极开展出口退税资金池业务，在全省率先开展“外贸贷”创新试点工作。积极指导开发区申报并成功被商务部认定为国家外贸转型升级基地。探索“投资＋贸易”模式培育外贸新的增长点，推进京东（鹤壁）智能制造产业园建设，引进智能应用芯片、导电膜等京东生态合作伙伴企业10家到本市发展，仅12月当月实现出口规模达12亿元，2019年全市货物进出口成功扭转外贸下滑趋势，实现由负转正，由前11个月同比下降20%到全年同比增长26.7%，增幅居全省第6位。

3. 数字经济集聚态势初步形成

按照“数字产业化布局，产业数字化融合”的思路，出台了《鹤壁市支持新经济招商引资十条措施》，积极引进发展新经济产业。通过加强与京东、阿里、华为等龙头企业合作，做好打基础、利长远工作，努力抢占新经济产业发展先机，京东（鹤壁）智能制造产业园、阿里云创新中心、5G 产业园、华讯方舟无人机、阿凡达机器人等一批项目签约落地，在全市形成新经济企业集聚态势。与京东集团开展全面合作，京东无人超市、京东智能影棚等新型经济业态在本市落地。

4. 大力发展现代物流产业

制定出台《鹤壁市促进物流业转型发展若干措施》，明确了全市物流业重点发展方向，对设立物流业发展财政专项基金、保障物流项目用地、相关税费减免优惠等做出了具体规定。加强农产品流通基础设施建设，成功创建全省首批省级城乡高效配送试点城市。京东（鹤壁）亚洲一号电商产业园完成土地摘牌，项目建成后交易结算在鹤壁、产品销售辐射豫北，以该项目落地为契机，全力开展现代物流产业招商，吸引国美、苏宁等电商物流企业在园区设立豫北区域分拨中心。

5. 深入推进电商流通产业扶贫

打造扶贫载体，稳步推进电商扶贫服务体系建设，完善鹤壁市电商扶贫服务站点建设标准，更好地服务于贫困群众，2019 年全市农村电商扶贫服务站点累计建设 86 个，实现对所有建档立卡贫困村服务全覆盖。探索出“农民主播＋产品＋贫困户”“电商企业＋合作社＋贫困户”等扶贫模式，促进农特产品上行。与市扶贫办联合举办以“电商惠民消费扶贫”为主题的 2019 电商扶贫对接会，组织参加 2019 全国农产品产销对接行启动仪式暨首场产销对接活动、河南（北京）农特优产品推介会、第九届郑州精品年博会电商扶贫展等对接活动，促进线上线下产销对接。

6. 强化商务领域市场监管

指导商贸流通企业保障主要生活必需品供应，鼓励多种方式促销，促进品牌消费、绿色消费。巩固完善市、县（区）、乡（镇）、村四级监管体系，以单用途商业预付卡、成品油、外商投资等为重点，加强商务领域市场监管、商务执法工作。持续开展了成品油市场专项整治行动。

三　2020年商务发展展望

以习近平新时代中国特色社会主义思想为统领，深入贯彻落实市委、市政府各项部署，按照高质量发展根本要求，积极融入全国、全省对外开放大局，践行新发展理念，千方百计稳外贸增外资促外经，强力推进开放招商提质增效，加快构建开放型经济体系。同时抓好电商流通产业扶贫、环境污染防治等工作任务，推动各项商务工作高质量发展。

力争2020年全市开放型经济发展水平显著提升，主要指标增幅高于全省平均水平。全市实际吸收外资、实际到位省外资金均增长3%，质量进一步提升；货物贸易增长5%，结构进一步优化；跨境电商交易额增长20%，社会消费品零售总额增长10%；新签约、新落地亿元以上项目均在120个以上。

1. 统筹做好疫情防控和商务运行工作

全面贯彻落实河南省商务厅和鹤壁市委、市政府关于新冠肺炎疫情防控工作的安排部署，全力做好商场超市的疫情防控和生活必需品市场供应工作。强化督导检查，成立4个检查组分赴本市各区县指导商场大型超市等人员聚集场所落细落实防控措施。加强市场监测，密切关注生活必需品市场供求变化，提高预判应对能力。保障市场供应，组织各商场超市对全市范围内以及周边区域各类蔬菜基地加强调研对接，建立稳定采购渠道。增设销售网点，联动区县鼓励大型超市在连锁门店销售的基础上，在社区设立便民服务网点，方便居民购买生活必需品。创新销售方式，支持各生活必需品供应企业通过电话订货、送货上门、卡点交接等方式开展销售，避免人员交叉传染。统筹做好商务工作，在做好疫情防控的同时，积极开展网络招商活动，练好内功谋划好项目，做好招商项目的网络推介、网络签约；充分发挥全市稳外贸稳外资工作联席会议制度作用，落实好国家、省、市帮助企业应对疫情的政策措施，加大对重点外贸、外资企业的政策支持，帮助企业减少疫情影响，做到“两手抓、两不误”。

2. 持续强化开放带动

实施大开放，积极融入“一带一路”倡议、“五区四路”战略和黄河流域生态保护和高质量发展战略。建设大平台，增强产业集聚区、服务业“两区”及专业园区承载能力，提升国家镁及镁合金产品质量监督检验中心、食品综合检测服务等平台的产业配套服务功能，突出围绕鹤壁东区开展招商。突出大招商、大员上阵、凝聚合力、持续强化4个招商组驻地招商、区县主体招商、部门行业招商责任，借助招商中介机构开展社会招商，构建大招商格局。引导各区县进一步明确主导产业，突出招商重点，开展精准招商。完善重大招商项目预审机制、跟踪督查推进机制，确保项目落得下、建得快、发展好。

3. 突出稳外贸增外资

认真落实国家、省、市促进外贸稳增长各项政策，积极承接沿海外贸企业转移，大力发展跨境电子商务，持续提升外贸企业转型升级和拓展市场能力。开展出口退税资金池及“外贸贷”创新试点业务，帮助企业扩大自营出口，有序引导本地有出口业务的企业在本市报关。强化企业服务，组成工作专班，对20家重点外贸外资企业开展“一对一”帮扶。积极开展境外招商，加大与共建“一带一路”国家经贸交流合作，落实好大幅放宽外商投资市场准入各项政策，全面落实准入前国民待遇加负面清单管理制度等，持续扩大外商投资领域与规模。

4. 加强对外交流合作

加快推动与以色列在现代农业，与韩国、德国等在现代工业，与共建“一带一路”国家在服务贸易方面的项目合作。帮助企业及时了解对外经济合作政策、项目信息、安全风险评估和安全预警情况，支持企业在境外开展股权并购、技术合作、品牌并购等，鼓励引导企业“走出去”开展对外投资和对外承包工程，尤其是到共建“一带一路”国家投资基础设施建设等项目，带动成套设备、原材料、技术、标准、品牌和服务出口，提高企业国际化运营能力和水平。同时，加强产业、能源、金融、科技等方面的合作交流，推动与周边地区交通设施互联、产业发展互补，打造开放竞争新优势。

5. 加快流通产业发展

加强农产品流通基础设施建设，通过建立县级电商中心、乡镇电商服务站、村级电商服务点，有效助力全市乡村振兴战略实施。谋划推进一批现代物流项目，加快完善城乡物流配送体系，推动城乡高效配送试点市建设。指导商贸流通企业积极开展消费促进活动，保障主要生活必需品供应，积极做好猪肉储备和适时投放工作。完善成品油流通市场布局规划，建设改造一批达标示范加油站。

6. 强化商务领域市场监管

持续巩固、扩大商务综合行政执法体制改革成果，进一步建立完善市、县

(区)、乡（镇)、村四级全领域商务监管执法体系，促使其规范化、常态化、标准化运行，全面履行商务领域市场监管执法职责，维护商务流通领域市场秩序。深入推进成品油市场专项整治，严厉打击黑加油站点、销售劣质油品等行为，进一步健全完善成品油流通市场联合监管机制，加强部门间合作，整顿规范成品油市场秩序。

B.32

2019~2020年新乡市商务发展回顾与展望

周 勇　申晓欣*

摘　要： 2019年以来，面对国内外不确定、不稳定因素和风险挑战增多的严峻复杂形势，在市委、市政府的正确领导和省商务厅的指导帮助下，全市商务战线不畏险阻、砥砺奋进，紧盯稳外资、稳外贸、促消费工作主线，保持了商务工作稳中有进、稳中提质的良好发展态势。

关键词： 新乡市　对外开放　消费促进

一　2019年新乡市商务发展指标完成情况

2019年，全市新设外资企业12家，实际吸收外资12.16亿美元，同比增长6.5%；实际到位省外资金700.4亿元，同比增长3.8%；社会消费品零售总额完成1129.26亿元，同比增长10.8%；外贸进出口完成84.97亿元，同比增长6.8%；跨境电商进出口完成43.68亿元，同比增长21.1%。

二　2019年商务工作回顾

（一）开放招商成果丰硕

2019年，全市开放层次、开放水平进一步提高。特别是召开了高规格的对

* 周勇、申晓欣，新乡市商务局。

外开放大会，凝聚了开放的共识，汇集了开放的力量，发出了开放的动员，将对全市以高水平对外开放推动高质量发展产生深远影响。一是大力推进“一招四引”。坚持招商引资、引智、引金、引企联动发展，不断提升开放广度深度。全市新签约亿元以上招商项目 169 个，投资额为 1410 亿元；新开工亿元以上招商项目 206 个，投资额为 834 亿元。世界 500 强企业华润集团风电新能源项目、恒大轮毂电机和新能源汽车项目落户本市。成功举办第二届高博会，52 位院士、71 位高校院所负责人和 1400 余名知名企业家齐聚新乡；签约合作项目 139 项，投资额为 343 亿元；引进高层次团队 6 个、人才 13 名。二是重点紧盯“六大专项”。围绕全市优势支柱产业、战略新兴产业，加快推进产业结构转型升级。引进新能源项目 8 个，投资额为 44 亿元；电子信息项目 41 个，投资额为 136 亿元；现代纺织项目 7 个，投资额为 71 亿元；装配式建筑项目 17 个，投资额为 109 亿元；文旅康养项目 11 个，投资额为 306 亿元；现代农业项目 2 个、投资额为 45 亿元。三是强化招商要素保障。率先建立要素保障机制，收储工业用地 19039 亩；建设标准厂房 225.2 万平方米；设立省级以上创新平台 20 个；成立投融资平台 6 个，投放资金 2.4 亿元；新设产业基金 6 个，投放资金 3.8 亿元。要素保障为扩大开放、项目落地提供了良好支撑，提升了项目建设质量和效率。四是积极开展招商活动。开展重点地区招商，签约京津冀地区项目 38 个，投资额为 395 亿元；签约珠三角等地区项目 41 个，投资额为 256.2 亿元。第十三届河南投洽会全市签约文旅康养、先进制造业、高成长服务业项目 30 个，投资额为 435 亿元。新乡工业互联网高峰论坛、全国特色村镇合作与发展峰会等系列招商活动展示了新乡靓丽形象。市县两级党政主要领导挂帅参加各类招商活动。五是开放通道更加通畅。中欧班列（新乡号）、“新日韩”铁海联运国际班列“双翼齐飞”，全年累计开行 130 余列，总货运量超 15 万吨，经开区保税物流中心（B 型）开工建设，海关监管查验中心实现一站式通关，“一体两翼”的国际陆港初具规模。六是开放环境持续优化。积极落实“放管服”改革要求，实施“一网通办”，严格落实外商投资“准入前国民待遇 + 负面清单”，出台优化营商环境实施方案，构建稳定公平透明的法治化营商环境。

（二）对外贸易稳中提质

一是外贸企业队伍不断壮大。全市实现出口实绩的企业达到 657 家，进出口经营权备案企业新增236家，外贸基础更加牢固。二是政策支持不断增强。“外贸贷”、退税资金池等系列政策制定出台，完善了政策支撑；举办外经贸政策培训4次，培训企业450余个、从业人员600余人，提高了企业政策知晓运用水平；对中小开补贴、加工贸易支持、出口信保等专项资金予以申报，支持企业发展，提振企业信心。三是积极支持基地建设。经开区纺织出口基地被商务部命名为国家级外贸转型升级基地，为全市发挥纺织产业链优势参与国际合作提供了更宽广的平台。四是积极拓展国际市场。认真做好第二届进博会、广交会、中博会、中国—东盟博览会等重要展会的组织工作。第二届进博会，全市交易分团385家企业、746人参加展会，签订合作（框架）协议7亿元。五是跨境电商快速发展。以新乡跨境电商产业园作为承接主体，打造外贸综合服务平台“一站式服务窗口”，推动阿里、武汉往来云商、Amazon（亚马逊）、eBay（易贝）等大型电商平台与外贸实体企业深度互动融合。

（三）促进消费多点发力

持续实施消费升级计划。着力打造经营状态良好、文化底蕴深厚、展现城市形象、拉动品质消费作用明显的特色商业示范步行街（区）。东方文化商业步行街通过升级改造，文化特色更加鲜明。新乡“老字号”创新发展。在全省率先出台评审办法，首批认定“新乡老字号”25个，成立全省首个“老字号”协会；形成了2个“中华老字号”、7个“河南老字号”、25个“新乡老字号”的品牌规模，成立新乡市“老字号”协会。组织全市企业参加河南老字号中华行、年货博览会、农博会等展会5次。扩大餐饮消费，豫菜豫酒振兴共同推进。积极扩大农村市场消费，新增农村电商服务点近200个，形成获嘉“印象嘉”、延津“豫鉴延品”、新乡县“鄘南味道”、卫辉市“苍峪山”等县域公共品牌4个。积极推动优势商贸流通企业与电子商务融合发展，便捷畅通网上销售新渠道。开展单用途商业预付卡专项整治。

三　2020年商务发展形势分析与指标预判

2020年全市商务工作总体思路：以习近平新时代中国特色社会主义思想为指导，深入贯彻落实习近平总书记视察河南重要讲话精神，认真贯彻落实市委十一届十一次全会、市委经济工作会议和省商务工作会议精神，坚持稳中求进工作总基调，坚持新发展理念，坚持以供给侧结构性改革为主线，坚持以改革开放为动力，紧扣全面建成小康社会目标任务，着力更高水平扩大对外开放，下大力气稳外贸、增外资、促外经，着力加快培育强大消费市场，下大力气创新模式、搞活流通、促进消费升级，切实推进商务高质量发展，努力实现疫情防控和商务事业“双战双赢”，奋力实现商务工作晋位升级，为全市整体工作迈进全省第一方阵做出应有贡献。

2020 年，全市努力实现社会消费品零售总额增长 10%；实际吸收外资、省外资金增长 3%；货物进出口增长 3%；跨境电商交易额增长 10%；服务贸易增长 7%；对外承包工程及劳务合作完成营业额、对外直接投资额与上年持平。

四 2020年对策建议

（一）高水平推动对外开放

一要增强开放意识。商务系统各级干部要目光放远、步子迈开，在主动了解、学习、借鉴先进地区经验做法的过程中解放思想、更新观念，增强开放意识，提升开放能力。统筹推进融入“四路协同”“五区联动”重大事项，积极推动“一招四引”，积极融入共建“一带一路”，加快打造内陆开放高地。二要狠抓政策落实。要将落实“十九条”作为 2020 年做好对外开放工作重要抓手，突出抓好出口退税资金池、纾困资金池、贷款贴息、服务官制度、主办银行制度等落实，将坚定推动对外开放的决心、坚定支持“三外”企业发展的信心传递给企业。三要持续优化营商环境。严格落实新乡市优化营商环境十条措施，着力优化公平竞争的市场环境、精准有效的政策环境、平等保护的法治环境、功能完善的硬件环境，落实市委全会提出的“四个时刻想着，六个明显有感”，努力实现“近悦远来”的营商环境。深化“放管服”改革，继续实施市场准入负面清单、公平竞争审查制度，积极推进“五减一优”，提高网上政务服务能力，及时主动接收处理“多证合一”信息。落实服务官等联系服务企业制度，帮助企业应享尽享扶持政策。深入推进依法行政，营造法治化营商环境。进一步强化市场监管，推进“互联网＋监管”，继续实施商务领域“双随机、一公开”监管，加强信用体系建设，加强结果运用。四要加快平台建设。积极对接“四路协同”“五区联动”发展战略，主动融入中国（河南）自贸区共建片区，加快自贸区联动发展区、保税物流中心（B型）和跨境电商综试区建设步伐，推动中欧班列（新乡号）、“新日韩”铁海联运国际班列常态化运行，加快海关监管基础设施建设，全面提升全市开放平台承载能力和水平。五要扩大开放领域。积极推进制造业、商贸、文化、教育、旅游、体育、卫生、健康等领域开放，谋划储备实施一批重大项目，推动形成全方位、宽领域、多层次的开放格局。

（二）大力发展对外贸易

一是优化企业服务。贯彻落实外贸企业联系服务制度，特别是针对“白名单”企业，帮助协调解决企业生产经营过程中的困难问题。支持企业巩固现有市场，积极开拓新兴市场，特别是“一带一路”沿线市场。做强做大优势外贸产业，引进培育外贸综合服务企业。二是挖掘增量潜力。梳理本地企业优势产品技术升级、销售渠道、出口途径等方面的信息，筛选出对外贸易增长潜力，查找对外贸易的突出短板，拿出切实可行的措施予以改善、解决，促进外贸增量潜力释放。三是做好活动组织。重点做好第三届进博会、广交会、第四届全球跨境电商大会等重要经贸活动的组织参会工作，提前着手梳理供需信息，争取取得更大成果。四是创新外贸模式。积极推进跨境电商产业园建设。培养企业国际化经营能力，通过跨境电商、网上参展等形式多元化开展对外贸易。五是加强国际合作。引导企业参与国际经济合作，发展对外承包工程及劳务合作、对外直接投资，开拓国际市场，特别是共建“一带一路”国家和地区市场，带动相关设备、材料增加出口。加快发展服务贸易，特别是生产性服务业，推进先进制造业与现代服务业深度融合。

（三）着力提升引资实效

一是千方百计稳外资。采取更大力度、更有针对性的措施，将“我国经济长期向好的趋势不会变，中国利用外资政策不会变，对外商投资企业合法权益的保障不会变，为各国企业在华投资兴业提供更好服务的方向不会变”这种长期稳定预期的信心传递给各方投资者。加大欧美、日韩等重点国家招商引资力度，拓展合作广度深度，深化豫港澳经贸合作。二是提升引资层次。抢抓先进地区产能梯度转移的机遇，加大招引力度，突出招大引强，力争吸引一批带动力强、示范效应明显的项目落地。发挥黄河流域生态保护和高质量发展、郑洛新国家自创区新乡片区、郑新一体化发展、生态城等重大战略招商引资主平台作用，继续推进各类功能区创新提升，推动承接产业转移向高端化迈进。三是突出引资重点。按照“稳存量、促增量”思路，持续围绕“六大专项”开展“一招四引”，紧盯长三角、珠三角、京津冀等地区动态，举办专项招商引资活动。对全市产业状况进行摸排，围绕产业链，实施延链、强链、补链项目谋划和重点招商引资。加强鲲鹏生态、智慧城市建设等方面招商引资力度。四是完善引资服务。要将2020年开始实施的《外商投资法》及其实施条例纳入重点学习内容，进一步强化依法行政能力，营造法治化营商环境。建立健全重点项目推进机制，落实好“服务官制度”。协助企业解决项目落地等方面的困难。积极推动已落地项目推进和增资。五是强化引资考核。坚持招商引资项目推进月例会工作制度，坚持“四比四看”，营造“大抓项目、抓大项目”的浓厚氛围，认真贯彻落实全市对外开放大会确定各项制度，严格落实奖惩机制，充分发挥考核评价指挥棒作用。

（四）扩大内需促进消费

一是培育消费热点。支持引导增加高品质健康、养老、育幼、体育、文化旅游服务供给，积极培育信息、时尚、体验、定制、智能、夜间经济等新兴消费热点，促进消费意愿释放。推动老字号特色消费，打造新乡特色产品体验中心“一味三品”（特色餐饮 + 老字号产品、县域特色产品、非物质文创产品）运营体系。促进家政企业品牌建设，推进家政服务提质扩容和“百城万村”家政扶贫工作。二是促进消费升级。支持大型商业综合体创建品牌消费集聚区，打造消费功能多、集聚能力强的商业综合品牌消费中心区。按照“集聚效应显著、基础设施完备、服务功能完善、街区管理规范、消费促进明显”的标准，打造一批省级示范步行街。加快冷链物流、农商互联建设，进一步促进物流转型发展。支持品牌连锁便利店发展。三是把握消费节点。把握住端午节、国庆节和中秋节、“双十一”等消费旺季的有利时机，谋划一批餐饮、旅游、消费等促进活动，进一步释放因疫情抑制、冻结的消费潜力，促进消费回补回升。四是发展电子商务。持续抓好《电子商务法》学习宣传实施，促进电商行业规范发展。积极推进电子商务示范创建，推荐符合条件的企业申建省级示范企业。加强电商人才培养，大力引进高层次人才，开展政校企合作，开展定制化培养。五是推进消费惠民。进一步活跃农村市场，完善农村流通体系建设，促进产销对接，补齐电商服务农村的短板。优化城镇商业网点布局，注重网点功能叠加效应发挥，提高网点便民利民服务能力。支持农村偏远地区加油站建设，维护成品油市场良好秩序。

B.33 2019~2020年焦作市商务发展回顾与展望

李坤承　闫新华*

摘　要： 2019年，焦作市紧紧围绕全省对外开放大会部署，实施开放驱动战略，狠抓招商引资工作，深入推进内贸流通发展，不断提升外资、外经、外贸水平，在电商新业态和物流业转型发展方面勇于创新，各项工作取得明显成效。本报告总结了2019年焦作市商务工作的主要成效，就2020年焦作市商务发展提出了发展举措。

关键词： 焦作　商务发展　电商新业态　物流业转型

一　2019年焦作市发展指标完成情况

全市外贸进出口150.3亿元，居全省第5位。其中出口额111.7亿元，居全省第5位；进口额38.6亿元，居全省第4位。全市累计新引进省外境内项目505个，居全省第2位；实际到位省外资金679.9亿元，居全省第6位，与上年持平；同比增长3.4%，居全省第14位，较上年下降3个位次。新备案外商投资企业3家，合同外资金1533万美元；实际吸收外商投资8.8亿美元，居全省第6位，与上年持平；同比增长3.6%，居全省第17位，较上年上升1个位次。全市社会消费品零售总额873.6亿元，同比增长10.8%；居全省第6位，较上年下降3个位次。

---

* 李坤承、闫新华，焦作市商务局。

二 2019年主要措施及成效

（一）高位驱动，开放招商实现新突破

为协调全市形成开放招商合力，一是组织召开全市对外开放大会，印发了《关于加快高水平开放促进高质量发展的实施意见》，调整了焦作市对外开放工作领导小组成员，市发改、工信、商务等八部门和各县（市）区形成合力，牵头开展各自部门领域内的招商拜访、推介签约和产学研合作活动。二是全面落实河南省支持“三外”企业稳定发展若干措施，加快出台相关政策措施。在招商方式上坚持以点带面，多管齐下，推动产业延链补链产生集聚效应。按照“招引一个项目，引进一家企业，带动一个产业，形成一个集聚”的总要求，积极开展链式招商、以商招商、委托招商等方式，实现点面结合，整体推进，进一步延伸产业链条，形成产业集群发展。一批新产业、新业态、新模式、高新技术企业项目落户，促进了全市新经济的发展。

（二）精密部署，“三外”发展有新动力

1. 完善招商政策，突出抓好节会招商活动

出台《焦作市关于促进外资增长的实施意见》，从 5 个方面提出 17 条具体措施，全面实行准入前国民待遇加负面清单管理制度，大幅度放宽市场准入，促进利用外资稳定增长，持续优化投资环境。充分利用全市“一赛一节”平台，组织开展一系列经贸招商活动，现场签约 159 个，总投资额为 1692. 35 亿元。

2. 加大扶持力度，持续稳外贸扩出口

针对受中美贸易摩擦影响大的企业进行专题调研，形成调研报告，提出工作思路及措施，指导企业积极应对；通过建立外贸重点企业微信群、组织企业座谈及培训会等方式与企业始终保持联络畅通，及时告知国家、省、市有关政策，指导企业规避贸易风险。会同外汇部门推进龙蟒佰利联享受跨境资金集中运营政策，提升企业资金运营灵活度，提高资金使用效率。

3. 积极牵线搭桥，外经工作提质增效

组织有条件、有意愿“走出去”的企业参加各类经贸合作交流活动，积极稳妥有序地开展境外投资，推进全市产业转型升级。先后组织隆丰皮草等10家外经贸企业参加各类对外交流的博览会，成功举办“2019年焦作工商企业跨境投资与贸易项目对接会”，多家企业达成初步合作意向。

（三）模式引领，电子商务取得新进展

一是农村电商成绩显著。大力发展农村电子商务，积极探索把电商扶贫作为精准扶贫的有效抓手和推进乡村振兴的有效路径，目前已获评国家级示范县市2个（博爱县、武陟县），省级示范县（市）2个（温县、沁阳市）。依托具有各县（市）地域特色的名优产品，大力扶持龙头企业，目前，淘宝、天猫、京东等电商平台已经涌现出了300多家以温县“铁棍山药”、修武“云台冰菊”、博爱“怀姜”等为主打产品的旗舰店；二是拓展社区电商服务业务。聚焦“新零售”，创新引领居民消费新模式。以本地“百年老字号”企业焦作市百货大楼等知名品牌企业为依托，鼓励公司成立自有电商平台。公司拥有8个大型超市、53家特色便利店覆盖焦作几大城区，深入社区。目前公司采取建立百大超市、百大超市便利店的方式，与线上商城——“百大商城”、微信公众号等功能线上线下互通。

（四）规划先行，物流业焕发新活力

把物流标准化作为全市物流业转型发展的切入点和突破口，围绕“运营一批、在建一批、谋划一批”的思路，狠抓物流项目建设，扎实推进全市物流标准化试点创建工作。以物流项目的规划建设为重点，建立了全市物流业转型发展重点项目库及其台账，持续推进中国宝武焦作现代综合物流园等项目的规划建设进度。

（五）规范流通，内贸工作亮点纷呈

对文化贸易项目布置征集、开展文化产业延伸工作；组织餐饮企业参加第八届全国烹饪技能竞赛（河南分赛区），选送8家餐饮企业的19名选手，共取得了4金3银10铜的优异成绩；举办焦作鸿运新春精品年货节。推动便民消

费升级，构建多层次、全方位、“一站式”的便民服务体系，积极开展加快城乡便民消费服务中心建设工作。引导大型实体零售企业应用新技术、发展新业态、探索新模式，推动实体零售转型升级。大力提倡“诚信经营、诚信兴商”理念，营造了浓厚的诚实守信商务发展环境。

三 2020年商务发展形势分析与对策

2020年外贸进出口形势依然严峻。中美贸易摩擦的持续升级，成为当前全球经贸关系发展的最大变数，中美贸易摩擦仍具有很大的不确定性。焦作市出口前10名的企业出口额占全市总出口额的70%以上，这些企业主要出口市场集中在北美、东南亚、日本及欧盟等传统市场，对金砖国家、非洲、拉美等新兴市场开发不足。受新冠肺炎疫情影响，进出口企业订单交付及新订单签订受到较大的冲击，外贸企业平稳渡过难关需要政府出台行之有效的扶持政策。另外，在促消费工作方面，随着传统消费市场的逐步饱和，新的消费热点尚未形成，从而影响了全市消费品市场的发展。同时，电商等新兴消费方式发展迅速，分流了相当部分消费群体，对传统的进店铺销售模式产生了极大的冲击，而这些网上消费更多计入了外地的零售额中，对本地消费市场促进作用不强，且受新冠肺炎疫情的影响，指导消费方式升级尤为迫切。2020年，焦作市商务局将围绕高质量发展主题，结合商务发展形势，紧盯全年指标，在工作中出实招、求实效，确保各项工作任务全面完成。

1. 突出抓好开放招商工作

一是严格落实招商工作机制。落实《焦作市“7 + X”招商引资工作机制》，推进形成市级层面负责、市县联动的招商机制。支持符合条件的产业集聚区升级为经开区。加快现有武陟、沁阳经开区等省级经开区申创国家级经开区，发挥经开区改革试验田和开放排头兵作用，推动全市经济实现高质量发展；二是扎实推进签约项目落地。按照“谁签约、谁负责、谁跟踪”的原则，以“节后抓落实”的精神，抓好签约项目的合同履约率、开工率、资金到位率，真正把招商活动的成果转化为实实在在的成效；三是创新招商对接方式。拓展招商引资渠道，发挥互联网平台优势，整合各类招商资源，积极对接商协会及第三方招商引资专业机构，通过网上洽谈、视频会议、在线签约等方式推进网上招商。谋划新形式的招商引资推介签约活动，大力推介本市招商项目和投资优势，进一步借助其信息和资源平台，争取更多的关注、更大的支持和更实的合作。

2. 大力实施“走出去”战略

鼓励有条件的各类所有制企业到国外，尤其是共建“一带一路”国家、地区投资，开展境外加工贸易业务、联合开发利用境外资源。整顿规范外派劳务市场，积极稳妥处理劳务纠纷，切实保障外派劳务人员的合法权益。组织有关单位、企业到境外考察劳务市场，不断拓宽劳务输出渠道，开辟新的劳务市场；用好国家及省对外投资合作促进政策，加强融资支持，切实保障和促进外经企业稳步“走出去”发展。

3. 加大外贸扶持力度

一是出台精准扶持政策。落实国家、省市政府出台的一系列外贸发展政策，培育一批具有国际影响力的龙头企业。鼓励中小微企业走“专特精新”和与大企业协作配套发展的道路，培育一批小而全、小而专、小而精的中小外贸主体。针对疫情对外贸进出口企业造成的冲击，加大政策扶持力度。二是大力发展服务贸易。落实省政府《关于加快发展服务贸易的实施意见》，完善服务贸易政策支持体系，建立重点联系企业监测制度。加快发展服务外包产业，积极推进省级服务外包示范园区创建工作，扶持一批优势突出、带动显著的龙头企业，培育一批创新能力强、特色鲜明的中小企业。三是培育外贸新增长点。积极引进国外先进生产企业、研发中心，设置科研机构，培育外贸新的增长点。加大对重点进出口企业的招商力度，推进更多外商与其进行投资合作，持续加大对外贸重点项目的跟踪服务力度，争取早建成、早投产、早见效。

4. 创新流通方式推动消费升级

2020 年将推荐焦作万达生活广场、焦作丹尼斯生活广场塔南店，作为本市第一批以商贸为主体，设施设备齐全，集商贸、餐饮、文化休闲或娱乐功能于一体的大型商业综合体，申报省级品牌消费集聚区资格。积极鼓励推荐“河南老字号”企业怀山堂生物科技股份有限公司、焦作市金谷轩绞胎瓷艺术有限公司两家企业，申报“中华老字号”认定工作。全面落实消费升级行动计划，推动传统商业企业线上线下互动融合发展，鼓励社区便利店开展线上业务、直送服务；利用各种节假日组织商贸流通企业开展促销活动，发展假日经济，激发消费者的消费意愿。

5. 着力促进物流转型发展

编制完成《郑焦物流融合发展规划》，积极培育和引进第三方现代物流企业和新型供应链服务企业，持续推进河南（武陟）公铁联运物流港、河南德众保税物流园、中国宝武焦作电商快递物流园、中国兵工·国誉工业物流园等项目建设进度，力争新增国家2A级以上物流企业8家，年营业收入超千万元的物流企业达到90家；深入开展国家级供应链创新与应用试点城市、省级物流标准化示范市、省级城乡高效配送示范城市建设工作，争取和用好国家和省级各类扶持政策与资金支持。

6. 全面加快发展电子商务

以实现“便利消费进社区、便民服务进家庭”为目标，积极扶持本地企业开展社区电商服务。支持“金土地”“百大商城”等传统商贸流通企业通过自建网上商城开展网络批发、零售业务。鼓励明仁制药、科瑞森等行业龙头企业将企业内部的电商平台剥离，开展网络直销、网上订货等业务，形成独立的、有影响力的、向全产业链提供服务的电商公共服务平台，带动区域电商应用整体升级；借助电商园区和创客平台，培育孵化本地新经济企业。

B.34
2019～2020年濮阳市商务发展回顾与展望

曹泽利*

摘　要： 2019年，濮阳市深入落实新发展理念，融入“一带一路”倡议，认真实施开放活市战略，落实扩大消费决策部署，稳外贸、增外资、促外经，扩市场、活流通、促消费，推动了全市由区域边缘走向中原城市群改革开放前沿，为中原出彩增添了亮丽的濮阳色彩。

关键词： 濮阳市　对外贸易　现代物流

一　2019年濮阳市商务发展指标完成情况及特点

1. 招商引资

2019年，全市实际利用省外资金254.3亿元，同比增长4.22%，完成全年目标的101.2%，增速居全省第3位，目标进度居全省前列；全市实际利用境外资金6.91亿美元，同比增长4%，完成全年目标的100.9%，增速和目标进度分别居全省第7位和第9位。

2. 货物贸易

2019年，全市完成货物贸易进出口83.92亿元，同比增长51.5%，增速居全省第1位。其中，进口总额为43.62亿元，同比增长218%，增速居全省第1位；出口总额为40.3亿元，同比下降3.3%，增速居全省第15位。

---

* 曹泽利，濮阳市商务局。

3. 社会消费

2019年，全市社会消费品零售总额完成677.38亿元，同比增长9.9%，增速居全省第16位。

二 2019年采取的主要措施

1. 对外开放平台不断健全

濮阳海关在全省率先揭牌并全面开展业务，彻底结束了全市企业异地报关的历史；河南国际旅行卫生保健中心濮阳分中心建成运营，为全省第3家；丰利石化原油保税罐区建成并通过海关验收，全市海关保税监管场所增加至2个。开通了“中原号”濮阳—天津港铁海联运班列，业务逐步扩大至安阳、新乡等周边地区。全市外向型经济公共服务平台加快建设，项目工程主体框架完工，软件系统通过测试并上线试运行。

2. 招商引资质量不断提高

一是完善组织架构。提请市委成立了市委开放招商工作领导小组并有效运转，下设6个产业招商指挥部，每个产业招商指挥部由1名副市长任指挥长，领导力量进一步增强。二是出台机制文件。推动市委、市政府召开了高规格全市对外开放大会，提请出台了《关于实施开放活市战略构筑开放高地推进高质量发展的实施意见》《关于深化与商协会合作实现互利共赢发展的实施意见》等文件。三是搭好平台载体。组织参加了第20届厦门投洽会等10余项国家、省办活动；举办了第四届中国杂技艺术节经贸活动、第六届中原（濮阳）油气技术装备展、中原经济协作区第27届市长联席会等自办活动；组织了全市春季专题招商、全市招商集中行动等专项活动，推动了项目进展。推动成立了深圳市河南濮阳商会，开启了商会招商新篇章。四是突出招强引优。推动省政府与美国通用电气（GE）签署战略合作框架协议，得到省委主要领导的肯定。新引进美国通用电器（GE）等世界500强企业8家，展辰等行业100强及知名上市企业12家，全市累计新签约、开工、投产亿元以上项目249个、164个、134个。

3. 对外经贸空间不断拓展

一是培育外贸集群。创建了1个国家级（机械基础件）、1个省级（石化新材料及装备）出口基地，省级以上出口基地达到9个，数量居全省首位。二是应对贸易摩擦。提请市政府出台了《关于促进对外投资持续健康发展的实施意见》。濮阳与世界上133个国家和地区发生贸易往来，较上年增加7个。三是融入“一带一路”。与“一带一路”51个国家发生了进出口贸易往来，占全市进出口总额的44%。在“一带一路”15个国家开展对外承包工程业务，营业额占全市总额的80%。对“一带一路”沿线国家和地区投资200.2万美元。四是开展进口工作。为丰利石化争取2019年度原油进口允许量222万吨，协调解决进口贷款15亿元。组织153家企业和机构参加了第二届进口博览会，成交额较首届增长186.2%；全市签订8.1亿美元的原油采购合同，连续两届创下跨国采购全省最大订单。

4. 商贸流通水平不断提升

一是推进电商经济发展。新备案认定电商企业49家。中壹科技、京濮电商2家企业获批省级电商示范企业。全市电子商务交易额为410亿元，增长15.5%，其中，网络零售额为61亿元，增长15.1%。二是推进农村电商发展。建成贫困村电商服务站点577个，快递物流网点388个，实现贫困村全覆盖。新发展农村电商龙头企业13家，新培育农产品品牌5个，发展区域公共品牌5个，新吸纳贫困人员就业1110余人。三是发展现代物流。成功获批全省首批城乡高效配送试点城市。台前京东云仓、南乐京华物流仓储等重点项目建成投用，日照港台前石化能源物流园项目揭牌。建成了全市网络货运大数据平台系统。四是持续发展商贸服务。油田商贸中心改造、滨河商业街等项目加快建设，濮阳万达广场开业运营。组织大型商贸企业开展“消费促进月”活动和信用消费、绿色消费等，不断扩大消费规模。五是强化行业管理。出台了《濮阳市加强成品油流通领域控制油品质量监管暂行办法》。

三　2020年商务发展形势分析及指标预测

2020年商务工作形势更加复杂严峻，不确定、不稳定因素增多。一是招商引资难度增大、力度不够。受区域招商竞争压力增大，企业投资意愿不强，交通不便，融资困难，土地、环保指标等保障不够影响，企业落地意愿较低。二是外贸进出口不确定性增加。全市龙丰纸业、濮耐集团、宏业控股、蔚林化工等龙头企业受中美贸易摩擦影响较大，给出口带来不利影响。缺乏外贸综合服务企业，贴牌加工、委托代理出口等现象仍然比较严重。三是社会消费增长压力增大。全市社会消费品零售总额增速近年来呈现下滑趋势。具体来看，这既有城乡居民增收困难影响消费意愿的原因，也有消费热点不足造成的制约。2020年，这项指标依然不容乐观，社会消费增长可能将继续放缓。

但同时也要看到，濮阳也拥有诸多有利条件。在对外开放方面，随着郑济高铁、范台梁、濮阳至卫辉、濮阳至阳新高速、三座黄河公路大桥的全面建设，全市深度融入中原经济区，逐步成为中原城市群对接京津冀、山东半岛城市群的桥头堡。未来濮阳区位优势将逐步显现，将成为中原城市群改革开放的前沿阵地，在开放招商上仍有很大空间。在社会消费方面，城镇化率快速提升，在扩大高消费人口规模的同时，会引发升级类消费和服务型消费需求的增长。城镇市场消费增长加快，并产生放大效应。

总之，机遇与挑战同在，困难与希望并存。我们要把商务工作放到经济全球化的大趋势中去思考，放在全省乃至全国商务系统中去对标，放到全市发展大局中去审视，把思想和行动统一到市委、市政府决策部署上来，既要充分认识到当前商务发展面临的严峻挑战，也要注意把握有利条件，把压力变成动力，把机遇转化为优势，增强做好商务工作的信心和定力，在应对困难和挑战中实现商务高质量发展。

2020年，市商务局深入贯彻落实中央、省、市关于对外开放的决策部署，实施“开放活市”战略，坚持开放引领、活流通、扩消费，重点抓好招商引资、开放平台、对外经贸、现代物流、电子商务、商贸流通等八项重点，推动商务工作高质量发展。预计全市货物进出口增长5%以上；利用省外、境外资金均增长3%；社会消费品零售总额增长10%。

四　对策建议

1. 突出抓好招商引资

一是强力实施招大引强工程。以国内外500强、跨国公司、央企、上市企业和产业关联上下游企业为重点，结合全市产业定位，采取切实有效的举措，加快产业链招商，引进一批具有行业引领力、产业带动、链条齐全的企业，努力形成突破带动效应。二是加快推动产业结构优化。围绕化工新材料、专用化学品、功能化学品重点方向，按照做大龙头、做优链条、做强终端的思路，引进战略投资者和产业链关键企业，壮大新型化工基地。加强与德国伍德集团合作，做大做强生物基材料产业。加强与通用电气合作，加快建设陆上风电设备先进制造基地，打造陆上风电先进制造中心。强化“无中生有”意识，积极探索，重点在核能装备材料、通用航空、隐身材料、氢能源应用、区块链推广等方面深入研究，力争取得突破。三是着力创新招商方式方法。加强商协会招商。加大与全国性行业协会合作，加快异地濮阳商会建设，聘请有资源、有影响力的商协会人士为濮阳市“经济发展顾问”。实施市场招商。在全市范围内统筹配置政府采购市场、特许经营权等资源，持续推进以市场换项目、以资源换产业。推进企业招商。排查全市现有骨干企业上下游企业，重点了解对全市资源有依赖性的企业，积极开展产业链招商。

2. 加快建设开放平台

一是进一步拓展口岸服务功能。扩大公用型保税仓库业务，支持华龙区申建 B 型保税物流中心，全力支持具备条件的企业申建保税仓库。持续压缩通关时间，进一步提升跨境贸易便利化水平。二是积极推进出海通道建设。支持河南水金湾物流铁路集装箱货场建设、濮集物流集装箱物流园扩能改造，争取濮阳至天津港、日照港等主要港口的货运班列尽早常态化运行，打造豫东北地区重要出海通道。三是建成外向型综合服务平台。建成全市外向型经济综合服务平台，尽早投入运营，整合政务服务资源，引进培育外贸综合服务企业，为涉外企业提供货代、退税、结汇、营销、培训、咨询等优质集成服务。

3. 持续优化对外经贸

一是实施市场多元化战略。支持企业参加境内外重点展会，高水准组织参加第三届中国国际进口博览会。组织开展“濮阳品牌丝路行”活动。支持企业在共建“一带一路”国家设立品牌展示中心、分拨中心，与境外成熟公共海外仓运营企业合作，提升全球化经营能力。2020 年，与全市发生贸易往来的“一带一路”国家在 50 个以上。二是加快外贸优化升级。落实国家、省鼓励进口政策，支持企业扩大先进技术设备、关键零部件和原油、木材、纸浆等资源型产品进口。实施出口品牌战略，大力培育自主品牌，扩大品牌产品、机电及高新技术产品出口。三是促进服务贸易创新发展。扩大石油钻采服务、境外工程劳务等服务贸易出口。大力发展杂技文化出口，打造面向世界的杂技产业基地。支持有条件的县（区）、特色出口基地等发展服务外包，形成服务外包产业集群。四是加强出口基地建设。以培育和发展外向型经济为重点，加快国家级、省级出口基地提档升级，培育南乐生物基新材料、清丰现代家居等外贸特色产业集群。

4. 着力推动物流转型和电商发展

一是推动重点物流项目建设。加快推进清丰万邦豫鲁冀农产品物流中心、濮阳石化仓储物流基地、区域石化产品现货交易中心等重点项目建设。二是加强城乡高效配送试点城市建设。出台并落实《濮阳市城乡高效配送试点建设项目与资金管理办法》，推进绿城商贸配送中心等项目建设。推进电子商务与快递物流协同发展，在市城区建设一批快递电商社区综合服务站。三是加快筹建国际物流港。推进市投资集团与国投信达集团合作，加快项目建设，成立工作专班有效推进。四是普及电子商务应用。加强实体企业电商应用，推动电商对三次产业的覆盖率进一步扩大。实施“电商园区振兴计划”，提升电商园区运营效益。争取濮阳市京东云仓建成运营。组织申报省级电商示范基地。五是突出抓好电商扶贫。用好各级电子商务进农村及电商扶贫资金，完善贫困区域电商服务网络和物流配送体系，深入发挥电商助推群众脱贫作用。六是大力推动农产品上行。探索“电商＋合作社＋贫困户”等与电商合作扶贫模式，对销售初级农产品的电商企业及个人进行物流补贴，对农产品网销品牌实施奖补。加强农特产品品牌化、标准化、电商化建设，利用供销兴农电商、邮乐电商等电商平台，助推农产品上行。

5. 积极发展商贸流通

一是突出做好市场保供。在疫情防控期间，服务指导好商贸企业做好货品采购、流通投放、库存管理等工作，确保紧急状态下供得上、供得稳。着力加强生活必需品市场运行监测，切实保障全市“米袋子”“菜篮子”“果盘子”等生活必需品市场供应和价格稳定。二是开展消费升级行动。巩固扩大传统消费，大力发展中高端消费，提升中高端消费的供给能力和经营载体。鼓励大型商贸企业推出一批满足居民个性化、多元化、高端化消费需求的产品。推动水秀街申报省级步行街，认定一批“濮阳老字号”企业，打造消费品牌。三是提升商贸发展水平。以全市商贸服务业“十三五”发展规划为统领，持续完善商贸服务空间布局，统筹推动批发零售、餐饮住宿、商贸物流、商务服务及社区商业发展。四是优化行业发展环境。完善营商环境政策，落实国家、省加快发展商贸流通、提振社会消费的决策部署，出台促进商贸流通业发展的政策措施，推动营商环境持续优化。

B.35
2019～2020年许昌市商务发展回顾与展望

张巍巍　杜向伟*

摘　要： 2019年以来，面对中美贸易摩擦等错综复杂的国内外形势，许昌市大力抓好招商引资，持续推进对德合作，积极稳外贸增外资促外经，着力提升内贸流通水平，各项工作稳步推进。2020年，许昌市将围绕疫情防控和商务事业“双战双赢”目标，在持续扩大开放、提升招商引资质量、搞活内贸流通、培育经济发展新动能等方面持续用力，推动高水平开放、高质量发展，为许昌“智造之都、宜居之城”建设做出更大贡献。

关键词： 许昌市　开放招商　电子商务

一　2019年许昌市商务发展指标完成情况及特点

总体来看，2019年，许昌市主要商务指标保持平稳增长，呈现良好发展态势。

1. 利用省外资金情况

2019年，全市新增省外资金项目294个，总投资1451.4亿元，合同利用省外资金1296.5亿元，实际到位528.5亿元，完成年度目标的100.9%。其中，第二产业到资309.7亿元，占全市引资总额的58.6%；第三产业到资208.2亿元，占全市引资总额的39.4%。到位资金来自全国25个省（自治区、直辖市），广东注入资金最多，其他到位资金较多的省（市）依次是浙江、北京、江

* 张巍巍、杜向伟，许昌市商务局。

苏、山东、上海，六省市合计投入资金346亿元，占全市引资总额的65.5%。

2. 吸收境外资金情况

2019年，全市实际吸收外资79165万美元，完成年度目标任务的101.3%，同比增长4.3%，完成比例和增速均居全省第6位。新设立外资企业13家，数量创历史新高。外资行业分布更加多元，新设立外资企业中，有4家属于服务业，另外还有电子信息、生物科技、食品加工等行业企业，改变了全市传统制造业占外资企业绝大多数的局面。

3. 对外贸易进出口

2019年，全市进出口额为126.03亿元，同比增长12.5%，高于全省增速9个百分点，其中出口额为113.37亿元，同比增长10.22%；进口额为12.66亿元，同比增长37.1%。计入全市跨境贸易B2C部分，实现进出口169亿元，同比增长14.8%。

4. 社会消费品零售总额

消费总体保持稳步增长。2019年，全市社会消费品零售总额实现964.1亿元，同比增长10.3%，超额完成年度目标任务。

5. 对外投资和对外承包工程情况

2019年，全市备案新企业4家，增资项目3个，对外投资中方协议额为3764.1万美元，涉及电力装备、发制品、建筑机械、化工等行业，资金主要投向美国、中国香港、莫桑比克、老挝等国家和地区。全市新签约对外承包工程1个，即森源电气在尼泊尔的33/11kV变电站建设项目，合同金额为1234万美元，已完成营业额123万美元。

6. 电子商务情况

作为新生业态，电子商务交易额持续保持了高速增长。2019年，全市电商交易额为793.7亿元，同比增长20%；跨境电商交易额为21.5亿美元，同比增长15.6%，交易总量稳居全省第2位，呈现供销两旺的态势。

二 2019年采取的主要措施和成效

1. 开放招商成效明显

坚持开放带动战略，把开放招商放在重要位置，完善机制、创新方式，促进经济发展，年初出台了《2019年对外开放和“3262”招商引资行动计划》，明确“重点推进30个重大招商引资项目，谋划推介200个招商发布项目，全市实际到位市外资金620亿元”的工作目标和具体任务；下半年召开了全市领导干部会议暨对外开放大会，持续掀起对外开放新高潮。坚持办好招商活动，借助河南投洽会、中部投资贸易博览会、厦洽会等国家级平台开展了招商推介或经贸对接活动，自主举办了第十三届三国文化旅游周招商活动、京津冀地区招商引资和经贸合作活动、第十九届花博会招商活动等，邀请参会客商1200余人次，集中签约项目73个，总投资405亿元。坚持定向精准招商。持续落实“二分之一”工作法，市委、市政府主要领导以上率下，带头参与招商活动，对接洽谈重大项目。各县（市、区）主要领导紧盯长三角、珠三角、京津冀等重点地区，积极带队外出招商，累计组织招商小分队180批次，洽谈项目157个。全市还依托市政府驻京办、驻沪办、驻深办，在北京、上海、深圳、杭州设立4个招商联络处，开展定向、精准招商。坚持抓项目落地。开展了“招商引资质量提升年”活动，落实重大招商项目推进机制，强化对招商项目“三率”的考核，促进签约项目按期落地。全市2019年度累计签约新项目238个、合同引资963亿元，履约237个、开工223个、新项目到位资金408亿元，履约率、开工率、资金到位率分别是99.6%、94%、42%。

2.对德合作进一步深化

把对德（欧）经济技术合作作为对外开放重要方向，先后6次召开全市对德合作推进会，印发了《2019年许昌市对德合作工作推进方案》，编制中德（许昌）产业园规划，筛选有对德合作意愿的企业，建立对德合作“百人团”，动态完善更新企业库，并有针对性地开展对接交流活动。全市对德合作呈现“以点带面”的良好发展势头，2019年全市共达成对德合作意向49个，签订合作协议34个，落地项目22个，尤其在循环经济领域引进了行业龙头企业，为助推全市循环经济快速发展注入了新活力：德国环保龙头企业百菲萨集团投资5000万美元的电炉炼钢除尘灰项目于11月奠基，项目达产后可年处理11万吨电炉炼钢电炉除尘灰，实现年产4万吨氧化锌，年销售收入8亿元；德国欧绿保集团投资2亿元的餐厨垃圾处理项目落户魏都区静脉产业园，预计2020年可试运行。在经济下行压力较大的背景下，企业通过对德合作，实现了化“危”为“机”，内生动力不断增强：世界500强企业德国汉高集团与河南金汇集团签订的无硝酸酸洗和新型酸回收技术工业化集成合作项目，可降低金汇集团90%以上的酸用量，高酸条件下金属离子回收率在95%以上，实现真正意义上的酸循环，每年可为公司降低生产成本近千万元；许昌远东传动轴公司与德国埃马克机床有限公司、瑞典灵克工业自动化有限公司的机床设备引进及自动化升级项目，使企业生产线达到国际先进标准，产品品质得到新提升。此外，在技术合作、产品出口、职业教育、设备引进等方面的合作均取得了较好成效。

3. 对外贸易逆势增长

面对中美贸易摩擦升级，同时美国当前为全市对外贸易第一大市场的严峻形势，应精准发力、综合施策，力促对外贸易逆势增长。一是加大政策宣传支持力度。完善应对中美贸易摩擦预测预警机制，动态跟踪重点外贸企业经营状况，围绕中美贸易摩擦、企业出口退税和重点外贸企业进出口稳定等工作深入调研宣讲政策，举办许昌市发制品行业信用风险管理论坛暨中美贸易摩擦局势分析会，发布贸易摩擦信息，降低企业海外经营风险。用好用足现有支持政策，全年累计上报支持项目160个，惠及企业100多家。二是探索申建市场采购贸易方式试点。在许昌市建安区发制品产业园和跨境电商综合产业园区的基础上建设中国（许昌）国际发制品交易市场，并试行“市场采购”贸易方式，拟打造辐射周边、惠及全省的便利化贸易新通道。市政府常务会议专题研究出台了《许昌市市场采购贸易方式试点工作方案》，成立许昌市市场采购贸易方式试点工作领导小组，全面展开市场采购贸易方式试点申建工作，各项工作有序推进。三是积极开拓多元化市场。累计组织60多家外贸企业参加了河南投洽会、广交会、中国品牌商品（俄罗斯）品牌展、香港“一带一路”国际食品展、中国—东盟博览会、高交会等国内国际知名展会，帮助企业展位80余个，帮助企业“走出去”开拓新的市场。投洽会期间集中展示了农业机械、食品加工机械、发制品、花园用品等特色商品，还开展了中国（河南）外贸产业基地项目对接会许昌发制品外贸产业基地推介工作，向150多位境外采购商做了重点推介。组团赴美国参加“2019年拉斯维加斯国际美容美发展”，并赴墨西哥、古巴开展经贸交流洽谈活动，达成了一批合作成果，签订了合作协议1个，达成贸易合同7个，为企业开拓美国及北美市场搭建了合作交流平台。组织141家企业、近300人参加第二届进博会，现场签约采购意向合同13

份，合同及意向金额为654.36万美元，比首届增长83.8%。参加省团签约项目4个，总合同成交金额为6335万元。

4. 内贸流通水平得到提升

一是推动现代物流转型发展。形成了谋划一批、引进一批、储备一批、推进实施一批的物流项目运作机制，进入市级物流项目库投资亿元重点项目44个，计划总投资689.9亿元，15个重点项目已建成或部分建成投入运营。推进供应链创新与应用试点工作，出台了《许昌市人民政府关于推进供应链创新与应用试点的实施意见》，试点各项工作扎实推进，“中华电气网”上线运营，鲜易供应链股份有限公司、中鲜冷链、森源集团、世纪香食用菌等企业供应链创新与应用工作进展良好。推进全省物流标准化建设示范城市，组织县（市、区）商务部门和示范企业专题培训3次，培训企业60余家，14家企业15个项目通过评审，服务于物流标准化的许昌市物流管理平台正式上线运营。获批城乡高效配送试点城市，许昌成为全省物流业转型发展方面获批国家级和省级试点、示范最多的城市。二是多措并举促进消费。加大品牌消费集聚区培育力度，新培育品牌消费集聚区申报4家。做好“河南老字号”的宣传推介工作，2019年春节期间组织老字号“盛田百年粉坊”参加了“中华老字号故宫过大年”主题活动，被央视、《大河报》等媒体广泛报道，3次组织老字号企业免费参加全国性展销，推动产品走向全国。引导支持有实力的连锁经营企业向城市社区、城乡接合部和县、中心乡（镇）、村拓展连锁经营网络，全市商业连锁企业发展到19家，连锁便利店达到3196家。

5. 电子商务创新发展

持续开展示范创建工作，新评定市级电子商务示范企业4家、示范基地1家、示范村5个，禹州获批省“第四批电子商务进农村综合示范县”。大力发展跨境电子商务，建成4个跨境电商综合园区，入驻企业200余家，就业人员2000余人，孵化企业和团队80余个。推进许昌跨境电子商务查验中心建设，实现跨境电商“9610”模式推广应用，完成出口1267.55万美元。举办了以“发动全球货通天下”为主题的发制品跨境电商大会，来自20多个国家（地区）的贵宾及商务团组代表800余人参加了会议，先后举行发制品产业带展会、发制品企业考察对接、发制品跨境电子商务大会暨项目签约仪式、中非跨境电商高峰论坛等活动，凸显了许昌发制品跨境电商行业在全国的主导地位，展示了许昌跨境电子商务产业取得的成果，进一步推动了跨境产业发展。指导支持企业设立海外仓，开展海外仓业务企业12家，拥有海外仓15个。大力推进农村电商工作。全市累计建成县级电商公共服务中心4个、乡镇电商服务站49个、村级电商服务点1079个，带动就业创业上千人。共培育13个淘宝村、6个淘宝镇，数量均居全省第2位。省级以上电商进农村综合示范县的数量已达3个，在涉农县（市、区）中的覆盖面超过了半数。

三　2020年商务发展展望及指标预测

当今世界正经历百年未有之大变局。一方面，我们要清醒地看到，外部环境更趋复杂严峻，商务工作面临着诸多新情况、新挑战：经济活跃度不高，下行压力持续增大，社会投资意愿降低，招商引资难度进一步增加，大项目引进更加困难；逆全球化抬头，中美贸易摩擦呈长期化、复杂化态势，美国市场是全市出口第一大市场，仍需谨慎对待；尤其是疫情呈国际化蔓延之势，对经济社会发展造成较大的冲击，经贸活动无法正常开展、出口订单下降、国际物流通道不畅等问题凸显，其影响短期难以消除，对如何创造性地开展招商引资、经贸交流活动、有效扩大消费都提出了更高的要求。同时，我们也要看到，我国拥有全球最大的内需市场，有完备的供应链体系，在产业配套、人力资源、基础设施等方面有着综合竞争优势，经济具有较强的韧性和巨大潜力，稳中向好、长期向好的基本趋势没有发生变化。随着国内疫情率先得到有效控制，我国有较大概率成为2020年世界经济的“稳定之锚”“增长之源”，对吸引外资带来利好。国家稳外贸稳外资消费的政策密集出台，黄河流域生态保护和高质量发展、促进中部地区崛起等重大国家发展战略叠加，郑许一体化提速，许昌保税物流中心（B型）已获批，综合保税区已立项申建，对德合作逐步向深入推进，为许昌的商务发展，尤其是招商引资、对外贸易带来提供了难得的发展机遇和平台。

综合以上因素，预计2020年实际利用外资、实际到位省外资金增长3%，对外贸易进出口增长3%，社会消费品零售总额增长10%以上，跨境电子商务交易额增长10%以上，对外直接投资和对外承包工程及劳务合作有序稳定发展。

四　2020年商务发展对策

2020年是全面建成小康社会和“十三五”规划收官之年，是推进高质量发展的关键之年。要切实坚持一手毫不放松地抓好疫情防控，一手全力以赴促进商务事业发展，紧紧围绕“两稳一促”，在持续扩大开放、提升招商引资质量、搞活内贸流通、培育经济发展新动能等方面持续用力，推动高水平开放、高质量发展，为许昌“智造之都、宜居之城”建设做出更大贡献。

1. 统筹推进疫情防控和商务发展

深入贯彻落实习近平总书记统筹推进疫情防控和经济社会发展的重要讲话精神，既要密切跟踪疫情防控形势变化，及时预测市场供应趋势，持续搞好保供稳价，确保生活必需品不脱销、不断档、不暴涨；也要对商务领域的企业复工复产情况进行摸排，切实抓好各级应急政策落实，及时协调解决企业复工复产的问题和困难，打铁还需自身硬，在国外疫情吃紧、不宜出国交流的情况下，帮助企业尽快恢复正常开工运营。

2. 打造开放新高地

既要抓好硬环境的打造，也要抓好软环境的打造。在硬环境上，积极对接郑州海关，推进综合保税区申建工作，出台兑现相关优惠政策，同步展开运营、招商工作，吸引更多两头在外企业入驻，为发展外向型经济提供有力支撑。在软环境上，落实《许昌市发制品振兴计划（2020—2023）》《许昌市发制品跨境电商综合服务实施方案》等支持开放型经济发展的政策措施，研究制订《许昌市2020年对外开放招商引资行动计划》《许昌市对德合作三年行动计划》《许昌市支持外贸外资外经企业稳定发展若干措施》等一系列保障措施，打造对外开放政策保障体系。

3. 抓好招商引资

要结合疫情防控实际，探索建立“云招商”系统，创新不见面招商方式，通过门户网站、自媒体平台、境内外商协会、驻外机构等多种途径和微博、公众号、微视频等手段，定期发布招商信息和招商产业，通过线上洽谈对接，促成一批项目尽快落地。要贯彻落实好“二分之一”工作法，把小分队招商、委托代理招商、驻点招商等有效招商方式做实，围绕全市重点产业精准对接。

积极组织参加国家、省举办的重大经贸活动，筹备在京津冀、珠三角、长三角等地区举办产业转移专题招商活动。进一步强化督查考核，加大对重大活动签约项目、重点推进项目的跟踪督导力度，不断提升项目“三率”。

4. 深化对德合作

推进中德（许昌）产业园规划建设，在规划引领、产业引导、政策扶持、项目服务等方面持续用力，吸引德国资金、技术、人才等资源优先向园区集聚，提升园区对德合作水平。积极与国家、省贸促会、德国工商大会、中国（德国）中小企业中心、德国（中国）研发创新联盟等相关机构密切联系，发掘整合资源，拓展合作渠道，细化招商路径，力争对接引进更多制造业项目。要指导各相关单位和县（市、区）采取“云招商”方式，扎实做好保持项目收集、意向对接等工作，确保对德合作工作“面不见、线不断”。另外，还要及时了解德国疫情情况，根据疫情实际情况，组织赴德经贸对接活动。对已签约项目实行跟踪管理，完善项目服务代办制，推动项目早日落地。

5. 扩大对外贸易进出口

要落实推进重点“三外”企业白名单制度，积极实施外贸贷、出口退税资金池等普惠性外贸促进措施，落实出口奖励、出口信保、出口退（免）税等稳增长、促外贸政策确保全市外贸进出口健康、稳定发展。要扎实实施《许昌市发制品振兴计划（2020—2023）》，加大资金支持，拓展国内国外两大市场，提升线上线下两大空间，全力实现许昌发制品行业发展新突破。要大力推进市场采购贸易方式试点申建工作，建立工作台账，定期召集会议及时研究和协调解决申建工作中出现的新情况、新问题，推动市场采购贸易方式试点市场建设落地见效，基本形成适应市场采购贸易方式发展的新型贸易体制和先进展示交易平台，建成布局合理、功能完善、设施齐全、管理规范、内外贸相互促进的发制品市场。要大力培育新的外贸增长点，进一步扩大机电产品、农产品、纺织品、陶瓷等商品的出口份额，增强出口后劲。

6. 着力活流通、扩消费

在活流通方面，强化规划引领，推进《许昌市现代物流业发展空间布局规划》落实，逐步改变全市物流业发展“小、散、乱、弱”状况。以国家级供应链创新与应用试点城市为统领，统筹推进全省物流标准化示范城市、城乡高效配送试点城市建设，争取取得更大的成效。其中，国家级供应链创新与应用试点城市建设要顺利通过国家专家组10月终期评估，实现由“试点”城市到“示范”城市的跨越。在扩消费方面，要把握疫情过后消费市场触底反弹、补偿性消费集中释放的机遇，研究出台全市落实国务院促消费20条政策措施实施意见，做好品牌集聚区和“老字号”的培育认定工作，合理引导消费需求，不断提升消费品质，释放消费潜力。

7. 加快电子商务创新发展

深挖特色优势，大力发展跨境电子商务，统筹协调相关部门，完善跨境电商综合服务体系，建设综合服务平台，打通跨境电商通关平台、物流平台、金融平台和政务平台，提供仓储物流、通关、结汇、退税、金融以及大数据等一站式综合服务，着力破解跨境电商通关、物流、税收、结汇等问题，降低企业经营成本，实现跨境电商B2C出口数据还原，保持和扩大许昌跨境电商领先优势。继续办好发制品跨境电商大会，提升许昌跨境电商的影响力。持续推进电子商务进农村工作，对产业基础较好的示范县，进一步挖掘农村电商发展潜力，完善农村电商服务站点功能，形成农村电商可持续发展的市场化运营机制，打造一批电商进农村综合示范“升级版”。持续推动农产品、农村工业品、乡村服务产品电商化，扩大电商村规模和数量。完善提升电商精准扶贫项目，培育一大批电商扶贫企业和基地。加快推动农产品上行，对特色优势农产品进行精细研发和打造包装，提升产品品质、价值和知名度，打造县域公共品牌，精深研发包装，形成适宜网销的特色产品。

B.36

2019~2020年漯河市商务发展回顾与展望

田梦霖*

摘　要： 2019年，漯河市商务局以开放带动为主线，着力增优势持续招大引强，补短板拓展对外贸易，抓亮点发展电子商务，促消费扩大商贸流通，求突破筹办食博盛会，商务工作成效斐然。

关键词： 漯河市　产业链招商　现代物流

一　2019年漯河市商务发展指标完成情况及特点

——实际利用境外资金：全市实际利用境外资金97880万美元，总量居全省第5位；同比增长4.3%，增幅居全省第6位。

——实际利用省外资金：全市实际到位省外资金265.1亿元，同比增长3.68%，增幅居全省第8位。

——对外贸易货物进出口：全市进出口总额实际完成650483万元，同比增长3.9%，增幅居全省第13位。

——社会消费品零售总额：全市社会消费品零售总额为642.8亿元，同比增长10.8%，增幅居全省第6位。

---

* 田梦霖，漯河市商务局。

二　2019年采取的主要措施

（一）招商引资亮点纷呈

一是招商引资氛围越来越浓厚。市委、市政府主要领导带队先后赴成都、上海、北京、山东、广东等地密集外出招商10次，共促成华西希望集团战略合作、绿地控股临颍交通高新科技产业园、宇培冷链物流园、临颍智能装备制造（广东）产业园等26个重大项目签约。漯河市大员上阵招商工作经验先后被《河南商务简报》《国际商报》等刊发，树立了漯河招商的良好形象。二是产业链招商经验全省推广。围绕“中国名城建设”和“六个打通”分区域、分行业绘制产业链招商图谱；研究撰写了《关于全市宠物食品产业招商工作的思考与建议》，指导推动全市按图索骥开展食品产业链招商，受到省、市领导的充分肯定，先后在全省自贸区建设工作座谈会和全省外资工作会议上做了典型发言，省自贸办要求郑、汴、洛三个自贸片区复制推广漯河招商经验。三是专业园区招商实现新突破。经开区智能食品装备产业园分别与山东科迈达、河南恒丰等5家企业签订进驻合同；中国（漯河）液压产业园已进驻利通、国泰达鸣、久铖智造等3个项目；临颍县木业小镇已进驻光大展柜、昱辉木业等2个项目；临颍智能装备制造（广东）产业园已与东莞天一精密机电等5家国家级高新技术企业签订合作协议。漯河经开区综合考核居全省第2位，较上年晋级5位。四是推动运动营养食品省级行业标准出台。通过引进上海玛士撒拉功能性营养食品、福建亲亲功能性运动食品生产两个项目，推动河南省市场监督管理局制定出台了《河南省运动营养食品生产审查方案（试行）》，填补了河南省运动、营养食品空白。五是亲情招商成效显著。2019年签约落地的河南玖味源食品、玛士撒拉功能型营养食品和投资临颍智能装备制造（广东）产业园的广东亿鑫丰董事长吴松彦、力生智能董事长张高强、天一精密机电董事长尹东明等均为豫籍企业家。

（二）食博会硕果累累

第十七届食博会共吸引来自25个国家（地区）和国内23个省区市的856

家企业参展，其中境外企业82家，国内食品百强和知名品牌企业105家；参展产品有8大类、5000多个品种；共有85个专业采购团、2.1万名采购商参会，约15万人次观展，实现贸易成交额423.98亿元，充分发挥了食博会促进交易、拉动消费的平台效应，经济效益和社会效益显著。俄罗斯作为本届大会主宾国，组织近20家企业参展。本届食博会相继举办了开幕式等10场重要活动，共发布科技成果和专利项目216项，已成为中国食品产业发展的“风向标”。会后第三方评估机构——中国会展研究会给予93分的高分评价，认为本届大会主线清晰、内容丰富、专业化水平较高，起到了服务产业、引领产业的作用；政企协同、各司其职的办会模式，成为政府主导型展会市场化转型的有益探索，并呈现了全国性、国际化的趋势。

（三）对外贸易难中求进

一是强化宣讲培训。举办各类外贸政策培训10多次，培训人员1200余人，有效提升了全市外贸人才的业务水平。积极指导52家外贸企业投保出口信用保险2741万美元，有效规避了国际贸易风险，目前漯河市承保覆盖率居全省第2位。二是引导开拓市场。为曙光健士医疗器械集团、际华三五一五、澳源机电等30家进出口企业办理出口货物原产地证书162份，同比增长54%，助推企业向意大利、法国、阿联酋、澳大利亚等30多个国家和地区出口800多万美元。指导利通公司在德国设立海外仓，促成漯河东城智能物联港公司与印度公司签订海外仓协议，首次人发保税进口金额622万元。推动112家企业与45个共建“一带一路”国家和地区拓展经贸往来，进出口总额占全市的20%，成为对外贸易新的增长点。三是加大政策扶持力度。指导72家企业申报各类外经贸扶持资金，有效缓解了企业资金压力，提振了企业扩大外贸出口的信心。2019年，全市新增备案登记外贸企业128家，超额完成市定60家的目标，外贸企业队伍规模进一步扩大。四是积极扩大进口。组织全市100多家外贸企业参加第二届进博会，注册参会单位、人员完成比例居全省第4位，先后受到省商务厅3次通报表扬；参会企业与来自阿根廷、马达加斯加、西班牙等23个国家和地区的参展商达成39笔交易，成交总额为5281万美元，居全省第9位，同比增长53%。

（四）现代物流迈出新步伐

一是冷链物流领跑全省。全市登记注册的冷链物流企业达416家，冷库总容积为87.5万立方米，冷链运输车保有量为2089辆，整合社会冷链运输车近万台，从业人数近2万余人。双汇物流、大象物流分别被评为五星级、四星级冷链物流企业，拥有全国冷链百强企业6家，占全省的60%。二是快递物流发展迅猛。顺丰、圆通、申通、韵达等19家快递龙头企业齐聚漯河，设立9家区域分拨配送中心，营业网点200余处。漯河已成为继郑州之后的全省第二快递分拨中心，成功争创中国快递示范城市。2019年全市快递服务企业业务量累计完成8920.35万件，同比增长76.26%，业务收入累计完成6.55亿元，同比增长18.08%。三是电商物流快速增长。2019年培育出省级电子商务示范基地1个、省级电子商务示范企业2家，中国（漯河）电子商务产业园争创国家级电商示范基地，漯河市成为全省唯一的中国快递示范城市。四是重大物流项目集聚。目前全市共培育出年营业收入超亿元企业10家，国家A级物流企业21家；已入驻世界500强企业2家、全国冷链物流龙头企业2家，先后被评为全省现代物流转型优秀地市、省级商贸物流标准化试点城市，豫中南物流中心地位更加凸显，《现代物流报》等新闻媒体多次做了专题报道，在业界产生了广泛影响。

（五）商贸流通稳中有升

认真做好元旦、春节、端午、国庆等节日保供，促进市场繁荣稳定。加强市场运行监测，及时通过新闻媒体发布分析报告，积极指导市场消费，市场运行监测工作一直位居全省前列。积极推进“互联网+商业”融合发展，2019年漯河新玛特“天狗网”实现销售4.9亿元，同比增长3.6%，成为内需消费的新亮点。积极支持餐饮企业争创河南老字号、豫菜品牌示范店等服务品牌，2019年新获批1家省级“平安商场”，培训各类家政服务人员800多人，推动了商务领域现代服务业提档升级。按时序推进省级商贸物流标准化示范市建设工作，联合财政部门印发了《漯河市商贸物流标准化示范建设项目申报指南》，初步征集到4家企业6个项目，为2020年加快建设奠定了良好的基础。

（六）电商扶贫扎实推进

一是积极完善基础设施。紧抓临颍县、舞阳县先后成为国家级、省级电子商务进农村综合示范县的契机，推动新建镇级电商服务中心4个、村级服务站28个，目前已实现全市169个贫困村电商服务站点全覆盖。二是广泛开展多种形式的免费培训。2019年共培训第一书记、乡镇干部3379人次，扶贫专干、贫困人员2000余人，精心设计编印电商宣传彩页5.5万份和电商明白卡4.6万份，张贴宣传横幅260余条，有效提升了电子商务在农村的普及率和知晓率，荣获全省电商扶贫培训工作先进单位。三是积极推进农产品上行。认真摸排全市农特色产业情况，指导电商企业积极开展农产品线上销售。

（七）持续规范市场秩序

一是认真开展加油站行业联合检查。会同公安、市场监管和生态环境等部门组成联合检查组，开展成品油流通领域大气污染防治攻坚暨“三散”治理联合检查；并成立商务系统夜查组，每周赴各县区随机检查。2019年共出动人员300余人次，车辆80台次，检查加油站点180座次，共查处违规违加油站点8家，拆除6家，关停1家，整改1家。二是持续规范商务领域市场秩序。联合相关部门持续清理整顿107国道附近废旧汽车拆解窝点，开展“诚信兴商宣传月”和“信用消费进万家主题日”活动，进一步规范了商务领域市场发展秩序。精心指导运营维护肉类蔬菜流通追溯体系，各个节点上传追溯数据263.3万余条，报送数据情况和节点企业运行情况良好。

三　2020年商务发展对策

（一）统筹推进疫情防控和商务发展

一是持续保障市场供应。密切跟踪疫情防控形势变化，充分考虑复工复产、返校高潮等各种复杂情况，深入市场一线，及时掌握动态，继续做好生活必需品供需衔接和市场调度，进一步畅通末端物流，发挥好大型农批市场保供稳价“调节器”作用。

二是狠抓应急政策落实。全面落实《漯河市应对新型冠状病毒感染的肺炎疫情支持企业发展稳定经济增长30条措施的通知》，切实抓好《河南省商务厅河南省财政厅关于积极应对新冠肺炎疫情做好外经贸工作若干措施的通知》《河南省商务厅关于积极应对新冠肺炎疫情影响做好促消费工作的通知》落实，专人专班跟进，推动复工复产、稳外贸稳外资促消费各项举措尽快落地见效、惠及企业。

三是创新方式方法。引导鼓励企业通过跨境电商、网上参展等方式拓展出口渠道，实现在线数字化营销。统筹谋划各类投资促进活动，鼓励建立“云招商”系统，创新不见面招商方式，加快重大招商引资项目洽谈对接、签约落地和开工建设步伐。指导商贸企业在保障安全的前提下，创新供给方式优化服务，充分发挥电商促进消费的重要作用，积极组织骨干餐饮企业提供团餐配餐服务。

四是着手建设商务系统应急管理制度体系。健全生活必需品市场供应应急管理机制，加强重要商品储备管理和市场调控，加强商贸服务行业、汽车流通、成品油流通等领域的应急管理、救援救助工作，补齐商务系统应急工作短板。

（二）围绕高质量发展，强力推进提质行动

抢抓疫情带来的智能制造、工业互联网、电子商务、5G和生物医药、医药卫材、功能食品、健康产业、养生养老等产业加快发展的机遇，深入开展针对性招商行动。一是围绕延链补链招项目。依托即将投运的微康益生菌项目一期，持续推动江苏微康生物科技在漯追加投资、新上项目。同时，深入开展产业链招商，正在积极对接上海光明集团、山东畅益生物科技等下游企业，洽谈乳制品及益生菌饮品项目。二是围绕疫情抢项目。抓住疫情较重地区企业复工复产困难，原材料及生产要素供应不畅等时机，围绕漯河市优势产业链，积极对接目标企业。如全国塑料管道龙头企业——福建亚通新材料科技股份有限公司原来准备在湖北追加投资，把其他基地的产能转移过去。疫情暴发后，漯河市就积极与该企业对接，依托临颍县作为河南绿色装配式建筑产业基地的优势，吸引其来漯投资布局，目前已得到总部答复，计划近期赴福州总部签约。三是围绕短板招项目。针对抗击疫情过程中暴露出来的薄弱环节，积极对接专

业商协会和行业龙头企业，深入开展精准招商。如针对医疗器械、医药卫材产业基础薄弱等情况，千方百计与中国医学装备协会取得联系，依托协会资源与源汇区就医学装备方面开展技术应用和产业合作；积极对接山东君泰医用防护用品科技有限公司、浙江世纪康大医疗科技股份有限公司，洽谈合作、吸引其在漯布局新项目。四是围绕新业态招项目。以西城区大数据产业园建设为契机，着力发展电子商务、云计算、5G等产业，加快推进西城区与南威软件集团的合作，积极对接阿里巴巴集团阿里云、浙大网新集团等龙头企业探讨合作发展机遇。

（三）围绕第十八届食博会，创新抓好招商邀商

认真落实市委书记批示精神，深入研判食博会正常举办所面临的各种复杂形势，并结合当前全市疫情反复的实际情况，持续创新招商方式，确保参会客商高层次、签约项目高质量。一是紧盯招商成果。针对2020年初新签约的39个协议项目，采取“专项专班”，县级领导分包、专人联系，逐个建立微信联络群，持续跟进，力求与投资商沟通洽谈到位，项目要素支持供给到位，保证食博会期间企业高层能亲自来漯签订正式合同。二是紧盯在谈项目。抓好签约项目“预备军”，从全市重点跟踪企业和在谈项目库中筛选出50个符合全市产业规划、市场前景好、投资可能性高的重点项目，采取方便的预约客商“当面谈”，不方便见面的召开视频会议“线上谈”，力争食博会前能再谈成一批大项目。三是紧盯“老朋友”。重点是积极联络已在全市投资的世界500强、中国500强、知名品牌和上市公司，邀请高层来漯参会及视察漯河公司复产复工情况；联络与漯河市有战略合作和关系密切的商协会负责人，组织在外布局意愿强烈的会员企业来漯参会、商谈合作，再储备一批好项目。

（四）围绕重点招商区域，精心谋划专项活动

根据项目洽谈进程，初步筛选出4个线路、共33家知名企业及商协会，拟提请市委、市政府主要领导走访推动。分别为：闽东南重点拜访福建豪峰食品有限公司、福建永辉集团有限公司、福建宏绿食品有限公司等8家意向企业；京津冀重点拜访中国副食流通协会、中国医学装备协会、中农集团控股股份有限公司、河北怡达食品集团（北京）有限公司等8家“中”字头协会及

企业；长三角重点拜访江苏冠联新材料科技股份有限公司、江苏微康生物科技有限公司、阿里巴巴集团阿里云公司等7家行业龙头；四川重点回访成都华西希望集团有限公司、四川白家食品有限公司、成都市兴恒泰印务有限公司等10家签约意向企业。

（五）持续优化投资营商环境

实行外商投资企业“服务官”制度，及时传递疫情防控信息以及国家和省、市支持企业发展的政策措施，营造更加稳定、公平透明、可预期的投资环境，增强企业信心，稳定投资预期。认真落实重大项目跟踪及专班服务机制，提供精准化、个性化服务，指导企业用好用足财政、金融、税收、社保、就业等各类帮扶解困政策，促增量、稳存量并举，最大限度降低疫情影响，切实抓好重大项目落地和成果转化。

（六）指导企业享受政策，促进外贸稳定增长

一是抓政策落地。持续贯彻落实国家、省稳外贸政策安排，特别要加力落实省政府支持外经贸企业发展“黄金19条”，切实把省委、市委坚定支持“三外”企业发展的信心决心传递给企业，让企业有实实在在的获得感。指导服务外贸企业用足用好出口退税、出口信保、中小企业国际市场开拓资金、不可抗力事实性证明等合规的外贸政策工具，最大限度减少损失，力促稳外贸。二是优化企业服务。落实外贸重点企业联系制度，及时提请市政府服务企业周例会采取精准帮扶措施，协调解决存在的问题和困难。对10家列入省白名单的外贸企业，实施“一企一策、一事一议”，帮助企业协调解决供应链不配套、资金紧张等困难和问题，专题研究、专班服务、专项突破，避免产业链、供应链中断，稳住重点企业和主要产能，维护全球供应链稳定。三是发展外贸新模式。积极培育外贸综合服务企业，精准支持企业参加境内外知名专业展会，巩固传统市场；引导更多中小微外贸企业应用阿里巴巴国际站、速卖通、敦煌网、易贝等平台开展跨境电商交易，解决当前困境，不断提升国际化经营能力，开拓更多的出口市场特别是“一带一路”沿线市场，持续扩大出口规模。引导企业积极扩大进口，促进对外贸易均衡发展。

（七）加快电子商务与现代物流业融合发展

一是完善布局，不断壮大电子商务企业体量。抢占“互联网 +”先机，主动对接“一带一路”、中国（河南）自由贸易试验区、郑州航空港经济综合实验区等国家战略，依托国家级电子商务示范基地、豫中南区域性现代物流中心的影响力，通过政策帮扶推动电商园区效应更加突出，助力全市电商规模不断壮大，加快跨境电商发展速度，普及电商应用，保持漯河电子商务发展的迅猛势头。

二是培大育强，持续领跑全省冷链物流发展。指导双汇、大象、金顺等龙头企业进一步提质增效、扩大规模，保持全国领先；帮扶一批综合实力强、具有发展潜力、管理规范的冷链物流企业做大做强；加快推动新建物流园区投产达效；依托漯河临港物流园优势，创新发展冷链多式联运，力争走在全省乃至全国前列。

三是提档升级，着力提升物流现代化水平。以建设全省商贸物流标准化示范市为契机，不断提升现代物流企业托盘标准化、信息服务平台标准化、服务及单元信息标准化、物流设施标准化水平。借助电子商务手段，积极发展现代物流业，推动建设具有漯河特色和行业影响力的冷链物流信息平台；支持骨干企业加强冷链物流设施设备信息化改造，不断提升现代化发展水平。

四是融合发展，擦亮“中国快递示范城市”的牌子。积极引导快递物流与电子商务融合发展，依托国家和省级“电子商务进农村”示范创建工程，进一步优化农村物流基础设施和物流配送体系，建设一批村级快递末端服务网点，织密末端快递服务网络，助力乡村振兴和电商扶贫。指导扶持快递物流企业加快提升信息化和标准化水平，为中国快递示范城市建设奠定扎实基础。加快建设多点布局的综合性快递物流分拨中心，全方位完善电商与物流融合发展的网络布局。

五是强化保障，促进电商与物流业蓬勃发展。积极落实好国家、省电子商务、现代物流业发展的各项扶持政策，研究制订符合漯河市情、具有可操作性的政策措施，引导支持电商、物流企业加快发展，有效推动全市经济建设。

（八）搞活流通促进消费

一是培育消费热点。抢抓疫情过后消费市场触底反弹、补偿性消费集中释放的机遇，支持引导社会资本增加健康、养老、育幼、体育、文化旅游服务供给，积极培育信息、时尚、体验、定制、智能、假日、夜间经济等新兴消费热点，促进消费回补和潜力释放。注重餐饮品牌建设，培育家政品牌企业，推进家政服务业提质扩容和“百城万村”家政扶贫工作。

二是促进消费升级。适应分层次、多元化消费升级趋势，合理引导消费需求，不断提升消费品质。大力引导推动传统商贸流通企业实施“互联网＋”，支持企业争创“河南老字号”、豫菜品牌示范店和省级绿色餐饮示范企业、绿色商场（超市）、平安商场，改造提升一批步行街，努力争创1～2个省内领先水平的高品位商业街区，打造城市消费新地标。积极培育和认定品牌消费集聚区，加快推进品牌连锁便利店发展。

三是推进消费惠民。活跃农村消费市场，完善农村电商和冷链物流等基础设施。扎实做好电商进农村、电商扶贫和产销对接扶贫工作，继续做好家政扶贫、消费扶贫、对外劳务扶贫工作，为脱贫攻坚、全面小康多做贡献。优化布局，积极推进农贸超市建设，完善便利店、菜市场等便民消费设施。支持建设偏远乡村加油站，持续开展油品质量专项检查行动，打击取缔黑加油站点，不断改善大气质量。积极推动全市商贸行业企业落实安全生产主体责任，搞好平安创建，确保大局和谐稳定。

B.37
2019～2020年三门峡市商务发展回顾与展望

张恒恺*

摘　要： 2019年，在河南省商务厅的正确领导和精心指导下，全市商务系统积极践行新发展理念，抢抓黄河流域生态保护和高质量发展战略新机遇，坚持“稳中求进”工作总基调，积极行动，主动作为、统筹推进，抓招商、调结构、促转型、稳增长，商务经济保持了稳中有进、稳中增效的持续向好发展态势。

关键词： 三门峡市　外贸　招商引资

一　2019年商务指标情况

对外贸易较快增长。全市进出口总值为157.74亿元，同比增长45%，居全省第三位，增速全省第四。其中，进口值为132.45亿元，同比增长62.2%；出口值为25.29亿元，同比下降7.7%。

招商引资再上台阶。全年全市累计新批合同外资项目6个，合同利用外资完成1192万美元，实际吸收外资11.59亿美元，同比增长4.0%；实际吸收外资规模居全省第四位。全年省外资金累计完成项目103个；实际到位资金累计完成417.9亿元，同比增长4.01%，位列全省第五。

外经工作成效显著。全年对外承包工程及劳务营业额完成4.76亿美元，占目标的5180%，同比增幅为5070%。对外投资实际出资509万美元，占目

* 张恒恺，三门峡市商务局。

标的150%，同比增幅为650%。

电子商务稳中有进。全市电子商务交易额为370.1亿元，完成年目标任务439亿元的84.3%，网络零售额为61.6亿元。全市跨境电商交易额预计为46.58亿元，预计全省排名第七。

消费流通健康发展。全年全市社会消费品零售总额累计591.5亿元，同比增长10.8%，居全省第六位。

二 2019年以来采取的主要措施

（一）齐心协力战疫情

一是以惠民生为导向，全力保障市场供应。新冠肺炎疫情发生以来，全市商务系统迅速组织动员，制定周密方案，调研市场情况，确定40家重点保供企业，全面掌握米面油、肉蛋奶等重要商品货源底数，建立了涵盖全市6家大型连锁商超、5家农批市场和20余家蔬菜粮油供销企业，包括十大类近百种生活商品的日监测制度，随时调运，保障主要生活必需品不停运、不涨价、不脱销、不断档。组建三门峡农超对接农商互联平台，及时公布供给信息、销售商公布需求信息，形成三门峡市内有效的产销链条，上线以来累计在市区及周边地区批发商间调配各类蔬果、蛋奶近2000吨，生活必需品市场运行总体恢复平稳。二是按下政务服务“快捷键”，确保企业复工复产。严格落实“服务官”制度，对于13家省定白名单和全市重点企业，建立了包含市区县领导、商务部门主管领导和具体业务科室的三级服务体系，通过送政策上门“面对面”提供个性化服务，构建双向顺畅沟通协调机制等，助力企业复工复产。同时，与市级领导下沉一线跟踪服务企业项目相结合，并出台了领导干部联系市区县制度和《三门峡市商贸流通企业及“三外”企业疫情防控期间安全有序复工复产工作方案》，组建8个专项工作组，坚持每周轮流赴各区县、各企业，加强督促帮扶，摸排重点“三外”企业复工复产情况和存在困难，建立一对一跟踪服务台账，实时跟进更新，并积极协调解决。三是畅通消费渠道，助力经济发展。政企携手促消费，推动市财政发放1亿元的惠民消费券，并鼓励引导企业推出企业版“消费券”，市民、游客以扫描二维码的形式获得，可以在指定的餐饮、旅游、住宿、娱乐等场所凭券享优惠折扣，促进经济快速恢复增长。四是千方百计稳外贸，提振企业经营信心。协调组织企业通过三门峡贸促会线上认证系统开展“不可抗力事实性证明”网上办理。协调中信保等专业出口信保企业，为全市小微企业以及国家级、省级贫困县内的全部进出口企业给予企业缴纳保费免除。

（二）开放招商不断增强

一是聚力央企合作实现新突破。投资70亿元的宝武同人铝业合作项目落地。二是联合统战部、组织部、科技局、示范区等部门先后成功举办首届河南海外侨团“一带一路”创新合作发展大会等一系列专项活动。组团参加了中博会、第二届进博会等国家级经贸活动，充分借助河南省举办的第十三届投洽会，大力推广宣传全市电动汽车、黄金制品、无人机、精密仪器、化工机械等。节会共邀请央企和国内外500强、行业龙头、知名品牌企业参会客商306人，对接先进制造业、高成长服务业、现代农业等合作项目25个，美国、德国、印度等来自20余个国家的企业和客商现场与全市速达等参会企业达成了合作协议。尤其是全市的灵宝木偶戏、陕州剪纸和“天鹅之舞”首次亮相进博会这一国际展台，进一步把“美丽天鹅城”的名片推向了全世界。2019年共签约项目159个，总投资额为959.62亿元。

（三）对外贸易屡创新高

一是全面提升服务水平。抓政策支持，抓工作督导，开展稳外贸、促发展调研活动，加强对重点进出口企业和重点进出口商品的监控和跟踪服务。建立企业和政府直通车制度，召开7次外贸外资外经企业调研座谈会，与外向型企业面对面座谈，现场协调解决问题，企业反响良好。二是围绕两端市场，抓市场主体，培育龙头增长点。在出口端，上半年全市成功创建食用菌和有色金属省级外贸进出口基地2个，基地出口总额占全市的比重超过60%，引进了投资1.1亿元的武夷农产品加工项目和投资7000万元的山西省绿胜源食品加工等两个香菇加工基地项目，全市进出口超百万和千万元企业达到60家和29家，尤其是农产品出口实现了集群化、规模化发展；在进口端，围绕铜金粉及金精粉进口，积极打造口岸通道，中金集团的铜精矿国检试验区进口业务进展顺利。三是抓产业集聚和结构调整。加快有色金属产业进出口基地建设，围绕优势产业，推动全市高精度铜箔、陶瓷等高新技术产品出口达到7735万元、1676万元，分别比2018年同期增长29.9%和97.7%。四是积极打造服务平台。对接郑州路港国际集团，设立三门峡外贸综合服务中心，同时在陆港集团总部设立郑州国际陆港集团三门峡农产品专馆，通过郑欧班列，推动全市汽车零部件、生物制剂、浓缩果汁、食用菌产品走向欧洲及“一带一路”沿线腹地。五是全面融入“一带一路”倡议，拓展国际市场空间。出台《关于开展三门峡名优产品“丝路行”活动的总体方案》，组织全市30余家外贸企业组团赴共建“一带一路”国家及韩国、泰国、马来西亚等城市，参加综合性或专业性品牌展会10余场，签订外贸合同2.3亿元人民币。

（四）狠抓物流强市建设

先后出台《三门峡市人民政府办公室关于三门峡市现代物流重点产业转型发展的实施意见》《三门峡市促进物流业转型发展若干措施》《三门峡市现代物流业中长期发展规划》等指导性文件。重项目带动。积极参加国内外各类物流业专题展会，规划包装了八大现代物流重点招商引资项目，聚力开展物流业专题招商。全市签约落地三门峡国际农产品物流园等重大物流项目4个，总投资39.5亿元；11个重点在建物流项目不断加速推进，投资完成额突破30亿元。成功申报国家级冷链流通标准化示范企业1家，省级冷链物流示范项目6个。广网点建设。全市基础物流网点实现全覆盖，网络批发零售业和快递服务企业数量增幅明显。建成现代化、高标准的城市配送中心1家，标准化规范化的终端网点77个，网络批发零售业和快递服务增速分别在90%和60%以上。同时，积极推动省商务厅与市政府签订促进物流业转型发展战略合作协议，进一步加强省厅与三门峡市政府之间的工作互动、资源共享、优势互补，从更高层次、更广领域推动全市现代物流发展。

（五）丰富会议会展拉动市场消费

成功筹办第二十五届黄河旅游节暨第七届特博会，邀请到会客商代表和企业家1500余人，共签约项目90个，投资总金额为490亿元。共同举办“罗曼彩虹跑”“横渡母亲河”等各类群众性活动20余场。进一步提升了三门峡

“天鹅之城”的美誉度，极大地刺激了市场消费。积极创造消费热点。制定扩大消费专项行动实施方案，利用节假日购物季，指导各大百货卖场、专业市场、餐饮企业等开展各类促销活动，创造消费需求。不断加快培育消费亮点，支持万达广场、丹尼斯百货、义乌商贸城等龙头企业申创省级品牌消费集聚区，仰韶酒成功申报省级“老字号”品牌，积极创建国家级“老字号”品牌。全面加强市场监测监管和服务。坚持对商品价格和销量实行月报制度，及时准确处理市场异常波动等情况。为规范并促进汽车消费，牵头开展5轮（次）的汽车销售市场专项宣传检查活动，督促各类汽车经销商自觉遵守管理办法，诚信经营；同时开展多批次成品油市场安全生产和市场保供工作，确保油品市场供应和质量安全。

（六）商务行业扶贫再创佳绩

一是以电子商务全面引领行业扶贫。全市贫困地区已建成村级电商服务站303个，占311个建档立卡贫困村的97.4%。累计举办各类电商实用技术培训班419期，培训28644人。二是创新思路，对外劳务强势助力就业扶贫。先后出台《三门峡市对外劳务扶贫专项扶持政策》、《三门峡市外派劳务突发事件应急预案》和《三门峡市对外劳务服务合作平台专项资金使用管理办法》。共建立对外劳务合作服务平台2个，设立对外劳务咨询报名大厅及咨询服务点共计13个，打通对外劳务服务“最后一公里”，完善对外劳务“四级联动”服务体系。三是引进项目推动产业扶贫。全市通过招引央企及龙头企业带动产业发展，共累积引进投资5000万元以上的扶贫项目11个，总投资23.6亿元，直接或间接带动贫困户5000余人。四是政策引领，家政扶贫工作稳步推进。出台三门峡市“百城万村”家政扶贫实施方案，促进家政行业健康稳定发展。

三　2020年面临的形势及目标

2020年是全面建成小康社会和“十三五”规划收官之年，是落实黄河流域生态保护和高质量发展战略的开局之年，却面临疫情防控和经济发展的双重压力，工作难度大，责任更大，做好商务经济工作十分重要。

（一）面临的形势和机遇

疫情逐步蔓延至世界各国，全球经济动荡，风险隐患增加，经济下行压力持续加大，全市实体经济面临较多困难，部分企业经营困难，企业综合成本不断上升，盈利空间明显收窄，民营经济再投资积极性不高。但是，从宏观来看，我国在发生疫情后，经济长期向好的基本发展趋势没有变，在产业配套、人力资源、基础设施等方面的综合竞争优势没有变，外国投资者长期在华投资经营的预期和信心没有变。从全市经济发展来看，也出现了新的机遇。一是从中央到地方纷纷出台了诸多优惠政策，政策叠加优势凸显，为经济发展注入"强心剂"。尤其是黄河流域生态保护和高质量发展上升为国家战略，是名副其实的千年之遇，全市作为黄河流域城市之一，必将享受国家、省级层面陆续出台的一系列政策措施的红利。二是全市优越的地理位置和丰富的资源禀赋并没有改变。围绕"五彩"形成的主导产业为全市经济发展提供了强大动力。百城提质工程和文明城市创建扎实推进，城市综合承载力持续提升。道路方面，芮宝高速建成通车，国道310工程进度达到81.7%，209国道城区段改线工程开工建设，崤函大道启动征迁，"双千"高速加快推进等，开工率、工程进度均居全省第1位，"六纵六横"大交通网络初步形成。重点企业在全国乃至全球产业链中的地位和作用没有改变。尤其是1～2月全市进出口逆势增长，比同期增长41%，这些均已证明全市经济发展的潜力。

（二）发展思路及目标

牢牢坚持以习近平新时代中国特色社会主义思想为指导，全面贯彻落实习近平总书记视察河南重要讲话精神，深入落实中央、省委经济工作会议和市委七届九次全会部署，积极践行中部地区崛起、黄河流域生态保护和高质量发展重大国家战略要求，紧扣全面建成小康社会目标任务，坚持稳中求进工作总基调，坚持新发展理念，坚持以供给侧结构性改革为主线，坚持以改革开放为动力，聚焦高质量建设省际区域中心城市，着力稳外贸、增外资、促外经，打造开放新高地，着力创新模式、搞活流通、促进消费升级，加快培育强大消费市场，切实推进商务高质量发展，努力实现疫情防控和商务事业"双战双赢"，在谱写新时代中原更加出彩绚丽篇章中贡献强劲力量。

2020年，全市努力实现社会消费品零售总额增长10%，货物进出口平稳增长，实际吸收外资、省外资金均增长3%，服务进出口增长7%，对外直接投资与上年持平。

四 发展对策

（一）聚焦重点工作，着力抓好招商引资

一是抢抓黄河流域生态保护和高质量发展战略新机遇，制定并出台《三门峡市关于开放再出发的若干政策意见》《三门峡市会议、展览业发展奖励补助办法》《三门峡市招商引资与对外开放体制机制改革实施方案》等政策文件，为全市扩大市场开放、引进主导产业、鼓励企业加快复工复产提供政策支撑，推动全市产业发展提质加速。二是坚持产业研究与项目突破相结合，围绕全市黄金及铜精深加工、铝及铝精深加工、先进装备制造等主导产业，以重点产业的建链、补链、延链为导向，扎实分析产业发展现状、招商方向、产业图谱。三是坚持“走出去”。提前谋划行动，集中资源和力量，围绕主导产业，找准对接地区，找准目标企业，选定突破口，做到联系不断，项目不丢。下半年，策划参与和组织多项招商引资重点活动，全方位、宽领域加强国内外投资合作。四是做好第三届进博会参会工作。高度重视，广泛宣传发动，高质量做好组织筹备工作，突出做好辖区企业参会洽谈采购的组织工作，积极向境外客户推介邀请参展，为办好进口博览会贡献三门峡力量。

（二）打造开放新平台，更高水平扩开放

一是切实发挥开放引领作用。从更高层次、更宽领域谋划对外开放工作，积极提请调整完善各级对外开放领导小组；调动各行业、各部门的积极性，充分发挥商务部门在推动对外开放方面的引领作用，跟踪全市上下在对外开放方面的具体行动，形成开放合力。二是搞好开放顶层设计。在经济发展进入新时代的大背景下，更上质量、更上层次、更上水平紧抓改革开放。明确主导产业，做好深入研究和谋划，下大决心、下大力气进行攻坚，从土地、引进技术和人才奖补、鼓励再投资、引进人奖励、发展配套等几个方面提出切实可行的

扶持政策，与市级政策叠加使用，做到“深耕”产业规划，“细作”配套设施。三是打造高端开放平台。坚定信心，确保自贸区开放创新联动区申建成功。拿出势在必得的决心，盯紧关键环节，深入研究，保证方案战略定位不偏离省委、省政府的要求，确保申建方案一次通过。同时，督导各区县提前做好片区的产业谋划，确保自贸区的政策制度优势在助推产业发展、带动区域经济发展方面充分发挥出来。同时，高标准推进跨境电商综试区建设，推进“网上丝绸之路”建设。邀请省保税集团、易通跨境等业内专家围绕全市跨境电商发展谋划产业发展规划，明确发展方向和重点项目。结合自贸区联创区申建，对接河南保税集团，开设市跨境电商产业园拓展园区，引入保税集团的“中大门”设立跨境电商线下交易体验中心，开展“跨境展示展销+跨境一般贸易+免税店+保税展示交易”新型跨境电商交易模式。支持高新区、海关特殊监管区和保税物流中心等各类口岸加快发展。

（三）搞活商贸流通，全面促进消费

一是培育消费热点。抢抓疫情过后消费市场触底反弹、补偿性消费集中释放的机遇，制定扩大消费专项行动实施方案，利用节假日购物季，指导各大百货卖场、专业市场、餐饮企业等开展各类促销活动，创造消费需求。不断加快培育消费亮点，积极实施豫酒振兴战略，支持仰韶酒创建国家级“老字号”品牌。二是推进消费惠民。借助省商务厅2020年3月24日启动的“春满中原”促消费惠民利民百日行动，推动传统企业向数字化转型，开启消费新模式，积极与全市万达广场、丹尼斯百货、义乌商贸城等商贸流通龙头企业联手，打造消费新场景，确保周周有活动、月月呈亮点、百日见成效，共同提振消费信心，激发消费热情，更好地满足人民群众消费需求，努力实现疫情防控和经济发展“双战双赢”。三是促进消费升级。积极落实省厅关于国务院促进消费20条政策措施实施意见，充分利用全市处于三省交界的地理优势，合理引导消费需求，不断提升消费品质。持续推动物流业转型发展。及时征集、调整、充实投资亿元以上重大项目库，完善大宗物流、快递物流、冷链物流、公铁联运等运输体系，争取成为省级冷链、快递、电商物流示范。同时，建立包含招商引资、物流、会议会展等的一套整体的考核机制，压实工作责任，建立工作台账，为重点物流项目建设创造条件。四是全面加强市场监测监管和服务。持续开展油耗质量专项

检查行动，打击取缔黑加油站点，不断改善大气质量。积极推动全市商贸行业企业落实安全生产主体责任，搞好平安创建，确保大局和谐稳定。

（四）多措并举稳外贸，培育外贸竞争新优势

一是加大应对全球疫情蔓延和贸易摩擦的工作力度。加强分析研判，立足当前，着眼长远，密切关注企业出口订单变化，分层级分类别进行动态监测和案件预警，开展精准跟踪指导，引导企业未雨绸缪，早安排、早准备、早应对。二是全面落实外贸政策。认真贯彻落实好国家和省委、省政府稳外贸政策措施，尽快开展退税资金池、“外贸贷”等政策实施，对企业进行分析排查，摸清企业潜在需求，积极争取国家政策支持，解决企业经营中存在的困难和问题。会同进出口银行、出口信保等政策性金融机构，研究出台合力稳外贸政策举措。持续提升贸易便利化水平，优化环节，创新突破，建立贸易便利化市际联席会议制度，密切协同配合，形成发展合力，营造外贸良好发展环境。三是积极开拓国际市场。继续深化“三门峡名优产品丝路行”贸易拓展行动，重点参与组织好广交会、加博会、中国—东盟博览会等系列经贸活动，助力企业抢抓出口订单。四是着力服务平台建设。继续引进、培育在全国范围内有影响、有品牌的外贸综合服务平台龙头企业，重点围绕示范区铁路口岸特殊监管区的设立，推动郑州陆港集团在全市设立三门峡陆港口岸，全面提升全市外贸综合服务平台发展水平，推动全市外贸提质增效和产业转型升级。

（五）注重品牌打造，促进会展会议经济发展

依托黄河金三角区域中心城市的区位优势，坚持政府主导，市场运作；突出重点，品牌带动；与西安、郑州、太原等区域性中心城市进行错位竞争，促进展产结合，打造黄河金三角会展中心城市和中西部地区会展名城，推动三产服务业繁荣发展。一是丰富会展形式，促进展产结合。探索围绕黄金产业、特色农业发展，谋划并尝试举办与重点产业发展相配套的各类展会，更好地发挥会展对产业发展的促进作用。二是大力发展会议经济。积极打造并广泛宣传三门峡“天鹅季”冬季会议基地，突出宣传全市优美的自然风光、和谐的人居环境，努力使知名企业集团、培训机构、商协会把三门峡作为各类会议、培训会、研讨会、论坛的举办地，带动旅游业、酒店业、餐饮业、交通业等相关产业全面发展。

B.38
2019~2020年南阳市商务发展回顾与展望

孔维征*

摘　要： 2019年，南阳深入贯彻落实习近平总书记视察河南重要讲话精神、全省对外开放大会、全省稳外贸增外资促外经工作会议精神和市委、市政府重大战略决策部署，坚定不移地扩大开放、提升招商，全力稳外贸、增外资、促消费，重抓重推电子商务和现代商贸中心、现代物流中心专题建设，为加快建设具有较强吸纳集聚能力和重要影响力的大城市做出了积极贡献。

关键词： 南阳市　稳外贸　农产品

一　2019年商务主要指标完成情况

2019年全市社会消费品零售总额完成2204亿元，同比增长10.2%；实际利用外资完成65302万美元，同比增长4.3%；实际到位省外资金完成609.6亿元，同比增长3.5%；货物贸易进出口完成175.3亿元，同比增长3.3%；服务贸易完成16608.4万美元，同比增长10.3%；跨境电商交易额完成77.4亿元，同比增长21.2%；对外直接投资612万美元，同比下降79.4%；对外承包工程完成营业额354万美元，同比增长415.8%。电子商务交易额完成1900亿元，同比增长37.7%。

* 孔维征，南阳市商务局。

二　2019年主要措施及成效

（一）统筹利用国内外两个市场、两种资源，提升开放水平

1. 持续拓展外贸市场，巩固“一带一路”沿线市场

先后组织100多家企业参加国内外展会，进一步拓展了外贸市场。至2019年底，与本市有贸易往来的国家/地区达到133个，其中对“一带一路”市场进出口78亿元，同比增长4.5%，与共建“一带一路”国家和地区经贸合作步笃行稳。

2. 帮企业“走出去”，助外资“引进来”

在对外投资方面，对外承包工程完成营业额354万美元，创近年最好成绩。对外投资中方协议额为3412万美元，同比增长6.6%。在利用外资方面，南阳市在新能源发电、制造业、商贸流通等领域新设外资企业10家，同比增长233%，其中，光大环保能源（南阳）有限公司投资总额1.2亿美元，是近年来南阳市最大的外资项目。

3. 不断优化招商方式，坚持招大引强

2019年全市紧紧围绕“九大专项”（市级领导分包的九个重大专项，下同）开展招商，共签约亿元以上项目360个，新开工10亿元以上项目23个，如社旗县投资15亿元的赊店古城改造项目，新野县投资20亿元的国际轻纺城项目等。利用举行第十六届玉雕文化节、2019世界月季洲际大会、第十四届张仲景医药文化节等节会成功举办了经贸洽谈暨项目签约仪式，组织参加第十一届中博会、第十三届河南投洽会等国家级、省级活动，签约招商项目206个，创近年最好成绩。更加注重招引总部经济型企业，出台了《南阳市加快总部经济发展激励暂行办法》，鼓励和促进总部经济发展。

4. 深入推进“放管服”改革

在全省率先取消《加工贸易企业经营状况及生产能力证明》，实行纸质材料和电子材料双渠道申报对外贸易经营者备案登记，促进贸易更加便利化。2019年全市新备案登记外贸企业145家。

（二）创新措施提升服务，全力稳外贸

1. 积极开展稳外贸创新，提升服务质量

2019 年国际经济环境复杂多变，为帮助南阳外贸企业增强抵御外贸风险的能力，一是积极开展稳外贸创新。南阳作为全省稳外贸政策创新试点，率先设立了 3500 万元的出口退税周转资金池，企业 3 天左右即可拿到资金池垫付的退税款，有效缩短了企业退税周期，提高了企业资金周转效率。资金池自 7 月运行以来，已为 15 家企业累计发放资金 2947 万元，支持企业出口 4.1 亿元。二是加强外贸服务。开展“百企百展”活动，先后组织 100 多家企业参加 2019 年中国五金工具（美国）品牌展、第 126 届广交会等国内外展会。在全市开展外贸服务月活动，组织举办了“稳外贸”政策宣讲暨金贸对接会等开展专题辅导培训。签约 20 个外贸融资项目，达成意向贷款金额 51 亿元，有效缓解了企业融资难、融资贵问题，提振了外贸企业信心。2019 年全市进出口实绩企业达到 389 家，比上年同期增加 64 家。精心组织参加第二届进博会。

2. 着力外贸基地建设

拨付专项资金支持食用菌、冶金新材料两个国家级基地建设，有力地促进了农产品出口增长和结构优化。2019 年全市农产品出口 70.1 亿元，同比增长 18.6%，占全省农产品出口的 58.1%。其中，以蘑菇罐头、调味品和植物萃取物为主的深加工产品出口 28.78 亿元，同比增长 144.8%。

（三）立足本地实际，结合本地特色，扎实推动电商产业发展

1. 加大政策谋划和扶持力度

谋划出台了《南阳市电子商务发展三年行动计划（2019～2021 年）》《电子商务产业专题 2019 年工作计划》，明确了工作思路、工作目标、重点任务和保障措施。出台了《南阳市促进电商产业发展扶持办法》，落实了 1000 万元的电商扶持资金。

2. 以项目建设为抓手，提高服务质量

2019 年，在推进电商产业专题方面筛选了十大重点项目重抓重推。全年市领导深入现场办公 13 次，切实有效地推动了项目建设。围绕项目建设进度，市商务局成立电商工作专班，建立旬报告、月总结、季点评工作机制，推进了项目

实施。截至2019年底，河南南阳大宗农产品交易中心等9个项目已正式运营或试运营，入驻、培育、上线企业达到2800余家，实现交易额23.2亿元。

3. 线上线下齐发力，推动农产品上行

市商务局会同农业部门积极引导各区县优选特色农产品，打造区域农产品公共品牌。线上借助电商平台和直播平台开展产品上行系列活动。线下组织水果节、石榴节等特色农产品产销对接活动，成效显著。2019年，全市农村产品网络销售呈爆发态势，总量达195.1亿元，居全省第一。镇平、西峡、内乡三县入选阿里巴巴“村播计划”，跻身全省首批15个试点县，淅川县被评为“天猫最受消费者欢迎的正宗原产地”。

4. 注重示范创建，发挥引领带动作用

2019年，南阳获评全省电商扶贫工作先进市；镇平、西峡、社旗三县成功创建国家级电商进农村综合示范县。南阳理工学院跨境电商培训基地被认定为河南省跨境电子商务人才培训暨企业孵化平台。2019年全市共创建省级电商示范基地2家（镇平县真玉天地电商孵化基地、内乡县电商科技孵化园）、省级电商示范企业4家（香菜网、永正电商、草帽兄弟、桐柏今达）。淘宝镇数量占全省总数的10%，淘宝村数量占全省总数的16%。聚爱优选电商平台被全国工商联、国家扶贫办评为全国“万企帮万村”精准扶贫行动先进民营企业。

（四）以项目建设为突破口，推动商贸物流“两个中心”建设

围绕“九大专项”，以项目建设为突破口，结合商务工作，成立了现代商贸中心、现代物流中心专班。厘清了工作思路、制定了工作方案，按照“做规划、引项目、抓落地、定政策、常督查、优服务”的工作方法，筛选出13个重大支撑项目重抓重推。目前，现代商贸中心建设6个项目已全部开工建设，其中摩根商业综合体和建业凯旋城市综合体已投用。现代物流中心7个项目中，烟草配送中心、东森医药物流、国药控股医药配送中心、卧龙高端共享仓储物流等项目已开工，其他项目正稳步推进。

（五）围绕中心服务大局，切实打好三大攻坚战

在精准扶贫方面，积极探索推广“电商+实体企业+产业基地”扶贫模

式。全面推进“百城万村”家政扶贫工作。全年在社旗、淅川、桐柏、镇平等县（区）举办各类家政专题培训30余期，培训贫困人员近3000人，实现就业1300余人，就业人均收入达到2400元。在污染防治方面，深入开展成品油市场专项整治行动，加大黑加油站点打击力度。在防范化解重大风险方面，及时开展重要节假日的市场保供工作。2019年春节前夕，及时组织相关企业储备猪肉200吨，牛肉、羊肉各50吨，蔬菜2500吨，白糖50吨，确保了中心城区“双节”期间肉品及蔬菜市场供应。

三 2020年商务发展指标预测及形势分析

从国际看，大国博弈加剧，保护主义蔓延。受新冠肺炎疫情影响，全球货币政策开始转向宽松，主要经济体短期经济景气指数持续下行，2019年IMF（国际货币基金组织）连续5次下调世界经济增速至3%，这是2008年全球金融危机以来的最低增速。从国内看，全国经济下行压力加大，传统的招商引资优势正逐步减弱。传统产业投资已相对饱和，环境承载能力已接近上限，生产成本要素优势正在逐步消减，血拼资源、成本、优惠已经行不通。着眼世界大势，习近平总书记做出“中国正面临百年未有之大变局”的重大战略判断，指出对外开放是应对百年未有之大变局的必然选择。当前，南阳正处于建设大城市、加速城镇化、推动经济转型发展的关键时期。南阳要勇于挑战，从对外开放的跟随者变成内陆开放高地的建设者和新时代的探索者，进一步扩大对外开放的广度和深度。

基于以上分析，2020年全市商务发展主要预期目标是：社会消费品零售总额增长10%；实际吸收外资增长3%；实际引进省外资金增长3%；货物贸易进出口增长3%；服务贸易进出口增长7%；跨境电商进出口增长10%；对外直接投资与上年完成数持平。

四 2020年对策和建议

2020年，受新冠肺炎疫情影响，商务各项工作将面临更大的压力和挑战。市商务局将继续以习近平新时代中国特色社会主义思想为指导，坚持稳中求进的工作总基调，突出高质量发展根本要求，把高水平开放作为服务大城市建设的重要突破口，以项目建设为抓手，进一步聚焦聚效电子商务、现代商贸中心、现代物流中心三大专题，强弱项、补短板，着力促消费、稳外贸、增外资、促外经、防风险，力争各项商务指标在全省位次不断前移，实现商务经济高质量发展。

围绕目标，着力抓好以下四个方面重点工作。

1. 推动高质量开放招商

一是充分发挥商务局对外开放牵头单位作用，加强对外开放顶层设计。推动召开全市对外开放大会，报请市委、市政府出台《关于推动高水平开放促进经济高质量发展的意见》《南阳市支持外资外贸外经企业稳定发展工作方案》《关于调整全市对外开放工作领导小组成员的通知》，明确今后全市对外开放的思路、目标、举措。推动构建举市开放体制。实施中心城区一体化招商与县域招商“两轮驱动”战略，提升中心城区招商水平，打造开放龙头；做强县域开放支撑，推动全市域开放平衡协调发展。实施行业开放专项行动，推动工业、农业、商贸、文旅、金融等行业出台开放招商专项行动计划，提升各领域开放水平。进一步完善对外开放目标责任制，充分调动各方面工作积极性，建立健全统计分析、信息报送、重大事项协调、重大项目评估、督导问责等工作推进机制，激发全市对外开放活力。二是加强创新精准招商。转变招商理念。突出领导干部这个关键少数，大员上前；发扬刀刃向内的自我革命精神，彻底摒弃陈旧观念、破除惯性思维，冲破条条框框禁锢，舍得“扎本”、舍得投入。创新招商方式，强化产业链招商。围绕主导产业培育，以龙头企业为牵引，以专业园区为载体，推进企业集群式、链式引进，做大做强主导产业集群。大力推进“市场+招商”、“人才+资本+项目”、“互联网+招商”、股权招商等新型招商方式。持续实施“回归”创业工程，突出招商重点，突出重点区域，积极对接国家“三大战略”，巩固加强京（津）宛政府间长效合作机制，强化长三角、粤港澳大湾区专题招商，积极承接沿海地区产业转移。注重招大引强，紧盯500强等引领性龙头企业和行业冠军，跟踪研判其发展趋势和投资动向，找准双方结合点，着力引进。注重招新引优，紧盯新技术、新产业、新业态、新模式，注重引进高新技术、人工智能、智慧产业等朝阳项目。大力发展总部经济。争取各类大企业在宛设立区域总部、采购中心、物流配送中心等功能性机构，鼓励生产环节在本市的企业将行政、销售、核算、研发等机构迁入本市，支持在宛地区总部和总部型机构集聚业务、拓展功能、提升能级。完善招商体制机制。制定出台鼓励社会力量参与招商引资工作的奖励办法，提升专业化招商水平；出台招商引资专项资金管理使用办法，对优质项目给予奖励支持；完善招商项目推进机制，及时跟踪督查签约项目落实情况，确保项目既落得下又建得快、发展好。三是打造南阳会展特色品牌。制定出台南阳会展业发展规划，根据新冠肺炎疫情影响情况，采用互联网等方式推介南阳投资优势。四是提升开放载体。支持综保区完善提升功能，搞好招商与运营，以综保区为主体，全面对接中国河南自贸区，创建河南自贸区联动发展区；推动落实新能源经开区相应的市级管理权限，优化新能源经开区管理体制机制，增强内生发展动力；支持具备条件的产业集聚区创建省级经开区。

2. 加快推进外经贸转型升级

抓好外贸转型升级，推动外贸稳中提质，确保进出口额稳居全省第二。一是做大规模。持续实施“百企百展”计划，积极组织参加广交会等境内外知名展会，支持企业建立境外营销网络，引导支持企业开拓国际市场。加强外贸转型升级基地建设，强化对西峡食用菌基地的管理，促自律、促整合；加大财政对食用菌、茶叶等特色农产品出口的支持力度，稳定农产品出口；支持汽车零部件等优势行业创建新的外贸转型升级基地。实施“招商引贸”工程，大力引进加工贸易企业，扩大加工贸易规模，积极引进外贸综合服务企业，吸引外贸资源回流。实施“宛企出海”工程，加快组建“走出去”企业联盟，建好用好淅减中意工业园、木兰花乌兹别克斯坦安集延纺织工业园，促使更多企业“走出去”。二是调优结构。继续实施品牌发展战略，鼓励优进优出，加大国际知名品牌培育力度，提升机电产品和高新技术产品出口占比。积极组织参加进博会，扩大优质商品进口。三是培育主体。建立“三外”企业“白名单”制度，对被纳入“白名单”的企业，建立服务台账，跟踪服务。坚持开展“外贸服务月”活动，开展外贸政策培训，联合发改、财政等部门到企业实地调研，协调解决企业外贸发展的困难和瓶颈。四是强化保障。积极推动设立市级外经贸发展专项资金，用于外经贸发展奖励补助；进一步扩大出口退税周转金资金池规模；建立中小微外贸企业纾困资金池，设立“外贸贷”风险补偿金3500万元；组织开展金贸对接、招才引智等活动，破解企业融资难、人才缺等问题，不断释放外贸发展活力。

3. 不断提升电商发展水平

一是抓支持政策。组织实施《促进电子商务产业发展扶持办法》，强化电商专项资金扶持保障力度，引导带动电子商务产业发展。二是抓电商园区。支持高新区创业基地、南阳理工电商孵化园等7个省级电商园区提档升级；重点推进颐高新经济产业园区、河南国际医药健康养生小镇等8个市级专业电商园区建设；狠抓镇平秦巴跨境电商园等10个县级电商园区功能完善，促进产业集聚。三是抓重大项目。完善提高传化公路港二期、颐高新经济产业园二期等10个重大项目；积极谋划新的重大项目，力争在全市建设跨境电商通关平台、南阳原产地官方旗舰店、抖音电商运营中心等新项目。四是抓电商物流。对接阿里巴巴、苏宁、京东等大型互联网企业，积极争取在南阳设立线下供应、配送基地、分拨中心等。五是抓电商扶贫。举办电商扶贫产品对接会，邀请大型电商平台、批发零售企业与全市贫困地区扶贫产品对接，促进产品上行。组织召开全市电商扶贫现场会。

4. 大力发展内贸流通

一是进一步促进消费。首先，抓指标。抓好限下企业转限上工作，壮大限额以上批发、零售、住宿餐饮企业队伍。其次，扩存量。实施百家商贸流通企业倍增行动计划，通过建立重点商贸流通企业培育清单、动态台账，逐家定目标、明路径、定措施，打造一批规模大、管理精、效益好的龙头企业。再次，优环境。开展步行街改造提升试点工作，加快发展连锁便利店等便民服务业态。创新监管机制，统筹推进内外贸等领域信用建设，重点加强家政服务、住宿餐饮、批发零售和成品油等民生消费领域信用建设。深入推进肉菜、中药材等重要产品追溯体系建设，让老百姓安全消费、放心消费。最后，强调控。继续做好市场运行监测分析工作，积极做好肉菜等生活必需品的市场供应及应急储备工作，确保重要节假日及重要节气时段的市场供应。二是推进现代商贸中心建设。强化政策扶持。出台支持全市现代商贸中心建设的政策措施，突破土地等要素瓶颈。强化项目建设。盯紧红星美凯龙、新城吾悦城市广场、苏宁城市广场等一批意向项目，争取尽快签约，落地建设。重抓重推在建重大项目，确保南阳新都荟商务中心、文华·南阳天地商业综合体等重大项目投产见效。推动南阳万德隆城市广场加快建设步伐。打造红都商圈，推动金玛特时尚广场、建业凯旋广场、新田360创建绿色商场。三是推进现代物流中心建设。首先，建机制。设立较高规格的现代物流业综合协调议事机构，协调发改、交通、土地、公安等职能部门合力推进。其次，出政策。抓紧出台支持现代物流业发展的政策措施，研究解决制约国内外知名企业在南阳市注册入驻的城市配套费收取标准、用地指标、用地性质变更等核心问题。最后，招项目。引进全国知名物流企业，谋划建设2～3个大型物流园区；规划建设综合性园区，整合引导中小物流企业入驻；盯紧京东物流、林安物流等知名品牌物流企业在南阳市建立分拨中心。加强信息化建设。探索建设多式联运公共信息平台，促进货源与公铁水空等运力资源有效匹配，降低车船等载运工具空驶率。四是推动商贸流通企业破产改制。

B.39
2019 ~2020年商丘市商务发展回顾与展望

薛 涛　王景义　曹 磊*

摘 要： 2019年，商丘市商务系统紧密团结在以习近平为核心的党中央周围，始终以习近平新时代中国特色社会主义思想为指导，深入贯彻落实党的十九大和十九届二中、三中、四中全会精神，认真学习习近平总书记调研河南时的讲话精神，坚持稳中求进工作总基调，坚持新的发展理念和高质量发展要求，紧紧围绕年初确定的发展目标，攻坚克难，积极进取，各项商务经济指标保持稳定较快增长，全市商务工作呈现良好发展态势，为全省商务事业又好又快发展贡献了新的力量。

关键词： 商丘市　招商引资　商贸流通

一　2019年商丘市商务发展指标完成情况及特点

全市社会消费品零售总额完成1247.3亿元，同比增长11.2%，增速居全省第2位。实际吸引外资完成4.21亿美元，占省定目标任务的106.3%，同比增长9.4%，增幅居全省第2位。实际利用省外资金完成759.2亿元，占省定目标任务的100.1%，同比增长3.1%，增速居全省第3位。货物贸易进出口完成34.6亿元，占省定目标任务的135.6%，同比增长46.5%，增幅居全省

* 薛涛、王景义、曹磊，商丘市商务局。

第3位。其中，出口完成23.7亿元，同比增长20.5%；进口完成10.9亿元，同比增长175%。

二 2019年主要工作措施

（一）强力推进招商引资

1. 围绕活动对接洽谈项目

精心筹备参加了一系列招商活动，成功举办了“5＋2”经济合作活动，签约项目45个，总投资221亿元；参加了第十三届中国（河南）国际投资贸易洽谈会，签约项目18个，总投资147.2亿元；参加了第十一届中博会，签约项目2个，总投资11.5亿元；组织赴珠三角地区开展招商活动，在广州市举办了商丘市情发布暨招商推介会，签约项目13个，总投资92.6亿元；积极筹备了长三角侨商商丘行活动，签约项目23个，总投资266.2亿元。市主要领导亲力亲为，多次带头外出招商，考察企业、拜访客商、洽谈项目，有力促进了与恒天集团、林安物流、中国电子、特步公司、新吉奥控股集团、苏州市牛津大学高等研究院、河南物资集团、郑州海马等新建项目顺利开展。全年各县（市、区）副县级以上领导带队外出开展招商活动178批次，共248人次，洽谈项目302个，其中党政一把手外出招商57批次，共59人次。全市各县（市、区）共签约亿元以上招商引资项目296个，总投资1930亿元。利用省级平台发布对外招商项目180多个，建立了电子U盘招商项目库，筛选项目152个，利用各类活动对外发布。

2. 扎实推进招商项目落地

出台了《关于2019年全市重点项目建设实行市四大家领导分组负责制的通知》（商办〔2019〕77号），实行重点项目建设市四大家领导分组负责制和责任单位“周协调、月调研”制度，多次召开重点项目建设推进会、现场观摩会，推动项目建设。开展4次招商项目实地调研活动，全年建设程度达到认定标准的3亿元以上项目73个，总投资729.7亿元。

3. 构建高效营商环境

认真落实市重点项目联审联批周例会、推进城市重点项目建设周例会、服务企业五项工作制度等，深入推进“马上办、抓落实”的“9+1”推进工作机制，持续深化“放管服”改革，完善市领导分包重大项目机制，切实提升市县两级周例会制度上下联动效果；继续推行项目落地“五个一、两不接触”工作机制，创新实行首席服务官制度，实行招商引资首问负责、全程代办、跟踪督导、登记备案和投资企业回访制度，不断提高服务效率。

（二）着力促进对外经贸合作

1. 强化“三外”企业服务

对企业外贸备案登记做到按时办结，对办理变更、补发等业务的企业，做到随到随办，当天办结，全市共新增备案进出口企业135家，同比增长15.4%。全面落实外资准入前国民待遇加负面清单管理模式，加强外资企业事中事后监管，完成外资商务备案与工商登记“二合一”改革任务，实现工商“一口办理”和登记全程电子化。年内新增7家外商投资企业，积极做好外商投资项目跟踪服务工作，督促项目投资单位加快项目实施。积极为河南实达国际人力资源合作有限公司办理对外劳务合作经营资格证书年审，为对外投资企业及时办理变更登记事项。加强企业政策培训，组织28家外贸重点企业32人参加了“全省进出口业务培训班”，组织60多家企业80余人参加了“省外贸业务宣讲培训交流会”。召开商丘保税物流中心专项推介会、座谈会和对接会3次，有效助推了商丘保税物流中心工作开展。

2. 组织参加经贸洽谈

搜集发布境外展会信息160多条，鼓励并积极组织企业重点参加了2019年美国拉斯维加斯国际五金工具展、德国科隆五金工具展等国际知名展会，扩大对外宣传，推动企业进一步走向国际市场。积极组织企业参加广交会、投洽会、中非经贸博览会、中国—东盟博览会等国内展会。第125届春季广交会和第126届秋季广交会上，全市合计有64家企业参展，分配展位合计91个，参展企业和展位数量均创历年新高。第十三届中国（河南）国际投资贸易洽谈会上，全市有28家企业参加了出口商品、智能制造展和服务业展，展位面积合计达618平方米，展现了商丘企业和产品形象，拓展了视野，增强了企业产品出口机遇。第二届中国国际进口博览会上，全市注册报名企业（机构）214个、人员621人，分别较上届增长234%、239%；意向成交金额为7604.1万美元，较上届增长444.3%。

（三）大力繁荣商贸流通

1. 推动电子商务快速发展

全市通过省商务厅认定的电商企业累计361家，电商从业人员3.5万人。累计创建省、市两级电商示范企业55家，建成各类电子商务产业园区14个，共入驻电商企业400余家。2019年全市电商交易额为162.24亿元，网上零售额达97.9亿元。持续开展电商扶贫工作，依托国家、省级电子商务进农村综合示范县建设，培育扶持阿里巴巴"千县万村"、京东集团"千县燎原"和苏宁"农村电商"、"乐村淘"等一批特色农产品电子商务交易平台，全市行政村电商服务覆盖率达98%，建档立卡贫困村电商服务实现全覆盖，促进全市农产品上行成交近19亿元。全市外贸企业200余家，通过跨境电商交易的占85%以上，全年跨境电商交易额达9.5亿美元。

2. 有效扩大内需拉动消费

组织参加了第九届郑州精品年货博览会、故宫过大年活动，举办了新春古城美食文化节、汽车展销活动、五金工量具展销会等活动。组织老字号企业参加济南、杭州老字号博览会，大力宣传家电以旧换新工作，培育城乡便民消费服务中心，推动家政服务企业信用体系建设。积极组织农产品流通企业参加第21届中国农产品加工业投资贸易洽谈会暨贫困地区特色农产品推介活动，搭建国内外大型零售企业与全市大型农业产业化龙头企业及农产品生产基地合作平台。

3. 维护成品油流通市场秩序

开展全市成品油流通领域市场秩序专项执法检查，成立3个督导组，对全市成品油企业进行全面检查，共检查加油站289座。开展"三散"治理暨打击黑加油站专项行动，全市黑加油站非法经营情况得到有效遏制。

4. 全面加强商贸市场监管

累计承办12345服务热线转办电子工单36件，办结率100%。开展单用途商业预付卡专项检查行动。积极开展"防风险除隐患保平安迎大庆"专项行动，对全市大型商业综合体、规模以上商超、物流园、大型农批市场、报废汽车拆解企业进行全面检查，督促企业整改问题，消除安全隐患。

三　2020年商务发展对策

以习近平新时代中国特色社会主义思想为指导，全面贯彻党的十九大和十九届二中、三中、四中全会精神，深入学习贯彻习近平总书记系列讲话精神和视察河南时的重要讲话精神，坚持稳中求进工作总基调，坚持新发展理念，坚持高质量发展，紧扣全面建成小康社会目标任务，持续高水平推进对外开放，持续高标准推进内贸流通繁荣，全力稳外贸、稳外资、促外经、促消费，努力实现疫情防控和商务事业“双战双赢”，不断开创商务发展新局面，为新时代中原更加出彩的商丘篇章贡献新的更大力量。力争2020年全市社会消费品零售总额增长10%；实际利用省外资金增长3%；实际利用境外资金增长3%；货物贸易增长3%左右（以人民币计价）；跨境电商进出口增长10%；落地3亿元以上项目50个。

（一）围绕高质量发展，大力提升招商引资水平

1. 围绕发展需求，加快项目引进

对外瞄准港澳台、东南亚、欧美等发达地区的跨国公司、世界500强企业，对内紧盯央企、国企、上市企业、行业龙头企业和大型民企，围绕主导产业链条招商引资，加强战略合作，以引进工业项目为主攻方向，突出产业升级、节能环保类项目，加快新能源项目、新材料项目、生物制药、电子信息、装备“智造”等高科技项目的引进。大力引进现代服务业项目，优化商业布局，着力推进现代服务经济快速发展，把知名商业市场项目和城市综合体项目打造成现代服务业的产业载体，吸纳人气与商气，提升城市多元化功能。

2. 利用节会契机，谋划招商活动

重点组织参加中国进口博览会、河南国际投洽会、中博会等活动，高水平组织举办第八届商丘国际华商节、电动车展、食博会、冷博会、面粉节、纺织博览会、五金工量具博览会等节会，会前大力开展集中招商活动，会中加强联络，密切配合，顺利有序参加好有关活动，会后加强跟踪服务，力争使签约项目早日落地。

3. 明确责任目标，定期评比通报

进一步强化县（市、区）责任领导招商责任目标，县（市、区）委书记、县（市、区）长每人引进1个投资5亿元以上的项目，分管工业和商务（招商）的副县（市、区）长、产业集聚区主要负责人每人引进1个投资3亿~5亿元项目；鼓励市直单位发挥职能优势开展招商引资活动；坚持每月组织一次由市主要领导带队的外出招商活动；每季度对县（市、区）责任领导招商责任目标完成情况进行通报。利用好市开放招商信息移动短信平台，做好县（市、区）副县级以上领导外出招商周统计、季通报、年排名工作，发挥其工作信息交流和“比、学、赶、超”正能量激励鞭策作用，形成县（市、区）领导外出招商高潮。

（二）扩大高水平开放，加快外贸外资外经发展

1. 提升外贸发展水平

认真贯彻落实国家、省、市出台的各项外贸支持政策，积极开展进出口企业业务培训和政策宣讲，鼓励企业开展进出口权备案登记、拓展业务，加快引进市外进出口企业在商丘市注册落地，壮大对外贸易经营队伍。深度开发欧盟、日韩、港澳等传统市场，大力开拓非洲、拉美、东盟、中亚等新兴市场，加强与共建“一带一路”国家贸易往来，不断优化国际市场布局；引导鼓励企业积极开展跨境电子商务，扩大对外贸易，推动出口市场多元化。积极组织企业参加2020年第三届中国国际进口博览会，扩大进口规模，促进对外贸易平衡发展。加快推进民权保税物流中心建设，积极做好项目服务，力争早日建成封关运营。

2. 积极吸收外商投资

加大对韩国、东南亚等区域外资引进力度，瞄准国际500强、行业龙头、上市企业等符合国家产业指导目录的大项目，增加外资大项目和新项目的落地和储备，重点做好虞城县的华润风电（商丘）有限公司、梁园区的河南胤尔斯生物科技有限公司和河南林生置业有限公司等项目跟踪服务工作，督促项目投资单位加快项目实施，争取外资早日到位，推进外资项目早日投产，早见效益。放宽商贸物流、专业服务等领域外资准入限制，拓展外资更多投向高技术、高附加值服务业，不断优化外商投资结构。全面实施市场准入负面清单管

理制度，做好外商投资企业设立商务备案与工商注册登记业务合并的工作，不断优化服务，创造良好的外商投资环境。

3. 加强对外经济合作

围绕“一带一路”重点国别，推动优势企业开展对外直接投资、对外承包工程以及对外劳务合作，努力以对外直接投资、对外承包工程项目带动设备出口和外派劳务，重点服务好贵友集团在吉尔吉斯斯坦农牧业开发项目、神火集团在澳大利亚的煤矿勘探开采项目、中州地矿的埃塞俄比亚矿产项目、商丘市格瑞医疗废物处理设备股份有限公司在泰国的项目建设、商丘利恒贸易有限公司在非洲乍得建设项目等；健全对外投资合作政策促进体系，组织银企对接活动，争取国家政策资金和金融信贷支持；推进对外劳务合作市场清理整顿工作，保护外派劳务人员的合法权益；健全对“走出去”企业的风险防范机制，搞好境外投资合作制度化建设。

（三）坚持高标准谋划，促进商贸流通领域繁荣

1. 以示范县建设为引领，全面推进电商工作

积极推进电商进农村示范县创建工作，加快总结推广睢县、柘城县电商进农村综合示范经验，持续督导虞城县、宁陵县、民权县、夏邑县开展县级服务中心建设，推进乡村服务站点建设，加强资金拨付、人才培训力度，按照方案确定的时间节点，完成示范创建任务。指导三区参照示范县规划，布局电商扶贫工作，建立覆盖城乡（办事处）的电商扶贫网络，全面提升电商扶贫水平。加大农产品上行，充分发挥商丘市农村电商平台优势，积极组织全市农特优产品参与国家夏、冬两季农产品网络对接会，促进线上和线下融合发展，推进规模养殖户和种植户、专业合作社、生产加工大户等直通居民餐桌和生活，通过减少中间流环节，降低成本，切实让农民增收，方便居民生活。

2. 以扩大内需为导向，引导满足消费需求

持续扩大市场监测范围，提高监测数据质量，切实加强市场运行分析；密切关注季节天气变化、疫情变动，继续做好市级猪肉储备工作和生活必需品市场供应监测工作，确保市场供应不断档，维持价格稳定。开展促进消费活动，满足人民群众多元化消费需求；大力发展绿色餐饮消费，提升餐饮行业文明。加快商丘市农产品现代流通网络建设，形成流通链条、扩大覆盖面积，推进鲜

活农产品流通网络建设，建立高效、通畅、安全的农产品现代流通体系；积极组织涉农企业参加各类涉农经贸活动。开展二手车交易市场升级改造，优化二手车交易登记程序，促进二手车交易便利。

3. 以繁荣市场为目标，持续规范商贸秩序

认真落实商务综合监管执法体制改革，理顺市、县执法职责，整合执法职能，规范执法行为，强化执法协作，不断完善事中事后监管体系。加强监管执法队伍建设，充实基层一线力量。继续开展商务领域大气污染防治暨成品油市场秩序整治，强力推进黑加油站排查治理，保持高压态势，严防死灰复燃。

B.40
2019～2020年信阳市商务发展回顾与展望

龚学军*

摘　要： 2019年，信阳市商务系统面对国内外风险挑战，坚持以习近平新时代中国特色社会主义思想为指导，全面贯彻党的十九大和十九届二中、三中、四中全会精神，认真落实中央、省、市经济工作会议部署，坚持稳中求进工作总基调，坚持新发展理念，坚持高质量发展，团结奋进、迎难而上，商务运行总体平稳，主要指标稳中向好，高质量发展取得新成效。

关键词： 信阳市　开放招商　稳外贸

一　2019年信阳市商务发展指标完成情况及特点

1. 引进省外资金方面

一是到位省外资金平稳增长。2019年，全市实际到位省外资金293.2亿元，同比增长4.08%（见图1），完成全年省定目标的101.1%，增速和目标完成比均居全省第4位。引进省外资金项目274个，合同省外资金884亿元，同比增长15.8%。

二是省外资金来源地较为集中。2019年，全市实际引进省外资金主要集中在京津冀、长三角、珠三角等发达地区。其中，京津冀地区注入全市资金占总到位资金的18.0%；长三角地区占总到位资金的42.4%；珠三角地区占总到位资金的18.1%（见图2）；长江经济带、皖江经济带占总到位资金的6.9%。

---

* 龚学军，信阳市商务局。

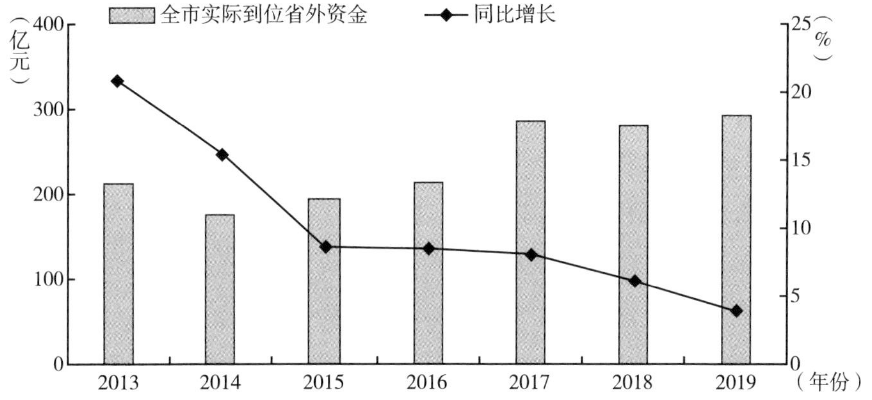

图1　2013年以来全市实际到位省外资金和同比增长率

资料来源：信阳市商务局。

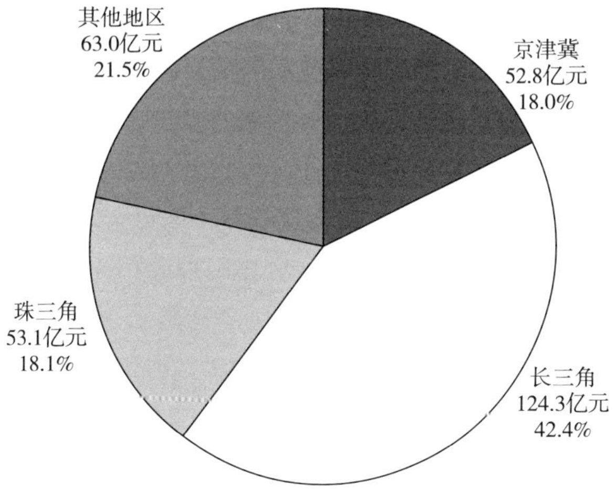

图2　2019年全市引进省外资金主要来源地实际到位资金情况

资料来源：信阳市商务局。

三是促进了产业结构优化。2019年，三次产业到位资金有序发展，第二产业类项目到位资金占全市总到位资金的66%，第三产业类项目到位资金占全市总到位资金的30.1%。先进制造、服装纺织、文化旅游、现代服务业等项目到位资金增长较快。

四是产业集聚区引资效应明显提升。2019年，全市产业集聚区新增省外资金项目 128 个，合同利用省外资金 316.5 亿元，实际到位省外资金 279.1 亿元，分别占全市总数的 46.7%、35.8% 和 95.2%，权重较 2018 年有大幅提升，招商主平台作用有力发挥。

2. 吸收外资方面

2019 年，全市新增外资企业 7 家，总注册资本 5176 万美元，合同利用外资 3007 万美元；实际吸收外资 57480 万美元，完成省定目标任务的 100.7%，同比增长 3.7%。外资主要来源地高度集中。欧美（英国、美国、西班牙、比利时）地区 23321 万美元，占 40.6%。

3. 外贸进出口方面

2019 年信阳市进出口总值为 50.3 亿元人民币（含固始县），同比增长 7.1%，增速居全省第 11 位。其中出口 31.9 亿元，同比增长 16.8%；进口 18.4 亿元，同比下降 6.3%。

一是一般贸易进出口仍占主导地位。2019 年，全市一般贸易进出口总值为 48.5 亿元，同比增长 4.6%，占全市进出口总值的 96.4%。其中一般贸易出口货值 30.2 亿元，同比增长 12.8%；加工贸易进出口货值 1.9 亿元，同比增长 180.9%，占进出口总值的 3.8%。

二是澳大利亚、美国、中国香港、日本、韩国为全市主要贸易国家（地区）。2019 年，信阳市对澳大利亚、美国、中国香港、日本、韩国分别进出口 11.4 亿元、5.1 亿元、3.7 亿元、3.3 亿元、2.6 亿元，占全市进出口总值的 51.7%。美国和澳大利亚分别为信阳市最大的出口国和进口国。

三是民营企业占主导地位，外商投资进出口总值保持增长趋势。2019 年，民营企业进出口货值为 33.2 亿元，同比增长 10.5%，占进出口总值的 66%；信阳市国有企业进出口货值为 14.1 亿元，同比增长 1.3%，占进出口总值的 28%；外商投资企业进出口货值为 3 亿元，同比增长 0.3%，占进出口总值的 6%。

四是光学元件是最大出口商品，铁矿砂是主要进口商品。在出口方面，2019 年，信阳市出口光学元件 2.9 亿元，同比增长 16.1%，占同期信阳市外贸出口值的 9.1%；人造石制品 2.4 亿元，同比下降 0.7%；鸭肉及食用杂碎 1.7 亿元，同比增长 16.2%。在进口方面，2019 年，信阳市进口平均粒度≥0.8 毫米，<6.3 毫米未烧结铁矿砂及精矿 8.8 亿元，同比增长 0.1%，占同期信阳市外贸进口值的 47.8%；进口平均粒度≥6.3 毫米未烧结铁矿砂及其精矿

3.7亿元，同比增长95.1%；进口长碎米1.8亿元，同比增长30%。

4. 对外投资和劳务合作方面

2019年全市完成境外投资额720万美元，同比增长100%。对外劳务合作营业额为2258.28万美元，占省定目标的205.30%，同比增长88.01%。新备案境外企业2家，谷麦光电科技股份有限公司投资10万港元在香港设立帝越上起有限公司，主要研发和销售电子等系列产品；河南永和教育投资有限公司投资720万美元在老挝设立河南永和教育（老挝）投资有限公司，主要投资教育事业和图书管理等。

5. 社会消费品零售总额方面

2019年全市（含固始县）社会消费品零售总额为1254.6亿元，同比增长10.4%，增幅居全省第12位。2019年信阳市社会消费品零售总额分月同比增长速度见图3。

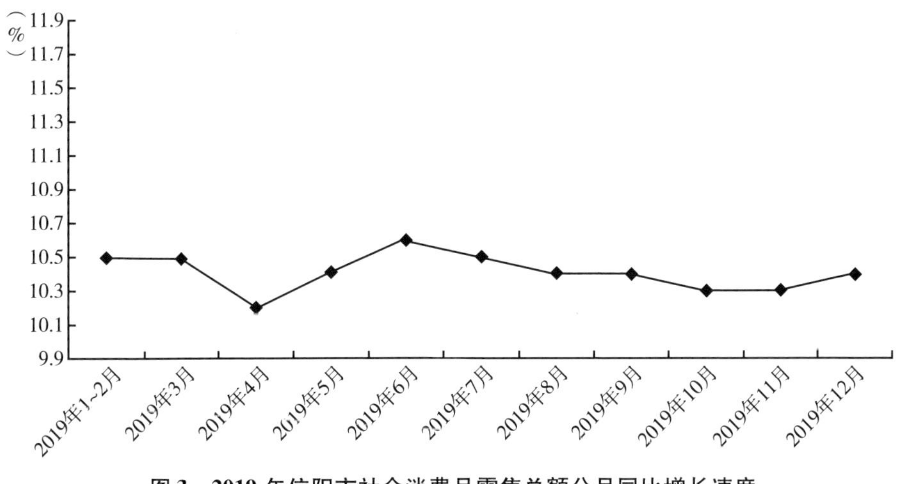

图3　2019年信阳市社会消费品零售总额分月同比增长速度

资料来源：信阳市统计局。

6. 电子商务方面

2019年全市电商交易额达101.82亿元，同比增长20%，网络零售额为37.05亿元，同比增长12%。全市各类电商产业园入驻企业累计销售额达5.05亿元。全市已认定备案电商企业529家。2019年全市新增县级电商扶贫公共服务中心2个（累计12个），乡镇电商服务站30个（累计223个），村级电商服务点271个，开展电商培训565场次，培训学员25283人，带动建档立卡贫困户创业就业约1062人，培养电商扶贫带头人120人。

二 2019年采取的主要措施

（一）开放招商勠力前行

1. 驻地精准招商扎实推进

积极构建“一核”（京津冀）、“两翼”（长三角、珠三角）、“两带”（武汉、合肥等）驻地招商格局，分别成立了驻京、驻沪、驻深招商联络处，组建了光电信息产业驻武汉、合肥专班，实行周例会、月通报、季讲评、年考核运行机制，出台队伍管理、合作奖励、项目落地实施办法，扎实开展产业推介、项目对接、企业洽谈，精准承接产业集群链式转移。“一核两翼”招商落地项目、合同金额、到位资金分别占落地项目总数、合同总金额、到位资金总额的86.1%、87.4%、81.5%。

2. 重点产业招商势头良好

围绕弥补工业短板、升级信阳制造，聚焦“三改造一创新”“六大行动”主题，按照区域产业招商地图，沿着产业链上下游、价值链中高端、创新链深层次，实施“一对一”对接和清单化洽谈，突出开展纺织服装、电子信息、泛家居、高端装备制造、新能源等工业领域招商，特别是围绕覆盖“八县”的千亿级纺织服装产业开展了专班招商，成功举办了第二届服装大会，汇聚高质量发展的后劲。全市承接第二产业项目129个，合同金额403.3亿元，到位资金54.8亿元，分别占比69.4%、60.4%、67.4%，其中先进制造类项目占比33.3%，纺织服装类项目占比22.6%。

3. 信商回归工程效果显现

出台支持返乡创业“黄金10条”，精准开展“信商大走访”“老乡看家乡”活动，成功举办第二届信商大会，达成46个合作项目，总投资达254.4亿元，不断增强老乡对家乡的归属感、认同感和责任感，引导产业对路、项目对路、资源对路的老乡回归发展。据不完全统计，截至目前，累计13.4万人返乡创办各类市场主体7.9万个，带动就业89.5万人。信阳籍在外老乡直接投资或引荐促成项目181个，投资总额为433.4亿元，项目个数和合同金额分别占落地项目总数、合同总金额的66.3%和42.2%。

4. 招商推进机制不断完善

各区县、管理区、开发区均成立了驻地招商、项目落地、找老乡三个专班，全市“一核两翼两带”驻地招商专班达153人，项目落地服务保障专班达174人，找老乡专班科级以上干部达77人。“一核两翼”驻地招商专班分别由区县处级领导带队，各驻地小组至少3名科级干部，常驻北京、上海、深圳等地，围绕区县主导产业，紧盯驻地优势企业，创新运用委托招商、以商招商等方式，开展“一对一”精准对接，着力引进有影响力、带动强、关联好的企业。项目落地服务保障专班分别由区县主要领导或分管领导挂帅，各职能部门密切协同，纪检监察督查部门介入，围绕回归项目落地，重点解决“办证难”“融资难”“供地难”“用工难”等问题，确保合同履约率、项目开工率、资金到位率保持较高水平。找老乡专班实行市、县、乡、村“四级联动”，发动力量下沉至村民组，广泛搜集信阳籍在外老乡信息，持续夯实老乡“数据库”，扩大企业回归、项目回归、资本回归、人才回归的“朋友圈”，累计搜集在外老乡信息近2万人次，其中知名老乡、成功人士9816人。

5. 项目落地保障切实强化

按照“四比四看”活动要求，以签约项目落地效率、达产质量为导向，进一步贯通服务链，推动招商引资求实效上水平。对重点招商项目实行“五个一”（一名领导、一个项目、一套方案、一班人马、一抓到底）推进机制，市商务局定期组织开展落地项目实地核查，各区县成立项目落地服务保障专班，协调解决项目落地存在的融资难、办证难等问题，全方位保障项目落得下、建得快、发展好。

（二）外贸外资外经稳健发展

1. 稳定外贸基本盘

深入调研外贸企业，重点摸底受中美贸易摩擦影响的涉美出口企业，历时20余天，深入160多家外贸企业，梳理堵点痛点，建立对策清单，提振企业预期信心。商务、海关、财税、外汇、信保等部门建立“稳外贸+便利”联席机制，制定企业“白名单”，一企一策精准服务；实施“稳企稳岗”护航行动，养老保险缓缴、失业保险返还；探索推动外贸贷、出口退税基金池计划，用足用活中小企业国际市场开拓资金、境内外展位补贴等政策。全市外贸实绩企业稳定在150家以上，舜宇光学、卢氏茶业等企业逆势上扬，永豪轩家具上半年全省单项出口第一。

2. 拓宽外资新渠道

重点排查全市有外资背景的内资企业，鼓励境外投资人在信阳注册成立外资企业、吸收实收资本外资，结合市、县实际出台的支持措施和办法，真正为外资企业解决在企业注册和外汇进资过程中遇到的困难和问题，减轻和化解企业人力及财务成本等费用。2019年新注册设立了外资企业7家，2019年是近年来新增外资企业最多的年份。不断加强商务、工商、税务、海关、外汇、银行等部门间的业务合作和沟通协调，坚持对外资企业投资、经营、进资的全程代理代办和一条龙服务；发挥好“信阳市外商投诉权益保护中心”职能职责作用，真正使其成为外资企业的“娘家”。目标引导推动外资招商，将吸收外资工作始终贯穿于招商引资工作大局之中，在招商项目谋划、招商重点区域、招商目标人群、招商促进措施、招商落地保障等各方面体现吸收外资的重要性，相互推动、相互促进。

3. 对外经济合作有新进展

坚持量减质更优，以劳务扶贫为抓手，开展专业化、定制型培训，进行中韩雇佣制等新兴劳务试点，扩大中高端劳务输出供给，新县被评为全国优秀外派劳务基地县，信阳涉外职业技术学院被确定为全国唯一一家出国劳务扶贫培训示范基地。推动优势产业抱团出海，促进协同发展，鼓励现有企业参加在沿线国家举办的各类国际或区域性展会，引导优势富余产能“走出去”，投资设厂、建设基地。聚力实施外派劳务精准扶贫，联合市务工办，充分发挥“回归工程”纽带作用，积极引导农村群众“走出去”增收创收、“引回来”返乡创业，推动外派劳务出去一人、致富一家，回来一人、带动一方。2019年，全市累计外派劳务人员194人，其中外派来自国定、省定贫困县的劳务人员155人，外派贫困人口占80%。

（三）内贸流通转型发展

1. 着力推动物流业转型

立足国家商贸型物流枢纽承载城市发展定位，依托淮河生态经济带发展规划，围绕打造区域性冷链物流基地、电商物流分拨中心，构建了双核驱动（信阳市、潢川县）、轴带联动（交通干线）、多点互动（物流园区）的发展布局，谋划了34个现代物流重点项目，总投资额为192亿元。

2. 扩大消费稳定市场

及时准确做好市场监测，坚持发布市场运行分析，市场监测工作绩效考核全省排名第4。为保障春节市场供应，大力开展猪肉储备工作，已储备冻猪肉500吨。信阳菜推广亮点纷呈。积极组织餐饮尖端人才和优秀企业参加国家级技能大赛和评比活动，取得优异成绩。在第29届中国厨师节上，全市代表团勇夺特金奖3枚、中国金厨奖1枚、中国资深注册烹饪大师称号1人、中国注册烹饪大师称号7人，“司马光家宴”获主题宴席金奖、天龙大酒店荣获消费者喜爱品牌称号。

3. 电子商务纵深推进

健全服务载体。以农村综合示范县项目建设为抓手，在农村电商公共服务体系、物流体系、服务站点建设等方面加大投入力度，建立健全农村电商服务载体，筑牢电商扶贫基础。同时，各区县积极对接第三方物流工作，在有条件的贫困村设立农村电商物流服务站点。助推农产品上行。推进本地特色产品触网销售，整合产品资源，借助电商平台，积极培育县域农产品电商公共品牌，如“光山十宝”“新县味”等。成功推荐光山县入选“阿里巴巴村播计划”。

（四）“三大攻坚”尽责有为

脱贫攻坚常抓不懈。定期召开专题会议安排部署脱贫攻坚工作，继续实行班子成员每月轮流驻村工作计划，压实帮扶责任人“一对一”帮扶责任，强化驻村第一书记管理，确保定点扶贫领导一线抓、帮扶措施准、脱贫效果实。环境攻坚持续推进。召开专题会议，制定行动方案。严格规范成品油流通市场秩序。国企改革深入开展，扎实推进市直商务系统23家国有企业改革改制工作。

三　2020年商务发展指标预测及形势分析

2020年由于贸易保护主义、新冠肺炎疫情影响，外贸、投资、消费等多项重要经济指标增速下行压力持续加大，实体经济困难突出，世界经济增长也持续放缓，国内外风险挑战明显上升。但是在这样的情况下，我国经济仍然保持稳定增长，而且处于稳中提质的发展态势。第一，国内经济稳中向好、长期向好的基本趋势没有改变。第二，我国经济整体韧性比较强，这个韧性强在外贸领域同样体现出来。第三，政策效应持续释放，我国出台了一系列稳外贸、稳外资政策措施，出台了规模空前的减税降费政策，有效降低了企业负担。第四，新冠肺炎疫情可能会给消费市场造成一定影响，但持续时间和规模都有限，等疫情结束后，民众补偿性消费意愿强烈，商家将推出优惠折扣处理库存积压，若及时加以政策引导和支持，居民消费可能得到很大幅度的补充释放。

综合判断，2020 年全市商务经济将延续总体平稳、稳中趋缓的发展态势，预计全年外贸货物贸易额在 52 亿元以上，同比增长 3% 左右；跨境电商进出口额在 8 亿元以上，同比增长 10% 左右；实际吸收外资额在 6 亿美元以上，同比增长 3% 左右；到位省外资金在 310 亿元以上，同比增长 3% 左右；社会消费品零售总额同比增长 10% 左右。

四　对策建议

（一）持续推进开放招商

1. 坚持高位推动，明晰责任体系

切实突出产业集聚区招商引资主力军作用，发挥产业集聚区招商与开发主体一致优势，探索成立专业招商平台公司，运用市场化机制，开展公司化招商，丰富融资供给，提升投建营合作水平。进一步压实区县大员上阵招大商、队伍常驻抓对接、全力服务保落地的主体责任。协调强化市直相关部门谋划协调、行业招商、保障落地的牵头责任。进一步明确并强化驻外抓招商、在家保落地、广泛找老乡三个专班功能，建立完善驻外小分队管理、委托招商合作奖励等办法措施。

2. 健全推进机制

动态修订优惠奖励、考核评价等办法措施，分产业、分要素出台招商合作优惠政策，建立务实管用、含金量高、操作性强的政策体系。落实《河南省

省级招商引资专项资金管理办法》，积极争取重大招商引资项目、境外省外企业总部及功能性分支机构项目等奖励支持。推广建立招商引资重点项目预审核机制，一方面前移入驻关口，评估项目预期，确保可靠可行；另一方面前置落地服务，简化审批流程，实行容缺办理，推动项目落得稳、建得快、见效早。

3. 深化精准招商

组织区县谋划制订招商引资三年行动计划，精心绘制主导产业链式图、重点区域招商路线图、优势企业招商地图，实施挂图作战，形成“一链一清单、一链一专班、一链一平台”。深耕“一核两翼两带”驻地招商，按照全省对外开放大会强调的“信阳积极对接长江经济带”的功能布局，加强武汉、合肥等地驻地招商统筹，谋划设立市政府驻武汉招商联络处。推进信商回归工程，放大信商大会成果，借力招才引智大会，吸引更多资本回归、人才回归、平台回归。突出主导产业延链补链，围绕光电信息、家居建材、纺织服装、绿色食品、现代物流等千百亿级产业集群招大引强、招新引特，形成一批引领性项目矩阵，为全市高质量发展提供动能支撑。

（二）持续抓好稳外贸工作

1. 落实稳外贸政策措施

贯彻落实河南省《关于促进经济平稳健康发展的意见》，创新推出“外贸贷”、出口退税资金池等政策措施，引导符合条件的企业纳入进出口银行、出口信用保险金融政策支持体系，研究制定支持公共海外仓发展政策，组合用好中小开项目、出口退税、展位支持等政策。

2. 提升外贸便利化水平

组织商务、海关、税务、外汇、信保等单位深入企业实地调研，察实情、摸底数、研对策，定期联席会商，定向精准发力，开展一站式政策辅导，提供全环节业务服务，进一步优化再造进出口流程，规范涉企收费，降低企业成本，提高通关效率。

3. 实施多元化市场布局

引导茶叶、农副产品、纺织服装、光学电子、家具板材等优势企业全面主攻“一带一路”沿线市场，依托进口博览会、中国—东盟博览会、亚欧博览会等平台，策划与俄罗斯、蒙古、中亚地区国家及城市互办展会，推动设立境外品牌商品展示中心。深化跨境电商综试区建设，拓展完善“单一窗口”功能，重塑“商品 + 技术 + 服务”出口供应链，开辟优势产品线上“E 带 E 路”，直达欧洲、南美等新兴市场。

4. 优化外贸企业服务

针对重点实绩企业建立“一企一策”，领导领衔推动，部门首席服务，制定外贸业绩清单、问题影响清单、转化应对清单，引导传统优势企业不断优化主体、商品、市场和贸易方式结构，增强产品竞争力，攀升出口价值链。加快引进外贸综合服务企业，为中小微企业开拓国际市场提供专业集成服务。持续培育茶叶、羽毛羽绒、电子信息出口基地，做大做强纺织服装省级外贸产业基地，提升外贸企业聚合抱团、关联协同和化解风险能力。

（三）完善流通载体建设

着力推进现代物流业转型发展。以浉河区金牛大别山物流园、潢川铁路物流园为重点，明确发展方向，谋划重点思路，大力推进电商物流、农产品冷链物流加快发展。着力推动流通现代化改革。吸收借鉴国内、省贸易流通体制改革发展综合试点经验，结合信阳实际，有序推广有关经验做法，推动全市贸易流通体制改革升级。持续加强拍卖行业监督管理，扎实开展“河南老字号”品牌认定，持续推进省级品牌消费集聚区、绿色商场创建。

（四）持续抓严商务监管执法

持续巩固成品油市场管理、汽车销售监管成效，依法加强对二手车交易、单用途商业预付卡、拍卖、餐饮业、洗染业、沐浴业、再生资源等领域的市场监管，进一步抓好日常监管，全力维护市场秩序。做好汽车销售、成品油市场专项督查、再生资源回收以及报废汽车拆解“四大块”监管工作。完善随机抽取检查对象、随机选派执法检查人员的“双随机”工作机制，健全“红黑榜”常态化制度，公示“双随机”检查结果和“红黑榜”企业名录。

B.41

2019～2020年周口市商务发展回顾与展望

徐洪超　张秋霞　刘　磊*

摘　要： 2019年以来，面对国内外风险挑战明显上升的复杂局面，在周口市委、市政府的正确领导下，全市商务系统以扩大开放为统领，围绕稳外贸稳外资促消费工作主线，担当作为，务实重干，统筹推进全市商务工作取得新成效。

关键词： 周口市　对外贸易　电商扶贫

一　2019年周口市商务发展指标完成情况

（1）开放招商：全市新设外商投资企业4家，实际吸收外资5.86亿美元，同比增长4.3%，完成进度、增幅均居全省第6位；实际到位省外资金606.4亿元，同比增长3.5%。

（2）对外贸易：全市进出口总额完成102.96亿元，突破100亿元大关，同比增长9.9%。

（3）国内消费：全市社会消费品零售总额为1472.31亿元，同比增长11.3%，总量居全省第4位，增幅居全省第1位。

（4）电子商务：全市电子商务交易额为392亿元，同比增长10.7%，其中网络零售交易额为130亿元，同比增长6.5%；跨境电商交易额为1.2亿美元。

（5）电商扶贫：全市共建设电商公共服务中心8个，建成乡镇电商服务

* 徐洪超、张秋霞、刘磊，周口市商务局。

站119个，乡村电商服务站点2819个，电商扶贫服务站点对贫困村实现了全覆盖。

二 2019年以来采取的主要措施

（一）迎难而上战疫情

1. 统筹协调，多角度保障供应

下发了《关于做好全市商务领域新型冠状病毒感染的肺炎疫情应对工作的紧急通知》《关于做好商超行业疫情应对情况日报等疫情防控工作报告的紧急通知》《关于进一步做好商贸流通领域新冠肺炎疫情防控工作的通知》等一系列文件，组织全市商务领域企业积极应对新冠肺炎疫情，加强社会生活必需品的协调供应和市场价格监管，累计投放生鲜猪肉160余吨，确保粮、油、肉、蛋、菜等生活必需品市场供应稳定。

2. 多策并举，立体式强化服务

为企业申请办理“应对疫情防控应急物资及生产物资运输通行B证”200张，保障企业应急生产物资运输需求。截至2020年3月27日，全市外贸企业复工率为91%；外资企业复工率为80.4%；外经企业复工率为80%。

（二）突出重点抓招商

1. 提升项目质量

2019年，全市新签约项目268个，总投资2112.1亿元，项目平均投资7.9亿元。新开工项目264个，总投资1484.6亿元，项目平均投资5.6亿元。10亿元以上项目57个，总投资925亿元，项目个数、总投资均比上年增长24%。恒大、万达、万科、光大、华润、雅戈尔、招商蛇口、杭萧钢构等一批国内知名企业相继落户周口。

2. 优化项目结构

2019年，全市新签约项目中，工业项目153个，总投资1170.7亿元。全市新开工项目中，工业项目152个，总投资764.7亿元，分别占全市招商引资新开工项目的58%、52%；新签约服务业项目100个，总投资799.4亿元，新开工服务业项目98个，总投资630.5亿元。

3. 明晰招商方向

各县（市、区）围绕本地产业有针对性地开展招商工作。沈丘县围绕“安钢”项目引进了俊华、裕鑫、恒发等多家钢材再生资源企业。项城市围绕乐普药业打造医药产业集群龙头，新上了乐普心脑血管医院、乐普医药仓储物流等项目。郸城县引进上汽集团资源循环利用基地项目，规划建设制伞产业园，引进制伞企业20家。鹿邑县引进尚彩、惠尔美等几十家化妆刷企业，打造化装刷产业小镇，化装刷出口量占全国的75%。川汇区积极引进商贸物流项目，一峰梦想城、昌建广场、安顺物流等项目开工建设。淮阳区依托文旅资源优势，引进文化旅游产业园、国际杂技产业园等项目。开发区突出招商选资，万达广场、中兴产业园、杭萧钢构产业园等一批重大项目相继落地。示范区突出城市经济发展，引进招商蛇口、爱琴海购物公园、颐高数字产业园等一批文旅商贸服务业项目。港区大力开展临港经济招商，引进粮食产业园、研材智铸装配式建筑等项目。

4. 创新招商方式

实施招商引资“一把手”工程，全市县处级以上领导干部外出招商295批次，接待客商考察978批次，洽谈对接项目1225个。特别是市四大班子领导多次带队到北京、广东等地开展招商引资，三顾深圳恒大集团总部洽谈项目合作，恒大现代农业产业园项目已正式开工建设，招商蛇口示范区项目、新地港区项目正式签约。举办“周口海峡两岸关公文化暨经贸交流”等活动和“情系家乡周口行”活动，提升周口影响力。特别是在新冠肺炎疫情防控期间，各县（市、区）积极开展网上招商、不见面招商，巩固招商成果，保证招商工作不停歇、经济发展不停顿。

（三）千方百计稳外贸

密切关注受中美贸易摩擦影响企业的进出口情况，鼓励企业开拓欧盟、非洲、南美、俄罗斯等市场，降低中美贸易摩擦影响。组织重点外贸企业参加河南投洽会、全球跨境电商大会、广交会、进博会等会展活动，扩大外贸订单。在第二届进博会上，周口总采购金额为1.62亿美元，位居全省第5，被评为全省先进单位。

（四）多措并举促消费

1. 推动电子商务加快发展

全年新增认定备案企业 177 家，同比增长 60%；淮阳县电子商务产业园被评为省级电子商务示范园区，2 家电子商务企业被评选为省级电子商务示范企业；落实电商发展扶持政策，审核通过了 20 家电子商务企业扶持奖励资金 137. 23 万元。

2. 促进流通领域消费升级

加强“中华老字号”“河南老字号”企业的管理服务，新增河南老字号企业 1 家、市级平安商场 1 家，推荐省级平安商场 1 家，新车备案企业 276 家；加强二手车市场监督检查，推进废旧汽车拆解，回收拆解报废车 2814 辆。

3. 完善农产品供应链

组织企业参加农民丰收节、农洽会、进博会等产销对接活动，帮助农民拓宽产品销路；组织农贸市场运营企业申报河南省农产品供应链建设项目资金；推动农村电商网络零售，新增网店 1721 个，农村电商销售呈现跨越式增长。

4. 优化消费环境

强化市场运行监测，统筹安排监测样本企业，为监测样本企业配备监测设备；扎实推进大气污染防治攻坚战成品油市场专项整治，建立成品油市场管理长效机制，制定加油站规范化管理标准；加快农村及偏远地区加油站建设，建成投运 8 座。

（五）精准施策保脱贫

完善县、乡、村三级电商扶贫体系，服务站点对贫困村实现全覆盖。针对目标群体，邀请专家、电商企业家开展多形式电商培训 2 万多人次。强化帮扶责任，细化帮扶举措，2019 年帮扶胡寨行政村年度脱贫 10 户 16 人，贫困发生率下降到 0. 56%。

（六）高压态势强监管

加强商务领域市场监管。加强对汽车销售企业监管，开展汽车销售市场专项整治，维持汽车销售行业秩序。开展重要产品追溯体系建设。依托周口农业产业化国家重点龙头企业黄淮农产品物流大市场，探索可追溯体系建设试点工作，搭建“农产品质量追溯体系＋农产品交易体系”。深化放管服改革，积极推进“双随机一公开”，规范行政许可行为，提高行政服务水平。全年共办理进出口企业经营资格165家，拍卖企业年检材料受理13家，新建加油站（农村网点）初审转报54家，成品油零售经营企业年检624家，成品油批发企业年检4家，加油站验收13家。

三　2020年商务发展指标预测及形势分析

2020年中国经济运行总体平稳、稳中有进，但是也面临新的风险挑战。既要看到世界经济形势的严峻性，也要看到中国发展的巨大优势。当前，世界经济增长持续放缓，全球动荡源、风险点增多，逆全球化抬头，美国遏制、打压中国的战略不会变，中美经贸摩擦具有长期性、艰巨性、复杂性；但世界经济一体化的大趋势不会变，中国超大规模的市场优势和内需潜力不会变，举国体制的制度优势不会变，尤其是“一带一路”倡议的实施，完全有信心也有能力抵御外部环境的冲击。既要看到疫情对经济发展的不利影响，也要看到疫情过后蕴含的重要发展机遇。疫情不可避免地会对经济社会造成较大冲击，一季度商务指标萎缩态势已成定局，各种不利因素叠加带来前所未有的挑战，但消费稳定发展和持续升级的趋势不会变，周口的比较优势特别是庞大的人力资源优势、消费市场优势不会变，坚持开放招商、优化经济结构、统筹城乡建设、推进三大攻坚、深化改革创新等各项工作措施不会变，只要努力挺过目前难关，一定能迎来新一轮的消费高峰和招商引资高潮。2020年全市力争实现社会消费品零售总额增长10%，货物进出口平稳增长，实际吸收外资和省外资金增长3%，服务进出口增长7%，对外直接投资与上年持平。

四　对策建议

1. 着力做好疫情防控和复工复产工作

（1）持续做好保供稳价工作。密切跟踪疫情防控形势，紧盯商务重点领域，加强疫情期间生活必需品的协调供应、市场价格监管和应急保供工作，指导商超加大货源采购、调运、配送、补货力度，加大生活必需品供需衔接和市场调度力度，进一步畅通末端物流，发挥好大型农批市场保供稳价“调节器”作用，确保生活必需品不断档、不脱销、不暴涨。

（2）狠抓各项政策落实。加强政策宣传，积极开展送政策下基层、进企业活动，加快落实国家、省、市出台的一系列扶持政策，确保各项政策措施落地见效、惠及企业。

（3）强化商务系统应急管理。建立健全生活必需品市场供应应急管理机制，加强重要商品储备管理和市场调控，加强汽车流通、成品油流通等领域的应急管理、救援救助工作，补齐商务系统应急工作短板。

（4）加快商务领域企业复工复产。

2. 着力推动招商引资实现突破

（1）聚焦重点领域，开展产业招商。围绕六大主导产业，突出“一县一主业”，绘制产业发展全景图，制订专题招商方案，引进具有行业竞争力和国内影响力的产业集群。开展临港经济专题招商，引进一批加工增值性物流企业、供应链管理企业和区域信息平台企业；引进先进港口运营管理、临港产业发展战略投资者，推动港口投资、开发、运营一体化发展；精心筹办好2020中国港口多式联运高层研讨会；开展揽货招商，打造“豫货出海”和“海货入豫”的桥头堡。开展现代服务业专题招商，力争在现代商贸、现代物流等重点领域引进一批龙头企业和重大项目。开展现代农业专题招商，引进一批特色种养、农业技术研发、农产品精深加工、农业开发龙头企业和关联项目。引进农村电商产业，推动农村电商平台与生产业、流通业、服务业实现线上线下深度融合。引进一批先进适用技术和创新型企业以及云计算、大数据、物联网等新型业态项目，促进新一代信息技术与产业融合发展，同步开展多形式招才引智，引进一批发展急需人才，带来一批战略新兴产业项目。

（2）夯实产业发展基础，提升平台效应。加快产业集聚区二次创业，促进提质增效。持续完善基础设施，多形式、多渠道融资推进标准化厂房、生活服务配套设施建设，创建宜业宜居环境。加强众创空间、孵化器、加速器、研发创新平台等布局建设，推广“基金 + 技术 + 厂房”模式，培育新经济增长点。探索异地合作共建园区，与发达地区的各类园区加强合作，定向承接产业转移，推动产业协同发展。加强产业空间管控，积极开展“腾笼换鸟”，着力引进、培育优质产业和项目。完善提升商务中心区生产服务功能，推动特色商业区特色化、专业化、集群化发展；打造一批文化体验、特色商业、休闲旅游精品街区。发挥市城乡一体化示范区、周口港口物流产业集聚区、周口国家农业高新技术产业示范区三个特殊功能区的“金字招牌”作用，按照产业规划布局，大力开展招商引资，加快项目组装。加快申建港区保税物流中心（B型），发挥海关监管优惠措施效应，着力打造外向型经济发展新平台。

（3）坚持专业精准，创新招商方式。首先，继续推行大员招商。县（市、区）党政一把手每年外出招商不少于10次，市直责任单位主要负责同志每年外出招商不少于4次，做到招商引资亲自挂帅，重点企业亲自考察，重大项目亲自洽谈，重点问题亲自解决。其次，大力开展专业招商。围绕主导产业，选派优秀人才组建专业招商小分队，分赴产业转移趋势明显、产业互补性强的重点区域，策划开展一批专题招商活动，重点围绕国内外500强、行业100强等龙头企业、重点企业开展驻地招商。大胆创新，推进招商主体多元化、招商方式多样化、招商网络全国化。强化网络招商、大数据招商，加快招商引资信息化平台、专业招商网络平台建设。

（4）完善服务机制，加快项目落地。按照“一企一策、一项一策”原则，建立“一个项目、一名领导、一套班子、一抓到底”的专班服务机制，建立工作台账，实行挂图作战，做好全流程精准化服务，确保资金如期到位，项目如期开工，企业如期投产。认真落实国家和省、市出台的招商引资优惠政策，对重大招商项目实行“一事一议”“特事特办”。全力做好土地、资金、水电气等要素保障，切实帮助企业解决实际困难和问题。深入推进“放管服”改革，建立健全“一口受理、容缺受理、绿色通道、代办服务”等制度，简化流程，提高效率，快速办理项目所需手续。规范执法行为，严厉打击各种违法违规行为，营造稳定公平、透明、可预期的营商环境。

3. 着力稳定外资外贸基本盘

（1）积极帮助外资外贸企业复工达产。支持企业千方百计克服困难，尽快实现正常恢复生产，把损失降到最低。支持外贸新业态、新模式发展，加强出口信用保险支持，积极应对境外贸易限制措施，深化服务贸易创新发展。实施好《外商投资法》及实施条例等法律法规，指导外资企业稳定发展。

（2）用足用好外资外贸政策措施和项目资金。落实好河南省支持“三外”企业稳定发展的各项措施，加快建立周口市出口退税资金池和中小外贸企业纾困资金池。积极申报外经贸专项资金，统筹协调中小企业新增贷款贴息补贴项目的备案和申报工作，确保各项外经贸资金落实到位。

（3）提高服务外资外贸企业能力。建立健全工作台账，落实“三外”企业白名单制度、服务官制度。加强政策宣传普及，组织企业参加业务培训和境内外会展活动。开展外贸企业出口信保工作，做好外贸企业与国外客商的对接服务，积极开拓国际市场。认真落实进出口工作重点联系制度，加强对重点企业、重点商品的监控和跟踪服务，紧盯进出口任务完成进度，帮助企业解决困难和问题，确保全市进出口持续稳定增长。

4. 着力提振市场消费

（1）培育消费热点。支持引导社会资本增加服务供给，积极培育新兴消费热点。大力发展网络消费，精准匹配网络消费新需求，打造“小而美”的网络新品牌。注重提高农产品电商化水平，扩大农产品网络消费。鼓励电商、快递等企业与实体店、商务楼宇和小区物业等合作，开展末端配送服务合作。鼓励生活服务企业拓展线上销售。

（2）促进消费升级。引导大型零售企业应用新技术、发展新业态、探索新模式，推动实体零售转型升级。持续开展“中华老字号”、“河南老字号”、省级品牌消费集聚区和省级步行街创建工作，加快步行街改造提升。有序推动绿色循环消费，培育引导流通企业增加绿色有机食品供给、绿色采购和包装。培育家政品牌企业，推进家政服务业提质扩容。整合推进物流业转型发展，降低商贸流通物流成本，提高商品流通效率。

（3）推进消费惠民。完善商超、便利店、菜市场等便民消费设施，优化布局。扎实开展商务扶贫工作，促农产品上行，促扶贫产业融合，持续做好电商扶贫和产销对接扶贫工作。继续做好家政扶贫、对外劳务扶贫、定点扶贫工作。大力发展便民商业，打造“一刻钟便民生活服务圈”，满足居民生活必需品需求。

5. 着力加快电子商务发展

（1）稳步推进电商物流园区建设。推动西华县电子商务产业园、淮阳区电子商务产业园、亿星电子商务孵化园等现有电商物流园区健全设施、提升服务、规范升级，争创省级示范园区。

（2）全力支持电商企业做大做强。继续推动落实《周口市电子商务发展扶持办法》相关奖励政策，以国家级、省级、市级三级电商示范企业创建为目标，利用电商进农村扶持项目，推动全市特色产品通过电商渠道“走出去”，争创一批国家级、省级电商示范企业。

（3）扎实开展电商人才培训。加强与中国国际电子商务中心、周口师范学院、阿里巴巴等合作，全面开展电子商务人才培训工作，重点推进电商扶贫、跨境电商等专项培训，缓解周口电子商务人才匮乏、管理松散的矛盾和问题。

6. 着力规范商务领域市场秩序

（1）加强成品油市场专项整治。做好成品油流通市场环境污染防治工作，对全市成品油市场开展全面督导检查，对中心城区加油站开展精细化管理，确保扬尘治理工作实效。加快农村及偏远地区加油站建设，做好疏堵结合、打建结合，确保2020年底全部建成，消除全市空白乡镇。开展成品油流通市场安全工作双预防，确保安全生产。

（2）集中开展汽车销售专项整治。贯彻落实《汽车销售管理办法》，引导监督管理企业依法经商、诚信经商。对群众举报投诉较多的汽车销售领域加价销售、强制购买保险、不按时交付合格证等行为予以严厉打击，净化汽车销售市场环境。

（3）持续开展单用途商业预付卡管理整治。对规模发卡企业进行定期/不定期实地检查，加强预收资金监管；加大宣传力度，通过检查对发卡企业负责人及工作人员进行政策宣传解读，引导其积极备案接受监管，加强行业自律。

（4）推进其他商务领域市场整治。开展再生资源、二手车交易市场、汽车报废回收拆解、家政服务、餐饮业等商务领域涉及的市场监督管理工作，净化环境、规范经营，保护广大消费者的合法权益。

B.42 2019～2020年驻马店市商务发展回顾与展望

柳晓刚　王正蒙*

摘　要： 2019年，驻马店市商务局和招商投资促进局全面落实市委、市政府和省商务厅工作部署，注重以目标统揽全局，突出抓好开放招商、外贸外资、内贸流通、攻坚任务等重点工作，总体保持了商务工作良好发展态势。本报告对2019年全市商务发展情况进行总结回顾，对2020年商务发展进行分析预测，提出对策建议。

关键词： 驻马店市　开放招商　内贸流通

一　2019年驻马店市商务发展指标完成情况

2019年全市实际到位省外资金315.9亿元，同比增长4.29%，增幅居全省第二位。实际吸收境外资金44024万美元，同比增长4.3%，增幅居全省第六位。外贸进出口493185万元，同比增长50.97%，增幅居全省第二位。其中，出口432668万元，同比增长62.13%；进口60517万元，同比增长1.3%。社会消费品零售总额为1124.1亿元，同比增长11.2%，增幅居全省第二位。

* 柳晓刚、王正蒙，驻马店市商务局。

二　2019年采取的主要措施

（一）开放招商

1. 完善开放招商体制机制

认真贯彻落实国家和省委、省政府关于对外开放工作的决策部署，先后出台了《2019年驻马店市对外开放工作行动计划》《2019年驻马店市招商引资工作行动计划》《驻马店市招商引资优惠政策》《关于进一步加强招商引资工作的意见》《关于开展2019年迎盛会大招商活动的通知》《驻马店市对外开放工作考评奖惩方案》《驻马店市招商引资工作考评奖惩方案》等一系列政策文件，建立健全体制机制，强力推进开放招商工作。

2. 深入开展专项招商活动

先后赴北京、上海、深圳、香港、台湾等地开展专项招商活动32次，先后派出专业招商小分队324次。组织参加了投洽会、厦洽会、中国—东盟博览会、广交会、进博会、高交会等一系列重要展会。2019年1～12月，全市累计签约亿元以上项目238个，合同总投资2060.66亿元。

3. 产业园招商取得突破

根据国际农产品加工产业园"四基地一中心"产业发展定位，着力招大商、招名商。研究制定了《中国（驻马店）国际农产品加工产业园招商引资促进办法》和《中国（驻马店）国际农产品加工产业园招商图谱》，增强了招商引资的针对性、实效性。截至2019年底，共签约项目12个（含2个框架协议项目），合同总投资173.7亿元，涉及农产品精深加工、高端食品制造、农产品科技研发、农产品贸易物流和交易中心等领域。

4. 加强开放招商督导考核

坚持定期收集整理各区县外出招商、项目洽谈、项目签约等情况，实行积分管理，计入年终考评成绩，并实行周报告、月排名通报、双月集中签约、半年总结、年终考核制度，倒逼各区县加压增责，加大开放招商工作力度。

（二）外贸外资

1. 大力发展进出口

认真贯彻落实国家、省稳外贸系列政策措施，出台《关于促进外贸加快发展的意见》等相关政策。举办全市外贸外汇政策宣讲暨银企对接会、全省稳外贸政策宣讲会（驻马店站），在郑州召开了外贸企业转型论坛暨驻马店外贸产业招商洽谈会。推动全市开展外贸贷业务，帮助中小外贸企业解决融资难题。积极推进驻马店海关建设和驻马店保税物流中心（B 型）申建工作。引进豫满全球、乐贸全球等外贸综合服务平台。立足泌阳香菇、夏南牛，正阳花生、圣诞灯饰，平舆芝麻、户外休闲产品、畜牧机械，上蔡制鞋，西平纺织服装，遂平休闲食品，确山小提琴等，形成了一批外贸产业基地。

2. 进一步提高外资能力和水平

着力营造公平便利、更有吸收力的营商环境，确保实现“稳外资”目标任务。在全省率先出台了《驻马店市人民政府关于积极有效利用外资推动经济高质量跨越发展的实施意见》。全年共办理 30 项外资企业设立及变更网上备案事项，其中通过“一口办理”设立企业 10 家。

（三）内贸流通

1. 扎实推进农村市场体系建设

目前电商进农村综合示范项目已覆盖全市各县，电商培训、服务站点建设、农产品上行等工作稳步推进。驻马店市商务局被省商务厅授予“河南省电商扶贫工作先进单位”。

2. 持续推进现代物流业转型升级发展

制定印发了《驻马店市 2019 年现代物流业转型攻坚工作方案》，更新完善了全市现代物流业转型攻坚项目库，入库项目 31 个，总投资 242.9 亿元。出台了《驻马店市促进物流业转型发展若干措施》。马庄铁路物流园、万邦农产品物流园和驻马店国际公路物流港、恒兴仓储物流及电商产业园被列入省重点物流项目台账，丰树驻马店现代综合物流园项目土地成功摘牌。恒兴物流、福和物流被国家物流与采购联合会评为 5A 和 4A 级物流企业，恒兴仓储物流及电商产业园被评为省级电商物流示范园区。组织全市申报快递物流网点支持项目 71 个、安检设备项目 4 个。

3. 深入推进“百城万村”家政扶贫工作

家政扶贫共培训 5492 人，就业总人数为 2646 人，建档立卡贫困户就业 354 人，就业平均工资约 3200 元。省商务厅在本市召开河南省“百城万村”家政扶贫工作现场观摩交流活动。

4. 电子商务快速发展

2019 年，全市电子商务交易额为 589.8 亿元，同比增长 32%，其中网络零售额为 154.4 亿元，同比增长 78%。目前全市共建成县级电子商务服务中心 11 个、乡级电子商务服务综合站 185 个，村级电商服务点 1183 个，其中服务站点累计覆盖 316 个建档立卡贫困村，基本形成了覆盖了县、乡、村三级的电子商务服务体系和物流快递网点体系。

（四）攻坚任务

1. 加强商务领域污染防治工作

印发了《成品油流通领域市场秩序及环境污染防治强化治理行动方案（2019～2020 年）》、《2019 年度全市成品油市场环境污染防治攻坚战行动方案》和《关于开展成品油市场集中整治专项行动的通知》。2019 年商务部门联合公安、市场监管部门查处黑加油站点 32 家，黑加油车 89 辆，立案 16 起，拘留 15 人，查扣油品 680.2 吨，有力地打击、震慑了违法经营行为，净化了成品油市场。同时加大散装水泥推广力度，促进散装水泥、预拌混凝土、预拌砂浆“三位一体”全面发展。制定下发了《驻马店市城市建成区内施工现场“两个禁止”管控减少扬尘污染实施方案》，推动“两个禁止”综合信息监管平台建设。

2. 扎实开展安全生产“四大攻坚”行动

印发了《关于印发全市商贸流通领域安全生产事故隐患大暗访大排查大整治大执法攻坚行动实施方案的通知》等一系列文件，共出动督导检查人员 1041 人次，排查企业 899 家次，发现安全隐患 311 项，已全部整改完毕。

3. 推进建立重要产品追溯体系平台

印发了关于建立驻马店市重要产品追溯体系建设工作局际联席会议制度。对重要产品追溯体系咨询服务标的进行了竞争性磋商。

三 2020年商务发展形势分析及指标预测

1. 形势分析

综合分析2020年驻马店市商务发展形势，其面临着较大的挑战和压力，同时也存在发展机遇。从外部环境看，国际市场环境存在较多变数，中美虽达成第一阶段经贸协议，但受2020年初新冠肺炎疫情影响，企业承受资金、用工、物流、订单交付等巨大压力。同时，国内经济下行压力增大，国内外投资主体投资意愿降低，投资行为谨慎，投资趋势放缓，对商务发展的影响不容忽视。从全市情况看，当前驻马店市正处于高质量跨越发展的关键突破期，全市经济社会发展虽然取得了显著成效，但还存在一些突出矛盾和问题。全市经济总量较小，产业结构不合理。全市处于工业化初期阶段，工业经济总量小，企业普遍规模小、实力弱，特别是战略性新兴产业、高新技术产业发展滞后，工业仍是制约全市发展的关键性短板。全市现代服务业发展滞后，支撑作用不够明显。

但是支撑全市商务高质量发展的条件仍然很多，为做好商务工作提供了新的机遇。当前，驻马店经济坚持稳中求进和高质量跨越发展，综合施策、精准发力，经济社会发展继续保持良好势头，主要指标增速保持全省第一方阵。全市开放空间广阔，市场潜力巨大，为加快消费升级带来了新的机遇。同时不断推动建设的中国（驻马店）国际农产品加工产业园，为全市现代农业发展带来了广阔前景。

2. 指标预测

2020年预计全市社会消费品零售总额增长10%，实际吸收境外资金增长3%，货物进出口增长3%。

四 对策建议

（一）全面提升对外开放水平

1. 外贸工作力争实现突破

一是持续推动保税物流中心（B型）申建工作，力争2020年实现突破。

二是合力推进海关建设，力争如期开关运营。三是持续推进多式联运，畅通驻马店产品出海通道。四是深化与乐贸全球、豫满全球等外贸综合服务平台合作，发挥两家企业驻马店分公司作用，以外综服务龙头企业为抓手，开展跨境电商示范市建设，加快跨境电子商务发展。五是保持韧劲推进外贸贷进入实际操作。六是持之以恒培育外贸产业基地，争取更多基地创建省级基地。

2. 扎实推进外经外资工作

积极参与境内外展会及各类经贸洽谈活动，支持优势企业、优质产品走出市外，走向国际市场。积极开展境外招商，力争外商直接投资实现新的突破。

3. 拓展招商引资工作深度广度

加强招商统筹谋划，坚持"走出去"和"请进来"相结合的工作方法。结合各区县产业规划和布局，精心谋划包装招商项目，促成签约更多投资大、税收高、效益好的项目。在引进技术含量高、发展前景好、示范带动强的大项目、好项目上下功夫，加快形成一批新的经济增长点。

（二）持续做好内贸流通消费监管

1. 流通环节

持续做好电子商务进农村督导考核，加强电子商务进农村综合示范县建设，完善县、乡、村三级电商服务网络。突出抓好物流业发展，围绕市政府物流业一个规划、三个方案的落实，依托各区县产业集聚区、农产品批发市场、快递物流企业、电商物流平台等主体，以福和物流、恒兴物流、保税仓、国药等物流园区项目为抓手，推进冷链物流、快递物流、电商物流转型发展。推进城乡农产品市场体系建设，着力培育大型农产品批发市场、农贸市场，培育壮大农产品流通龙头企业。

2. 消费环节

重点培育新的消费热点：促进电子商务与实体企业融合发展，推动传统批零贸易、住宿餐饮企业触网上线，推动特色商业街区建设。争取商业特色街区建设纳入城市考评体系；开展"平安商场""绿色商场"创建，强化政策引领作用；推进家政服务业提质扩容，深化家政扶贫工作，推动家政服务与康养、婴幼等新消费热点融合发展。

3. 监管环节

进一步做好成品油市场、散装水泥市场检查管理。进一步加强消费品市场监测。推进重要产品追溯平台建设。抓好商贸流通领域安全生产，商业预付卡管理等工作，防范商贸领域经济风险。继续加强行业协会建设，推动条件成熟的行业，如家政、人像摄影、预拌砂浆等行业协会建设，发挥协会引领带动作用。

B.43

2019～2020年济源示范区商务发展回顾与展望

翟娟娟　郝长红*

摘　要： 2019年，面对复杂多变的外部环境，在省委、省政府和省商务厅的正确领导下，济源示范区积极践行党的十九大精神，以习近平新时代中国特色社会主义思想为指导，以供给侧结构性改革为主线，认真分析内外形势，积极寻求发展契机，强化开放招商，扩大内外贸易，加强市场监管，实现了商务经济发展稳中提质、向好向上。

关键词： 济源示范区　开放招商　消费升级

一　2019年济源示范区商务发展情况

（1）引进省外资金提质增效，全市引进省外资金完成206.1亿元，同比增长3.4%。

（2）实际利用外资稳中有进，全市实际利用外资完成32406万美元，占全年总目标的89%，增速为3.6%。

（3）外贸进出口回稳向好，全市外贸进出口总值完成146.8亿元，同比增长9.1%，总量居全省第6名。

（4）消费促进作用凸显，全市社会消费品零售总额完成201.68亿元，同比增长11%，增速居全省第4位。

---

* 翟娟娟、郝长红，济源示范区商务局。

二 2019年以来采取的主要措施

1. 保供稳价，共战疫情

一是积极快速响应。新冠肺炎疫情发生以来，迅速成立示范区商务局防范冠状病毒领导小组，科学部署、统筹安排，全力做好保供稳价工作。二是健全配套机制。专门成立6个督导组，每天深入10余个大型超市和4家农贸市场，检查督导疫情防控、生活必需品供应等相关情况。实时监测生活必需品供应、价格等情况，加强趋势研判，服务领导决策。三是畅通供应渠道。主动结合济水办事处和南街菜市场，动员运输大户每天运进蔬菜50多吨，确保蔬菜供应。向省商务厅申报应急运输车辆B证180张，确保生活必需品运输通畅。分三批以低于市场价20%的价格，投放储备肉103吨，平抑了市场价格，稳定市场预期。四是优化供给方式。大力提倡无接触服务，积极鼓励丹尼斯、大润发等开展线上售卖服务。引导各大型超市采取预先分包称重标价，方便消费者快速选购。支持市中石化与菜佬网联合进行蔬菜套餐售卖，引导蔬菜便利店、蔬菜基地向社区集中投放，满足居民需求。同时，疫情期间，创新招商方式，通过视频招商等方式，引进年产7500万只一次性医用口罩、150万套一次性防护服项目。

2. 强化服务，外经外贸回稳向好

加强调研，召开不同层面的座谈会，分析研判、直面问题、预警应对。重点指导帮助豫光金铅、金利金铅等龙头企业大力开展银精矿和铜精矿加工贸易，加大国际采购量，加大白银、黄金出口量。协调中信保等部门做好中小微企业出口信用保险入保工作。组织企业参加广交会、中国—东盟博览会、第二届进博会等境内外展会，帮助企业开拓国际市场。引导企业坚定信心，积极应对中美贸易摩擦出现的新情况和新形势，积极拓展国外市场。强化与海关、税务等部门的通力协作，促进贸易通关便利化、出口退税便捷化。

3. 精准定位，提升开放招商实效

围绕白银、优特钢深加工、纳米杂化材料转化、食品饮料加工四大重点招商主导产业，出台专项扶持政策。分别成立了以示范区主要领导为组长、相关区级领导为副组长的四大产业招商和项目建设工作领导小组，积极开展招商活动。积极组织参加了第十三届中国（河南）投资贸易洽谈会、中国—东盟博览会、香港国际珠宝展等活动，着力举办了中国白银城项目（香港）推介会、中国（济源）白银首饰产业发展高峰论坛、2019北京珠宝之夜等，促成了湖南铂固年产40万吨高强度紧固件、香港力辉年产15万吨精品钢丝绳、华乐万洋珠宝、豫光庆美珠宝等一批高质量合作项目。省商务厅与示范区签订了共同促进中国白银城建设的合作框架协议，大力支持打造中国白银城。积极申建河南自由贸易试验区联动发展区、保税物流中心（B型）等开放平台。

4. 多点发力，促进供需有效衔接

引导流通企业增强品牌意识，目前共有省级以上餐饮名店20家，“济源老字号”企业9家。成功申创“中餐美食地标城市”，增添一枚国字招牌。培育高档、中档、大众化的餐饮企业，满足不同人群消费需求。柿槟仓储物流园获得全省“多式联运”项目第二名。中兴物流初步建成综合性现代化物流园区。联合玉川集聚区高标准打造玉川物流园区。创新型推进规制型行政指导，严厉打击侵权假冒违法犯罪活动。评选出21家“诚信经营示范店（站）”。加强对二手车、汽车销售、拍卖、单用途商业预付卡、散装水泥等行业管理。

三　2020年商务发展形势分析及指标预测

2020年是全面建成小康社会和“十三五”规划的收官之年，面临着打赢疫情防控阻击战和商务事业发展保卫战的艰巨任务，必须清醒认识新形势。既要看到世界形势的复杂多变，也要看到我国发展优势在不断增强；既要看到国内经济下行压力加大，也要看到国家战略和政策叠加的优势所在；既要看到疫情对经济发展的影响，也要看到疫情过后蕴含的重要机遇。一是2019年8月，济源国家产城融合示范区正式挂牌并有序运转。要充分认识产城融合示范区的体制优势。只要把国家产城融合示范区做得更优更实，就一定能够收获更多更具含金量的制度红利。二是济源已经进入工业化中后期阶段，形成了以有色金属、钢铁、化工为主导的优势传统产业，技术装备和节能降耗水平行业领先，纳米、饮料等新兴产业蓬勃发展。国家、省加快推动制造业向绿色化、智能化转型，与现代服务业融合发展，必将为济源加快产业转型升级、推动高质量发展注入新的动力。

2020 年全市努力实现社会消费品零售总额增长 10%，货物进出口平稳增长，实际吸收外资、省外资金均增长 3%，服务进出口增长 7%，对外直接投资与上年持平。

四 对策建议

1. 统筹兼顾，扎实推进疫情防控和商务发展

深入贯彻落实习近平总书记关于统筹推进疫情防控和经济社会发展的重要讲话精神，坚持"一手牵两头"，一头毫不放松继续抓好疫情防控，一头安全有序高效推进复工复产。一是持续保障市场供应。密切跟踪疫情防控形势变化，充分考虑复工复产返校高潮等各种复杂情况，深入市场一线，及时掌握动态，继续做好生活必需品供需衔接和市场调度。二是狠抓应急政策落实。做到专人专班跟进，推动复工复产、稳外贸稳外资促消费各项举措尽快落地见效、惠及企业。三是创新方式方法。引导鼓励企业通过跨境电商、网上参展等方式拓展出口渠道。鼓励建立"云招商"系统，创新不见面招商方式，加快项目洽谈对接、签约落地和开工建设步伐。针对疫情防控中催生的新需求，要储备对接一批网络经济、医疗康养、卫生保健项目。指导商贸企业创新供给方式优化服务，充分发挥电商促进消费重要作用，积极组织骨干餐饮企业提供团餐配餐服务。四是着手建设商务系统应急管理制度体系。健全生活必需品市场供应应急管理机制，加强重要商品储备管理和市场调控，加强商贸服务行业、汽车流通、成品油流通领域的应急管理、救援救助工作，补齐商务系统应急工作短板。

2. 创新引领，打造内陆开放新高地

一是强化顶层设计。调整充实济源产城融合示范区对外开放工作领导小组，由党工委书记任第一组长、管委会主任任组长，切实加强对外开放工作的组织领导。组织召开高规格的对外开放大会，制定出台关于加快高水平开放促进高质量发展实施意见、对外开放工作考评暂行办法等系列政策措施，加强对外开放工作的统筹指导。二是强化政策落实。积极应对贸易摩擦，开展精准跟踪指导。贯彻落实好国家和省外经贸发展政策措施，建立"三外"重点企业"服务官"制度，为企业提供精心服务。开展退税资金池、纾困资金池、"外

贸贷”等政策创新，努力解决企业经营中存在的困难和问题。三是提升服务效能。深化“放管服”改革，树立“店小二”意识，认真落实联审联批、限时办结、全程代理和网上办理等制度，缩短审批时间，提高办事效率。稳步推进外资管理体制改革，持续完善负面清单以外领域外商投资企业设立商务备案与工商登记“一口办理”。推进“互联网＋监管”，加强商务领域信用建设。四是强化平台建设。要抢抓全省“探索设立自贸试验区开放创新联动发展区”的机遇，积极申建，确保第一批入围。加快海关新址建设，加快中兴物流公司保税物流中心建设，不断完善口岸建设，主动对接郑州国际陆港大通道。积极申建保税物流中心（B型）、开通济源至连云港铁海联运班列等，夯实对外开放平台。

3. 精准施策，开创招商引资新局面

一是突出招大引强。精准定位产业，围绕政府“十大工程”，重点突出有色金属、优特钢及装备制造、食品饮料、纳米材料、现代服务业等重点产业，通过延链补链招商，实现高层次产业链和价值链招商。建立大企业大项目拜访机制，紧盯国内外500强企业、知名跨国公司和行业龙头企业，引进一批重大项目。健全重大项目全流程跟踪工作机制，实行月跟踪、季通报，专班专题服务推进。二是健全招商机制。积极探索“互联网＋招商”线上模式，不断完善济源招商网、招商引资项目管理平台建设，实现招商引资动态化、信息化管理。创新济源驻外机构工作机制，壮大专业招商队伍。建立完善重点客商资源库，加强与知名商协会、友好城市的深化合作，务实参加中博会、厦洽会、中国—东盟博览会、高交会等重大经贸交流活动。三是创新招商方式。坚持大员招商、以商招商、以企招商，重点实施中国白银城、先进钢铁材料产业园、纳米材料产业园等重大项目建设。举办高层次的行业发展论坛、餐博会及白银制品展、钢产品深加工高峰论坛等，打响“全国最大的白银生产基地”“中西部最大的优特钢生产基地”等产业品牌。加强境外开放招商合作力度，瞄准紧盯港澳台、日韩、北美、欧洲等重点区域，加强产业动态跟踪，实行更加精准化的招商对接。

4. 优化服务，培育外贸竞争新优势

一是优化企业服务。落实外贸重点企业联系制度，针对外贸企业资金紧张、产业供应链运转不畅、客户流失等问题，主动采取精准帮扶措施，帮助协调克服困难。精准支持企业巩固传统市场，开拓新兴市场，力保美国市场份额。推动示范区省级有色金属外贸产业基地创新发展，加快新材料、装备制造、特色农副产品等新兴外贸转型升级基地建设，形成新的出口增长支柱。二是精心参加重大活动。积极组织参加境内外各类展会活动，重点组织参加广交会、高交会、第三届进口博览会、第四届全球跨境电商大会等系列经贸活动，加快培育国际营销网络，大力开发新兴市场。三是着力培育新业态。鼓励外贸企业提高自主品牌的出口比重，促进外贸产业转型升级。做大做强跨境电商园区，引进出口平台企业。聚焦关键领域，大力发展文化创意、旅游、物流等领域服务贸易。四是深化国际合作。支持铅锌冶炼、矿山设备、水处理剂等优势产业、企业紧盯共建“一带一路”国家，寻求国外优质合作项目，积极开展对外投资和承包工程。探索设立境外经贸合作区，深化国际产能合作。

5. 搞活流通，迎来消费新高峰

一是培育消费热点。抢抓疫情过后消费市场触底反弹、补偿性消费集中释放的机遇，积极培育时尚、体验、定制、假日、夜间经济等新兴消费热点，促进消费回补和潜力释放。培育家政品牌企业，推进家政服务业提质扩容。重点打造升龙城片区中高档美食街、贰仟家美食广场特色名吃街、济渎路特色美食一条街等特色餐饮街，打造餐饮消费名片。二是促进消费升级。鼓励流通企业增强品牌意识，持续开展中华老字号、河南老字号、济源老字号和省级品牌消费集聚区认定工作。对示范区内商业设施进行摸底调查，对大型商场、大型超市、连锁便利店等，鼓励支持商业设施改造提升。借助济源东区的发展，力争引进新的城市综合体，扩大商业设施的覆盖面。积极配合推进玉川物流园、柿槟仓储物流园等重点项目建设。鼓励柿槟仓储物流园完善多式联运运输方式，形成集聚效应。三是推进消费惠民。活跃农村消费市场，构建供销 e 家“区、镇、村”三级电商服务体系网络，完善农村电商和冷链物流等基础设施。扎实做好电商进农村、电商扶贫和产销对接扶贫工作。完善便利店、菜市场等便民消费设施，优化布局。支持建设偏远乡村加油站，持续开展油品质量专项检查行动，打击取缔黑加油站点，不断改善大气质量。开展商务综合监管和执法专项整治工作，优化消费环境。

皮书

智库报告的主要形式
同一主题智库报告的聚合

皮书定义

皮书是对中国与世界发展状况和热点问题进行年度监测，以专业的角度、专家的视野和实证研究方法，针对某一领域或区域现状与发展态势展开分析和预测，具备前沿性、原创性、实证性、连续性、时效性等特点的公开出版物，由一系列权威研究报告组成。

皮书作者

皮书系列报告作者以国内外一流研究机构、知名高校等重点智库的研究人员为主，多为相关领域一流专家学者，他们的观点代表了当下学界对中国与世界的现实和未来最高水平的解读与分析。截至 2020 年，皮书研创机构有近千家，报告作者累计超过 7 万人。

皮书荣誉

皮书系列已成为社会科学文献出版社的著名图书品牌和中国社会科学院的知名学术品牌。2016 年皮书系列正式列入“十三五”国家重点出版规划项目；2013~2020 年，重点皮书列入中国社会科学院承担的国家哲学社会科学创新工程项目。

S 基本子库 SUB DATABASE

中国社会发展数据库（下设 12 个子库）

整合国内外中国社会发展研究成果，汇聚独家统计数据、深度分析报告，涉及社会、人口、政治、教育、法律等 12 个领域，为了解中国社会发展动态、跟踪社会核心热点、分析社会发展趋势提供一站式资源搜索和数据服务。

中国经济发展数据库（下设 12 个子库）

围绕国内外中国经济发展主题研究报告、学术资讯、基础数据等资料构建，内容涵盖宏观经济、农业经济、工业经济、产业经济等 12 个重点经济领域，为实时掌控经济运行态势、把握经济发展规律、洞察经济形势、进行经济决策提供参考和依据。

中国行业发展数据库（下设 17 个子库）

以中国国民经济行业分类为依据，覆盖金融业、旅游、医疗卫生、交通运输、能源矿产等 100 多个行业，跟踪分析国民经济相关行业市场运行状况和政策导向，汇集行业发展前沿资讯，为投资、从业及各种经济决策提供理论基础和实践指导。

中国区域发展数据库（下设 6 个子库）

对中国特定区域内的经济、社会、文化等领域现状与发展情况进行深度分析和预测，研究层级至县及县以下行政区，涉及地区、区域经济体、城市、农村等不同维度，为地方经济社会宏观态势研究、发展经验研究、案例分析提供数据服务。

中国文化传媒数据库（下设 18 个子库）

汇聚文化传媒领域专家观点、热点资讯，梳理国内外中国文化发展相关学术研究成果、一手统计数据，涵盖文化产业、新闻传播、电影娱乐、文学艺术、群众文化等 18 个重点研究领域。为文化传媒研究提供相关数据、研究报告和综合分析服务。

世界经济与国际关系数据库（下设 6 个子库）

立足“皮书系列”世界经济、国际关系相关学术资源，整合世界经济、国际政治、世界文化与科技、全球性问题、国际组织与国际法、区域研究 6 大领域研究成果，为世界经济与国际关系研究提供全方位数据分析，为决策和形势研判提供参考。

法律声明